이스라엘의 기원

KB192548

이스라엘의 기원

2020년 8월 20일 초판 1쇄 펴냄

펴낸곳 도서출판 **삼인**

지은이 윌리엄 G. 데버
옮긴이 양지웅
편집 이수경
펴낸이 신길순

등록 1996.9.16 제25100-2012-000046호
주소 03716 서울시 서대문구 성산로 312 북산빌딩 1층

전화 (02) 322-1845
팩스 (02) 322-1846
전자우편 saminbooks@naver.com

디자인 디자인 지폴리
인쇄 수이북스
제책 은정제책

ISBN 978-89-6436-181-8 93230

값 22,000원

이스라엘의 기원

윌리엄 G. 데버 저

양지웅 역

Who Were the Early Israelites and
Where Did They Come From?

삼인

이스라엘의 지형

| 차례 |

현대 성서역사학으로 가는 출입구

존 브라이트John Bright의 『이스라엘 역사A History of Israel』는 성서 시대 이스라엘 역사에 관한 학문적 저작 중 아마도 가장 많이 알려진 책일 것이다. 게다가 초판이 발간된 이후 새로운 고고학적 발견을 업데이트한 증보판이 무려 세 번이나 발간되었다.(1판-1959; 2판-1972; 3판-1981; 4판-2000). 이는 존 브라이트가 그만큼 학문적 성실함이 있다는 뜻일 것이고, 또 그만큼의 영향력이 있다는 뜻이기도 하다. 이 중 마지막 개정증보판은 그가 사망한 이후에 그의 제자 브라운William P. Brown이 편찬한 것이니 엄밀히 말하면 네 번째 버전의 보충은 그의 생각이 반영된 것이 아니다. 하여 마지막 버전에선 존 브라이트의 기본 전제가 동요하고 있지만, 브라이트가 직접 관여한 세 번의 버전은, 성서는 역사성을 충실히 담고 있고 고고학적 발견은 그것을 보증하고 있다는 전제에 기초하고 있다.

한데 이러한 전제는 그의 스승인 윌리엄 올브라이트William F. Albright의 관점이기도 하다. 즉 올브라이트와 그의 제자들인 라이트George Ernest Wright와 브라이트, 이들이 주축이 된 올브라이트 학파의 관점은 1920~1960년대까지 북미의 성서역사학계를 주도했다.

또 하나 주목할 것은 존 브라이트의 『이스라엘 역사』의 네 버전이 모두 한국어로 출간되었다는 점이다. 한국어판이 7백 쪽이 넘는 방대한 책임에도 증보판들이 나온 지 얼마 되지 않아 속속 번역 출판된 것이다. 대부분의 독서자들이 그 차이를 식별할 수 없었을 것임에도 증보판이 나왔다는 사실만으로도 충분히 관심을 받았던 것이다. 그것은 존 브라이트의 힘이기도 하지만, 또한 올브라이트 학파의 기본 전제가 한국의 독자들, 특히 개신교 성직자와 신자에게 강한 영향을 미치고 있다는 것을 의미한다.

한편 동시대 성서역사학계를 양분하여 장기간 이끌어간 또 하나의 학파가 있는데, 그것은 독일의 알트-노트 학파다. 알브레히트 알트Albrecht Alt 와 그의 제자 마르틴 노트Martin Noth가 이끈 성서역사학계의 또 다른 계보는, 고고학적 성과에 기대기보다는 비교역사학적 관점에 더 천착했다. 하여 비문헌 자료보다는 문헌 자료에 더 주목했다.

한국어로 번역된 알트-노트 학파의 성서역사서로는 알트의 제자인 안토니우스 구네베크Antonius H. J. Gunneweg의 『이스라엘 역사Geschichte Israels bis Bar Kochba』가 먼저 번역되었고(한국어 번역본의 저자명 표기는 안토니우스 H. J. 군네벡. 이 책의 한국어판이 출판된 해가 1975년인데, 이것은 존 브라이트의 『이스라엘 역사』가 번역된 1979년보다 앞섰다), 저 유명한 마르틴 노트의 『이스라엘 역사Geschichte Israels』도 나중에 번역 출간되었다(1996).

이 두 학파의 이스라엘의 출현에 관한 주장을 간단히 정의하면, 올브라이트 학파의 '정복 가설'과 알트-노트 학파의 '평화적 이주 가설'로 나뉜다. 그런데 두 가설은, 방법론이나 논지에서 매우 다르지만, 공히 '외부 유입론'에 기반을 두고 있다. 한데 이 고전 가설들은 1970년대 이후 수많은 도전에 직면하게 되었고, 1979년 노먼 갓월드Norman K. Gottwald의 기념비적 저작 『야훼의 부족들The Tribes of Yahweh』이 발간되면서 결정적으로 붕괴했다. 영문으로 9백 쪽이 넘는 방대한 이 책은 안타깝게도 한국어로 번역되지 않았다. 하지만 영문으로 7백 쪽을 상회하는 그의 제1성서 (구약성서) 개론서인 『히브리 성서 *The Hebrew Bible: A Socio-literary Introduction*』 속에 그의 가설이 녹아 있으니 한국 독자들은 그의 주장을 손쉽게 접할 수 있다.

이스라엘의 출현에 관한 갓월드의 수정 가설의 핵심은 '내부 봉기설'로 요약된다. 그는 마르크스주의적 관점에서 사회과학과 고고학적 성과를 충실히 활용하여 고전 가설의 토대를 붕괴시켰다. 이후 고대 이스라엘에 관한 성서학계와 고고학계의 걸출한 연구서들이 쏟아져 나오는데, 이 논의들은 대체로 올브라이트 학파처럼 성서의 역사성을 최대한 인정하려는 역사학적 가설을 따르지 않았다. 그리고 알트-노트 학파의 장기간에 걸친 정착론을 대체로 계승한다. 하지만 올브라이트 학파나 알트-노트 학파의 외부 유입설에 대해서는, 부분적으로는 외부 유입이 있기는 했지만 이스라엘의 형성은 대부분 내부 요인과 관련되어 있다는 갓월드의 관점을 계승한다.

그들이 갓월드와 다른 점, 갓월드가 계급적 요인에 의한 정치적 재부족화(retribalization)를 강조하는 반면, 대부분의 학자들은 인구적 요인, 생태적 요인, 경제적 요인 등 보다 '장기간에 걸친 변화'를 통해 서서히 이스라엘이 출현하게 되었다고 보는 경향이 있다. 하여 최근 학계에서는 고전 가설들의 '정복(conquest)'과 '이주(migration)'라는 키워드 대신에 '출현(emergence)'이라는 표현을 선호한다. '출현'이라는 단어가 고대 이스라엘을 해석하는 키워드로 부상하게 된 계기는 1983년에 출간된 두 편의 걸출한 저서가 사용한 용어에서 비롯된다. 바루크 헬펀Baruch Halpern의 『가나안에서의 이스라엘의 출현 *The Emergence of Israel in Canaan*』과 프리드먼과 그라프David N. Freedman & David F. Graf가 편집한 엮음집 『전환기의 팔레스타인: 고대 이스라엘의 출현 *Palestine in Transition: The Emer-*

gence of Ancient Israel』이 그것이다. 이 중『전환기의 팔레스타인』은 한국어로도 번역 출판된 바 있다(한국어 번역본의 서명은『전환기의 팔레스틴』).

이후 이스라엘 역사에 관한 연구들은 크게 두 범주로 나뉜다고 할 수 있는데, 적절한 용어로 보이지는 않지만 세칭 '맥시멀리스트Maximalist'와 '미니멀리스트Minimalist'라고 불린다. 그 차이는 성서를 대하는 태도와 관련되어 있는데, 전자가 성서를 중요한 사료적 가치가 있는 텍스트로 보려는 관점이라면, 후자는 성서의 사료적 가치를 덜 중요하게 여기는 관점이다. 하지만 실제로는 연구자마다 성서의 텍스트 중 어떤 것을 더 가치 있게 보고 다른 것에는 덜 가치를 부여하는 등, 단순히 성서 전체를 일관되게 평가하는 기준이라고 할 수 없다.

아무튼 최근의 연구 성과를 충실히 반영하면서 널리 사용되는 책으로는 밀러와 헤이스James Maxwell Miller & John Haralson Hayes의『고대 이스라엘과 유다의 역사*A History of Ancient Israel and Judah*』가 있다. 이 책은 오늘날 고대 이스라엘에 관한 가장 유명하고 가장 널리 사용되는 역사 교과서로 꼽힌다. 이 책은『고대 이스라엘 역사』라는 제목으로 한국어로도 번역되어 있는데, 그 무게나 대중성에 비해 널리 읽히지는 않고 있다.

교과서로서 독보적인 위상을 갖는 밀러와 헤이스의 책이 한국에서 그다지 많이 읽히지 않았다는 사실이 시사하는 바는, 한국의 성직자들과 신학생들, 그리고 교회의 학습 교재로 이 책이 환영받지 못하고 있다는 뜻이겠다. 그것은 고대 이스라엘 역사에 관한 수정주의적 저작들이 한국에서 홀대받는 것과 맥을 같이한다. 우선 중요한 책들이 대부분 출간되지 않았고, 출간된 책들도 독자들의 철저한 외면에서 벗어나지 못하고 있는 형편이다. 번역 출판된 것들로는 위에서 언급한 프리드먼과 그라프가 엮은 책 외에 로버트 쿠트Robert B. Coote의『초기 이스라엘 이해의 새로운 지평』 (원제는 *Early Israel: A New Horizon*)을 비롯한 그의 저서 몇 권, 고고학자이자 학술기획자인 허셜 섕크스Hershel Shanks가 엮은『고대 이스라엘. 아브라함부터 로마인의 성전 파괴까지Ancient Israel: A Short History from Abraham to the Roman Destruction of the Temple』등이 있고, 기독교 독자를 타깃으로 삼지 않고 인문학 출판 시장에 출시된 책들인 고고학자 이스라엘 핑켈스테인Israel Finkelstein의『발굴된 성서The Bible un-earthed』(한국어 번역본은 이스라엘 핑컬스타인,『성경: 고고학인가 전설인가』)와 키스 휘틀럼Keith W. Whitelam의『고대 이스라엘의 발명: 침묵당한 팔레스타인 역사The Invention of Ancient Israel: The Silencing of Palestinian History』정도다.

  이렇게 수정 가설들이 한국에서 외면받고 있는 이유는 무엇일까. 우선 올브라이트 학파의 고전 가설의 영향력이 너무도 막강하다는 점이 제일 중요한 이유겠다. 한데 그것은 현대의 역사학적이고 고고학적인 문제의식이 한국의 독자들에게 적극적으로 소개되지 않은 것과 무관하지 않다. 여기에는 신학자와 성직자의 학문적 게으름도 한몫하고 있다. 물론 그것은 교회의 반지성주의적 신앙이 신학자와 성직자를 옥죄고 있기 때문이기도 하다. 아무튼 서로가 서로를 옥죄는 악순환이 성서를 더 역사학적으로 읽는 데 장애가 되고 있다. 그런 이유 탓에, 중요한 저서 몇 권은 교회를 패스하고 인문학 출판 시장에 노크하는 일이 벌어졌다.

  그렇다면 교회에서 성서는 20세기 전반기까지만큼만 학문적으로 읽혀야 할까? 그런데 바로 그 점에서 윌리엄 데버William G. Dever의 책이 존재감을 드러낸다. 전문적 고고학자로서 최신의 고고학적 발견과 해석을 충실히 반영하면서도 그는 수정 가설들의 주요 논객들에게 끊임없이 문제를 제기하고 있다. 성서역사학자들이 현대역사학과 교류하면서 성서의 역사적 사실성에 회의적 태도를 드러낼 때마다 그는 적극적인 비판을 가했다. 그런 점에서 그는 맥시멀리스트에 가깝다. 가령 그는 다윗-솔로몬의 역사성을 부정하는 이스라엘 핑켈스테인과 논쟁을 했고, 포스트역사학적 문제의식으로 성서의 역사적 실증성을 비판하는 렘셰Niels Peter Lemche와 일전을 벌였다.

　이 책의 원제는 『초기 이스라엘인은 누구이며 어디서 왔는가?Who Were the Early Israelites and Where Did They Come From?』이다. 이 책의 한글 번역본의 제목인 '이스라엘의 기원'은 원제의 함의를 충실히 담고 있다. 데버가 이 책을 저술한 때는 그가 애리조나 대학의 교수직을 은퇴할 때(2002년)다. 그만큼 학자로서 그의 평생의 지론을 총결산한 책이라고 평가할 만하다.

　존 브라이트의 『이스라엘 역사』에 익숙한 독자가 그 낡은 시각을 넘어서 최근의 성서역사학계의 논의를 공부하고자 할 때, 성서의 역사적 재구성을 거의 발본적으로 재구성하고 있는 핑켈스테인의 『성경: 고고학인가 전설인가』와, 성서역사학의 학문적 가설과 방법론이 예외 없이 팔레스타인 땅에 살고 있는 다양한 주민의 존재를 부정하는 인종주의 프레임에서 벗어나지 못했다고 비판하는 휘틀럼의 『고대 이스라엘의 발명』의 문제의식에 공감하기에는 너무 큰 강을 건너야 하는 부담이 있다. 그런 점에서 핑켈스테인이나 휘틀럼과 논쟁하면서 성서의 역사성에 대해 좀 더 온건한 시각을 대표하는 데버의 책은 역설적이게도 그들과 논쟁하고 있지만 동시에 그들과 고전 가설 사이의 교량 역할을 한다. 요컨대 오늘 한국의 다수의 독자에게 데버는 현대 성서역사학의 고민과 인식에 다가가는 출입구라고 평가할 수 있다.

김진호
제3시대그리스도교연구소 연구기획위원장

| 머리말 |

거의 지난 2000년에 걸친 시기 동안, 소위 '서구 문화 전통'은 자신들의 기원을 고대 이스라엘에 두었다. 더 고상하고 보편적이며 영원한 질서인 진리가 이스라엘의 역사에 계시되어 경험할 수 있었다는 이스라엘인들의 주장을 이어받아 유럽인이나 신대륙의 많은 이가 역시 그 주장을 자신들의 상황에 맞게 받아들이고 있다. 우리는 우리 자신을 '새로운 이스라엘'이라고 여긴다. 특별히 미국인들 말이다. 그리고 그러한 이유로 우리는 우리가 누구였으며, 우리가 믿는 바와 가치를 두는 것들, 그리고 '우리에게 주어진 숙명'이 무엇인지를 자신하게 되었다.

그러나 만약 고대 이스라엘이 오랜 후대에 유대인에 의해서 '고안된' 것이라고 한다면, 그리고 성서가 자연스럽게도 아무것도 아니며 단지 경건한 프로파간다에 지나지 않는다고 한다면 어찌할 것인가? 만약 그럴 경우라면 일부 수정주의 역사학자들이 요즘 시끄럽게 떠들고 있는 것과 같이 고대 이스라엘은 존재하지 않았던 것이 되고 만다. 다시 말해서 실제로 역사적으로 실재했던 그 어떤 사람들도 실재 시간과 장소에 존재하지 않았으므로, 우리는 그 어떠한 역사적인 진리를 배울 수 없게 된다. 더 나아

14   이스라엘의 기원

가 그 어떠한 도덕이나 윤리적인 교훈도 얻을 수 없을 것이다. 히브리 성서에서 이스라엘의 이야기는 하나의 괴상한 문학적 뜬소리로 여겨질 수밖에 없으며, 다시 말해 소수의 용감한 학자들이 최근에 밝혀내기 전까지 셀 수 없이 많은 사람을 잔인하게 속였다는 말이다. 그러다가 결국 이러한 사회 혁명가들 덕분에 현대사회가 성서의 신화로부터 '해방'될 수 있게 되었으며, 그동안 우리가 자라왔던 성서의 굴레에서 벗어나 비로소 멋진 신세계로 나아갈 수 있음을 강력하게 주장하게 된다. 우리의 도사님들은 바로 변절한 성서학자들이 될 것이다 — 이들과 함께 '신-역사학파'와 반反-인권주의자들 그리고 문화 상대주의론자들이 있는데, 이들에 관해서 역사가인 키스 윈드셔틀Keith Windschuttle이 그의 충격적인 비판서 『역사를 죽이다: 문학비평가와 사회이론가가 어떻게 우리의 과거를 말살했는가The Killing of History: How Literary Critics and Social Theorists Are Murdering Our Past』(1996)에서 기술했다.

이러한 포스트모더니즘의 이상향에 아무런 영향을 받지 않은 사람이라면, 다시 말해서 고대 이스라엘에 대한 성서의 이야기 그리고 우리의 문화적 전통과 관련된 그것의 가치를 복권할 바람이 있는 사람이라면, 이스라엘이 이집트와 가나안에서 기원했다는 성서의 초기 언급들에서 시작해야 할 것이다. 바로 출애굽과 정복 기사 말이다. 그렇지만 이렇게 극적이고 중요한 이야기들이 현대적인 관점에서 볼 때 '역사적'이라고 할 수 있는가? 외부적이며, 뒷받침할 수 있는 (혹은 고쳐줄 수 있는) 증거들이 다른 어떤 곳에 있는가? 마지막으로, 고대 이스라엘에 관한 성서 내러티브가 실제이건 혹은 꾸며진 것이건 더 이상 그 어떤 문제가 되어야만 할까?

바로 이러한 문제들에 대해서 이 책은 답하고 있다.

방법론에 관한 언급이 필요할 것이다. 이것은 여기에서 내가 작업하는 것과 특별히 연관되기 때문이다. 그것은 바로 고고학적인 증거를 성서 본문을 다시 읽어내기 위한 '지배적인' (다시 말해 '근거'가 아닌) 수단으로 사용한다는 점이다. 나는 이러한 작업에 대해서, 보수적인 접근에서부터 진보적인 측면에 이르기까지 최소한 다섯 가지 기본적인 접근 방법이 있음을 알려주고 싶다.

1. 성서 기록을 문자 그대로 사실이며, 모든 외부적인 근거를 무관한 것으로 치부하는 접근.
2. 성서 기록을 매우 확실하게 사실로 받아들이되, 외부적으로 뒷받침될 수 있는 것들을 찾는 접근.
3. 성서 기록을 그 어떠한 선입견도 없이 외부적인 자료와 동등하게 다루는 접근, 두 개의 근거들로 하나의 '수렴'을 추려내고, 그 남은 것들은 의심스럽게 여기는 접근.
4. 만일 외부 자료에 의해서 증명되지 않는다면, 성서 기록은 사실이 아니라는 접근.
5. 성서는 사실이 될 수 없기 때문에, 성서 기록과 그 어떠한 다른 자료들 모두를 거부하는 접근.

이 책에서 나는 중도적인 입장을 취할 것이다. 다시 말해서, 3번의 접근이다. 그 이유는 내가 생각하기에 진리는 그 어느 지점에서 발견될 수 있다고 보기 때문이다.

내가 먼저 인지시킬 부분은, 초기 이스라엘에 대한 '이야기'를 해주고, 또 그것을 보통의 교육 수준을 받은 독자들에게 이해시키려면, 나는 어떤 부분에서는 상당히 간명하게 단순화할 수밖에 없었다는 점이다. 이러한 단순화는 필요한 일이기는 하지만 그럼에도 불구하고 나는 균형 잡힌 정보를 제공하고 또한 다른 학자들의 견해들에 대해서도 정확하게 전달하고

자 노력했음을 알린다. 독자들은 인용된 연구서들에 대한 보다 자세한 내용을 이 책의 끝에서 찾을 수 있을 것이다. 내가 볼 때, 그 정도의 연구서들이라면 충분할 것이다.

이 주제에 대해서 내가 고고학자와 역사가의 입장에서 접근할 뿐 히브리 성서의 문학 연구자로 접근하지 않기 때문에, 나는 일련의 '문학'과 관련된 언급들을 다루지는 않을 것이다. 참으로 이상하게도 이러한 연구들은 진보적 학자나 보수적 학자 모두 다루고 있기는 한데, 그러면서도 실제 역사적인 재구성에 관한 문제에 대해서는 외면하고 있다. 그러한 부류의 연구서들은 '고대 이스라엘의 역사에 관한 문헌사'인 척하지만, 나는 일찍이 올브라이트Albright가 실제(realia)라고 명명했던 것(문학이 아닌 고고학을 가리킴-역주)에 더 집중하고자 한다.

마지막으로, 서론을 마무리하면서 연대를 설정하는 것과 관련하여 나는 이렇게 간단하게 줄여서 사용할 것이다:

'후기 청동기 시대' = 기원전 약 1500~기원전 1200년
'철기 Ⅰ 시대' = 기원전 약 1200~기원전 1000년

또한 편의상 앞의 것을 '가나안' 시대로, 그리고 뒤의 것을 '이스라엘'(또는 '원-이스라엘[proto-Israelite]') 시대로 종종 부를 것이다. 이 책 전반에서 나는 '출애굽(Exodus)' 그리고 '정복(Conquest)'이라고 대문자로 표기함으로써, 그것의 역사서에 대한 어떠한 편견도 없이, 단지 성서의 이야기와 그것의 전통들을 지칭하는 것으로 다룰 것이다.

나는 많은 각주 때문에 거치적거리게 하고 싶지 않다. 단지 내가 직접 인용하는 경우에 한해서 저자와 출판연도 그리고 페이지를 언급하겠다. 여기에서 언급된 것들과 다른 기초적인 연구서들은 이 책의 끝에 참고문

헌 목록에 나열되어 있으니, 원하는 독자들은 그 자료들을 깊이 파보면 좋을 것이다.

나는 여기에서 언급하고 있는 학자들의 연구에 전적으로 빚을 지고 있다. 나는 그들을 개인적으로 깊이 알 수 있었던 특권을 얻었는데, 심지어 그들 중에는 선구자적 업적을 이루었던 세대도 있었다. 그러므로 나는 그들의 토대 위에서 이러한 작업을 한 것이나 마찬가지이다. 특별히 나의 이스라엘 동료 학자들에게 감사를 표하고 싶은데, 그들과 함께 수년간 "그 땅을 보며"(수 2:1) 작업하면서, 있는 그대로의 사실들을 배울 수 있었기 때문이다.

또한 동료인 에드워드 라이트J. Edward Wright 교수에게 감사하고 싶은데, 그는 이 책의 초본을 읽고 성서적 측면에서 많은 유용한 제안을 해주었다. 이 책에서 나타나는 그 어떠한 특이점에 대해서 그는 전혀 책임이 없음을 밝힌다.

나는 이 책을 나의 아들 션이 죽었던 2001년 봄 이후 몇 주 동안 기록했다. 그때는 오직 작업하는 일만이 나의 유일한 치료였다. 아들에 대한 기억은 그때나 지금이나 나를 울컥하게 한다. 나는 이 책을, 비록 여전히 진행 중에 있지만, 션에게 바친다. 그는 중요한 것은 여정 그 자체이지 도착하는 것이 아니라는 것을 알려주었다.

애리조나 투산
2001년 5월

제1장

초기 이스라엘의 기원을 이해함에 있어 최근의 위기

현대의 문학비평 성서학이 19세기 중후반에 출현하기 전까지만 해도 히브리 성서 혹은 기독교의 구약은 하나의 경전, 즉 거룩한 문서로 여겨졌다. 그것이 말하는 이야기들은 완전한 사실로 여겨졌고 유대인이나 기독교인 그리고 대부분의 사람은 대개 문자적으로 읽어왔다. 실로 어느 부류에서는 여전히 그렇다: 내가 좋아하는 자동차 범퍼 스티커에는 이렇게 쓰여 있다(일반적으로 차 안에 총을 걸어두는 곳에서도 찾을 수 있다): "하나님이 말씀하셨다; 나는 믿는다; 문제 끝!" 세상이 그렇게 간단하기만 하다면야.

회의주의의 탄생

성서학자들은 히브리 성서의 모든 책이 그것이 묘사하고 있는 사건이 발생한 오랜 후에 기록되었음을 오래전부터 인식했으며, 전체를 이루는 하나의 책이 되기까지 천 년이 넘는 시간을 거쳐 상당히 복잡한 문헌적 과정을 통해 기록자와 편집자에 의해서 형성되었음을 알게 되었다. 더 나아가, 성서를 직접 기록했던 정통 민족주의 집단의 왜곡된 견해까지도 종종 극명하게 발견되며, 이것은 경건한 신자들도 인지하는 바이다. 마지막으로, 성서의 많은 이야기가 전설처럼 보이는데, 기적적이며 동화적인 요소가 차고 넘쳐서 현대의 독자에게 종교적으로 설득력을 얻을 수 없게 되었다. 이러한 모든 요인은 성서의 신실성에 관한 의심을 불러일으키는 원인이 되었다.

대중적 인기

점차적으로 회의적 — 어떤 경우에는 허무주의적 — 인 학자들이 일반 대중을 현혹하기에 이르렀다. 그리고 지난 몇 년 동안, 성서의 전통을 귀하게 여겼던 독자들이 혼란을 겪게 되었고 심지어는 성서에 대해 연합해서 악의적인 공격을 일삼는 것으로 보이는 연구들로 인해 불안해하기도 했다. 그것들 가운데 상당수는 명망 있는 성서학자들에게서 나오기까지 했다. 이제는 일부 시리아-팔레스타인(혹은 '성서') 고고학자들까지도 그 싸움터에 끼어들고 말았다.

최근에 나온 책들의 제목을 살펴보면 많은 것이 일반 독자를 겨눈 것임을 알게 되는데, 이것들을 통해서 현재 성서학의 방향이 어디에 있는지 알 수 있을 것이다:

필립 데이비스Philip R. Davies, 『'고대 이스라엘'을 찾아서In Search of 'Ancient Israel'』(1992).

키스 휘틀럼Keith W. Whitelam, 『고대 이스라엘의 발명: 침묵당한 팔레스타인의 역사The Invention of Ancient Israel: The Silencing of Pales-
tinian History』(1996).

레스터 그라베Lester Grabbe (편집), 『'이스라엘 역사'는 기록될 수 있는
가?Can a 'History of Israel' Be Written?』(1997).

토머스 톰프슨Thomas L. Thompson, 『신화적 과거: 성서고고학과 이스라
엘의 신화The Mythic Past: Biblical Archaeology and the Myth of
Israel』(1999).

이스라엘 핑켈스테인, 닐 실버먼Israel Finkelstein and Neil A. Silberman, 『발
굴된 성서: 고대 이스라엘과 그 신성한 문헌의 기원에 대한 고고학의 새로
운 비전The Bible Unearthed: Archaeology's New Vision of Ancient
Israel and the Origin of Its Sacred Texts』(2001).

나는 최근에 책 한 권을 출간했는데, 그 책은 위에 언급된 회의주의에
상대하려고 기록한 것으로, 그 제목은 『성서 기록자들은 무엇을 알았으며
그들은 그것을 언제 알았는가? 고고학이 고대 이스라엘의 실제에 대해서
우리에게 알려줄 수 있는 것들』(2001)이다(이 책의 주장을 요약하자면, 성
서 기록자들은 많은 것을 알고 있었고, 그것을 상당히 일찍부터 알고 있
었다는 것이다).

신문기자들은 일찌감치 '역사로서의 성서'라는 주제를 두고 벌어진 논
쟁에 주목한 바 있다. 특별히 이제는 이 논쟁에 고고학이 새롭게 포함된
셈이다. 그러므로 한때 『월스트리트 저널』의 중동 전문가였던 에이미 마
커스Amy Dockser Marcus의 최근 탐사 기고를 보면, 그 제목이 『느보에서 조
망하다: 어떻게 고고학이 성서를 다시 써내려가고 있으며 중동을 재편하
고 있는가The View from Nebo: How Archaeology Is Rewriting the
Bible and Reshaping the Middle East』(2000)이다. 심지어 이 책이 고

고학을 표면적으로 취급할 뿐이면서도 그것을 가히 혁명적이라고 과대포장하고 있지만, 이 책은 어떤 계층에게는 여전히 영향을 끼치고 있다(자세한 내용은 12장에서 다룬다).

일반적으로 위에서 언급한 이러한 책들의 결과, 대중은 '역사로서의 성서'에 대해 오랫동안 소중하게 간직해왔던 생각들로부터 의심과 경시, 더 나아가 심한 반대에 직면하게 되었다. 이러한 책을 쓴 학자들은 한쪽엔 어느 특정 종파에 속하지 않는 포스트모던 신진 학자들이 있고, 다른 한쪽엔 기존의 종교관련 교육기관에 속한 대다수의 학자들이 있다. 신학교에서 성서와 성서의 역사는 해체주의 문학비평가나 정치적 활동가, 사회적 운동가, 다중문화론자, 뉴에이지 대중 정신분석가 같은 사람들에 의해서 다시 작성되고 있다. 사실 그 어떤 것도 '조용한 혁명'이랄 부분이 없다.

성서에 대한 우리의 이해가 이렇게 발전하고 있음을 알려주는 매우 놀라운 이야기는 『성서고고학 리뷰』와 같은 대중적으로 특화된 잡지에서뿐만 아니라 『타임』, 『뉴스위크』, 『유에스뉴스 월드리포트』, 『사이언스』, 『월간 애틀랜틱』, 『고등교육 연대』, 그리고 심지어 『월스트리트 저널』과 같은 주류 언론에서조차 발견할 수 있다. 『뉴욕 타임스』의 2000년 6월호는 「성서, 역사로서 새로운 고고학이란 시험에서 낙제하다」라는 제목의 기사를 1면으로 실었다. 핑켈스테인Finkelstein과 실버먼의 최근 연구는 비록 그 논쟁적인 주제들과 (장차 우리가 살펴볼 것이지만) 많은 결점에도 불구하고 즉시 베스트셀러가 되었다. 그 책의 저자들은, 물론 나와 다른 이들과 함께 여러 신문과 국영 라디오방송의 인터뷰, 역사와 교육 관련 텔레비전에서, 그리고 BBC의 교육방송 자회사의 영상 제작에서 최근 빈번하게 등장하고 있다.

'출애굽' 그리고 '정복': 뜨거운 감자

대중 강연을 할 때마다 나는 평신도의 주요한 관심 가운데 하나가 '출애굽과 정복'에 대한 질문이라는 것을 확인하게 된다. 유대교나 기독교 전통에 조금이라도 관심이 있는 사람이라면 이러한 질문들이 매우 중요한 주제라는 것을 본능적으로 파악하게 된다. 왜냐하면 이것들은 성서의 사람들에 대한 특별한 성격을 보여줄 뿐만 아니라 그 기원과 연관된 문제이기 때문이다. 사람들은 이렇게 묻는다: "만약 이집트에서 탈출한 이야기가 완전히 신화라고 한다면, 과연 우리가 무엇을 믿을 수 있단 말입니까?"

이스라엘에서는 출애굽과 정복에 대한 성서의 이야기를 갑자기 유행처럼 거부하는 사건이 생겼는데, 이것은 그 땅을 자신들의 것이라고 주장했던 초기 시온주의자들의 근본 사상에 회의를 두는 것이기 때문에 많은 이에게 특별한 주의를 불러일으켰다. 언뜻 보기에 악의적이지 않은 최근 고고학적 해석 연구가 텔아비브 대학의 고고학자인 제에브 헤르조그 Ze'ev Herzog에 의해서 『하아레츠*Ha'aretz*』 잡지 1999년 10월호에 발표되었는데, 이 보고서는 엄청난 후폭풍을 야기했다(이와 관련된 자세한 사항은 12장에서 다룰 것이다). 고대 이스라엘이 '발명되었다'는 새로운 관점이 암시하는 점을 두고 팔레스타인의 해방운동가들은 조금도 지체하지 않고 주목하였다(이 책에서 좀 더 자세하게 다루겠다).

의견 일치를 향하여 — 그리고 그 파멸

19세기 후반부터 등장한 현대 학자들, 곧 성서학자와 고고학자 모두는, 내가 여기에서 '이스라엘의 기원'이라고 부르는 것에 대한 질문을 추구해왔다. 학자들은 성서를 깎아내리려는 목적으로 저작권, 연대, 역사적 맥락, 진정성 그리고 신학적인 중요성과 같은 물음을 던지지 않았다. 오히려 '비판적' 성서학계에 의심의 눈초리를 던졌던 평신도들은 20세기 초반 근본주의자와 모더니스트 사이의 논쟁 가운데 그와 같은 질문들을 종종 고려했다. 이런 상황에서 학자들은 성서 시대에서 보다 신뢰할 만한 '역사적 사건들'을 보여주는 게 더 낫다고 생각했다. 그리고 성서 내러티브에서 기술된 그 어떠한 사건들도 '출애굽과 정복' 이야기가 상정하는 영향력에 비교할 수 없었다. 이집트의 속박에서 이끌어내어 가나안이라는 약속의 땅으로 자신의 백성을 인도한 하나님의 구원의 역사는, 성서 전체 구조를 견고하게 세워주는 근본적인 이야기였던 셈이다. 그것은 이후에 이스라엘 사람들의 역사에도 본질적인 요소가 되었으며, 백성의 정체성을 규정하는 성서적 비전이 되었다. 이것은 마치 미국의 독립혁명이 미국인만의 독특한 경험이 되고 더 나아가 일종의 운명처럼 여겨졌던 것과 비교할 수 있다.

초기 고고학자들에 대해서 생각할 때, 그들도 역시 고대 이스라엘의 기원을 탐사하여 자신이 특별한 존재라는 것을 믿고자 했다. 성지(the Holy Land)에서 있었던 초기 단계 고고학의 발굴지 대부분은 성서에서 나왔던 곳이었는데, 이들의 발굴은 그들이 성서의 초반 역사에 빛을 비춰줄 수 있다고 생각해서 시도된 것이었다. '성서고고학 학회'의 미국 설립자—타의 추종을 불허하는 윌리엄 폭스웰 올브라이트William Foxwell Albright—의 주요한 목적은 '족장들의 역사성'; '모세와 유일신 신앙'; 그리고 '출애굽과 정복'에 대한 것이었다. 고고학자들은 한 손에 성서를 들고서 여리고와 같은 유적지를 발굴하였다. 그리고 결과를 기다리는 사람들에게 담대하게 선언하기를 여호수아가 산산조각 낸 바로 그 벽들을 자신들이 찾아냈다고 했다. 독일인 작가가 쓴 베스트셀러 제목의 영어 번역에서 드러난 것처럼, "결국 성서가 옳았다(Und die Bibel hat doch Recht)." 20세기 초반엔, 성서의 진실을 증명하는 데 있어 '성서고고학'이 가진 가능성은 열광적인 수준 그 이상이었다. 1930년대의 한 구약학자는 다음과 같이 기록했다:

> 폐허가 된 도시를 발굴하고 보니 당최 믿으려 하지 않는 비평가나 진화론자가 만족할 만한 결과는 어디에도 없었다. 성서에 나온 땅에서 고고학자들이 발굴한 것들은 경전의 내용을 확증했고 성서의 적들을 당황시켰다. (…) 그리스도가 하늘로 다시 올라가신 이래로, 하나님의 말씀이 진리라는 과학적인 증거들이 차고 넘친다.

그렇게 고고학적 증거가 차곡차곡 쌓여감에 따라 1930년대와 1950년대 사이에 '성서고고학'은 절정기에 이르렀지만, 이스라엘의 기원에 대한 질문은 점점 처리 불가능한 것이 되고 말았다. 모두가 실망스럽게도 새로운 정보는 해답을 주기보다 오히려 더 많은 의문점을 불러일으킬 뿐이었다. 사실, 그 누구도 출애굽에 대한 고고학적인 증거를 발견한 적이 없었다. 그러나 가나안을 정복하고 그곳에 정착하게 되었던 일을 재구성하려는 시도로, 결국엔 세 가지의 상충하는 이론들 혹은 '모델들'이 나타나게 되었다. 우리는 이 부분을 곧 다룰 것이다.

제2장

'출애굽', 역사인가, 신화인가?

이스라엘 사람들이 가나안 땅에 자신들의 나라를 수립했다는 이야기는 이집트에서 탈출한 것에서 시작한다. 그것은 이스라엘이 하나의 나라로 시작하는 이야기이며, 출애굽기와 레위기 그리고 민수기라는 책에서 아주 많이 그리고 극적으로 자세하게 언급되었다. 이 장엄한 이야기는 창세기부터 열왕기하까지 아우르는 '모든 이스라엘' 역사 전체 중에 1/7 분량에 해당한다.

성서 자료들과 배경 지식

이렇게 압도적인 민족 서사시는 한때 개별적으로 존재했던 두 개의 주요한 작업으로 구성되었다: (1) 오경, 혹은 '모세 오경'으로 창세기부터 신명기에 이른다(아마 본래 신명기를 제외한 '사경'이었을 것이다); 그리고 (2) '신명기적 역사서'로, 신명기에 여호수아, 사사기, 사무엘서, 그리고 열왕기서를 더한 책들이다. 학자들은 히브리 성서 안의 이러한 문학적 개별 전통들이 익명의 저자들에 의한 기록과 편집을 통해 기술적으로 하나의 작품으로 묶였으며, 결과적으로 하나의 완전한 합성물로 존재하게 되었음을 오래전부터 인지해왔다. 그러므로 오경의 자료들은 다음과 같이 나눌 수 있었다: 'J 그룹'(그 이유는 신의 이름으로 야훼 혹은 독일어로 야베Jah-weh가 선호되었기 때문이다)과 'E 그룹'(다른 히브리 신명인 엘로힘Elohim을 선호하기 때문이다). 전통적으로, J는 기원전 10세기 초반으로 연대 설정이 되고, E는 아마도 기원전 9세기에 작성되었으며, 8세기에 들어와서 하나로 편집되었다고 여겨진다. 다음으로 마지막 자료인 '제사장 그룹'(P로 알려졌다)이 있는데, 포로기 혹은 포로 후기(기원전 6세기)의 어떤 시점에 상당한 분량의 제사장적 규례가 추가된 상태로, 지금 우리가 가지고 있는 것과 같이 최종적으로 편집되었다.

그러나 요즘에 와서는, 비록 연대적인 면에서 다소 후대라고 할 수 있겠으나, 오경을 기원전 8세기 혹은 7세기인 왕조 말기에 작성되었으며 보다 통일된 작품으로 보려는 경향이 있다. 이렇게 기록 연대를 낮추는 중요한 이유는 고대 이스라엘에서 문자를 기록할 수 있었던 시대가 일찍 잡아도 기원전 8세기 들어서 가능했을 것이라는 고고학자들의 최근 연구 때문이다. 또 다른 이유로, 신명기적 역사가 요시야 시대(기원전 650~기원전 609년)에 일어났던 모세 개혁운동(그래서 '신명기' 혹은 '두 번째 율법'이 된 것이다)의 일환으로 생겨난 작품이며, 그 작품이 결국 기원전 6세기의 포로 시기 동안 유다 왕국의 멸망이 추가된 상태로 나타났기 때문이다.

여기에서 주목할 점은 오경/사경과 신명기적 역사 모두 그것을 기술하는 시점이 출애굽과 정복이 있은 지 최소한 500년이 지난 후에 일어났다는 점이다. 그것만으로도 그 기록물의 역사적 신뢰성에 대한 의문이 생겨난다. 그러나 대부분의 학자들은 내가 논증하는 것과 같이 성서의 전통이 오늘날 우리가 찾아낼 수 없는 그 당시의 옛 문서들에 의존했을 뿐만 아니라, 매우 오래된 구전 전승에도 의존했을 것이라고 주장하게 되었다. 이러한 초기 전통들은 그 뿌리를 이스라엘이 존재하기 이전인 청동기 시대에 두고 있으며, 이것은 출애굽이 발생했을 시기를 가리키는 것이기도 하다.

오늘날 출애굽의 시간적 연대는, 예전에 생각되었던 것처럼 기원전 15세기가 아니라 기원전 13세기 중반에서 후반으로 확정되었다. 예전에 주장되었던 '이른' 연대는 부정확하고 상호 모순적인 성서의 시간표에 기초한 것으로, 다음의 계산을 따라 결정되었다: 그 시작은 솔로몬 통치 4년에 있었던 예루살렘 성전에 대한 언급으로, 여기엔 출애굽 이후 480년이 지났다고 나와 있다(왕상 6:1). 우리는 솔로몬이 기원전 930년에 죽었다는 것을 알고 있기 때문에(14:25-28; '시삭Shishak'은 기원전 약 945~기원전 924년에 재위했던 세숑크 1세이다), 그리고 그가 40년간 통치했기 때문에(11:42), 솔로몬은 970년에 등극한 것으로 보인다. 그러므로 우리는 480에 966을 더해서 기원전 1446년이라는 정확한 출애굽의 연대를 얻어낼 수 있게 되었다. 그러나 이렇게 이른 연대는 팔레스타인의 고고학적 기록들과 전혀 맞지 않는다; 오늘날 극소수의 보수적인 근본주의자만이 이 주장을 고집할 뿐이다.

오늘날 모든 권위자는 팔레스타인 지역에서 나타나는 주요한 문화적 단절 지점이 '가나안'에서 '이스라엘'로 문화적인 대변환이 일어났던 기원전 약 1250~기원전 1150년의 청동기 시대 종반에 해당하는 고고학적 결과물과 깊이 연관되어 있다고 입을 모은다. 그렇다고 한다면 이 지점이, 비록 성서의 기록자들은 말해주지 않고 있지만(그리고 그것도 오늘과 같이 과학적인 지식의 혜택을 받지도 못한 상황에서, 몇 세기 이후에 기록된 것은 어쩌면 그 사건을 정확하게 알고 있었다고 보기에 어렵다), 우리가 알고 있는 성서 이야기의 정확한 역사적 맥락이라고 하겠다. 예를

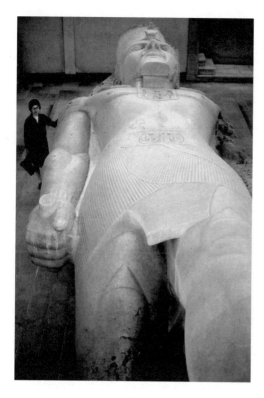

람세스 2세로, '출애굽의 파라오'로
추정된다.
William G. Dever

들면, 성서를 기록한 자들은 계속해서 악당을 가리키며 단순히 '파라오'라
고 부를 뿐이다. 이 인물은, 그가 만약 역사적인 인물이라고 한다면 제19
왕조의 악명 높은 람세스 2세뿐이다(기원전 약 1290~기원전 약 1224년). 성서
에서 나오는 '역사적인 언급들'로 여겨지는 내용들에 대해서 곧 다루도록
하겠다.

　사실상, 거의 모든 사람이 성서 이야기의 기초적인 개요를 알고 있다.
주일학교에서 배우지 못했다고 하더라도, 세실 데밀Cecil B. DeMille의 영화
〈십계〉를 통해 배웠을 것이다(이 영화에서 율 브리너는 사악한 람세스 역
할에 딱 맞았고, 찰턴 헤스턴은 비현실적인 모세를 표현했다). 우리가 잘
알고 있다고 생각하지만, 고대의 성서 내러티브가 담아내고 있는 다양한

세부 사항에 주목해보도록 하자. 다시 말해서, 오늘날 우리가 보유하고 있는 문헌 혹은 고고학적인 근거에 기초해서 과연 그 역사성이 '검증'될 수 있는지 살펴보자는 말이다.

'요셉 이야기'

출애굽기에 따르면, 이집트에서 '이스라엘 자손들'이 겪었던 문제는 "요셉을 알지 못한 새로운 왕"의 등극에서부터 시작된다(1:8). 그것이 우리에게 말해주는 성경 내용 전부이다. 그렇지만 일찍이 로마 시대에서부터 요셉 이야기의 역사적 맥락을 찾기 위한 당시 학자들의 노력이 있어왔다. 유대인 역사가 요세푸스Flavius Josephus는 한때 신비의 대상이었던 힉소스Hyksos, 곧 '이방의 통치자들'에 의한 지배와 연결시켰다. 힉소스족은 아시아 왕국의 후손들로, 기원전 약 1640~기원전 1500년경인 제15왕조 동안 가나안 지역에서부터 침투해서 델타 지역을 주름잡던 민족이며, 제16, 17 왕조의 중앙과 남부 이집트와 힘을 겨루기까지 했을 정도였다. 고고학자들은 오랫동안 잊혀왔던 힉소스의 수도 아바리스Avaris를 나일강의 펠루시아 물줄기에 위치한 텔 에드-다바Tell ed-Dab'a로 자리를 지정하고 대대적인 발굴 작업을 실시했다. 그곳에서 발굴된 도자기, 매장 풍습, 건축양식, 그리고 남겨진 다른 물질 문화를 통해서 힉소스족이 본래 가나안 사람들이었음이 드러나게 되었다. 더 나아가, 고대 이집트의 '왕들의 목록'에서 나온 여섯 명의 힉소스 왕 가운데 세 명의 이름이 명확하게 셈족 언어를 따르고 있었다: 그 이름 중에 하나는 아모리·가나안 언어로 '야쿱Yaqub'이었으며, 이것은 성서에 나오는 족장 야곱의 히브리어 이름과 정확하게 일치한다고 하겠다. 힉소스 시대의 것으로 스카라베Scarabée(풍뎅이 모양의 부

이집트의 베니 하산의 한 무덤에서 출토된 벽화로, 가나안에서 온 아시아인 무역상들을 보여주고 있다; 요셉을 언급하면서 '채색 옷'을 언급하고 있다(창 37:23). 초기 제12왕조(기원전 약 1900년).

중기 청동기 시대의 나일강 델타 유역 지도, 기원전 약 1900~기원전 약 1500년.
Manfred Bietak, *Avaris: The Capital of the Hyksos*

적 – 역주)가 이스라엘 해안 근처의 한 유적지에서 발굴되었는데, 그 부적에는 야쿱이란 똑같은 이름이 들어 있었다.

요세푸스의 견해를 따르면, 힉소스 사람 요셉을 알지 못했던 '새로운 왕'은 회복기를 이루었던 제18왕조 초기의 통치자 중 하나였을 것으로 보인다. 이러한 역동적인 지도자들은 신왕국을 건립하였고, 델타 지역에서 아시아인을 추방했으며, 아바리스를 파괴하고 살아남은 자들을 내몰아 가나안으로 되돌려 보냈다. 기원전 약 1524년부터 기원전 약 1450년에 이르기까지 제18왕조의 이집트 왕들은 매년 원정을 떠났고 거의 모든 중기 청동기 시대의 방어시설들을 가차 없이 파괴하였다. 이러한 모든 사항은 이집트에서 발굴된 문서들과 이집트의 텔 에드-다바에서 이루어진 최근의 고고학 발굴, 그리고 이스라엘과 웨스트뱅크의 여러 유적지에서 발굴된 결과물과 합치한다. 요세푸스는 성서에서 언급하고 있는 '새로운 왕'을 콕 집어 기원전 1468년에 등극한 이래로 매년 가나안을 침공했던 투트모세 3세라고 매우 설득력 있게 규정하기도 했다. 물론 요세푸스에게 있어서 그 연대는 성서의 내용들을 합치하려는 시도에 따른 것이며, 결국 출애굽의 시대는 기원전 약 1446년이었다고 생각되었다. 우리는 이러한 모든 점을 통해, 요세푸스가 알고 있는 전통적인 성서의 이야기라는 것을 전혀 엉터리로 치부할 수 없음을 엿보게 된다. 오히려 거기에는 어느 정도 그럴 듯한 역사적 기반이 담겨 있는 듯하기 때문이다. 그러나 오늘날 우리가 이루어놓은 고고학적 근거에 따르면, 요셉의 후손을 핍박했던 '새로운 왕'은 투트모세가 될 수 없다. 오히려 그 왕은 대략 2세기 이후인 람세스 2세라고 해야 한다. 나는 이 책의 마지막에서 요셉 이야기를 다시 다루도록 하겠다. 왜냐하면 역사적 배경과 저작 연대를 어떻게 추측한다 하더라도 이 부분은 매우 중요하기 때문이다. 단지 지금 단계에서는 출애굽의 사건들을 펼쳐보고, 그 이야기가 믿을 만한 것인지, 고대 역사가와 그들의 자료로부터 과연 우리가 어느 정도까지 정확성을 기대할 수 있을 것인지를 고려해야 한다. 그렇다 하더라도, 그 일을 진행하는 중에 우리가 명심해야 할 것이 있는데, 바로 이집트에서 '히브리 사람' 혹은 '이스라엘 사람'을 언급하고 있는 단 하나의 유물도 발견되지 않았다는 점이다. '출애굽'이라는 언급은 말할 것도 없다. 물론 경건한 신자들은 이러한 침묵을 설명하기를, 자부심이 강한 이집트 사람들이 자신들의 쓸쓸한 패배를 인정하지 못했기 때문이라고 할 것이다. 그러나 고고학은 우리에게 전혀 다른 이야기를 들려준다.

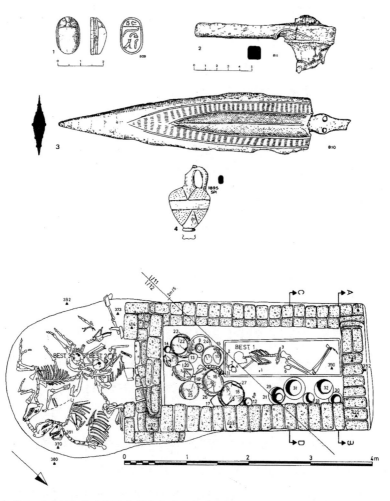

텔 에드-다바에서 출토된 중기 청동기 시대의 전형적인 아시아 (가나안) 무덤과 부장품들; 기원전 약 1900~기원전 약 1750년. Manfred Bietak, *Avaris: The Capital of the Hyksos*

이집트에서의 노예 생활

성서 이야기에 따르면, 갑작스러운 위기는 바로 이집트 왕이 오랫동안 이방인으로 지내왔던 히브리 사람들을 노예로 삼아 "국고성 비돔과 라암셋"을 건축하게 한 일이었다(출 1:11). 학자들은 이 이름을 가진 이집트 유적지들을 오랫동안 찾아왔다. '비돔'(아툼의 집)은 텔 엘-마스쿠타, 혹은 그 근처인 텔 엘-레타베였다고 널리 인식되었다. 이 두 개의 장소는 고고학자들에 의해서 일부 탐사되었고, 중기 청동기 시대에 '힉소스'가 살았던 곳으로 드러났다. 그러나 텔 엘-레타베는 신왕조 시기와 람세스 초반 시

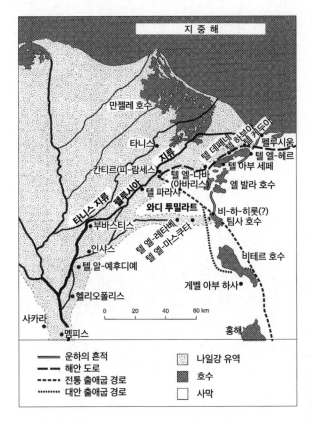

나일강 델타 동부 지역 지도로, '비돔'과 '라암셋'으로 생각되는 위치가 나타나 있다. James K. Hoffmeier, *Israel in Egypt*

기 동안 버려졌다가, 기원전 12세기에 이르러 다시 사람들이 정착했다. 그리고 텔 엘-마스쿠타의 경우는 중왕조 이후로 (기원전 7세기 후반인) 사이스Saite 시대에 이르기까지 아무도 거주하지 않았다. 그러므로 '비돔'과 관련하여 가장 그럴듯하다고 제시된 이 두 장소는 사실 기원전 13세기 중반이라는 역사적 정황에 딱 들어맞지 않는다고 하겠다.

반면 성서에 나오는 '라암셋'은, 위에서 언급한 바와 같이 힉소스의 옛 수도인 텔 에드-다바로 알려진 아바리스라고 입을 모으고 있다. 다바Dab'a 에서는 성서에 나오는 몇 가지 이야기를 설명하는 역사적 정황에 대해서 방대한 증거가 나왔다. 기원전 1530년 어간으로 이집트 사람들에 의한 파괴가 있었다; 신왕조 대부분 기간 동안 그 지역은 버려졌다; 그러다가 람세스 2세가 되어 국고성 '라암셋'(혹은 '람세스의 집')을 재건하게 되었다. 물론 실제로 남아 있는 건물은 찾을 수 없으며, 노예 시설이라는 것도 역시 발견되지 않았다(당연한 이야기지만 그러한 시설이 보존되었을 것이

이방인을 쳐부수는 람세스 2세.

라고 기대조차 할 수 없다). 그러나 아시아 노예들은 — 그들 중에는 이스라엘의 조상들이 있었을 것이다 — 그곳과 델타 지역의 다른 곳에서 람세스 2세의 건축 공사를 위해 흙벽돌을 만드는 작업에 동원되었을 것이다 (출 5:5-21).

열 가지 재앙

이 시점에서 성서의 기록자들은 모세라는 인물을 전면에 내놓는다. 바로의 계속된 억압의 결과로, 히브리 사람으로 태어났지만 이집트 왕실의 양자로 길러진 모세가 히브리 노예를 위한 보호자로 등장한 것이다. 그는 바로에 도전한다. 그러나 바로의 "마음이 완강하게" 되었다(출 7:14). 그래서 모세에게 새롭게 계시된 신 야훼는 이집트 사람에게 견딜 수 없는 재앙들을 내리게 되고, 결국 바로는 마음을 억누르고 노예들을 풀어주었다(출 8-12장).

열 가지 재앙이라는 이야기는 오랜 시기 동안 평신도와 학자 모두의 관심을 끌었고 당황스럽게도 했다. 언급된 사건들은 모두 기적으로 묘사되었다: 자신의 백성을 위해서 자연과 역사 속에 개입한 야훼의 극적인 등장이 나오고, 이와 반대로 바로와 이집트 신들의 무능력이 대조된다. 그렇지만 여전히 이러한 '극적인' 사건들은 의심이 많은 현대 독자를 잘 설득하지 못하고 있으며, 오히려 자연적인 현상으로 설명하려는 많은 시도가 있었다. 재앙 가운데 많은 것이 이러한 일반 상식적인 설명으로 해명될 수 있다 — 실제로 중동에 사는 사람들에게 이것들은 매우 익숙한 현상이며, 그들은 그러한 것들을 전형적인 '자연재해'로 취급하고 있다. 개구리, 이, 파리 그리고 메뚜기의 주기적인 출몰은 그 지역에서 다반사였다(이것들은

2, 3, 4 그리고 8번째 재앙이다). 접촉에 의해 전염되는 질병은 그 당시에는 알려지지 않았지만, 오늘날에 가축을 감염시키는 질병은 그 옛날에도 존재했던 것이었다(5번째 재앙). 예기치 않은 범람, 싸라기눈, 그리고 캄캄한 어둠을 동반한 폭풍과 같이 통상적이지 않은 기상 변화는 지중해 동부 기후의 특징이기도 하다(7, 9번째 재앙). 그리고 중동을 오랫동안 여행했던 사람이라면 흔히 볼 수 있는 피부질환 역시 일상이다(6번째 재앙인 '독종'). 그러한 독종 가운데 '바그다드 종기' 혹은 '여리고 홍혈(Jericho rose)'은 오늘날 피부에 나타나는 리슈만편모충증(Leishmaniasis)으로 알려져 있으며, 사막의 파리가 옮기는 기생충에 의해 감염되는 질환이다(나는 1962년에 요르단에서 그 질병을 앓아서 잘 알고 있다).

그렇지만 가장 충격적인 마지막 재앙 — 이집트 사람 가운데 장자의 죽음(출 12:29-32) — 은 쉽게 설명할 수 없다. 우리가 잘 알고 있는 몇 가지 치명적인 전염병조차 그 정도로 상대를 선별하지 않기 때문이다. 이러한 특별한 재앙의 경우에는 그 어떠한 자연적인 설명이 가능하지 않다(그리고 또한 그렇게 복수심 가득한 신의 행동을 도덕적인 관점에서 설명하려는 것 역시 다른 문제이기도 하다).

출애굽기에 나오는 열 가지 재앙을 자연현상으로 설명하려는 다양한 시도는 매우 인상적이다. 그렇지만 그러한 시도들은 성서 내러티브가 말하려는 초점을 빗겨나가고 있다. 즉 내러티브는 그러한 사건들은 설명될 수 없는 것임을 말하고 있다. 그것들은 기적이며 초자연적인 사건들이다. 그러한 이야기를 다른 식으로 풀이한다는 것은 자연 위에 존재하는 야훼의 권능을 부정하는 셈이 된다; 그리고 바로 그런 것이 모든 이단자가 보여주는 것이다. 이렇게 성서의 기적들을 '다르게 설명하려는' 시도들은 성서를 기록한 의도와 그 정신에 부합하지 않는다. 그것은 신앙의 문제이지 이성의 차원이 아니다 — 더구나 고고학의 자리는 없다. 고고학의 정보는 성서 내러티브의 역사적 맥락을 조명해줄 수 있다; 다시 말하지만, 고고학이 기적을 증명하거나 반증할 수 있다(혹은 그렇게 해야만 한다)고 생각한다면 성서의 초점을 놓치게 된다.

홍해(갈대 바다)를 건너다

바로가 항복한 다음, 성서 이야기는 자유를 얻은 노예들이 시내Sinai 광야를 건너 '약속의 땅' 가나안을 향해 나아가는 위험한 여정을 보여준다. 무엇보다 경탄해 마지않는 기적이 있다: 분노한 바로를 피해 도망가는 수백만의 사람들이 홍해를 건너게 된다. 모세가 바닷물을 둘로 가르고 마른 땅을 가로질렀던 것이다. 바로의 말들과 병거들이 추적했지만, 물이 그들을 덮었고 모두 죽고 말았다(출 14:21-31; 누가 영화 〈십계〉의 이 놀라운 장면을 잊을 수 있겠는가?). 열 가지 재앙에서와 같이, 이 기적을 자연적인 현상으로 설명하려는 시도가 오랫동안 있었다. 한 가지 예를 들면, 출애굽기에 나오는 히브리어가 실제로는 '홍해'를 뜻하지 않는다는 주장이다; 여기와 다른 곳(사 11:15)에서 나오는 히브리어 얌 수프*yam sûf*의 정확한 의미는 '갈대 바다'라는 주장이다. 어떤 이들은 이 갈대 바다가 그렇게 깊지 않으며, 습지 지역으로 오늘날 수에즈 운하 북부에 존재하는 어떤 곳이라고 말한다. 그래서 사람들이 얕은 곳을 걸어갈 수는 있어도, 말이나 무거운 전차의 경우엔 옴짝달싹하지 못하게 되었을 것이라고 말한다. 어떤 경우에서건 홍해는 바닷물이기 때문에 갈대가 자랄 수 없다. 그러므로 그러한 곳은 홍해에서는 찾아볼 수 없다고 하겠다. 더 나아가, 고대의 나일강 북부 계곡에 대한 치밀한 지형 분석에 따르면, 비록 다양한 '경유지'가 제시되기는 했지만, 실제로 걸어갈 수 있을 정도의 얕은 물이 존재할 장소는 나타나지

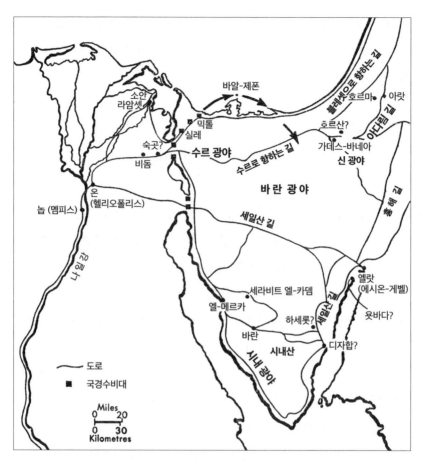

'출애굽 경로'와 '광야에서의 방랑'으로 제시된 그림. Yohanan Aharoni, *The Land of the Bible*

않는다. 다시 말하지만, 이 모든 이성적인 접근은 성서가 말하려고 하는 이야기의 본질을 놓치는 것이다.

(얼마 전 나는 어떤 낙담한 기업인을 만난 적이 있는데, 그는 확실히 경건한 신자로, 이스라엘 사람들이 홍해를 건넜던 정확한 장소를 알고 있다고 주장했다. 심지어 그는 이집트 병거의 잔해를 어디에서 찾을 수 있을지 예측하기까지 했다. 깊은 소금물에 잘 보존되고 있다며 말이다. 그러나

　　이스라엘의 기원

그는 이집트 정부가 자신을 막아 해양 고고학을 실시하지 못하게 했다고 설명했다. 내가 전문 고고학자이기 때문에 만약 내가 그와 함께 작업하기만 한다면 허락을 받게 될 것이며, 우리는 멋진 작업을 성취하여 결국 그의 말처럼 '부와 명예'를 얻게 될지도 모른다고 말했다. 그의 말에 대해 나는 지금도 충분히 부와 명예를 가지고 있다고 대답했고, 훌륭한 사람이 걸어가야 할 마땅한 길을 알려주었다. 이후로 나는 다시는 그에 대하여 듣지 못했지만 그가 여전히 신자로 남아 있을 것 같다고 상상할 뿐이다.)

광야의 방랑 생활

이집트에서 탈출하고 그 이후의 일들에 대한 성서의 이야기 대부분은 시내 광야를 건너는 것을 다루고 있다. 그 이유로는 기록자가 광야의 상황에서 문학적이며 신학적인 주제들을 발전시키려 하기 때문으로 보인다. 여러 가지 사건 중에 다음의 것들이 있다: 인구조사; 시내산에서 야훼의 나타남; 십계명을 준 일; 이스라엘의 새로운 하나님으로 야훼와 계약 관계를 맺는 것(야훼는 곧 가나안의 옛 신인 엘EI을 대체하게 된다); "광대하고 위험한 광야"(신 8:15)에서 야훼의 기적적인 인도와 보살핌; 장막을 세우고, 제사장 제도와 그 제의들을 설립함; 백성들의 불신실함과 불순종; 모든 세대가 형벌을 받아서 38년간 가데스-바네아 우물가에서 머물러 있어야 함; 가나안 땅에 대한 약속을 갱신하고, 이스라엘의 경계를 확정함; 그리고 마지막으로, 여리고에 침입한 이후에 그 땅을 정복하라는 명령을 받음(출 15-40; 레 1-24; 민 1-36).

이러한 긴 이야기 대부분은 매우 자세하고, 수백 개는 아닐지언정 수십 개나 되는 인명, 지명, 명령, 규정, 그와 같은 것으로 넘쳐난다. 그런데 그 내용은 종종 문맥이 맞지 않기 때문에, 학자들은 그것을 기원전 8~기원전 7세기에 소위 J와 E 학파에 의해서 저작되었다가 이후 기원전 6~기원전 5세기에 P(혹은 '제사장')라는 편집자에 의해서 다시 작업된 것으로 여겨 왔다(예를 들어, 제사장의 편집에 대해서는 레위기 거의 전체가 추가된 것으로 볼 수 있다; 편집에 대해서는 앞에서 자세하게 다루었다). 시내 광야를 배경으로 한 이 거대한 이야기의 역사성 문제를 두고 문헌이나 고고학적 자료가 근거로 댈 수 있는 부분이 있는가? 성서는 그 자체로 의심스럽다. 다음의 여러 가지 이유 때문이다.

1. 전반에 걸쳐 다루기 어려운 세부 사항이 넘쳐난다. 그리고 몇 세기에 걸친 구전 전승 가운데 그 내용이 정확하게 전수되었을 것 같지 않으며, 오히려 이야기의 신뢰성을 주기 위해 부분적으로 손봤을 것임에 틀림없다.

2. 몇 가지 정보는 확실히 비현실적인데, 바로 부족들의 인구조사가 그러하다(민 1장). 여기에서 인구 총수가 603,550명으로 나온다; 이것은 싸움에 임할 수 있는 남자가 60만 명이라는 주장과 상호 모순된다(출 12:37). 왜냐하면 이 말은 인구 총원이 250만에서 300만 명으로 계산되기 때문이다. 사실 그때나 지금이나 시내 광야에서 일이천 명의 유목민 그 이상을 감당할 장소는 존재하지 않기 때문이다.

3. 지나칠 정도로 복잡한 제사장 관련 법규 상당 부분은(특별히 레위기가 그러한데) 광야 생활을 배경으로 한 것이 아니라 이후 왕조시대의 도시 생활의 국가적 제의를 반영한 것으로 보인다. 그렇다면 그러한 전통은 제사장적 이상을 확실하게 나타내는 것이지, 그것을 국가나 민간의 실체를 반영하는 것으로 여길 수 없다. 예를 들면, 레위기의 대부분은 '진실성'이 없는데, 그리 놀랄 것도 없이, 역사가와 평신도는 실상 레위기를 그냥 넘겨버리거나, 그 안에서 도덕적 교훈이 부족하다고 느낀다.(시간을 내서

레위기를 한번 읽어보시라!)

4. 다음으로 여정에 대한 문제가 있다. 즉 민수기 33장이 요약하고 있는 여행의 각 '단계'에 문제가 있다는 말이다. 수십 개의 장소가 전체 이야기 이곳저곳에 사실적으로 나열되고 있다. 마치 후대의 독자가 그 존재를 알고 있는 듯 말이다. 그러나 실상은 성서 전체 기록에서 오직 두 곳만이 비교적 정확하게 규명된 상태이다(그렇게 많은 사람이 광활하고 척박한 시내 광야에 살았다 하더라도 말이다). 한 곳은 '믹돌'로, 시내 광야 해안 근처에 있는 바르다윌Bardawil 호수에 자리 잡은 성채 지역이다. 그러나 이스라엘이 실시한 탐사에서 믹돌이 나일강 델타 동부 경계 지역을 담당했던 이집트의 성채였음이 드러났다. 이 성채는 단지 사이스 시대(기원전 7~기원전 6세기) 동안만 사람이 거주했다. 많은 학자는 그 시기를 제사장 판본(P 자료)이 기록되고 J와 E 기록물이 다시 편집되었던 때로 보고 있다. 바로 이 점에서 왜 성서의 편집자들이 '믹돌'이란 장소를 정확하게 알고 있었는지가 설명이 된다. 비록 그들이 그 이전의 역사에 대해서는 잘 알지 못했다 하더라도 말이다.

그 밖에 유일하게 알려진 곳으로 '가데스-바네아Kadesh-Barnea'가 있는데, 이곳은 이스라엘 사람들이 대략 38년 동안 머물렀던 장소이다(민 13, 14, 20장). 그곳은 시내 광야 북동부의 아인 쿠데이스Ain Qudeis에 있는 오아시스 근처인 텔 엘-쿠데이라트Tell el-Qudeirat라고 오래전부터 알려져왔다. 이곳은 가나안의 경계이기도 하며, 오늘까지 아랍어로 고대 히브리 이름이 보전되어 있기도 하다. 샘물 근처의 둔덕은 1956년과 이스라엘이 시내 광야를 잠깐 지배했었던 1976~1982년 동안 이스라엘 고고학자들에 의해서 광범위하게 탐사되었다. 그러나 그 민족적 성소에 빛을 비춰줄 것이라는 간절한 소원에도 불구하고, 이스라엘 고고학자들은 그곳에는 단지 소규모의 성채만 존재했으며, 그것도 기원전 10~기원전 7세기 동안 간간

텔 엘-쿠데이라트라는 작은 둔덕, 성서의 가데스-바네아로 보임. William G. Dever

이 거주했을 뿐이었다.

그곳에서는 기원전 13~기원전 12세기의 토기들을 찾을 수 없었다. 그 시기는 우리가 지금까지 살펴본 대로, 출애굽을 설명하기 위해 필요한 연대이다. 가데스-바네아에서는 그 이전 시기에 사람이 거주하지 않은 것으로 보인다. 그러다가 왕조시기에 일종의 순례 장소가 되었는데, 이것은 분명히 그 시기에 비로소 형태를 갖추기 시작한 성서 전승과 밀접하게 연관되기 때문이다(후대에 생겨난 전승이 물리적인 장소를 결정했다는 말이다—역주). 그러므로 대략 백 년에 걸친 시내 광야 탐사와 발굴이 있은 후, 고고학자들은 '출애굽 경로'에 관해서는 거의 아무것도 밝혀내지 못했으며, 심지어 건조한 사막의 모래 속에서 고고학적인 증거들이 남아 있을 성싶지도 않았다. (출애굽의 경로와 관련하여) '북쪽 길'과 '남쪽 길' 모두 제시되고 있는데, 이것은 사실 전적으로 추정된 것이다(앞의 40면 그림을 참조하라).

5. 마지막으로 기적과 관련하여 반복되는 문제들이 존재한다 ─ 시내 광야를 건넜다는 성서 이야기 전체가 기적이며, 상당히 의도적이다. 야훼 자신이 열의 진두에 서서, "낮에는 구름 기둥으로 밤에는 불기둥으로" 방랑하는 무리를 이끌고 있다(민 14:14). 그는 바위에서 물이 나게 하며, 수많은 새를 이끌어 먹잇감이 되게 한다; 그리고 빵과 같은 어떤 것을 주는데, '만나'로 불리는 이것은 매일 아침 신선한 상태로 주어졌다. 그러한 사막에서 기적적으로 수백만의 사람이 먹고 살 수 있었다.

다시 말하지만, 이러한 기적들을 자연현상으로 설명하려는 수많은 시도가 있었다. 하늘의 불과 구름은 잘 알려진 바와 같이 고대 데라Thera의 산토리니 화산 분출이 원인이었다고 제안되기도 했다. 그래서 그 화산의 파편으로 인해 멀리서도 볼 수 있었다는 주장이다. 화산 분출이 기원전 약 1450년 어간에 발생한 것으로 여겨진다고 할 때, 그 연대는 최소한 (위에서 살펴본 것과 같이) 기원전 15세기에 출애굽이 있었다는 전통적인 입장에 잘 어울리는 것처럼 보인다. 그러나 '출애굽'의 연대는 분명히 기원전 13세기로 내려와야 한다. 그러한 반면, 데라 화산 분출 연대에 대한 과학적 크로노미터 방법은 그 연대를 기원전 약 1675년으로 잡아가고 있는 추세이다.

"진영을 덮었던" 수많은 메추라기에 대한 언급은(출 16:13) 북부 시내 반도 연안을 통과해서 낮게 날아 이동하는 새들이 존재한다는 사실에서 설명될 수도 있겠다. 오늘날에도 베두인족은 모래언덕 위에 그물을 걸쳐두고 이동하는 새들을 쉽게 잡아내고 있다(그렇지만 그것은 해안 지역에 해당되고 내륙에서는 나타나지 않는다). 신비로운 '만나'에 대한 기술은(히브리어로 그 뜻은 '그게 뭐지?'이다; 출 16:14-21) 사막에서 자라는 타마릭스속(tamarisk) 관목이 깍지벌레로 인해 분비하는 달콤하고 끈적거리는 물질과 연관이 있다. 이렇게 볼 때, 상당한 양의 먹거리를 끌어모을 수는 있었을 것이다; 그렇지만 그것은 계절에 영향을 받으며, 그 어떤 경우라도 수백만 명의 사람을 먹이기에는 한없이 부족하다. 다시 말하지만, 그러한 '자연'현상에 의지해서 기적을 설명하고 히브리 성서의 종교적 의미를 풀이하는 것은 바람직하지 못하다. 그 사건들은 한마디로 신의 위엄(*magnalia dei*), 곧 '하나님의 전능한 행동'이다. 그렇지 않다면 (자연현상으로 접근하는 것으로 본다면) 그것들은 아무것도 아닐 뿐이다.

제3장

트란스요르단 정복

성서의 언급

긴 여정의 맨 처음에 이스라엘 사람들은 "블레셋 사람 땅의 길"로 가나안에 들어가야 할지 고려했는데(출 13:17-18) 이 길은 해안을 통과하는 길로 후대에 '해변 길(Via Maris)'이라고 불린다. 이 길은 그럴듯해 보인다; 이집트에서부터 그들의 목적지까지 곧장 연결된 길이기 때문이다. 그러나여기에서 블레셋이 언급된 것은 시대착오적이다. 그 사람들은 기원전 약 1180년인 람세스 3세 시기 전까지 가나안에 살지 않았기 때문이다. 성서의 기록자들은 이 점을 알지 못했을지도 모르겠다. 그들이 알았던 점은 해안을 따라 블레셋 사람들이 세웠던 지역들이 일종의 장애물로 여겨졌다는것 정도이다. 그러므로 그 언급이 출애굽 기사에 끼어 들어갈 수 있었고,그 대안이 되는 길로 민수기에 기술되어 있다. 이스라엘 사람들이 가데스-바네아에서 40년간 고행을 하고 난 후에, 그들은 실패할 것이라고 모세가 강하게 만류하는데도 불구하고 네게브 사막을 통과하여 곧장 가나안남쪽 지역을 침략했지만 결국 실패하고 만다(민 14:39-45).

반대로 이제는 이스라엘 사람들이 '산지에 살고 있는 가나안 사람들'에 의해서 격퇴를 당하고, '호르마Hormah'라는 곳으로 쫓겨나기에 이르렀다. 이곳은 브엘세바 남동편에 위치한 텔 마소스Tel Masos라는 곳으로 알려져 있다(자세한 것은 아래를 보라). 모세는 패배의 이유로 이스라엘 백성들이 아직도 철저하게 뉘우치지 않았기 때문이라고 말하면서, '여호와는 너희와 함께하지 않을 것이다'라고 조언한다. 이 기사 다음으로 아주 긴 내용이 이어지는데 이것은 후대에 추가된 것이 분명하다. 그 내용에 따르면 희생 제사와 제의적 정결에 대한 율법이 자세하게 기록되어 있으며, 모세와 아론의 지도력에 여전히 반대하는 세력들을 묘사하고 있다(민 15-19장).

마지막으로 '이스라엘 백성과 모든 회중'이 '신Zin 광야'에 결집하여, 가나안 땅에 들어가려고 모양을 갖춘다. 신 광야는 오늘날 이집트에 자리하고 있는데, 시내 북동편으로 이스라엘 남부 경계에 위치하며, 가데스-바네아라는 거대한 지역의 일부이기도 하다. 이 광야 지역은 1914~1915년에 레너드 울리 경Sir Leonard Woolley과 T. E. 로런스('아라비아의 로런스')에 의한 멋진 발굴 기사로 유명해진 곳이라 하겠다. 1970년대에 나는 오래전 로런스와 울리가 탐험하며 버려두었던 야영지인 베에로타임Be'erotayim에서 우연히 야영한 적이 있었다. 그곳에서 나는 이스라엘 사람들이 머물렀을 것이라고 여겨지는 시기보다 수천 년 전에 존재했던 목축 유목민들의 임시 거주지 발굴을 지휘하고 있었다. 그들과 같이 나 역시 '젖과 꿀이 흐르는 땅'으로 한시바삐 이동하고 싶었다. 왜냐하면 우리 앞에 있는 것이라고는 짭짤한 물과 흡혈 초파리(sand fly)였기 때문이다(민수기 20장 2절은 '회중에 물이 없었다'라고 언급하고 있다).

신 광야에서부터 이스라엘 사람들은 네게브 사막과 트란스요르단 지역에 대한 정복을 시작하기에 이른다; 이 부분은 민수기 20-36장에서 요약되어 있다. 중요한 정복 전쟁과 그 장소들을 다음의 개략적인 내용으로 다

루면 도움이 될 것 같다:

1. 가데스-바네아에서 동쪽으로 진행하여 네게브를 통과해서 트란스요르단 남부인 에돔으로 나아간다. 그곳에서 에돔의 왕은 이스라엘 사람들이 통과하는 것을 거절한다(민 20:14-21).

2. 에돔의 호르 산에서 아론이 죽는다(20:22-29).

3. 다시 네게브 사막인 아랏으로 돌아온다. 이곳에서 이스라엘 사람들은 그 지역의 모든 도시를 파괴하고 그 이름을 '호르마'(히브리어로 '파괴')로 고쳐 부른다(21:1-3).

4. 아랏에서 남쪽 방향으로 (그리고 확실히 동쪽으로) 진행하여, 에돔을 널찍이 지나간다; 모세는 독뱀의 재앙을 해결한다(21:4-9).

5. 모압 동쪽인 오봇과 이예아바림에 터를 잡는다; 그런 다음 모압과 '아모리 족속' 사이의 경계인 세렛 골짜기와 아르논 강에 이른다; 마지막으로 맛다나, 나할리엘, 바못에 이르고 여리고와 요단 계곡을 조망할 수 있는 비스가에 도착하게 된다(21:10-20).

6. 헤스본에서 '아모리 왕 시혼'을 상대로 엄청난 전쟁을 치르며, 이어진 아하스와 디본에서 연이어 승리한다. 이곳에서 이스라엘은 '아르논과 얍복까지' 전 지역을 다스리게 된다(21:21-32).

7. 바산을 향해 북진하게 된다. 에드레이에서 왕 옥Og을 상대로 승리를 얻는다(21:33-35).

이것으로써 트란스요르단 정복은 완수된 것처럼 보인다. 그 영토는 북으로 시리아 경계인 길르앗과 바산까지 확대되었다. 각 부족에게 정복한 토지를 분할하는 이야기에서, 북부 지역은 므낫세에게 주어졌고, 남쪽 지역은 갓과 르우벤 부족의 것이 되었다. 이 말은 이 세 부족이 요단 서편으

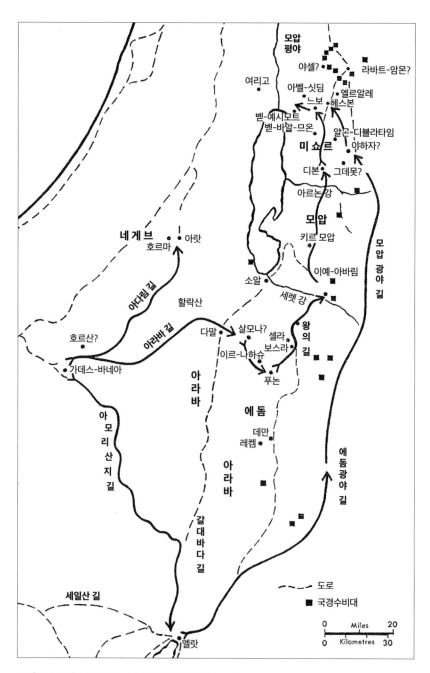

트란스요르단으로 가는 것으로 추정되는 길들. Yohanan Aharoni, *The Land of the Bible*

로는 단 한 걸음도 내뻗지 못했다는 사실을 보여준다(참고. 수 13:8).

그런 다음에 발람이라고 하는 어떤 지역 예언자에 대한 신비한 이야기가, 이어지는 긴 내용 안에 들어가 있다(민 22-30장). 여기에서 발람은 말하는 당나귀를 타고서, 이스라엘을 저주하기 위해 고용되었음에도 불구하고 그들에게 선한 신탁을 내린다. 이어지는 내용으로는, 모압 사람들과 결합해서 배역하기도 한다; 더 많은 재앙이 나타나고; 부족들의 인구를 조사하며; 갈렙과 여호수아를 제외한 그 당시의 세대 중 어느 누구도 요단을 건널 수 없게 된 이유를 설명한다; 그리고 희생 제사와 절기, 그리고 축제일에 대한 규정이 나온다. 다시 말하지만, 이러한 구절들은 후대에 본래 여정 기사에 추가되었을 것으로 보인다.

그런 다음에 성서의 기록자들과 편집자들은 그 관심을 남동쪽으로 돌려 미디안 땅을 보게 한다. 이곳은 모세가 일찍이 그의 아내 십보라를 만났던 곳이며, 전통에 따르면 바로 그곳에서 그는 장인 이드로(어떤 곳에서는 르우엘)를 통해 야훼라는 신을 최초로 알게 된다. 이어서 다섯 왕과 그 도시들을 상대로 한 엄청난 승리의 소식이 보고된다. 많은 적군이 살육을 당하고, 다른 남은 자들은 포로가 되었다. 그 지역을 완전히 약탈하였다(민 31:1-12).

마지막으로, 민수기 33장은 우리가 이미 살펴본 것과 같이 여정의 '단계들'을 요약 정리하고 있는데, 이집트 경계에서부터 여리고 동쪽 사막에 이르는 길이 언급된다. 이것은 이후에 여호수아서에서 나오는 극적인 정복 이야기를 준비시키는 일종의 장치라고 하겠다. 민수기 33장은 이스라엘 사람들이 장소를 옮겨 다니면서 '장막을 쳤다'고 언급하는데, 그 수가 명기된 것만 세도 50개가 넘는다. 여기에서 이상하게 여길 수 있는 부분이 있는데, 바로 모세가 십계명을 받았던 시내산이 그 요약 목록에는 들어 있지 않다는 점이다.

성서의 이야기에 대한 고고학의 평가

문헌과 고고학적 정보 모두 있는 그대로 말하게 하고, 그리고 그 둘을 서로 대화시켜보자는 우리의 기본 원리를 적용해볼 때, 이제 우리는 고고학적인 관점에서 '이스라엘의 트란스요르단 정복'이란 것을 살펴보고자 한다. 우선 가데스-바네아 이후에 여러 임시 거처의 정확한 위치를 알아보도록 하자.

'호르마'는 네게브 사막 북부에서 헤브론 남부의 풍요로운 산지로 연결해주는 대망의 관문으로, 우리가 종종 텔 마소스와 동일하게 여기는 곳인데, 브엘세바 남동쪽에서 11킬로미터 정도 떨어져 있다. 이 장소는 1972년과 1975년 사이에 독일-이스라엘 연합 발굴팀에 의해서 광범위하게 조사되었다. 그들은 1.6헥타르 정도의 작은 이스라엘 촌락으로 여겨지는 곳을 밝혀냈는데, 그 연대는 대략 기원전 1225~기원전 1100년에 해당한다. 그것은 '4방 구조' 가옥과 다른 산지의 초기 이스라엘 촌락에서 특징적으로 나타나는 토기 양식을 보여주는 툭 터진 농촌 마을이었다(이렇게 독특한 가옥과 도자기에 대해서는 아래를 보라). 그렇지만 비교적 높은 비율로 소뼈가 발견되었고(26퍼센트), 문양이 들어 있는 해안 지대 도자기가 약간 나타난 것으로 보아 이 장소가 12세기의 전형적인 시골 이스라엘 촌락일 필요는 없을 것이다. 사실, 그곳이 성서에 나오는 호르마가 아닐지도 모른다; 어떤 학자들은 텔 마소스를 오히려 바알랏 브엘(수 19:8)이라고 여긴다. 다른 학자들은 그곳을 아말렉(비-이스라엘 도시), 혹은 남쪽의 벧엘(삼상 30:27), 혹은 시글락(삼상 27:6)이라고 부르기도 한다. 그 장소를 규명하는 것과 상관없이, 여기에서 주목할 점은 텔 마소스에는 기원전 13세기에 해당하는 후기 청동기 시대 가나안 사람이 정착했던 흔적이 나타나지 않는다는 사실이다. 이 말은 곧 그곳에서 이스라엘 사람들이 싸웠다고 하는 그 땅의 원주민이 존재하지 않았다는 뜻이기도 하다. 네게브 북부 그 어느 곳에서도 사람들이 정착했던 곳은 없었다. 심지어 후기 청동기 시대에는 네게브 북부에 단 한 군데도 존재하지 않는다. 그러므로 설령 성서에 나오는 호르마가 근처 어느 곳에 자리하고 있다 하더라도, 고고학적인 자료는 그 당시 이스라엘의 첫 번째 가나안 침공에 대하여 전적으로 침묵하고 있는 셈이다.

민수기 20장에서 다시 나오는 이야기와 36장까지 확대되는 이야기 속에서 호르마는 완전히 무시되고 있는 것처럼 보인다(그것은 아마 그곳에서 패배했기 때문일 것이다). 민수기 이야기는 가데스-바네아로 급히 돌아가는데, 그곳은 우리가 이미 살펴본 바와 같이 기원전 10세기 이전에는 그 어떤 고고학적 거주 형태가 존재하지 않았다. 그러므로 이야기는 네게브 지역을 완전히 건너뛰게 되며, 이스라엘은 트란스요르단의 남부 지역인 에돔에 위치하게 된다. 이 지역은 지리적으로 매우 잘 알려졌다. 와디 하사에서 남쪽 방향으로 페트라까지 뻗은 지역이다. 그렇지만 성서 기사

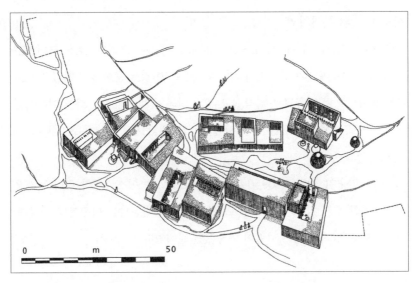

텔 마소스의 지층 제2층 정착지의 재구성, 기원전 약 1100~기원전 약 1050년. V. Frits

53

에는 그 어떤 특정한 장소를 언급하지 않고 있다. 사실 그게 맞는데, 왜냐하면 당시에 그곳에는 아무것도 없었기 때문이다. 최근 종합적인 발굴 작업의 결과 후기 청동기 시대 동안(기원전 13세기) 에돔 북부 고원에는 기껏해야 한두 개 정도의 정착지만 존재했을 뿐이고, 그 남쪽에는 아무런 정착지가 없었음이 드러났다. 이제 우리는 에돔의 거주가 상당히 후대에 이르러서야 시작되었음을 알게 되었다. 그 당시에는 상당히 희박했다는 말이다. 그리고 그 지역은 대개 유목민 문화권이었다가 기원전 7세기에 이르러서야 비로소 준-정착의 '부족국가'를 형성할 수 있었다.

기원전 15세기 중반인 투트모세 3세 시대부터 기원전 13세기의 람세스 2세 기간의 것으로 보이는 이집트의 지형 목록표에는 이임(참조. 민 33:45), 디본(아래를 보라), 그리고 아벨(이 이름으로 알려진 곳은 여러 곳이 있다)이라는 지명이 나온다는 말이 맞는다. 그렇지만 이집트 문헌들을 보면 (모압뿐만 아니라) 에돔 전 지역을 단지 '세일 산'으로 부르고 있기도 하다. 여기에서 세일 산은 베두인족과 같은 준-유목 농업인들을 가리키는 '샤수Shasu'의 본거지였다.

존 커리드John Currid, 케네스 키친Kenneth Kitchen 그리고 찰스 크래멀코브Charles Krahmalkov와 같은 보수적인 학자들은 이집트 문헌들의 언급을 보고 에돔에 사람들이 대규모로 정착했고 후기 청동기 시대에 도시화가 이루어졌다는 근거로 해석하기도 했다. 몇 해 전에 크래멀코브는 이렇게 주장했다:

> 민수기 33장 45b-50절에 기술되어 있는 이스라엘의 침략 노선은 사실 후기 청동기 시대에 트란스요르단을 관통하는 이집트의 공식 도로로, 당시에 많은 사람이 이용했던 길이었다. (1994년)

그러나 좀 더 새로운 고고학 증거에 따르면 전혀 다르다. 이집트 서기관이 기록했던 에돔의 지명이 트란스요르단이라는 비교적 큰 지역을 가리키는 것 외에는 그 어떠한 암시도 찾아볼 수 없다. 오직 유목민 부족들만 간간이 그 지역에 거주했을 뿐이다.

이것이 의미하는 바는, 그곳에는 이스라엘 사람들의 접근을 거부했다는 에돔 왕이 존재할 수 없었다는 뜻이다. 왜냐하면 에돔은 기원전 7세기 전까지 그 어떠한 형태의 국가 제도를 이루지 못했기 때문이다. 이러한 난제를 해결하는 확실한 방법은 민수기를 기록하고 편집했던 사람들(우리가 앞에서 기원전 7세기에 작성되었을 것이라고 여겼던 'J'학파와 'E'학파)이 자신들의 이야기를 '거꾸로 읽어가면서' 자신의 시대에 알고 있는 것을 그 당시의 사건으로 집어넣었을 것이라고 추측하는 방법이다. 그 당시에는 에돔이 일종의 라이벌 국가였다는 사실이 상당히 신빙성 있는 고고학적 근거로 밝혀졌다.

에돔을 통과할 수 없게 되었다는 민수기 20장의 기사 다음으로, 21장의 내러티브는 어떠한 이유에서인지 다시 호르마 근처 네게브 북부 지역의 아랏으로 건너뛰어갔다. 이스라엘 사람들이 에돔에서 좌절한 부분에 대해 성서 기록자들이 어떻게든 해결해보려던 것일까? 그렇지 않다면 그들은 그곳에 이스라엘의 흔적이 별로 없다는 점을 깨닫기라도 했던 것일까? 어찌 되었건, 아랏 역시 또 다른 고고학적 난제를 던져주었다. 그 장소는 브엘세바에서 29킬로미터 동쪽에 위치한 텔 우라드Tell 'Urad라고 모두가 입을 모아 말한다. 당시에 선구적인 이스라엘 고고학자로 성서지리 분야에서 표준적인 교과서(The Land of the Bible, 1962)의 저자이기도 한 요하난 아하로니Yohanan Aharoni는 1963~1964년에 그 둔덕에서 철기 시대에 해당하는 윗부분을 발굴했다. 북부 네게브의 다른 지역들에서와 같이, 아랏에는 후기 청동기 시대의 정착지가 존재하지 않았다. 실로, 기원전 10세기 후반에 와서 기껏해야 작고 고립된 촌락 하나를 발견하기 전까지, 그곳에는 후기 청동기 시대의 유물은 없었다. 그 촌락도 초기 청동기 시대 도시의 폐허 위 깎아지른 절벽에 자리하고 있었을 뿐이다. 그 도시는 기원전 약 2600년 즈음에 버려졌던 것으로 보이며, 이로 보건대 아랏은 대략 1700년 정도 아무도 살지 않은 곳이었음을 알 수 있다. 이스라엘 사람들이 아랏을 폐허로 만들고 그 주변의 모든 도시를 파괴했다는 민수기 21장 1-3절의 주장은 간단히 말해서 실제 역사적인 사건에 기초하지 않은 것이다. 그러므로 (이러한 난제를 풀기 위해서) 어떤 학자들은 '아랏'이라는 것을 보다 큰 지역을 나타내는 것으로 여기거나, 혹은 아랏이 아니라 그 근방의 텔 엘-밀Tell el-Milh이었다고 주장하기도 한다. 아무리 그래도 이러한 주장은 궁여지책일 뿐이다. 북부 네게브에서는 그 어떠한 후기 청동기 시대의 도시가 발견되지 않았다.

그다음으로 이스라엘 사람들의 여정은 고집불통인 에돔을 피해 남쪽

아랏의 철기 시대 둔덕 위쪽, 아래로 초기 청동기 시대의 도시가 보인다. William G. Dever

길로 널찍이 지나 다시 트란스요르단으로 향하는 것이었다. 몇 개의 장소가 나열되고 있는데, 그중에 오봇과 이예아바림 같은 곳은 북부 지역인데, '모압 앞쪽 해 돋는 쪽'이라는 말을 보면(민 21:11), 그곳은 세렛과 아르논 강 사이를 가리키는 동쪽 지역인 것처럼 보인다. 오봇에 대해서 우리가 알고 있는 바는 없다; 그러나 이예아바림에 대해서는 그곳이 와디 타마드Thamad를 따라 모압 북부에 있는 디반Dhiban에서 북동쪽으로 약 16킬로미터 떨어진 키르베트 엘-메데이이네Kh. el-Medeiyineh라고 잠정적으로 알려졌다. 이 지역은 현재 발굴 중에 있는데, 여기에 모압의 중요한 방어시설을 갖춘 마을이 있었던 것처럼 보인다. 이 마을의 성벽은 이중으로 된 벽으로 둘러싸였으며, 성문에는 인상적인 탑과 함께 그 측면에 세 개의 방이 자리하고 있었는데, 이러한 벽과 탑은 기원전 8~기원전 7세기에 건립되었을 것이다. 그러나 만약 성서에 나오는 이예아바림이 정말 메데이이네라고 한다면, 우리가 가장 일찍 잡아도 기원전 8세기 이전에는 어떠한 도시도 존재하지 않았음을 주목해야 한다. 다시 말하지만, 기원전 8~기원전 7세기의 성서 기록자들이 자신들 시대에 존재하는 도시가 훨씬 전에도 있었을 것으로 여기고 모압 정복 이야기 안으로 그 장소를 집어넣었을 것으로 추측하게 된다. 이스라엘 사람들의 여정의 종착역은 비스가였다. 비스가는 성서에서 느보 산과 연관되어 등장한다. 바로 이 느보 산에서 모세는 죽음을 앞두고 요단 계곡 건너편에 있는 약속의 땅을 바라보았다.

문제가 되는 몇몇 장소

'아모리 왕 시혼'의 영토를 언급하고 있는 민수기 21장 21-32절의 헤스본 파괴 기사는 고고학적 증거와 종합하기가 극히 어렵다. 성서에 나오는 헤스본은 암만에서 남/남서쪽으로 21킬로미터 떨어진 곳에 위치한 텔 헤스반Tell Hesbân임에 틀림이 없다. 이곳의 아랍어 지명도 동일하다. 이곳은 1968~1976년 동안 제7일 예수재림교단의 학자 그룹의 지원을 받은 대규모 학문 간 프로젝트에서 발굴한 바 있는데, 이들은 그 지역에 대한 이스라엘의 정복이 있었다는 성서의 전통을 '증명해내려고' 했던 것 같다. 그렇지만 그들이 대경실색할 정도로, 마을은 단지 철기 II시대의 것만 발견되었을 뿐이었다. 이 시기는 정복이 있었을 때와 비교하면 상당히 후대이다. 기원전 12~기원전 11세기 유물들은 기껏해야 한두 개 정도 흩어진 것들뿐이었다(도자기 몇 개만 있었을 뿐 건축물은 존재하지 않았다). 그리고 기원전 13세기에는 그 어떠한 정착의 흔적도 찾아볼 수 없었다. 결국, 발굴팀은 자신들의 결과물을 단호하게 출간하게 되었고, 헤스본에 관한 성서의 이야기가 완전히 잘못되었다고 인정했다.

북쪽에서 바라본 텔 헤스반. William G. Dever

상대적으로 좋은 소식이 헤스반에서 마데바Madeba로 연결되는 길에 있는 야하스Jahaz(아마도 아랍의 키르베트 립Kh. Libb)에서 나왔다. 야하스라는 장소는 기원전 9세기 모압의 디본 왕 메샤의 왕실 비문에 언급되었다. 그 비문은 19세기 후반에 발견되어 지금은 루브르 박물관에 전시되었는데, 언급된 야하스 지역은 정확하게 위치가 정해지거나 발굴되지 못한 상태이다. 참으로 이상한 점은, 민수기 21장 21-32절의 기록이 모압의 그 어떤 다른 장소를 언급하지 않고 있다는 것이다. 그런데도 그 기록은 암만(고대의 라바트-암몬)에 이르기까지 모든 지역이 이스라엘 사람의 손에 넘어가게 되었다고 주장한다. 그러한 불일치로 인해 여러 권위자는 과연 실제로 모압 원정이 있었는지를 의심하기에 이르렀다. 확실한 것은 성서 기록자들과 편집자들은 초기 철기 시대의 지명이나 정착 방식에 대해서 조금도 관심을 두지 않았다는 점이다. 그들이 알고 있는 점은 기원전 7세기의 맥락에 보다 잘 어울린다. 이는 고고학적 조사로 우리가 이해하게 된 부분이기도 하다.

모압 남부의 아르논 골짜기 북쪽 강둑을 따라, 헤스반에서 약 35킬로미터 남쪽에 떨어져 있는 디본Dibon은 역시 엄청난 골칫거리이다. 다시 말하지만, 그 분명한 위치는 틀림이 없다. 디본은 아랍어로 디반Dhibân으로, 그 이름이 동일하다(그리고 위에서 언급했던 모압 석비가 바로 그곳에서 발견되었다 — 그러므로 그곳이 메샤 왕국의 수도였음이 분명하다). 그 지역은 경건한 신자들이 발굴했는데, 남침례교 성서학자들인 이들은 1950년대에 유행했던 것처럼 성경에 부합되는 고고학 발굴을 찾으려 했다. 그리고 그 결과는 다시 말하지만 (그야말로) 실망스러웠다. 그곳 — 메샤의 도시 — 에는 기원전 9세기 도시 성벽과 건축물이 약간 남아 있었는데, 그렇다 해도 철기 시대 초반의 유물에 해당한다. 어찌 되었건 그 지역에 후기 청동기 시대의 유물은 전혀 찾아볼 수 없었다. 다시 한 번 고고학적 성과는 꿀 먹은 벙어리처럼 잠잠했다.

민수기에 따르면, 이스라엘 사람들이 북쪽 지역으로 관통해서 트란스요르단 지역에 이르러 갈릴리 호수를 마주하게 되었다고 나온다. 이곳은 '바산 왕 옥'을 물리친 장소로, 에드레이Edrei라고 언급되었다. 에드레이는 조금의 의심도 없이 오늘의 데라Der'a라는 곳으로, 요르단과 시리아 사이에 있는 국경 마을이다. 오늘날 그곳에는 현대적인 촌락이 얼기설기 퍼져 있어서, 그 아래에 숨겨 있는 고대 유물들은 아무래도 영원히 발굴해낼 수 없을 것이다.

미디안 지역은 여전히 신비로 남아 있다. 성서에 나오는 미디안 땅은

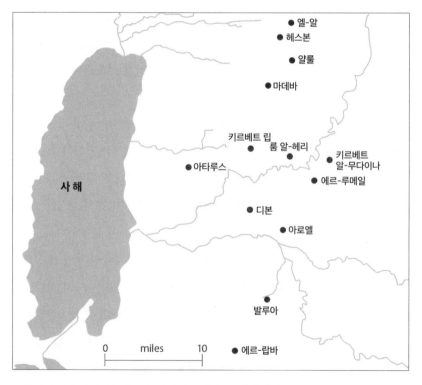

모압 평야에 인접해 있는 사해 동편 지역의 철기 I시대 유적지.

홍해를 따라 아카바 만 동쪽 해안에 해당하는, 아라비아 반도의 북서쪽('헤자즈Hejaz'라고 부른다)에 자리하고 있다. 고고학자들은 1960년대 이래로 이 지역을 대충 조사해왔었고, 쿠라이야Qurayyah와 테이마Teima와 같은 몇몇

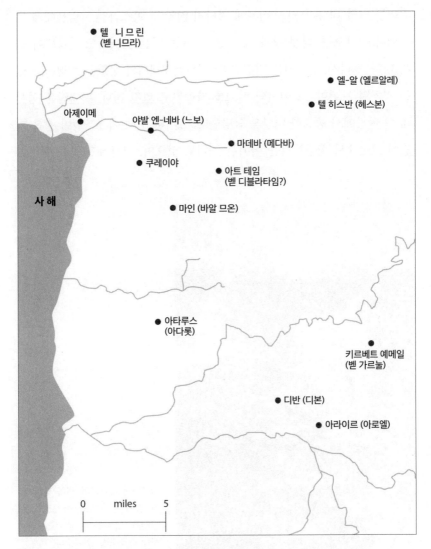

텔 디반과 인접한 유적지들, 괄호는 성서 지명으로 유추되는 곳이다.

장소에서 소규모의 조사를 진행했다. 그렇지만 트란스요르단 남부에서와 같이 미디안은 기원전 8~기원전 7세기에 이르기 전까지 넓은 지역으로 사람이 거주한 적이 없었다. 기원전 8세기 중반 신-아시리아 문헌에 따르면, 그 지역을 정복했다고 언급하고 있는데, 그때에도 그 지역은 사막을 건너는 낙타 대상隊商의 중심지에 지나지 않았다. 이스라엘 사람들에게 굴복했다고 나오는 '다섯 왕과 그 모든 도시'는 다른 어디에도 기록되어 있지 않다. 또다시, 민수기는 기원전 8~기원전 7세기의 상황을 반영하고 있는 것처럼 보이며, 그 이전의 시기를 가리키고 있지 않다. 미디안은 성서의 다른 곳에서 중요한 역할을 담당한다; 그러나 고대 이스라엘이 정복 기간에 그곳에서 활동했다는 어떠한 증거도 없으며, 심지어 그곳을 다스렸

텔 엘-우메이리의 서쪽 면에 깊이 깎인 부분으로, 아래로 방어 시설을 보여주며, 위로는 철기 시대 건축물을 보여준다.
William G. Dever

다는 흔적도 찾아볼 수 없다.

　트란스요르단에서 이스라엘 사람들에 의한 파괴를 찾아볼 수 없었다는 지금까지의 연구 결과에 예외가 되는 한 장소가 존재한다: 오늘의 암만 남부 외각에 위치한 텔 엘-우메이리Tel el-'Umeiri이다. 그곳에는 튼튼하게 방벽이 되어 있는 마을이 있는데, 다른 지역과는 달리 그 벽은 기존의 거주지 구역을 따라서 세워졌으며, 사회경제적 구조가 잘 발달되어 있었을 뿐만 아니라 제의적 활동에 대한 증거도 나왔다. 우메이리에서 주목할 점은 튼튼한 성채 — 해자(moat), 바깥쪽을 덮어씌운 벽, 흙으로 속을 채워 넣은 제방, 그리고 위로는 이중으로 세운 (엄폐 가능한) 성벽까지 — 뿐만 아니라, 그 마을이 기원전 13세기 후반 혹은 더욱 그럴듯하게는 기원전 12세기 초중반에 대규모의 파괴를 당했다는 사실이다. 그곳을 발굴했던 래리 허Larry Herr는 이 마을이 초기 이스라엘 부족이었던 르우벤 족속이 살았던 장소라고 짐작하였다. 즉, 성서 전승에 따르면 르우벤 지파는 한때 두드러지게 활약했고, 요단 서쪽에 자리를 잡아 트란스요르단에서는 활동하지 않았다(참조. 민 32; 수 13:8-13). 그러나 과연 르우벤 족속이 이후 계속된 정착 과정에서 자신들의 거점을 얻으려고 고군분투하면서 우메이리라는 가나안의 마을을 공격하고 그곳을 파괴할 수 있었을까? 만약 그렇다고 한다면, 그들은 그곳에 자리 잡지 않았음에 분명하다. 왜냐하면 그 마을은 매우 천천히 회복되었기 때문이다. 어찌 되었건, 이것은 트란스요르단 지역에서 이스라엘 사람들에 의한 점령과 파괴를 실제로 보여주는 최초의 고고학적 증거라고 할 수 있다; 그러나 아이러니하게도 이 장소에 대해서 성서는 단 한 번도 언급하지 않고 있다.

제4장

요단 서쪽 지역 정복:
이론들과 사실들

성서의 설명

신명기는 후대에 오경 안에 첨가되었다고 널리 인정되고 있다(아마 그 책의 추가 시기는 기원전 7세기 후반보다 이르지는 않을 것이다). 그러한 이유로, 우리는 신명기를 뛰어넘어 민수기에서 여호수아로 나아간다. 여호수아서는 오늘날의 시스요르단Cisjordan, 곧 요단 서편 땅에 집중하면서, 이스라엘 사람들의 정복 기사를 말해준다.

여러 차원에서 여호수아서는 민수기가 남긴 것들을 이어받고 있다— 모세의 마지막 시간, 그리고 여리고를 마주해서 자리를 잡은 이스라엘 백성들. 모세가 죽은 다음에 그의 오른팔인 여호수아는 군대를 일으키고, 성서의 설명에 따르자면, 요단 서쪽 가나안 중심부를 정복함으로써 대미를 장식한다—이것이 여호수아서의 이야기이다.

이 시점에서 여호수아서의 내용을 요약해보면 도움이 될 것 같다:

우리는 일찍이 '신명기적 역사'(즉, 신명기에서 열왕기하까지)에 대한 일반적인 특성을 논한 바 있다. 여기에서 여호수아는 매우 중요한 요소이다. 주류 학자들은 이 위대한 민족 서사시의 작성과 첫 번째 편집이 이스라엘 왕조 말기, 곧 요시야 시대(기원전 640~기원전 609년)에 이루어졌다고 말한다. 그러나 편찬자들은 서로 다른 다양한 '자료들'을 분명히 보유했었을 것이기 때문에, 우리는 여호수아서를 작성하는 데 필요한 자료들의 특이 사항을 보다 면밀하게 살펴볼 필요가 있다. (확실한 것은 여호수아 자신이 그 책을 기록하지는 않았다!) 구체적으로 말해서, 그 편집자들이 정말 알았던 것은 무엇이었을까? 어떻게 그들은 자신들의 정보를 엮어서 우리가 지금 가지고 있는 것과 같이 명백하게 연결된 하나의 이야기로 만들었던 것일까? 그리고 이것을 작성하면서 그들은 어떤 동기를 가졌을까? 바로 이것이 히브리 성서만의 독특한 점이라고 할 수 있을까?

여호수아서는 오랫동안 논쟁의 대상이었다. 한번 죽 훑어만 봐도, 이상할 정도로 광신적 애국주의자의 냄새가 나며, 패튼George S. Patton 장군을 귀여운 곰 인형으로 만들어버릴 정도로, 냉혹하고 탁월한 장군의 군사적 업적을 찬양하고 있다. 여호수아는 가나안의 시민을 상대로 계획적인 침공을 실행해서 남자와 여자 그리고 어린아이까지 포함하여 몰살했다. 여리고의 경우를 생각해보자: 단 한 명을 제외하고 모든 거주민이 살육당했다. 바로 매춘부 라합으로, 그녀는 정보 제공자였다. 그리고 위쪽 산지에 위치한 아이 성을 취하려던 첫 번째 시도가 성공하지 못했던 이유를 보면, 이스라엘 사람들이 야훼에게 그 성 전부를 '바치는' 일에 실패했기 때문이었다. 즉, 그 성의 거주민 전체와 모든 전리품을 제물 혹은 '번제'로 바치지 못했다는 것이다(헤렘herem 풍습에 대해서는 여호수아 7장을 보라). 위반자 중 하나였던 아간은 그의 자녀들과 심지어 자신의 가축들도 같이 돌에 맞아 죽임을 당하게 된다. 그런 다음 두 번째 공격이 성공을 거두자 12,000명의 주민 전부가 도살당하였다. 심지어 도망한 사람들까지 말이다.

여호수아의 군사작전은 그 땅 전체에 미치게 된다. '아모리 사람, 가나안 사람, 브리스 사람, 히위 사람, 그리고 여부스 사람'이 전멸되었다(수 9:1). 기껏해야 세겜 사람들이 목숨을 부지할 수 있었는데, 그것은 아마도 족장 시대로 거슬러 올라가 맺어졌던 옛 부족 동맹 계약 덕분이었을 것이다(창 12:4-9); 그리고 기브온 사람들도 있었는데, 이들은 "나무를 패며 물을 긷는" 노예가 되었을 뿐이다(수 9:22-27). 이야기의 끝에 이르러 여호수아가 말한다.

그 온 땅 곧 산지와 네겝과 평지와 경사지와 그 모든 왕을 쳐서 하나도 남기지 아니하고 호흡이 있는 모든 자는 다 진멸하여 바쳤으니 이스라엘의 하나님 여호와께서 명령하신 것과 같았더라. (수 10:40; 참조 11:23)

이 말은 문학적 과장법인가? 그렇지 않다면 이러한 끔찍한 사건들이 기록된 것처럼 실제로 발생했단 말인가? 오늘의 민감한 독자들이 과연 이렇게 대규모의 학살—'인종 청소'—을 용납할 수 있단 말인가? 바로 그러한 이유로 이 시점에 우리는 문제를 삼게 된다. 우리는 이러한 이야기들로부터 희망과 관련하여 그 어떤 것도 배울 수 없다. 이 책이 보여주는 대주제가 무가치한 것임이 분명한데, 왜 그러한 이야기들을 성서에서 삭제하지 않았던 것일까? 어떻게 처음부터 그것들이 정경正經에 속하게 되어 거룩한 글에 포함될 수 있었던 것일까?

여호수아서: '역사화된 픽션'?

많은 학자는 여호수아서를 (유감스럽게도) 도덕적인 기준에서 거부하는 것이 아니라, 그 책에 역사적인 가치가 전혀 없다는 것을 두고 받아들이기를 꺼린다. 오늘날 대표적인 이스라엘 성서 역사가이자 비교적 중도적 노선을 보여주는 탁월한 학자인 텔 아비브Tel Aviv 대학의 나다브 나아만Nadav Na'aman은 이렇게 말하였다.

여호수아서에 나오는 광범위한 정복 무용담은 허구적인 문학작품으로, 이스라엘 전 영토를 획득했던 것이, 주님의 계획과 그분의 인도하심 가운데, 여호수아의 지휘 아래 열두 부족이 성취했음을 보여주려는 목적을 가지고 있다. 이후 이스라엘 역사의 여러 과정 가운데 발생했던 군사적 사건들이 이 책의 내러티브의 모델로 재사용되었다. 여기에 나오는 군사적 소재들은 전적으로 새로운 맥락으로 편입되었으며, 그러므로 우리는 그 본래 전승과 이후에 생겨난 문학적 의미 사이에 그

어떠한 직접적인 관계가 있는지 밝혀낼 수 없다. (1994: 280-281)

　나아만은 결론을 맺기를, 여호수아서가 말하는 '정복 이야기들'은 기껏해야 이스라엘 초기 역사에서 '매우 작은 부분'에 해당한다고 말했다. 초기의 진정성 있는 극소수의 내러티브 중에서 남쪽 지역(헤브론, 드빌, 호르마, 벧엘 그리고 단)을 정복한 것과 관련된 간단한 일화들이 존재한다. 역으로 말해서, 그 책의 저자들과 편집자들은 '북쪽 지파들의 역사에 대한 자신들의 무지'를 드러내고 말았다. 나아만의 결론은 이러하다: "성서의 정복 묘사는 (…) 아주 얕은 토대를 지켜내려고 하지만, 역사적 실재와는 거리가 멀다"(1994:281).

　보다 보수적인 입장의 성서학자들이 있는데, 이들은 기독교 복음주의자들이나 근본주의자들이며 혹은 유대인 정통주의자들로, 여호수아서를 꺼내 들어서 무비판적으로, 그러니까 완전히 문자 그대로 읽어버린다(심지어 때때로 좀 기뻐하기까지 하면서 말이다; 이는 성격파탄자나 할 일이다). 그러므로 출애굽의 낡은 '이른 연대'를 수호하는 몇 안 되는 사람 중 하나인 영국인 학자 존 빔슨John Bimson은 1978년에 정복을 연구하며 고고학적 증거들을 기묘하게 변화시키기도 했다. 빔슨은 이렇게 결론을 지었다:

　　방어벽이 있는 도시들이 이렇게 광범위하게 파괴된 것은 대규모의 사람들이 일치단결하여 달성한 결과일 수밖에 없다. 그러므로 성서 전통―이집트에서부터 가나안으로 이주하는 대규모의 단결된 민족 집단―이 나타내고 있는 상황이 매우 신빙성이 있다. (1981: 223)

　다른 복음주의권 학자로, 존 커리드John Currid가 있는데, 그는 자신의 책 『고대 이집트와 구약Ancient Egypt and the Old Testament』(1997)에

서 다음과 같이 선언하였다:

> (민수기의) 저자는 이집트와 시내, 그리고 트란스요르단의 지리와
> 지명을 잘 알고 있었다; 그는 그 모든 지역의 생태 조건들도 이해하고
> 있었으며; 그리고 그는 기원전 2000년대 당시에 사용되었던 도로 시
> 스템에도 매우 익숙한 상태였다. (1997: 141)

보수적인 관점에서 증거들을 가장 잘 요약한 것으로 최근에 제임스 호
프마이어James K. Hoffmeier가 쓴 『이집트에서의 이스라엘: 출애굽 전통의
진정성에 대한 증거Israel in Egypt: The Evidence for the Authentic-
ity of the Exodus』(1996)라는 책이 있다. 그 책의 마지막 구절은 다음과
같다:

> (출애굽을) 뒷받침하는 풍부한 증거들이 이집트에서 나왔다. 그중
> 에 몇 가지를 여기에서 제시했다. 이제 결론을 맺으면서, 히브리 성서
> 의 남은 다른 부분에서 이집트에서의 이스라엘과 출애굽 사건과 관련
> 하여 셀 수 없이 많은 언급과 암시가 있음을 굳이 말하지는 않겠다. 이
> 러한 두 개의 육중한 증거가 있으므로, 이스라엘이 이집트에서 국가로
> 태어났다는 성서의 전통을 무시하는 것은 시기상조라 하겠다. 유대인
> 들은 매년 유월절을 기념하면서 그 사건을 여전히 기억하고 있지 않은
> 가. (1996: 226)

하지만 평론가들은 지적하기를, 호프마이어가 이집트의 증거를 가지고
출애굽(혹은 '하나의 탈출 사건')이 일어났다고 할 수 있을 하나의 사례를 들
었을 뿐이라고 하였다. 사실, 그는 그것이 일어났음을 증명하지는 못했다.

팔레스타인 서부 정복을 재구성하는 모델들

지금까지 제시된 다양한 관점에 대해서 고고학적인 증거는 어떤 것이 있었나? 우리는 물질문화의 정보들과 역사-문화적 맥락을 조사할 필요가 있다. 이를 통해서 우리는 여호수아서가 과연 어느 정도로 '실제적인지' 확인해야 할 것이다. 다시 말해서, 그것의 역사성을 예단해서 확언한다거나 혹은 (지금까지 그래왔지만) 그 책이 의당 '의미해야만 하는' 그 어떤 신학적인 편견을 고집하지 않겠다는 말이다. 하지만 증거들을 살펴보기에 앞서 현재 주로 논의되고 있는 여러 가지 고고학적 가설과 모델을 검토하도록 하자. 각각은 서로 다른 방법론에 기대어 있으며, 그 방법론은 해당 문제의 결과를 산출하는 데 매우 중요하기 때문이다. 이렇게 이론을 깊이 다루게 되면, 모든 학자가 의식적이든 무의식적이든 가질 수밖에 없는 특유한 선이해先理解가 무엇인지 마주하게 된다. 그러므로 어느 정도 각 모델이 가지고 있는 선이해를 비교할 수 있게 될 것이다.

여호수아를 쉽게 풀어 말하다: 정복 모델

이스라엘의 가나안 정복에서 '정말로 일어난 것'을 재구성하려는 가장 오래된 모델은, 그리 놀라울 것도 없이, 여호수아서에서 직접 그려진다. 이 견해는 앞에서 언급했던 최근의 보수적인 학자들뿐만 아니라, 지난 세대의 신학적 거성 몇몇이 지지해왔던 내용이다.

일례로, '성서고고학의 아버지'라고 불리는 동양학의 전설 윌리엄 폭스웰 올브라이트William Foxwell Albright는 1920년대부터 1971년 사망하기까지 '정복 모델'을 옹호해왔다. 그의 위대한 작품인『석기시대에서 기독교

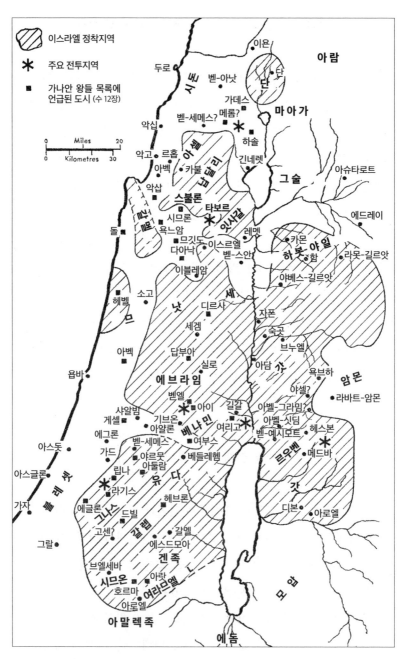

범례:
- 이스라엘 정착지역
- 주요 전투지역
- 가나안 왕들 목록에 언급된 도시 (수 12장)

Miles 0 — 20
Kilometres 0 — 30

주요 지명:
이욘, 두로, 벤-아낫, 단, 아람, 가데스, 마아가, 벧-세메스?, 메롬?, 악십, 하솔, 긴네렛, 그술, 아슈타로트, 악고, 르홉, 아벡, 카불, 악삽, 스불론, 타보르, 시므론, 욕느암, 므깃도, 이스르엘, 벧-스안, 레멤, 카몬, 야일, 하봇-야일, 라못-길르앗, 함, 다아낙, 이블레암, 야베스-길르앗, 돌, 소고, 헤벨, 므, 디르사, 낫, 세겜, 자폰, 숙곳, 아벡, 답부아, 실로, 브누엘, 아담, 가, 욕브하, 야셀?, 암몬, 욥바, 벧엘, 아이, 길갈, 아벨-그라임?, 라바트-암몬, 샤알빔, 기브온, 아얄론, 베냐민, 여리고, 아벨-싯딤, 헤스본, 게셀, 에그론, 벧-세메스, 여부스, 벤-예시모트, 르우벤, 메드바, 아스돗, 가드, 야르뭇, 아둘람, 베들레헴, 아스글론, 립나, 유다, 가자, 라기스, 그나스, 헤브론, 디본, 아로엘, 가, 에글론, 드빌, 고센?, 갈렙, 갈멜, 에스드모아, 그랄, 겐족, 브엘세바, 아랏, 시므온, 호르마, 여라므엘, 아로엘, 아말렉족, 에돔, 모압

옛 '가나안 정복'을 재구성하고, 정복한 지역을 열두 부족에게 할당함. Yohanan Aharoni, *The Land of the Bible*

까지*From the Stone Age to Christianity*』(1940)에서 몇 개의 인용을 들어보면 충분할 것이다.

　　고고학적 발굴과 탐사는 초기 이스라엘의 (가나안) 정복이 대략 기원전 1200년에 이루어졌다는 특징에 많은 빛을 비춰주고 있다. (1940: 279)

　　이스라엘 사람들은 (…) 조금의 시간도 낭비하지 않은 채, 가나안 전 지역의 마을을 파괴하고 정복했다. (1940: 278)

올브라이트는 대량 학살이라는 것과 관련하여 조금도 불편하지 않았던 것처럼 보인다. 왜냐하면 그는 다음과 같이 결론을 맺기 때문이다:

　　이스라엘의 정복이 거칠고 원시적인 힘과 무자비한 생각으로 실행되었다는 것이 앞으로 있을 유일신 사상의 측면에서 오히려 다행이었다. 왜냐하면 가나안 사람들을 진멸함으로써 유사한 두 집단의 결합을 저지할 수 있었기 때문이다. 만약 그렇지 못했더라면, 표준적인 야훼 신앙이 불가피하게 눌렸을 것이고 그 결과 신앙의 회복은 불가능하게 되었을 것이다. 그러므로 흥청망청하며 자연을 숭배하고, 뱀 모양과 관능적인 벗은 몸의 신을 섬기는 풍요 제의를 드리고, 역겨운 신화로 가득한 가나안 사람들은, 목축 생활을 하는 단순하고 순결한 삶과 그 숭고한 유일신 신앙, 그리고 엄격한 윤리 의식을 가진 이스라엘에 의해서 대체되어야 마땅하다. (1940: 281)

올브라이트만 '정복 모델'을 옹호했던 것은 아니었다. 그의 제자(이며 나의 스승이기도 했던) 조지 라이트G. Ernest Wright가 그를 따랐다. 1957년에 발표된『성서고고학*Biblical Archaeology*』이란 매우 영향력 있는 연구서에서, 그는 성서의 자료들에 어느 정도 문제가 있음을 인지하고 있었다. 그러나 그럼에도 불구하고 그는 정복이 '점진적인 침투 과정 그 이상도 아니다'라는 독일 학계의 견해를 거부했다. 그 당시에 취할 수 있는 고고학적 근거들을 재조사한 이후에 라이트는 그 문제에 대해 이렇게 정리했다:

> (기원전) 13세기 동안 장차 이스라엘이란 나라를 이룰 소수의 사람이, 땅이 아니라 본래 약탈을 목적으로 조심스럽게 침입을 계획하여 팔레스타인으로 들어오게 되었다고 우리는 결론을 맺을 수 있을 것이다. (1957: 83)

기원전 13세기 후반 단Dan의 파괴된 '왕궁'. William G. Dever

당시에 지도적인 위치에 있었던 이스라엘 고고학자 이가엘 야딘Yigael Yadin은 1955~1958년에 하솔의 거대한 상부 갈릴리 지역을 발굴하면서 주장하기를, '본래 모든 나라의 머리'였던 하솔의 패망을 말하는 여호수아 11장 10-13절의 기사가 역사적으로 정확하다고 하였다. 성서 기사 자체에 충돌되는 부분이 있음에도 불구하고(참조. 수 11:10-11과 사사기 4장과 5장), 야딘은 종합해서 다음과 같이 주장했다:

> 고고학은, 후기 청동기 시대 종반(기원전 13세기)에 반半-유목 생활을 하는 이스라엘 사람들이 다수의 가나안 도시들을 파괴했으며, 그런 다음에 점진적으로 서서히 그들은 폐허 위에 자신들을 위한 정착 거주지를 세우게 되었으며, 그 땅의 남은 지역을 확보하게 되었다고, 대체적으로 확증한다. (1982: 23)

내가 40년 전 하버드의 대학원생이었을 때 표준 연구서는 올브라이트의 제자였던 존 브라이트John Bright가 쓴 『이스라엘 역사A History of Israel』(1959)였다. 브라이트는, 비록 '우리는 성서 내러티브의 세부 사항들을 확인해볼 어떠한 수단도 가지고 있지 않다'라고 가정하면서도, 그럼에도 불구하고 그 시대의 고고학적 근거들을 나열하여 다음과 같은 결론을 이끌어냈다:

> 우리의 수중에 있는 외부적 근거들은 상당하고 또한 중요하다. 그것을 비춰볼 때, 그러한 정복에 대한 역사성은 더 이상 부인되어서는 안 된다. (1959: 117)

많은 사람에게 있어서 정복 모델은 그것이 성서(사사기가 아닌 여호수아)의 설명을, 비록 단순하기는 하지만 신중하게 취급하고 있다는 측면에서 호의적인 것 같다. 그리고 1960년대까지 작성된 고고학적인 근거들은 벧엘, 드빌, 라기스 그리고 하솔과 같은 장소들이 기원전 13세기 후반에서 기원전 12세기 초반에 있었던 가나안의 외부인 침략에 의한 대규모의 전쟁 상황과 잘 들어맞는 것처럼 보였다. 그렇다면 그들이 바로 이스라엘 사람이지 않겠는가? (이렇게 학자들은) 성서를 유리하게 해석해왔던 것이다.

그러다가 1960년대 후반에 이르러, 습격 혹은 정복 모델이 오히려 공격을 받기에 이르렀다. 그 위협은 한때 정복 이론을 강력하게 옹호했던 그 편에서 나왔다. 바로 고고학이다. 트란스요르단 지역의 디본과 헤스본에 파괴의 흔적이 없으며, 또한 그곳에 어떠한 형태에서든지 사람이 정착했다는 흔적을 찾아볼 수 없다는 사실을 이미 언급한 바 있다. 이러한 증거

여리고 둔덕, 산기슭에서 서쪽을 바라보고 있다. William G. Dever

는 이미 1960년대 후반부터 잘 알려진 내용이었다. 그러나 전통적인 이론을 지켜내기에 안달이 난 학자들에 의해서 종종 무시되거나 혹은 합리화되었던 것이 사실이다.

정복 모델에 대한 또 하나의 통렬한 비판이, 영국의 위대한 고고학자인 데임 케슬린 케넌Dame Kathleen Kenyon의 1955년과 1958년 사이에 있었던 여리고 발굴 결과, 제기되었다. 다른 영국인 고고학자로, 존 가스탱John Garstang이 웰컴-마스턴(Wellcome-Marston) 신탁이란 복음주의 재단의 후원을 받아 이미 1920년대에 그곳을 발굴한 바 있었다. 그는 진흙 벽돌로 만들어진 성벽이 대규모로 파괴된 흔적을 확인했고, 자신 있게 그 연대를 기원전 15세기로 잡았다. 그 결과, 그는 자신이 여호수아와 그의 백성이 무너뜨렸던 바로 그 성벽을 찾아냈다고 의기양양해서 알렸다(출애굽 시기는, 그 당시에 만연했던 것처럼 당연히 기원전 약 1446년이라고 제시했다).

그러나 케넌은 보다 우월한 현대적인 방법론을 시도했고, 그 어떠한 '성서의 굴레(Biblical baggage)'에 얽매이지 않겠다고 선언하면서(예루살렘에 있었을 때 그녀가 내게 이렇게 말해주었다), 이 파괴 연대가 기원전 약 1500년이라는 것은 맞지만, 이집트 제18왕조가 시작하면서 아시아의 '힉소스'를 몰아내었던 이집트 원정과 잘 부합된다고 증명하였다. 더 나아가 케넌은 기원전 13세기 중후반—오늘날 이스라엘의 '정복'이 있었다고 여겨지는 시대—에 여리고가 완전히 버려진 상태(몇 세대에 걸쳐 사람이 살지 않았다-역주)였다는 사실을 조금의 의심도 없이 보여주기까지 했다. 그 지역 전체에서 후기 청동기 II시대의 도자기를 전혀 찾을 수 없었던 것이다. 이것은 성서의 설명을 완전히 뒤엎은 것처럼 보인다. (그럼에도 불구하고 여기에서 우리에게는 여전히 경탄할 만한 '기적'이 필요하다고 생각하는 사람들에게 나는 다음과 같이 말해주곤 한다: 여호수아는 그 당시에 존재하지도 않았던 곳을 파괴했답니다!) 케년조차 해답을 찾으려 했다; 그녀는 제안하기를, 아마도 후대의 침식으로 인해서 이스라엘의 '파괴 흔적'이 휩쓸려 사라졌을 것이라고 했다. 그러나 그 어떠한 그럴듯한 설명에도 불구하고, 후기 청동기 Ⅱ시대의 거주 흔적은 어디에도 남아 있지 않다. 또한 요단 계곡 하부에 흩어져 있는 그 어떠한 장소도 성서가 말하는 여리고라고 부를 만한 곳이 존재하지 않는다. 간단히 말해서, 고고학은 여리고 함락이라는 성서의 이야기가 한편으로 기적적인 요소가 가득하지만, 순전히 역사적인 자료에 기초하지 않는다는 점을 우리에게 알려주고 있다. 그 것은 아마도 완전히 만들어진 이야기로 보인다.

요단을 건넌 이스라엘이 다음으로 이르렀던 중앙 산지는 아이'Ai였는데, 이곳은 예루살렘에서 북/북동쪽으로 약 16킬로미터 떨어져 있다. 그곳은 1933~1935년에 유대계 프랑스인 고고학자 주딧 마르케-크라우스Judith Marquet-Krause가 광범위하게 발굴하였다. 그녀는 대규모로 요새화된 초기 청동기 도시국가를 발견했는데, 그 도시는 기념비적인 성전과 궁정이 있었고, 그 모든 것은 기원전 2200년 즈음에 파괴되었다. 기원전 2000년 초반에 거의 뜸하게 사람들이 거주하다가, 기원전 1500년부터 기원전 12세기 초반에 이르기까지는 완전히 버려진 곳처럼 보였다. 그러므로 기원전 13세기 후반의 그곳은 폐허라는 말 외에 다른 어떤 것도 어울리지 않는 셈이다. 다시 말해, 이스라엘이 정복했다고 주장하는 그 시기 말이다.

올브라이트는 마르케-크라우스의 발견에 답하면서 성서의 많은 설명을 변호하려고 노력했다. 그는 제안하기를, 여호수아 7-8장에 나오는 아이 성의 사건이 실제로는 벧엘에서 발생했다고 말했다. 벧엘은 아이에서 1.5킬로미터 정도 떨어진 곳이며, 그곳에서 고고학적 연구는 기원전 13세기에 파괴의 흔적이 있음을 보여준다. 그러나 히브리어로 아이'Ai가 '쑥대밭(ruin-heap)'이라는 뜻이기 때문에, 그리고 그곳의 파괴 흔적이 멀리

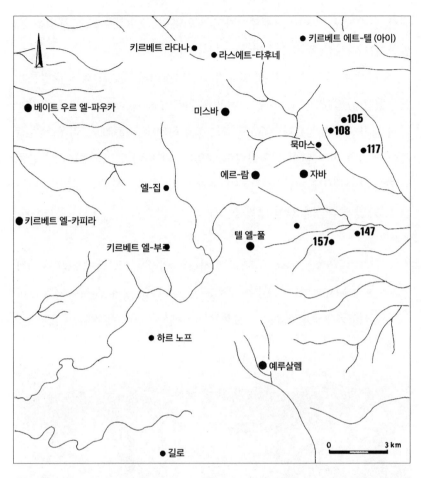

예루살렘 북부의 철기 I시대 유적지 지도, 아이'Ai뿐만 아니라 다른 초기 이스라엘의 촌락들이 나타나 있다. Israel Finkelstein and Nadav Na'aman, *From Nomadism to Monarchy*

서도 볼 수 있을 정도로 하나의 표지가 되었기 때문에, 결국 이스라엘 사람들이 멸망시켰다는 장소로 벧엘이 아닌 아이가 구전 전승의 형태로 만들어졌을 것이다. 그러므로 수 세기 동안 그것은 그들에게 일종의 '기원론起源論' — 기원에 대한 이야기 — 으로 작용했던 셈이다. 성서의 기록자들은 이 전통에 친숙했을 것이며, 그들은 그 이야기가 거짓되었다고 추호도 의심할 수 없었을 것이다. (벧엘이라고 제안했던) 올브라이트의 해법은 기발하기는 하지만, 전적으로 만족스럽지는 못하다.

1965년과 1972년 사이에, 미국의 고고학자이자 케년과 함께 방법론을 연구했던 남침례신학교 교수 조지프 캘러웨이Joseph Callaway는 그 지역을 다시 조사하기에 이른다. 그리고 그는 확신하기를, 마르케-크라우스의 결론이 의심할 여지 없이 정확하다고 하였다. 더 나아가 그는 아이 성 발굴이 '정복 이론'에 엄청난 타격이 될 수 있음을 분명히 지각하고 있었다. 그는 1985년에 다음과 같이 말했다:

수년 동안, 최초의 이스라엘 사람의 정착을 이해하기 위해 우선적으로 필요한 것은 히브리 성서였다. 그러나 성서의 전통을 기초로 아무리 재구성을 해봐도 고고학적 유물에 제기되는 주장들을 감당해내

기원전 12~기원전 11세기 아이'Ai의 이스라엘 촌락으로, 전형적인 4방 구조와 안뜰을 갖춘 가옥을 보여주고 있다. William G. Dever

지 못하고 있다. (…) (이제) 주요한 자료는 고고학적 유물이 되었다.
(1985: 72)

더 나아가 캘러웨이는 — 대단히 도덕적인 성격의 남부 신사로 — 자신이 몸담았던 보수적 신학교에서 일찍 은퇴하면서, 신학적인 문제로 (신학교 측에 의해) 당할지도 모를 곤경을 차제에 예방할 수 있었다.

여호수아서가 설명하는 다음 장소는 기브온인데, 이곳에는 고고학적 유물이 거의 남아 있지 않다. 확실한 것은, 다소 복잡한 성서의 이야기 안에서 기브온 사람들은 계략을 써서 자신들의 마을을 보존할 수 있었고, 비록 그 계획이 탄로 났지만 어쨌든 그들은 살아남았다(노예가 되었지만 말이다). 그러므로 성서 기록에 따르면 그곳에는 파괴가 없어야 한다. 그러나 문제는 13세기 후반이나 12세기 초반 그 어느 시대에도 기브온 지역

텔 엘-집의 둔덕, 북쪽에서 바라본 장면으로, 꼭대기에는 아랍인 촌락이 있다. William G. Dever

에 사람이 정착하지 않았다는 점이다. 1960년대에 그곳을 발굴했던 미국인 — 그는 제임스 프리처드James Pritchard로, 유명한 고고학자이자 펜실베이니아 대학의 종교사상 교수였다 — 은 철기 시대의 유물을 발견했을 뿐, 기원전 8세기 이전의 것은 아무것도 찾을 수 없었다.

위치를 잘못 지정한 것은 아니다. 여기에서 장소는 정확하게 규정되었다. 아랍어로 엘-집el-Jib이란 말은, 위대한 미국 셈족 학자이자 지형학자인 에드워드 로빈슨Edward Robinson이 아주 오래전인 1838년에 지적한 바와 같이, 히브리어 '기브온'과 정확하게 일치한다. 그리고 프리처드는 기원전 8~기원전 7세기의 깊은 우물가에서 히브리어로 '기브온'이라고 새겨진 56개의 항아리 손잡이 조각들을 찾아내기도 했다. 이 우물이 아마도 사무엘하 2장 13절에 언급된 것과 같다는 점에서, 여호수아서가 기원전 8~기원전 7세기에 기록되었을 것이라고 추측하게 된다. 아마도 이 시기에 기브온의 존재가 성서를 기록한 사람들에게 알려졌을 것이다.

성서의 설명에 부합될 수 있을 것이라고 예전에 여겨졌던 몇몇 다른 장소 역시 지난 몇 년 동안에 새로운 증거들로 인해 새롭게 재해석되고 있는 상황이다. 예를 들면, 1926~1932년에 올브라이트가 발굴했던 텔 베이트 미르심Tell Beit Mirsim을 보자. 그는 이곳을 성서에 나오는 드빌Debir이라고 말했다. 비록 그곳에 기원전 13세기 후반의 파괴 흔적이 나타나기는 하지만, 사실 그곳은 드빌이 아니다. 오늘날 대부분의 학자는 드빌이 텔 베이트 미르심에서 남동쪽으로 11킬로미터 떨어져 위치하고 있는 키르베트 라부드Kh. Rabûd라고 지정한다. 이스라엘 고고학자들이 이 장소를 발굴했는데, 여기에서 기원전 13~기원전 12세기에 해당하는 지층에 그 어떠한 파괴 흔적도 나오지 않았다.

올브라이트와 다른 학자들은 한때 후기 청동기 시대에 대규모로 파괴된 라기스를 즐겨 언급하곤 했다. 라기스는 파괴된 이후에 대략 2세기 동안 버려진 곳이기도 하다. 올브라이트는 그 파괴 연대를 기원전 약 1225 년으로 잡았다. 그러나 1973~1987년에 이스라엘 고고학자들에 의해서 대규모 발굴 작업이 있었는데, 그 결과 문제가 되는 파괴가 기원전 1170 년 정도로 후대에 발생했음이 증명되었다. 왜냐하면 그곳에서 람세스 3세 (재위 기원전 약 1198~기원전 1166년)의 이름이 새겨져 있는 청동 장식 카르 투슈cartouche(국왕을 나타내는 이집트 상형문자가 들어 있는 테두리 — 역주)가 나 왔기 때문이다. 이것은 총사령관 여호수아가 활약했던 시기보다 50년이 나 늦은 연대이다 — 그가 나이 여든이 되어서 군대를 이끌고 전장에 나서 지는 않았을 것이다. 그렇지만 1983년에 출간된 고고학 연구 보고는 그리 많은 주목을 이끌지 못했다.

정복 모델에 잘 맞는 것처럼 보이는 주요한 발굴지로 야딘Yadin이 실시 했던 하솔Hazor이 있다. 그러나 하솔은 내가 이 책을 쓰는 시점에서 다시 발굴되고 있었으며, 또한 야딘의 실증적인 결론이 재검토되고 있는 상황 이라, 현재 남아 있는 정보들을 개괄하기까지 우리의 논의를 잠시 미루어 놓도록 하겠다. 이제는 정복 모델에 대안으로 등장한 것을 살펴보자.

대안 모델: 평화적 침투 이론

1920년대와 1930년대에 알브레히트 알트Albrecht Alt와 마르틴 노트 Martin Noth와 같은 선도적인 독일 성서학자들이, 미국의 '정복' 모델 일색 이었던 견해에 대한 대안으로, 장차 '평화적 침투' 모델로 알려지게 될 것 을 내놓게 되었다. 이들이 볼 때 '정복' 모델은 완전히 근본주의적인 견해 였다. 평화적 침투 모델은 두 개의 요소로 구성된다. 첫 번째는, 창세기에 서 생생하게 나오는 것처럼, 이스라엘의 조상이 여기저기로 이동하며 천막 생활을 하는 목자로 지냈다는 성서의 전통이다. 두 번째는 중동의 목축 유목민의 정착에 대한 현대 민족지民族誌 연구이다. 이에 따르면, 그 지역에서 수천 년간 살았던 목축 유목민이 먼 거리를 이동하면서도, 결국엔 많은 수가 농부나 마을 사람이 되어 눌러앉았다고 한다. 중동의 어느 곳에서나 볼 수 있는 베두인족이야말로 고대 이스라엘의 조상이 어떠했는지를 보여주는 현대적 대응물이라고 하겠다.

평화적 침투 모델에 따르면, 기원전 13~기원전 12세기경 가나안 산지 혹은 팔레스타인 서쪽에 정착했던 사람들은 본래 트란스요르단의 반건조 지역에서 살았던 유목 부족들이었다. 목초지와 물을 찾아 그들은 매년 요단강을 건넜고, 그들 중에 몇은 보다 시원하며 물이 잘 공급되는 비옥한 산지에 점차 오랫동안 머물게 되었다. 결국 그들은 그곳에 정착하게 되었고 성서에 나오는 '이스라엘 사람들'처럼 역사의 현장에 나타나게 되었다.

평화적 침투 모델은 여러 가지 매력이 있었고 얼마 동안 선풍적인 인

팔미라Palmyra 근방 시리아 사막에 있는 베두인 양 무리. William G. Dever

기를 누리기도 했다. 그중 하나는, 이스라엘의 유목민적인 성향과 그 부족 기원을 말하고 있는 성서의 언급과 잘 맞아떨어진다는 점이다. 여기에서 이스라엘은 가나안에 들어오기 전에 트란스요르단 지역에서 체류했다가, '평등주의적' 이상을 가지고 점차 소규모의 농촌 사회로 탈바꿈하게 된다. 이러한 민족지 비교 연구는 처음 이스라엘 사람들이 누구였으며 그들이 과연 어디에서부터 왔는지를 설명하는 현대적 접근으로서, 성서의 도움을 받지 않고 보다 확실하게 증언해주는 모델이라고 하겠다. 사실 너무 탁월 해서 진짜가 아닌 것처럼 보인다. 그리고 역시 진짜가 아니었다.

한 가지만 생각해보면, 부족 기원에 대한 성서 이야기는 다른 많은 나라의 '건국 신화'와 같이 의심스럽다. 다르게 말해서, 많은 학자는 그 이야기를 사실상 허구로 본다. 즉, 왕조시대 도시 생활에 환멸을 느끼는 후대의 성서학자가 만들어낸 '유목민적 이상'이었고, '사사 시대'라는 이스라엘의 형성기에 나타나는 단순한 삶의 양식에 대한 향수 어린 소망에 불과했다는 뜻이다. 더 나아가 여기에서 언급되는 유목민의 소규모 점진적인 '평화적 정착'이라는 기본적인 생각은 성서에 나오는 다른 이야기들과 심하게 충돌하고 있다. 여호수아서가 강조하며 기념하는 것처럼 대규모이면서 잘 조직되어 아주 빠른 기간 동안 가나안을 침공했던 점에 대해 우리는 간단히 못 본 체할 수 없다.

민족지학民族誌學 측면에서 보면, '평화적 침투' 모델은 베두인족에 관한 19세기 유럽인의 전형적인 오해에서 비롯되었다. 그 당시에 중동의 목축 유목민의 사회와 생활양식을 조사했던 연구자 대부분이 아랍어를 거의 몰랐다. 그들은 지역의 부족민들을 단지 피상적으로 관찰했을 뿐이다. 예를 들면, 가장 가까이에서 부족민들의 모든 생활양식을 경험하기 위해서는 그들이 매년 주기로 이동할 때 그들과 함께 움직였어야 했는데, 그들은 그러지도 못했다. 무엇보다 이러한 비전문 민족지학 연구가들이 베두인족의 일상을 '미화했고' 그 결과 정착을 한다는 것이 실제로 얼마나 변화무쌍한 일인지 온전히 이해하지 못했다.

이제 우리는 베두인족이 전형적인 '토지 소유욕이 강한 큰 무리'가 아니라는 것을 알게 되었다. 그들은 통상적으로 '침투'하거나 그들이 기획해서 정착하지도 않는다. 때때로 가뭄이나 기근이 들거나, 혹은 정치적으로 곤란한 조건이 되면, 그때 그들은 정착하게 되는 것이다. 그렇다 하더라도 그들은 가능한 한 빨리 베두인족의 생활로 돌아갈 준비가 되어 있다. 그들은 자신들이 '사막의 진정한 아랍인'이라는 생각을 품고 있기 때문이다. 매번 그런 것은 아니지만, 유목민이 도시의 권력자들에 의해서 강제적으로 정착하기도 한다. 왜냐하면 그들이 국가 운영에 방해가 되거나 골칫거리로 취급되기 때문이다. 이러한 일은 비단 현대의 상황에 국한되지 않는다. 기원전 18세기에 유프라테스의 마리Mari라는 거대한 도시국가에서 기록된 아주 많은 쐐기문자의 글을 보면, 도시의 권력자들과 근처 광활한 초원(steppe)의 유목민(성서 기록자들은 이들을 고대의 '아모리족'이라고 기억하고 있다) 사이에 복잡한 거래가 있었음이 드러난다. 마리의 관료들이 유입 문제와 세금을 관리하기 위해서 오랫동안 유목민에 대한 인구조사를 시도했다고 한다. 그러나 이 일은 쉬운 작업이 아니었다. 결과적으로 아모리족은 거의 모두 정착하기는 했지만, 마리 문서와 다른 곳의 문헌들은 그러한 과정에 500년이나 되는 오랜 시간이 소요되었다고 알려준다.

들고 일어선 농민?

내가 지금까지 소개했던 이스라엘 정복의 두 가지 모델들은 제2차 세계대전이 있기 전에 주로 제기되었던 것으로, 1950년대 초반에 이르자 그것들은 다소 구닥다리처럼 여겨지기 시작했다. 그러던 중 1962년에 올브라이트의 학생 중에 늘 기이한 부류에 속했던 한 사람, 즉 미시건 대학의 교수였던 조지 멘덴홀George Mendenhall이「히브리인의 팔레스타인 정복」이라는 제목으로 간단한 논문을 발표하게 된다. 그 논문은 아주 중요한 전환점이 된다. 그것은 20세기 미국 성서학에 가장 영향력이 큰 연구 가운데 하나이다. 비록 신학적으로 보수적인 경향이 있었지만, 멘덴홀은 가나안 획득에 대한 '정복'과 '평화적 침투' 모델 모두가 각자 매력적인 부분이 있음에도 불구하고 완전히 오류투성이라고 결론지었다. 그것들은 초기 이스라엘이 등장하게 되었을 때의 독특했던 현상을 있는 그대로 담아내지 못하고 있다. 그는 그 대신에 종교에서 동력을 얻은 내부적 혁명이 있었다고 제안한다. 이후에 출간된 책인『열 번째 세대: 성서 전통의 기원The Tenth Generation: The Origins of the Biblical Tradition』에서 그는 이렇게 말한다:

그때 그곳에 혼동, 충돌, 전쟁이 있었음을 우리는 확신할 수 있다. 고대 이스라엘은 월등한 군사 무기나 군사 조직으로 승리하지 않았다. 그들은 주민 전체를 내몰아내거나 대량 학살을 하지 않았다. 그 땅이 선물이었다는 의미는 단순히 말해서, 예부터 있었던 정치권력과 모든 땅이 그들의 것이라는 권력자들의 주장이 이제는 하나님 자신에게 전이되었음을 뜻한다. (1973: 225)

그리고 멘덴홀의 견해를 제시한다.

일반적으로 이해하는 것과 같은 팔레스타인 정복은 사실 존재하지 않았다. 대신 발생했던 사건을 사회-정치적 과정에 관심을 가진 일반적인 역사가의 관점에서 보고 말한다면, 서로 맞물려 있는 가나안 도시국가에 대항하여 일어난 농민의 혁명이라고 부를 수 있다. (1962: 73)

초기 이스라엘이 토착민이었으며 그 내부에서 기원했다는 멘덴홀의 이러한 혁신적인 모델은 널리 알려지게 되었다. 그러나 그 이론이 많은 학자가 볼 때는 지나치게 과격한 것처럼 여겨졌다; 그리고 그 당시에 그 이론을 뒷받침할 만한 고고학적 근거가 희박했다. 탁월했다고 할 수 있을까? 추호의 의심도 없다; 그렇지만 아무래도 너무 일찍 꽃을 피워버렸다고 하겠다.

다음으로 1979년에 버클리 대학의 노먼 갓월드Norman Gottwald라는 미국인 성서학자가 20세기 미국 성서학 분야에서 가장 영향력이 있는 작품 가운데 하나로 손꼽을 수 있는 책을 발표하게 된다: 『야훼의 부족들: 해방된 이스라엘 종교의 사회학, 기원전 1250~기원전 1050년The Tribes of Yahweh: A Sociology of the Religion of Liberated Israel, 1250~1050 B.C.E.』. 책 제목 자체만으로 이 기념비적인 작품의 여러 가지 독특한 특징을 보여준다: '야훼'; '사회학'; '해방된 이스라엘'. 자유주의적 기독교 신학과 사회활동 모두에 오랫동안 참여했던 마르크스주의자로, 갓월드는 당시에 실험적이라고 할 수 있었던 사회학적 접근을 고대 이스라엘의 역사와 종교 분야에 접목한 최초의 학자가 되었다. 그리고 그는 당시에 최신 고고학적 자료들을 사용할 수 있었다 — 최소한 그가 책을 쓰고 있었던 1970년대 중반에 말이다(그때 나는 그의 고고학 정보 제공자 중 하나였다).

우리의 목적에 맞게, 갓월드의 독특한 기여를 그의 토대가 되는 두 가지 기본 가정을 중심으로 살펴보도록 하자. 첫째로, '초기 이스라엘'은 이방인들이 하룻밤 사이에 군사작전으로 얻어낸 결과물이 아니라, 오히려 비교적 긴 시간 동안 사회-문화적이며 종교적인 '혁명'에서 나온 것이었다. 초기 이스라엘은 후기 청동기·철기 I 시대 초반에 가나안 지역에 살았던 농민들로부터 생겨난 것인데, 이들은 부패한 군주들에 맞서 저항했으며 점차 새로운 민족적 정체성과 사회구조를 형성하게 되었다. 둘째로, 이러한 혁명의 원동력은 주로 종교였는데, 이스라엘의 독특한 민족신 야훼를 믿으면서 가졌던 '해방에 대한' 신앙의 힘이 바로 그것이었다.

갓월드의 책은 당시에 엄청난 논쟁을 불러일으켰고 또한 동시에 여전히 도발적인데, 1980년대에 신선한 충격을 주었다는 측면에서 높이 평가되고 있다. 그러나 그의 책은 많은 이의 동의를 얻지 못했다. 심지어 미국과 유럽의 자유주의 성서학자 사이에서도 말이다. 한 가지 이유를 들면, 이 분야에 익숙하지 않은 일부 학자들은 지나치게 심도 있는 인류학적 언급들이 불편했다. 보다 보편적이고 심각했던 반발은 갓월드가 가졌던 마르크스주의 입장이었다. 계급갈등과 '농민혁명'이라는 그의 모델은 현대 20세기의 해방전쟁에서 가져온 것임이 분명하고, 그 당시에 여전히 금기시되었던 마르크스주의 언어로 표현되었기 때문이다. 그렇지만 이 책의 통찰력은, 우리가 곧 살펴보겠지만 그 당시에 매우 직관적이라고 보였음에도 불구하고, 탁월하게 옳은 것임이 드러났다. 갓월드가 옳았다: 초기 이스라엘은 대부분이 '가나안 난민'이었던 것이다. 지리적으로 그리고 이데올로기적으로 그들은 난민이었다.

아이러니한 것은 갓월드의 농민혁명 모델이 멘덴홀에 의해서 강력하게 반대되었다는 점이다. 이 둘의 이론들 사이에 명백한 유사점이 있음에도 불구하고 말이다. 이 둘은 '야훼 신앙'의 본질을 두고 서로 갈라졌다. 그리고 고고학자들은 평상시와 같이 편협하게 그 논의를 무시해버렸다. 이 점은 갓월드가 다음과 같이 명료하게 언급했던 바와 같이 매우 불행한 사건

이라고 하겠다: "고대 이스라엘에 대한 온전한 물성(materiality) 연구가 확실하게 진행될 때만이, 우리는 그 영성(spirituality)을 합당하게 이해할 수 있다"(1979: xxv).

팔레스타인 서부 지역의 중요한 발굴지들

학자들은 연구모델을 좋아한다. 왜냐하면 그 모델들이 자료를 다루는 데 편리하고 유익하며 지적인 틀을 제공하기 때문이다. 이 경우에는 그럴 듯한 과거를 재구성하는 데 해당한다고 하겠다. 그러나 중요한 것은 이론(모델)이 아니라 자료 그 자체이다. 그러므로 고고학자로서 우리는 '지표면에 가깝게' 머무르도록 애써야 한다. 그리고 우리가 앞으로 살펴보겠지만, 지난 25년간 광범위하게 고고학 탐사와 발굴이 진행되었기 때문에, 이제 우리는 요단강 서부 가나안 지역에 이스라엘이 정착했던 일과 관련하여 '고상한 이론들을 날려버리는 험악한 사실들'에 직면해야만 한다. 우선 북쪽에서부터 남쪽까지 내려오면서 발굴된 지역들을 살펴보도록 하자.

나는 1990년에 『최신 고고학 발견과 성서 연구Recent Archaeological Discoveries and Biblical Research』란 제목으로 출간된 대중을 위한 책에서 그 자료를 요약했다. 그 당시에 나는 히브리 성서에서 이스라엘 사람들이 취하였다고 언급된 16곳을 목록화할 수 있었는데, 오늘날 우리는 그곳의 장소를 규정할 수 있으며 그곳에 대하여 어느 정도 고고학적 증거를 보유하고 있다. 그러나 1998년에 이르자, 나의 동료인 하버드 대학의 로렌스 스테이저Lawrence Stager는 31곳의 위치를 목록화했다. 『성서 세계에 관한 옥스퍼드 역사The Oxford History of the Biblical World』라

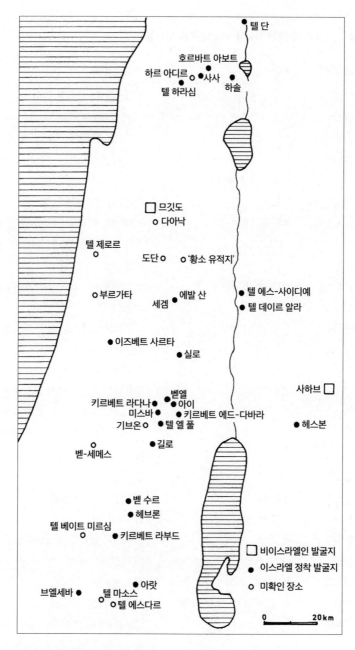

철기 I시대 혹은 '초기 이스라엘'의 주요한 발굴지. Israel Finkelstein, *The Archaeology of the Israelite Settlement*

표 4.1. 여호수아 12장 9-24절에 나오는 도시들

고대의 지명	성서의 언급	고고학적 증거
1. 여리고	수 12:9; 6; 24:11	후기청동기 II 빈약한 거주
2. 아이	수 12:9; 7:2-8:29	2250-1200년까지 거주 없음
3. 예루살렘	수 12:10; 삿 1:21	후기청동기 II 말에 파괴 없음
4. 헤브론	수 12:10; 10:36-37; 14:13-15; 15:13-14; 삿 1:10	증거 없음
5. 야르뭇	수 12:11; 10:5	후기청동기 II에서 철기 I까지 거주
6. 라기스	수 12:11; 10:31-32	도시지층 제7층이 13세기 후반 파괴됨; 도시지층 제6층은 1150년 파괴됨
7. 에글론	수 12:12; 10:34-35	텔 아이툰Tell 'Aitun; 후기청동기 거주 불분명
8. 게제르	수 12:12; 반대 삿 1:29	후기청동기 파괴됨, 아마 메르넵타 원정이나 블레셋 침략
9. 드빌	수 12:13; 10:38-39; 15:15-17; 삿 1:11-13	텔 에르-라부드Tell er-Rabud, 후기청동기 말에 파괴 흔적 없음
10. 게델	수 12:13	키르베트 예두르Jedur; 후기청동기 II와 철기 I 도자기; 발굴되지 않았음
11. 호르마	수 12:14	장소 불분명
12. 아랏	수 12:14	후기청동기 거주 없음
13. 립나	수 12:15; 10:29-31	장소 불분명
14. 아둘람	수 12:15	키르베트 아둘람'Adullam; 발굴되지 않았음
15. 막게다	수 12:16; 10:28	장소 불분명
16. 벧엘	수 12:16; 8:17; 삿 1:22-26	13세기 후반에 파괴됨
17. 답부아	수 12:17	텔 셰이크 아부 자라드Tell Sheikh Abu Zarad; 발굴되지 않았음

고대의 지명	성서의 언급	고고학적 증거
18. 헤벨	수 12:17	텔 엘-무하페르Tell el-Muhaffer; 발굴되지 않았음
19. 아벡	수 12:18	후기청동기 파괴되고 이후 철기 I에 '해양민족'이 거주함
20. 랏사론	수 12:18	장소 불분명
21. 마돈	수 12:19	장소 불분명
22. 하솔	수 12:19; 11:10-13; 삿 4:2	후기청동기 도시로, 지층 제8층은 13세기에 파괴됨
23. 시므론-므론	수 12:20	장소 불분명
24. 악삽	수 12:20	키르베트 엘-하르바지el-Harbaj: 후기청동기 II와 철기 I 도자기
25. 다아낙	수 12:21; 반대 삿 1:27	후기청동기 II 빈약하게 흔적 있음; 철기 I 촌락은 12세기 중후반에 파괴됨
26. 므깃도	수 12:21; 반대 삿 1:27	후기청동기 II/철기 I 도시로, 지층 7A층은 12세기 후반에 파괴됨
27. 가데스	수 12:22	텔 아부 쿠데이스Tell Abu Qudeis; 철기 I 정착, 지층 제8층은 12세기 후반에 파괴됨
28. 욕느암	수 12:22	후기청동기 II 거주지로, 지층 제19층은 13세기 후반 혹은 12세기에 파괴됨; 지층의 단절
29. 돌	수 12:23; 반대 삿 1:27	시칠리Sikils로 알려진 '해양민족'이 12세기 도시를 점령하다; 후기청동기에서 철기 I의 전이는 알지 못한다
30. 고임	수 12:23	장소 불분명
31. 디르사	수 12:24	텔 엘-파라Tell el-Farah(북쪽); 후기청동기 II와 철기 I 거주; 파괴에 대한 증거는 없음

는 책에 그가 기고한 글이 있는데, 그 제목이 「신분을 위조하다: 고대 이스라엘의 출현(Forging an Identity: The Emergence of Ancient Israel)」으로, 해당 분야에서 가장 최근에 다루어진 연구라고 하겠다. 그러나 나는 다수의 개별적인 장소들을 보다 자세히 다루려고 하는데, 그 이유는 위에서 요약했던 이론적 모델들을 '평가'해보기 위해서이다.

다아낙

성서에 나오는 다아낙Ta'anach은 아랍어로 텔 티인니크Tell Ti'innik로 불리는 웅장한 둔덕에 자리하고 있었던 게 분명하다. 그곳은 이스르엘 계곡 남쪽 지역을 수비하고 있는 므깃도에서 대략 남동쪽으로 8킬로미터 떨어져 있다. 여호수아 12장 21절의 요약 보도에 따르면, 다아낙은 가나안 도시 중 하나로 나오며, 그 왕은 패배를 맛보았다. 그러나 사사기 1장 27절을 보면, '쫓아내지 못한' 도시 목록으로 잘 알려진 곳으로, '다아낙과 그 주민들'이란 구절이 나온다.

이 장소는 1902~1904년에 독일 성서학자가 발굴했고, 그런 다음 저명한 미국 고고학자 폴 랩Paul Lapp(그는 올브라이트와 라이트의 제자이기도 했다)이 1964~1968년에 광범위한 지역을 다시 조사했다. 그 지역은 후기 청동기 II시대에 약간의 가나안 유물이 발견되었으며, 이어지는 초기 철기 시대 촌락은 기원전 약 1150년경 파괴를 당한 것으로 보인다. 여기에서 기원전 12세기 촌락은 사사기 5장 19절에 나오는 드보라의 노래에 기초해서 볼 때, 이스라엘의 거주지로 그동안 취급되었다. 해당 성서 구절에 따르면, '므깃도 물가 다아낙'에서 시스라와 바락 사이에 전투가 벌어졌음을 알게 된다. 그러나 이렇게 잘 증언되고 있기는 하지만, 그 파괴는 촌락이 세워지기 이전이 아니라 오히려 그 이후에 발생했다.

이러한 고고학적 근거에 대한 가장 그럴듯한 설명은, 후기 청동기 가나안의 촌락이 (므깃도와 인접했다는 – 역주) 전략상의 위치 문제로 인해 이스라엘 사람들(혹은 다른 사람들)에게 파괴를 당하기 전까지, 그러니까 기원전 12세기 초반까지는 촌락으로 지속되었다는 것이다. 다아낙은 그 이후로는 버려졌다가 기원전 10세기에 이르러 사람이 살게 되었다. 즉, 솔로몬이 그곳을 행정 중심지 중 하나로 만들어서 바아나에게 맡겨두었다(왕상 4:12). 그곳은 기원전 약 925년에 다시 파괴된다. 이것은 이집트의 카르나크Karnak에서 발견된 파라오 셰송크(성서에는 '애굽 왕 시삭'으로 나온다)의 '승전비'에 그 파괴가 나열되어 있다. 요컨대, 다아낙이 기원전 10세기 이전에 '이스라엘 사람들'의 도시였다는 근거는 일부 성서 구절에서 기인할 뿐, 다른 모든 증거는 그 이후로 제한되어 있다.

므깃도

다아낙의 보다 큰 자매 도시인 므깃도는 고대 팔레스타인에서 최고로 중요한 지역 가운데 한 곳이다. 그곳은 해안 도로(히브리어로 바닷길, 데레크하-얌 derek ha-yām)에서 시작해 사마리아의 북부 고지대를 거쳐 이스르엘 계곡을 관통하며, 궁극적으로 다메섹과 그 너머까지 나아갈 수 있는 주요한 도로를 수비하는 곳이었다. 히브리어로 '하르-므깃도'로, '므깃도 산'이라고 불리며, 이후에 헬라어로 '아마겟돈'이 되기도 한다. 그리고 그곳을 중심으로 유명한 전투들이 벌어졌기 때문에 그곳은 세상의 종말에 관한 묵시적 환상과 잘 어울리는 장소가 되었다. 여호수아 12장 21절은 그 장소를 취했다고 하지만, 반대로 사사기 1장 21절은 그러한 주장과 정반대로 나온다.

그 장소는 1903~1905년에 독일 고고학자에 의해서 발굴되었고, 그다음 1925~1939년에 록펠러 재단의 후원을 받고 시카고 대학의 동방연구소의 기획 아래 주요한 미국 발굴팀에 의해서 다시 조사되었다. 1994년 이래 그곳은 대규모의 이스라엘 발굴팀에 의해서 조사되었다. 그러므로 므깃도의 역사는 예외적으로 잘 알려졌다고 할 수 있다.

근처 다아낙의 경우와 같이 가나안의 도시는 기원전 12세기 중후반까지 지속하다가 바로 그 시기에 심하게 파괴되었다. 짧은 기간 동안 사람의 거주가 중단된 이후, 새로운 건축양식에 의한 재건축이 기원전 11세기에 나타나기 시작한다. 이 지층에서 발견된 것들을 보면, 이 시기의 사람들은 여전히 가나안의 문화를 가지고 있음을 알게 된다. 이들 가나안 사람들은 대화재를 만나서 종말을 맞게 되었는데, 그 대화재 결과 오늘날에도 둔덕 표면에 불에 탄 흔적들을 확인할 수 있다. 이 파괴(지층 제6층)는 전통적으로 다윗 시대로 여겨졌지만(기원전 약 1000~기원전 960년), 최근 발굴 결과에 따르면 그보다 약간 후대로 잡는다(아무리 늦게 잡아도, 기원전 925년에 있었던 시삭의 침공 때이다). 만약 우리가 이러한 증거를 신뢰한다면, 기원전 13세기 후반 혹은 심지어 기원전 12세기에도 이스라엘 사람들에 의한 파괴는 어디에도 없었다는 말이 된다. 므깃도는 아무리 일찍 잡

므깃도 둔덕에서 북쪽으로 이스르엘 계곡을 바라보고 있다. William G. Dever

아도 기원전 10세기에 들어와서야 이스라엘 손에 넘어온 것처럼 보인다.

욕느암

욕느암Jokneam은 므깃도에서 북서쪽으로 11킬로미터 떨어져 있는데, 여호수아 12장 22절에 의하면 이스라엘 사람이 죽인 왕이 언급된 또 다른 도시이다. 그러나 므깃도나 다아낙과는 달리, 이곳은 여전히 가나안 사람의 지배 아래 있다고 알려진 사사기 1장의 기록에는 나와 있지 않다. 이곳은 1977~1988년에 대규모의 이스라엘 발굴팀에 의해서 조사되었다. 그들은 후기 청동기 시대 말기에 해당하는 거주지를 발굴했는데, 그 지층은 기원전 약 1200년에 파괴되었다(지층 제19층). 파괴된 이후 얼마 동안 사람이 살지 않은 간격이 나타나며, 그 후로 기원전 12세기 후반~기원전 11세기 초반 즈음에 방어시설이 없는 소규모의 정착 흔적이 보인다. 욕느암의 거주민이 가나안 사람인지 아니면 이스라엘 사람인지에 대한 증거는 없다.

게데스

게데스Kedesh는 여호수아 12장 21절에 언급된 곳으로, 아랍어로 텔 아부 쿠데이스Tell Abu Qudeis와 같은 곳이며, 므깃도와 다아낙 중간 지점에 위치한다. 이곳은 1968년 이스라엘 고고학자들이 발굴했다. 이곳에서 초기 철기 시대 촌락이 나왔다; 그 촌락은 기원전 12세기 중반에 파괴된 것으로 보인다. 촌락의 거주민과 파괴자에 대한 민족적 정체에 대해서는 어떠한 증거도 찾을 수 없다.

텔 엘-파라

텔 엘-파라Tell el-Far'ah는 므깃도에서 남쪽으로 16킬로미터 떨어진 곳

욕느암 둔덕에서, 북쪽으로 이스르엘 계곡을 바라보고 있다. William G. Dever

으로, 사마리아 언덕 북부에 자리하고 있으며, 주요한 수원지의 근원이고 여기에서 시작된 깊은 계곡은 아래로 요단강까지 연결된다. 이곳을 성서에서는 디르사라고 부른다. 여호수아 12장 24절을 보면, 그곳의 왕이 죽임을 당했다고 한다. 이후 기원전 9세기에 디르사는, 오므리와 아합이 사마리아로 수도를 이전하기 전까지 북왕국의 초기 수도 가운데 한 곳이었다.

텔 엘-파라는 1946~1960년에 프랑스의 도미니크 수도사로서 성서학자이자 고고학자이며 독특한 인물이었던 롤랑 드 보Roland de Vaux에 의해서 발굴되었다. 비록 드 보 신부가 마지막 연구물을 출간하지 못하고 죽었지만, 예비 보고서에 따르면 후기 청동기 시대의 가나안 거주가 있었음이 분명하고(제6시기), 그 거주는 기원전 13세기부터 철기 시대까지 이어지며(기원전 12세기 혹은 더 나아가 11세기도 포함된다), 이곳에는 그 어떠한 파괴의 흔적도 찾을 수가 없었다.

세겜

성서의 세겜Shechem은 그동안 에발 산과 그리심 산 사이를 연결하는 텔 발라타Tell Balâtah라는 우뚝 솟은 둔덕으로 알려졌다. 이곳은 오늘의 요르단 서부 도시인 나블루스에서 동쪽으로 조금 떨어져 있으며, 예루살렘에서는 북쪽으로 56킬로미터 떨어져 있다. 사마리아 산지의 중앙에 위치하기 때문에 세겜은 이후의 전통에 따르면 '그 땅의 배꼽'으로 기억될 정도였다. 이곳은 성서 역사에서 중요한 역할을 담당했다. 족장 아브라함이 처음으로 방문했던 곳이며(창세기 22장), 여호수아의 지도 아래 부족들이 모여서 계약을 체결하는 초기 중심지 가운데 하나이기도 했다(여호수아 24장). 실로, 성서 전통에 따르면 이스라엘의 열두 지파 연합이 세겜에서 결성되었다. 이후에 아비멜렉은 그곳에서 세력을 얻으려 하다가 실패하고 죽임을 당하기도 했다(사사기 9장).

세겜은 1913~1914년과 이후 1934~1936년에 독일 성서학자들에 의해서 발굴되었다. 그리고 1958~1973년에 조지 라이트G. Ernest Wright와 그의 학생들(그중에 내가 포함되었다)에 의해 기획된 대규모의 미국인 발굴이 진행되었다. 1957년 『성서고고학Biblical Archaeology』이란 책에서 세겜을 언급했을 때(위를 보라), 그는 아직 발굴을 시작하지 못했던 시기였고, 설득력이 떨어진 독일 학자의 연구에 기초해서 단지 "다양한 문제들로 인해 아직도 적합한 대답을 얻지 못하고 있다"라고 지적했을 뿐이었다(1957: 83). 이제는 그림이 확연하게 분명해졌다. 후기 청동기 시대부터 기원전 12세기에 이르기까지 세겜의 토지 점유 지층들 사이에는 그 어떠한 중단도 없었다.

결국 여기에서 우리는 성서 전통과 완전히 맞아떨어지는 고고학적 발견을 하기에 이르렀는데, 왜냐하면 정복되거나 또는 재정복되었던 도시들을 열거했던 여호수아서나 사사기를 보면 그 어느 곳에서도 세겜이 나와 있지 않기 때문이다. 세겜이 야훼와 이스라엘 사람들 사이에 중요한 계약 갱신 예식을 위한 장소였다는 점에서(수 24), (라이트와 같은) 많은 성서학자는 이스라엘 사람들과 세겜 사람들이 평화롭게 공존했을 것으로 추측했다. 아마도 이스라엘은 그곳에서 공통의 조상 (족장) 전승을 보유했던 '선先-이스라엘 사람들(pre-Israelite)'을 발견했던 것 같다. 그러므로 그 마을은 조약을 통해서 새로운 부족 연합으로 '흡수'될 수 있었다. 그래서 이곳에서는 어떤 파괴도 없었던 것이다.

게제르

게제르Gezer는 비슷한 역사가 있다. 13헥타르의 크기에, 틀림없이 텔

세겜 둔덕으로, 그리심 산에서 바라본 조망. William G. Dever

엘－예제르Tell el-Jezer 언덕인 곳으로, 셰펠라Shephelah라고 알려진 계곡 북부 경계선의 산기슭 끝에 눈에 띄게 자리하고 있다. 청동기와 철기 시대의 고대 팔레스타인 언덕 가운데 가장 크고 중요한 것이 바로 게제르였고, 현대에 들어와서 가장 먼저 발굴된 장소 중 하나이기도 했다. 1902~1909년에 아일랜드 고고학자인 맥칼리스터R. A. S. Macalister의 지휘로 발굴 작업이 진행되었다. 1964~1973년에는 히브리 유니언 대학과 하버드 셈족 박물관의 주도로 대규모 미국 고고학자의 발굴이 진행되기도 했다. 이곳에서 여러 동료와 나는 발굴을 감독하기도 했다.

여호수아 10장 33절 이하를 보면, 게제르의 왕 호람이 라기스와 다른 유다 지역에서 온 가나안 왕들과 힘을 모아 이스라엘의 공격을 막아내려 했다고 나온다. 그리고 그가 사로잡혀 다른 이들과 함께 죽임을 당했다고 나와 있지만(수 12:12를 보면 그러하다), 성서 어느 곳에도 게제르를 정복한 것에 대해서는 말하고 있지 않다. 이와 반대로, 여호수아 16장 10절과 사사기 1장 29절을 보면, 이스라엘 사람들이 "게제르에 거주하는 가나안 족속을 쫓아내지 못했"고 그곳에서 "오늘까지" 계속해서 살고 있다고 명확하게 언급되어 있다. 그 '오늘'이란 구전 전승이 시작되었던 때 혹은 글로써 내려갔던 시기였다(아마 기원전 8~기원전 7세기일 것이다). 다른 곳을 보면, 열왕기상 9장 15-17절에는 게제르가 솔로몬 시기 전까지는 이스라엘의 손에 들어오지 못했음을 주목하고 있다. 솔로몬 시기에 들어와서야 게제르는 주변의 하솔과 므깃도와 함께 지역의 주요 도시로 방비되었다.

우리의 발굴은 다소 놀라울 정도로 자세하게 각 사건의 순서를 문서화했다(그리고 말하자면, 우리는 한 손에 성서를 들고 다른 한 손에 삽을 들고 작업하지는 않았다). 진실을 말하면, 기원전 13세기 후반에 부분적인 파괴의 흔적이 있기는 하다. 그러나 이것은 분명 이집트 파라오 메르넵타의 소행이다. 그는 기원전 약 1210년의 '승전비'에 기록하기를 자신이 게

남쪽에서 바라본 텔 게제르. William G. Dever

제르를 정복했다고 주장했다(자세한 것은 아래를 보라). 그러므로 게제르에는 파괴의 흔적이 있기는 하지만, 그것은 분명히 말해서 이스라엘 사람들에 의해 생겨난 것이 아니다.

야르뭇

야르뭇Jarmuth은 여호수아 12장에서 요약된 장소 목록에 나오는데, 이곳을 다스렸던 왕이 죽임을 당했다고 언급되어 있다. 이 지역에서 지속적으로 발굴했던 프랑스 학자들은 거대한 방어시설을 갖춘 기원전 3000년대의 가나안 마을을 발견했다. 이곳은 후기 청동기 시대와 초기 철기 시대에 잠시 번영하기도 했다. 그러나 비록 야르뭇이 두드러진 둔덕(tell)으로, (근방 벧-세메스와 같은) 중앙 산지를 연결해주는 전략적 중요 방어 지점이었다 하더라도, 이곳에서는 기원전 13·12세기의 파괴 흔적을 찾아볼 수 없었다. 그러므로 '아모리 족속의 다섯 왕'에 대항하여 여기에서 벌어졌던 유명한 전투는 고고학적으로 볼 때 확증할 수 없다 하겠다.

방금 언급한 성서의 기사에서 등장하는 다른 네 명의 왕들은 예루살렘, 헤브론, 라기스 그리고 에글론에서 왔다. 예루살렘은 현재 구도시의 벽들로 인해서 체계적인 발굴이 불가능하다. 그러나 다윗 성의 남쪽 부분은 데임 케넌Dame Kenyon과 고인이 된 이갈 실로Yigal Shiloh가 대규모로 발굴을 진행했는데, 기원전 10세기 전부터 그 시기에 해당하기까지 나온 것이 거의 없었다. 여호수아 18장 28절, 사사기 19장 10절, 그리고 다른 구절들에서 언급되고 있는 후기 청동기 시대의 '여부스 성읍'은 단지 소수의 테라스 벽들과 도기 파편 몇 개만이 나왔을 뿐이었다. 하지만 예루살렘은 그곳의 지역 왕이 이집트의 파라오 아멘호테프 4세('이크나톤')에게 쓴 기원전 14세기에 해당하는 쐐기문자 편지에서 언급되고 있다. 그러므로 우리는 후기 청동기 시대의 도시가 예루살렘에 분명히 존재했다고 말할 수 있지만, 기원전 13·12세기에 그 지역은 파괴되지 않았다는 점을 분명히 해야 한다. 이스라엘 사람들이 다윗 시대가 되어서 비로소 힘으로 예루살렘을 빼앗을 수 있었다는 다른 성서 전승(삼하 5:6-9)이 보다 정확한 것 같다.

역시 헤브론도 이스라엘과 싸웠던 무리 중 하나였다. 그러나 그 지역은 피상적으로 조사되었을 뿐이어서, 이 싸움과 관련된 고고학적인 증거를 얻어낼 수 없었다. 성서에 나오는 에글론은 아마 헤브론 산지에 있는 텔 에이툰Tell 'Eitun에 위치한 곳으로 여겨진다. 오늘날 이스라엘과 요단 서안지구 사이의 경계 지역으로, 그곳은 체계적으로 발굴할 수 없는 장소로 남아 있었다. 그렇지만 1967년 6일 전쟁 이후, 구제 고고학 방법(salvage operation)을 통해서 기원전 12세기에는 블레셋 사람들이 거주했음을 암시하는 몇 가지 유물들을 발견할 수 있게 되었다. 마지막으로 연합했던 곳은 라기스이다. 이곳은 폐허로, 우리가 위에서 본 것처럼 올브라이트는 그 파괴 연대를 기원전 약 1225년으로 잘못 지정했다. 사실 파괴된 연대는 이제 기원전 1160년이라고 정확하게 제시되었고, 그 연대라고 한다면 라기스를 파괴한 쪽은 이스라엘도 아니고 블레셋도 아닌 게 된다.

드빌

드빌Debir은 성서의 정복 기사에서 다소 많이 언급되고 있다(수 12:13; 참조 10:38, 39; 15:15-17; 삿 1:11-13). 성서의 편집자는 일관되게 이곳의 옛 이름이 기럇-세벨이라고 알려준다. 1920~1930년대에 텔 베이트 미르심에서 있었던 올브라트의 발굴이, 비록 본래 드빌이라고 생각되었지만, 실제로는 아무 관련이 없다는 점을 우리는 위에서 이미 언급한 바 있다. 올브라이트가 발굴한 지역의 이름은 여전히 밝혀지지 않았다; 그러나 성서에 나오는 드빌은 요즘 들어 키르베트 라부드Kh. Rabûd 근처에서 발견할 수 있다. 기원전 12세기 이래로 소규모의 촌락이 존재했었지만, 후기 청동기 시대 말에 이곳엔 파괴의 흔적이 없었다.

막게다

여호수아 12장 16절과 10장 28절에 나오는 막게다Makkedah는 일반적으로 키르베트 엘-콤Kh. el-Qôm으로 여겨졌다. 이곳은 라기스로부터 내륙으로 올라가는 길목에 있는데, 유다 산지 헤브론에서 서쪽으로 16킬로미터 정도 떨어져 있다. 나는 1967~1971년에 이 장소를 발굴했고, 철기 시대의 것으로 보이는 벽을 갖춘 거주지와 여남은 개 정도의 무덤을 발견했다. 그 무덤 중 몇 개에는 무엇인가를 드러내는 히브리어 글귀가 새겨져 있었다(예를 들어, 한 곳에 '야훼와 그의 아세라'라는 글귀가 있었다; 아세라는 가나안의 옛 모신母神이다). 하지만 이 지역의 점유는 기원전 10세기 후반이나 기원전 9세기 이전에는 이루어지지 않았고, 마을도 묘지와 비문

키르베트 엘-콤 그리고 도굴된 무덤. William G. Dever

이 기록된 기원전 8~기원전 7세기가 되기까지 실제로 번성하지 못했다. 나는 이곳에서 후기 청동기 시대에 속한 가나안 유물의 흔적을 단 하나도 찾을 수 없었다.

하솔

하솔Hazor은 북쪽으로 멀리 떨어진 지역으로 좀처럼 가기 어려운 곳임에도 불구하고 나는 그곳에서 발굴하였다. 하솔에 대해서 우리는 이미 성서 기록과 1950년대에 야딘이 발굴했던 사진 자료들을 가지고 있다. 1990년대에 야딘의 제자인 암논 벤-토르Amnon Ben-Tor(그는 이제 고참 이스라엘 고고학자가 되었다)의 지휘로 발굴되었는데, 기원전 13세기 중 후반에 파괴되었다는 야딘의 증거를 엄청나게 확대했다.

기원전 13세기에 대략 2만 정도의 인구가 살았던 80헥타르의 가나안 저지대 도시 전체가 완전하게 파괴되었고, 1500년이라는 청동기 시대의 역사가 멈추고 영영 잊히게 되었다는 점은 주지의 사실이다. 이제 우리가 또한 알고 있는 것은, 후기 청동기 시대 소규모의 상부 도시 혹은 광장이 역시 급격하게 파괴되었다는 점이다. 벤-토르는 기원전 14~기원전 13세기의 것으로 보이는 기념비적인 가나안 왕궁을 발견했는데, 이것은 시리아에서 발굴된 것과 매우 유사했다. 이 왕실은 샅샅이 약탈당하고 심하게 불타버렸으며, 남은 것은 단지 깨어지고 흩어져버린 거대한 검은 현무암 조각들뿐이었다. 오늘날 누구라도 1.8미터로 높이 서 있는 성벽 위에 올라가면 불에 그을린 흙벽돌 둔덕을 볼 수 있을 것이다. 그 성벽은 흰 도료가 칠해져 있는데, 불의 열기에 의해 밝은 적색으로 변해버렸다. 이 건물을 불태워버리기 위해 엄청난 양의 땔나무와 목재를 쌓아놓았던, 이 성의 파괴자들이 남겨놓은 몇 안 되는 것 중에 예닐곱 개의 의도적으로 훼손해놓은 것으로 보이는 이집트 석상이 있다. 머리와 팔이 잘려나갔고, 몸통에 끌로 새긴 자국들이 여전히 눈에 보인다. 모든 잔해에서 벤-토르가 격렬했다고 묘사할 수 있었던 흔적들을 찾아볼 수 있다. 과연 누가 이렇게까지 잔인하고 복수심 가득한 가해자였을까? 벤-토르는 그들을 밝혀내는 일에 그동안 매우 신중하게 접근했다 — 아마도 그 파괴의 연대가 아직도 명확하게 규정되지 못했기 때문일 것이다; 그 시기는 기원전 13세기 후반 어느 시점이 될 수 있을 것이다(이렇게 조심스러운 입장은, 반대로 기원전 1225년이라고 확신했던 야딘의 자세와 눈에 띄게 대조된다고 하겠다). 그러나 다름 아닌 이스라엘 사람들을(혹은 '원-이스라엘proto-Israelites'이 그 지역에 살고 있던 다른 민족들과 함께) 이 하솔 파괴의 책임자라고 분명히 제시한다 — 최소한 그 이상의 후보자를 찾아볼 수 없다(1999: 39).

한 가지 호기심을 끄는 증거가 나왔는데, 바로 아카드어로 기록된 기원전 2000년대 중반의 쐐기문자 점토판 조각이 발견된 것이다. 아카드어는

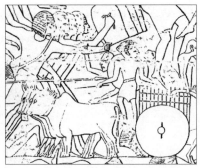

람세스 3세의 건축물의 돋을새김. 델타 지역에 '해양민족'이 침입해 지중해와 육로를 거쳐 진격해오고 있음을 보여준다. 기원전 약 1180년. 시카고 대학교 동양학연구소의 허락을 받음.

메소포타미아 동부 셈어로, 이 시기에 국가 간 서신 교환을 위한 공용어로 사용되었다. 그 판에는 이브니Ibni라는 왕의 이름이 들어 있었는데, 기원전 18~기원전 16세기에 그 이름을 가진 왕조가 있었기 때문에, 결국 그 국제 서신을 위한 토판의 연대를 확실하게 상정할 수 있다. 똑같은 이름이 유프 라테스의 마리Mari라는 거대한 도시국가에서 발굴된 쐐기문자 문헌에서 나타났다. 이 문헌은 기원전 18세기에 마리와 하솔 사이의 무역을 언급하 고 있다. 이제 아카드어 '이브니'가 히브리어 '야빈'과 언어적으로 정확하게 동등하다는 점을 주목해야 한다. 야빈은 여호수아 11장 1절에 나오는 하 솔의 왕이다. 이렇게 볼 때, 히브리 성서의 이 부분을 기록했던 후대의 저자 는 하솔의 이브니(즉 야빈)에 대해 어느 정도 알고 있었고, 결국 중기 청동 기 시대에 있었던 것을 그 시기(여호수아-역주)로 끌고 왔을 것으로 보인다. 내가 볼 때, 여호수아의 저자가 하솔 함락 이야기를 완전히 '지어낸 것'은 아니라는 점을 강력하게 시사한다고 하겠다. 그 이야기는, 구전이든 기록된 것이든 신뢰할 만한 역사적 자료를 가지고 있다. 또한 그 이야기는 현재까 지 이루어진 발굴에서 분명히 드러나는 것처럼 하솔이 북쪽의 도시국가 혹은 "모든 나라의 머리"였다는 점을 정확하게 알고 있었다. 후기 청동기 시대에 하솔은 오늘날 터키 국경에 이르는 시리아 사방의 주요한 도시들에 필적할 만한 수준이었다. 이렇게 볼 때, 최근의 고고학 자료를 통해 하솔에서 '이스라엘의 정복'이 분명히 있었다는 결론을 맺을 수 있다.

후기 청동기·철기 I시대의 다른 파괴들과 가능한 원인들

여호수아 12장에 나오는 것처럼 이스라엘이 팔레스타인 서쪽으로 유입하면서 파괴되었던 30개가 넘는 장소 가운데 나는 중요한 고고학 증거가 있는 모든 지역에 대해 논의했다. 이제 남은 지역들은 아래와 같다:

장소	상태
게델	키르베트 예부르Kh. Jebur; 미발굴
립나	장소 미확인
아둘람	키르베트 아둘람Kh. Adullam; 미발굴
답부아	텔 셰이크 아부 자라드Tell Sheikh Abu Zarad; 미발굴
헤벨	텔 엘-무하페르Tell el-Muhaffer; 미발굴
아벡	블레셋에 의해 파괴됨
랏사론	장소 미확인
마돈	장소 미확인
시므론-므론	장소 미확인
악삽	키르베트 하르바지Kh. Harbaj; 미발굴
돌	블레셋에 의해 파괴됨?
고임	장소 미확인

아직 발굴되지 않은 장소 중에 한두 곳의 지표에서 후기 청동기와 철기 I시대 도자기 몇 개가 나왔을 뿐 그 이상의 것들은 없었다. 언급한 바와 같이 여호수아 12장에는 아벡과 돌처럼 해안 지역의 파괴된 도시들이 나열되고 있다. 그러나 오늘날 이러한 도시들의 파괴 원인이 '해양민족' 집단이라는 게 의심 없이 받아들여지고 있다. 이들은 성서에 블레셋으로 나오는데, 무리를 지어 팔레스타인을 침공했다가 기원전 1180년 람세스 3세에 의해 이집트 델타 지역에서 쫓겨나기도 했다. 이 전투는 이집트 자료에 잘 기술되었고 그림으로 나타나 있다. 해안과 산기슭을 따라 많은 도시를 파괴했던 블레셋은 다음으로 기원전 12세기에 이르러 넓은 지역을 식민지로 만들었고, 기원전 1000년경에 다윗이 그들을 저지하기 전까지 기원전 11세기 동안 내내 식민지를 확장했다.

해안 지역의 파괴와 정착이 이스라엘 사람에 의한 것이 아니라 블레셋에 의한 것임을 우리는 분명하게 알고 있다. 왜냐하면 블레셋 사람들만의 독특한 물질문화가 남아 있기 때문이다. 즉, 도시화 계획, 건축양식, 무덤의 형식, 도자기, 야금술, 제의 물품들, 그리고 심지어 미케네 문화권에서 유입된 것이 분명한 식습관까지 포함된다. 이스라엘 사람들이 서부 셈족이었던 반면 블레셋은 그 기원이 유럽에 있었다.

당연한 얘기지만, 여호수아 12장에서 이스라엘 사람들에 의한 것이라고 잘못 작성된 두 곳을 제외하고, 블레셋 혹은 '해양민족'이 파괴했던 더 많은 장소가 존재한다. 그중에서 발굴된 곳들은 다음과 같다:

텔 아부-하밤Tell Abu-Hawam VC층

텔 케이산Tel Keisan 13층

*미크네·에그론Miqne·Ekron VIIIA층

*아스돗Ashdod XIV층

벧-스안에서 발굴된 사람 모양의 블레셋 관 뚜껑들, 기원전 12세기. Amnon Ben-Tor, *The Archaeology of Ancient Israel*

텔 제로르Tel Zeror XII층

*아스글론Ashkelon V층

텔 바타슈Tel Batash VI층

벧-세메스Beth-shemesh IVA층

텔 시포르Tel Sippor III층

텔 하롤Tel Haror D층

*표시가 붙은 장소는 성서에서 '블레셋의 5대 도시'로 나온다; 갓Gath과 가자Gaza 는 알려지지 않거나 발굴되지 않았는데, 아마 텔 에스-사피Tell es-Sâfi와 오늘날의 가자Gaza일 것이다.

 기원전 약 1225년과 기원전 1175년 사이에 파괴된 것처럼 보이는 최 소 여남은 수의 다른 장소들도 있다. 이곳들은 성서나 다른 기록물에서 언 급되지 않았다. 이들 장소에서 파괴의 행위자는 불분명하다(심지어 옛 지 명도 모른다). 몇 안 되는 경우이기는 하지만 지진과 같은 자연재해가 원 인일 수도 있다. 그러나 다른 가능성이 더 높은데, 왜냐하면 이스라엘 사람들이 나타났던 시기에 다른 민족 집단도 활동했기 때문이다 — 예를 들면, 북부 해안 지역에 초기 페니키아인이 등장하거나, 갈릴리 상부와 시리아 남부에 초기 아람 사람들이 나타났던 것과 같은 현상이다. 이들은 히브리 성서에 간간이 등장했을 뿐 그 외에는 오랫동안 알려진 바 없었다. 후에 이들은 기원전 10세기에 이르러 그때 수립된 이스라엘과 적대적 관계를 보였다. 그러나 이제 레바논과 시리아에서 실시된 최근 고고학적 탐사로 인해 철기 시대의 이들 서부 셈족 사람들에 대한 초기 역사를 알 수 있게 되었다. 이들은 이스라엘의 초기 역사와 밀접하게 비슷한 점을 보여주는, 말 그대로 이스라엘의 '근친(first cousins)'이었던 셈이다. 그들은 이스라엘과 마찬가지로 기원전 12~기원전 11세기 어느 시점에 역사의 무대에 등장하기 시작했다. 그러나 성서는 그들에 대해서 아무것도 밝혀주지 않는다(그게 아니라면, 오히려 그들을 감춰두고 있는 것일까?).

우리의 관심을 트란스요르단으로 옮겨보면, 지난 20년간 진행되었던 광범위한 고고학 탐사와 발굴 덕분에, 이스라엘이 인접하고 있는 이웃 나라 — 암몬, 모압 그리고 에돔 — 에 대하여 더 많은 것을 알 수 있게 되었다. 그러나 언급하고 싶은 것은, 트란스요르단 남부 그 어느 곳에서도 후기 청동기 시대와 초기 철기 시대에 가나안 사람들의 정착 흔적은 매우 희박하다는 점이다. 오직 7세기에 들어와서야 암몬, 모압 그리고 에돔이라고 하는 민족적 집단이 '부족국가'라는 모양으로 연합하였다. 그러므로 성서의 이야기와 대치되지만, 이들 민족 중에 그 어떤 사람들도 기원전 13세기 후반 혹은 기원전 12세기 초반의 파괴를 경험했거나 또는 이유를 제공했다고 보기 어렵다(단 하나의 예외가 텔 엘-우메이리Tell el- Umeiri에서 찾아볼 수 있다. 위에서 이미 언급했다).

가나안에서 이스라엘 정착을 설명하고 있는
통상적인 모델들에 대한 검토

우리는 지금까지 히브리 성서의 문학적 전승 속에 남아 있는 근거와 요단강 양편에서 발굴한 최근 고고학적 근거 모두를 자세하게 조사했다. 우리는 또한 이스라엘의 가나안 정착에 대한 전반적인 과정을 재구성하기 위한 목적으로 통상적으로 제시되었던 주요한 가설 혹은 이론적 모델들에 대해서도 언급했다. 이제 우리는 고고학적 자료에 비추어, 특별히 최근에 집적된 자료들을 기반으로 이 모델들을 검토하려고 한다. 다시 말해서, 그것들이 어떤 사안이든 만족스럽게 설명해낼 수 있는지 없는지를 검토할 필요가 있다. 만약 그렇지 않으면 보다 정교한 새 모델이 필요하지 않을까?

앞으로의 나의 작업가설은, 고고학적 혹은 '물질문화' 자료에서 얻은 정보가 역사를 기록하는 일에 우리의 일차적인 자료임을 분명히 밝히고자 한다(성서가 일차적인 자료가 아니다). 그렇다 하더라도 성서가 옳았다고 증명되기 전까지 그것이 틀렸다고만 말하는 수정주의자들과는 달리 나는 성서의 내용을 긍정적으로 해석하고자 한다. 이것은 우리가 가지고 있는 두 개의 상호 보완적인 자료들 사이에 이루어지는 순전하고 열린 자세가 요구되는, 대화의 문제이기 때문이다. 이 자료들은 각각 자기만의 본연의 상태가 있으며, 서로를 보충하거나 혹은 어떤 경우에 상대를 수정해주기도 한다(나는 서론에서 이 부분을 언급했다).

정복 모델

내가 생각해볼 때, 고고학적 자료에 대한 지금까지의 내용을 정리하면 우리에게 남은 선택권이 별로 없는 것 같다. 우리는 외부적인 물적 증거가 대규모의 이스라엘 사람들이 일치단결해서 가나안을 군사적으로 침공했다고 말하는 성서 기사(민수기가 말하는 것처럼 요단 동편이나, 혹은 여호수아가 말하는 것처럼 요단 서편)의 그 어떤 것도 지지하지 않는다는 사실에 직면해야만 한다. 성서에 따라 정복되었다고 주장하는 40곳이 넘는 장소 중에서, 고고학적으로 조사된 지역 가운데 기껏해야 2곳 혹은 3곳 정도만이 기원전 약 1250~기원전 1150년에 이스라엘에 의해 파괴되었다고 생각되는 장소이다.

이러한 사실은 오늘날 잘 확립되어 있는 부분인데 그럼에도 불구하고 일단 많은 이를 불편하게 할지도 모르겠다. 그렇지만 좌우로 치우치지 않는 상태에서 말하자면, 나는 독자들이 이러한 새로운 고고학적인 근거가 가나안에서 이스라엘의 형성과 관련하여 군사적 충돌이 하나도 없었다는 것을 의미하는 것은 아니라는 점을 확실히 해두고 싶다. 그리고 성서의 정복 이야기가 부분적으로 후대에 만들어진 문학적 창작이라는 것을 우리가 이제 알게 되었다는 사실이, 고대 이스라엘의 전체 이야기가 (많은 수정주의자가 주장하는 것처럼) 성서 기록자에 의해서 완전히 만들어진 것을 뜻하는 것은 아니라는 점을 분명히 하고자 한다.

그러나 열린 마음으로 고고학 자료를 사용하려는 사람 중에서도 그 정당성에 대한 질문은 여전히 남아 있을 수 있다. (다시 말해서) 만약 성서 이야기가 기록된 그대로 실제 일어났던 일들에 대해서 정확한 정보를 전달하지 않았다고 한다면, 과연 우리가 어떻게 초기 이스라엘의 정착을 재구성해낼 수 있다는 말인가? 그리고 만약 그 이야기들이 사실이라는 관점에서 '진실하지' 못하다고 한다면, 어떻게 그러한 이야기들이 애초부터 그렇게 오래전에 전달되고 기록되고 또 보존될 수 있었다는 말인가? 히브리 성서의 기록자들과 편집자들은 무슨 생각을 하며 이러한 작업을 했단 말인가? 그리고 어떻게 유대인과 기독교인은 이렇게 오랫동안 바보처럼 살았단 말인가? 이러한 질문들에 대해서 일단 다 적합한 의문이라고 말하고 싶으며, 잠시 후에 이 주제를 깊이 다루도록 하겠다. 신학적인 논제는 간단히 치부될 수 없다. 이것은 대부분의 고고학자가 공감하는 사안이기도 하다.

평화적 침투 모델

평화적 침투, 혹은 어떤 이들이 부르는 것처럼 '이주(immigration)' 모델은 정복 모델과 비교해서 맞는 부분이 더 많다는 점은 새삼 놀랍지도 않다. 모든 점에서 이 모델은 신학적인 배경이 덜하다; 장기적인 문화의 변화를 보여준다는 측면에서 더 실제적이다; 새로운 증거를 포괄하는 데 덜 엄격하고 더 개방적이다. 더군다나 이 모델은 성서에 나오는 '유목민적 이상향'으로 가득 차 있다. 그것은 또한 현대의 낭만주의적 분위기에 호소하기도 한다. 생각해보라. 도시 사회의 병폐에서 떨어져 나와 광활한 대사막에서 엄격하지만 정의로운 신을 대면하는 방랑 유목민들 말이다. 그들은 불꽃으로 자신들의 믿음을 순결하게 만들고, 그런 다음에 정착민들에게 힘의 논리가 아닌 순결한 삶의 모습을 보여줌으로써 평등주의적 이상을 소개해주고 있지 않은가. 이와 유사하게 '사막의 고상한 아랍인들'이라는 생각이 중동에서는 지금도 유지되고 있다. 이것은 특별히 베두인족의 경우에 해당되는데, 이들은 ─ 경멸받아 마땅한 농사꾼(fellahîn), 혹은 소작인, 농부, 그리고 촌락민이 아니라 ─ 스스로 자신들만이 참된 아랍인이라고 생각한다.

그러나 침투·이주 모델이 그렇게 실제적인 지지를 받지 못하고 있다는 사실에서 낭만주의의 꿈은 깨어진다. 이 이론이 의존하고 있는 민족지학적 이론은 위에서 언급한 것과 같이 심각한 오류를 가지고 있다. 그리고 그러한 이론을 뒷받침할 수 있는 그 어떠한 고고학 증거를 찾을 수 없다. 그 주된 이유는, 사람들이 평화적으로 이주하고 이동하게 되면 큰 재해와 같은 파괴와 비교할 때 상대적으로 물리적 증거를 거의 남기지 않기 때문이다 — 오히려 거의 전무하다고 하겠다. 예를 들어, 1970년대 후반 나는 네게브 사막 서쪽에서 기원전 3000년대 후반기의 목축 유목민의 옛 캠프를 발굴한 적이 있었다. 우리는 그 지역에 종종 출현했던 현대의 베두인족을 연구해서 고대와 현대의 삶을 비교할 수 있을 것이라고 생각했다. 그러나 이스라엘 군대가 안전을 이유로 베두인족을 사막 밖으로 내몰아버리고 말았다. 결국, 우리가 발굴할 곳 옆에서 캠프를 쳤던 베두인족은 우리가 도착한 그 여름의 며칠 전 문자 그대로 텐트의 말뚝을 뽑아내고 말았다. 남겨진 흔적이라곤 그들이 음식을 하려고 피웠던 불탄 재, 얇은 캔과 플라스틱 샌들과 같은 무기물 몇 개, 그리고 심하게 야윈 강아지 한 마리뿐이었다. (우리는 그 강아지를 데려왔다; 강아지는 잘 자랐고, 여름 내내 짖어댔다.)

고고학자들과 인류학자들은 어떤 지역으로 새로운 사람들이 유입하는 현상을 다룸에 있어서 인식해야 될 몇 가지 간단한 시험이 될 수 있는 '규칙들'을 발전시켜왔다. (1) 새로운 사회와 문화는 서로 다르고 구별 가능한 특성들을 반드시 가지고 있어야 한다. 이것은 일반적으로 물질문화에서 관찰 가능한 불연속으로 나타난다. (2) 이주 집단의 '고향'은 반드시 알려져야 하며, 그 문화도 새로운 곳에서 잘 나타나야 한다. (3) 예상되는 이주 경로는 반드시 추적 가능해야 하며, 실제 이주 과정은 재구성될 수 있어야 한다. 초기 이스라엘에 대한 침투·이주 모델은 이러한 세 가지 요구사항 가운데 단 하나도 만족시키지 못했다. 성서가 기억하고 있는 것처럼, 아마 초기 이스라엘 사람들 안에는 여럿이 섞여 있었을 것이고, 그중에 한때 목축 유목민도 존재했을 것이다. 그러나 그들은 추적 가능한 고고학적 자료를 거의 남기지 않았다.

농민혁명 모델

고대 농민의 혁명이 있었다고 할지라도, 초기 이스라엘이라는 복잡한 모임 속에 그것이 주요한 목소리로 간주되지는 않았을 것 같다. 멘덴홀과 갓월드는 자신만의 가설을 쌓아 올렸다. 갓월드는 종종 '철수(withdrawal)' 모델이라고 부르기를 선호했는데, 왜냐하면 가나안에 이미 존재했던 이스라엘 사람들의 사회적 역할이 바로 도시에서 철수한 것이기 때문이다. 기원전 14세기 가나안 문헌에 '아피루'Apiru' 혹은 그 이전엔 '하비루Habiru'로 알려진 사람들이 있는데, 이들 반항자는 인류학자들이 그들을 지칭하는 것처럼 '낙오자' 혹은 '의적(social bandits)'이었다. 그들은 가나안 도시국가에서 떨어져 나와서 도시 변두리에 살았는데 이탈자, 반역자, 노상강도, 때때로 용병으로 활동했다. 그들은 언제나 기존 정치체제를 파괴하는 자들이었다. 비록 그 수가 많지는 않았지만, 그들은 후기 청동기 시대에 그 나름대로 충분한 수를 이룰 수 있었고, 결국 그들의 존재는 권력자들에게 골칫거리가 되었으며, 때로는 실제적인 위협으로까지 여겨질 정도였다. 기원전 14세기에 나온 문헌에 따르면, 세겜이란 도시국가의 왕이 자신의 군주였던 이집트의 아멘호테프 4세('이크나톤')에게 편지하며 항변하기를, 자신은 자기 아들이 아피루에게로 넘어갔다는 보고를 접한 적이 없었고 단지 이제 그 아이를 잡아두었으므로 이곳에 상주하고 있는 이집트 고위 관료에게 넘길 것이라고 말했다.

이렇게 볼 때, 초기 이스라엘 형성에 대한 사회혁명 혹은 철수 모델의 지지자들이 왜 그렇게 초기 아피루와 성서 히브리인 사이의 유사점에 집중하려 했는지 이해할 수 있을 것이다. 심지어 어떤 이들은 '하비루Habiru'와 '히브리Hebrew'가 어원학적으로 연결되어 있다고까지 주장했다. 그러나 오늘날 우리는 '하비루'가 적합한 음역이 아니라는 점을 알고 있다; (메소포타미아의) 아카드어 '아피루'Apiru'의 어원은 '약탈자(freebooter)'라는 뜻으로, 이는 '히브리'의 '건너가다'라는 것과 다르다. 즉, 히브리라는 말은 아브라함처럼 메소포타미아에서 가나안으로 건너왔던 이스라엘 조상들을 가리키는 말이었다. 그러나 한두 세기 어간에 가나안의 이들 집단의 사회적 기능은 얼마간 유사하게 보였을지도 모른다. 그리고 시간이 지나서 철기 시대에 '아피루처럼 보이는' 사람들이 이스라엘이라는 민족의 흐름을 좋게 생각했을 수도 있다. 왜냐하면 이스라엘 사람들은 기존의 사상과 다른 무엇인가를 가지고 있었기 때문이다. 그래서 결국 아피루가 이스라엘이 확장되는 과정에서 그 연맹에 들어왔을지도 모른다. (자세한 부분은 곧 다루도록 하겠다.)

그러나 지금까지 위에서 언급한 내용은 모두 가정이다. 그리고 누구나 이렇게 말할 수 있다. 이제 말하자면, 앞의 침투·이주 모델의 경우에서처럼 혁명 모델에도 결정적인 고고학 증거들이 부족하다. 그 이유는 이 모델이 주로 추측으로 사회혁명을 다루면서 대부분 이데올로기적 동기에 의존할 뿐, 손에 잡히는 물질문화를 찾아내는 작업에 인색했기 때문이다. 선구적인 미국 고고학자 루이스 빈포드Lewis Binford가 일찍이 주목했던 것처럼 "고고학자들은 고古-심리학 분야에 깊이 빠지면 안 된다." 우리는 사람들이 만들었던 것들을 파내는 사람이다; 그리고 우리는 우리가 발굴한 물건이 어떻게 만들어졌으며 어떻게 사용되다가 버려지고 또 재사용되었는지를 거의 확실하게 알 수 있다. 그러나 그 사람들의 생각, 곧 '그들을 움직이게 했던' 것을 알 수는 없다.

따라서 요약하면, 농민혁명 모델의 진정한 통찰과 지속적인 가치는, 그것이 최초로 초기 이스라엘 사람들의 내부적 기원(indigenous origin)에 관심을 돌렸다는 점이다. 이 점은 과거 학계에서 거부해왔던 것이었다가 오늘날에 와서는 거의 모든 학자가 받아들이게 되었다. 그리고 다행스럽게도 현재 우리는 그 모델이 주목하려고 했던 사회적 실체에 대해 상당한 수준의 연구를 이룰 수 있게 되었다. 결국, 이 모델은 이제는 거의 폐기되었다고 할 수 있으며, 새롭고 더 나은 초기 이스라엘을 이해하기 위한 하나의 포석으로 기능했다 말할 수 있다(비록 여전히 많은 성서주의자의 회의적 견해와 소수 고고학자의 경멸이 있기는 하지만). 마르크스주의라는 무거운 짐을 벗어버린다면 농민혁명 모델은 여전히 유용하다. 이제 우리는 기원전 13~기원전 12세기의 문화적 맥락이 어떻게 변화했는지 자세하게 살펴보려고 한다. 고고학이 이제 주된 대상이다.

제5장

현장에서 나온 사실들:
진짜 이스라엘의 고고학적 재발견을 위한 발굴된 증거

1970년대까지 우리가 알고 있는 것들은 비교적 자세하게 정리되었다. 또한 학자들의 견해도 상당히 널려 있다. 그렇다면 과연 '옛' 이스라엘과 관련해서 새로운 점은 어떤 것이 있을까?

발굴 현장

첫째로, 1970년대부터 시작된, 기원전 13~기원전 12세기 지층에 대한 소규모 지역 발굴들은 가나안의 정착 과정에 대한 그림을 바꿔놓기 시작했다. 이것은 특별히 중앙 산지, 곧 고대 이스라엘의 '심장부'의 경우에 정말 그러했다.

라다나

아이'Ai를 발굴했던 조 캘러웨이Joe Callaway는, 그의 솔직함에 대해서는 앞에서 언급한 바 있는데, 장소를 옮겨 1969~1974년에 오늘날 예루살렘

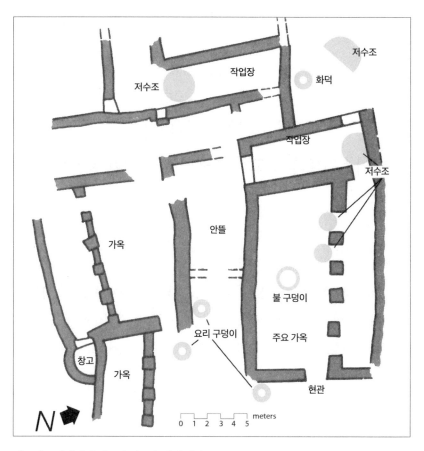

저수조

작업장

화덕

저수조

저수조

작업장

안뜰

가옥

불 구덩이

요리 구덩이

주요 가옥

창고

가옥

현관

N

0 1 2 3 4 5 meters

키르베트 라다나의 기둥과 안뜰을 가진 가옥. *Biblical Archaeology Review* 9:5

서쪽 라말라Ramallah에 자리하고 있는 키르베트 라다나Kh. Raddana라는 작은 구릉으로 관심을 돌렸다. 이것은 일종의 '구제 발굴(salvage campaign)'이었는데, 왜냐하면 그 장소는 요르단인이 호텔을 지으려다가 우연히 발견되었기 때문이다. 불도저가 막 그곳을 밀어버리려고 했었다. 그러나 캘러웨이와 그의 협력자들이 그곳에서 홀로 떨어진 농가를 발견할 수 있었고, 기원전 13세기 후반에서 기원전 12세기 초반에 이르는 토기들을 찾아냈다.

캘러웨이는 라다나를 성서에 나오는 브에롯Beeroth이라고 잠정적으로 생각했는데, 이곳은 기반암에 세워진 곳으로, 후기 청동기 시대 초반 가나안 사람들의 거주가 두드러지게 나타나지 않았던 지역이었다. 산등성이가 돌출되어 있어 천혜의 방어지가 되었지만, 이곳은 이러한 전략적인 측면보다는 오히려 근접한 수원지와 아래쪽의 풍요로운 골짜기, 여기에 더해서 계단식 농업에 매우 적합한 주변의 경사지가 있다는 측면에서 선택되었을 것이다. (계단식 농업은 오늘날에는 사용되지 않지만, 다른 곳에서는 여전히 찾아볼 수 있다.)

라다나의 많은 부분이 발굴되었다; 다시 말해서, 개별 가옥 구조들과 전반적인 촌락 모양새를 찾아낼 수 있었다. 가옥은 우리가 '기둥과 안뜰을 갖춘(pillar-courtyard)' 양식이라고 부르는 독특한 유형이었다. 그런데 이러한 유형은 '4방' 구조 혹은 '이스라엘' 가옥이라고도 불린다. 전형적인 예를 들면, 세 개의 연이은 방들이 중앙 뜰을 둘러싸고 있는데, 일반적으로 한쪽으로 세워진 기둥들로 구분된다. 라다나(와 다른 곳)에서, 이러한 가옥 두 개 혹은 세 개가 하나로 모아져서 일종의 '결합된 가족' 형식을 이룬다. 이것은 성서(사사기와 사무엘서)에서 미슈파하mishpaha, 즉 '다세대로 구성된 확대 가족'이라는 것이 실제로 무엇을 반영하고 있는지를 보여주기 때문에 중요하다. 이것은 곧 다루도록 하겠다.

우리가 라다나를 넘어가기 전에, 찾아낸 것들을 주목해보도록 하자. 여기에는 기원전 13세기 후반 가나안 양식의, 다소 퇴화된 수준의 간단한 실용적 도자기 그릇들이 포함된다. 여기에는 꾸며지거나, 외부에서 들어온 것들이거나, 블레셋 양식의 그림 같은 특색이 들어 있지 않았다; 간단한 수준의 청동기 부엌칼, 손도끼와 다른 가정용 기구들; 그리고 가나안 지방 방식의 글자로 '아힐루(드)'라는 히브리어 이름이 새겨진 항아리의 손잡이 부분이 있었다(이 이름은 왕상 4:12의 아힐룻과 비교할 수 있으며, 이는 솔로몬 시대에 므깃도를 다스렸던 바아나의 아버지였다).

키르베트 라다나에서 발굴된 기원전 12세기의 기둥과 안뜰을 갖춘, 혹은 '이스라엘 사람들' 양식의 가옥. William G. Dever

텔 마소스

나는 성서의 호르마라는 곳을 규정하는 문제를 다루면서 1972~1975 년에 있었던 텔 마소스Tel Masos 발굴을 이미 언급한 바 있다. 일부 학자들이 호르마를 텔 마소스로 여기고 있다. 이곳은 브엘세바에서 남동쪽으로 16킬로미터 떨어진 곳으로, 네게브 북부의 반건조 지역에 속한다. 이곳에서 고고학자들은 2.8~3.2헥타르 정도의 촌락을 발견했는데, 여기는 여남은 개 정도의 잘 발달한 기둥과 중앙 뜰을 가진 가옥들이 두세 채로 단단히 그룹 지어져 있는 모양새로 구성되어 있었다. 1인당 10제곱미터의 생활공간이 요구된다고 가정할 때(신세계와 구세계 민족지학 모두에서 공통적인 수치이다), 각각의 집은 대략 10명에서 15명 정도의 사람들을 포함할 수 있었을 것이다(가옥 하나는 150제곱미터 이상의 생활공간을 보유하고 있다). 이러한 수치는 텔 마소스에 총 120~180명의 인구가 있었음을 나타낸다. (고대 인구의 수를 추정하는 다른 방식은 구 예루살렘이나 다메섹의 경우와 같이 과밀하게 밀집되어 있는 현대 중동 도시들처럼 생활공간에 대하여 에이커당 몇백 명이 되는지를 계산해보는 것이다. 이런 식으로 접근하면, 전체 지역에 대략 700명이라는 수치가 나오는데, 이것은 상당히 많은 수치일 수 있다. 왜냐하면 정착지 내의 전 지역이 집으로만 채워졌다고 볼 수는 없기 때문이다.)

텔 마소스의 가옥들은 서로 인접하여 원형의 정착 형태를 띠며 세워졌는데, 그 결과 비록 그 지역을 둘러싼 도시 성벽 같은 것이 없지만 일종의 울타리를 만들고 있었다. 그렇기 때문에, 방어가 주요한 목적은 아니었지만, 야생 짐승이나 약탈자의 침입을 막을 수 있는 일반 수준의 보안을 제공하는 바깥 경계를 만들 수 있게 되었고, 가축을 기르는 데 용이했다. 그 경제는 건지 농업에 기초하는데 그것은 곡식과 곡물을 저장하기 위한 설비에서 확인할 수 있다. 그러나 여기엔 축산도 역시 포함하고 있는데, 특별히 소와 양·염소 목축이, 발굴된 동물의 뼈의 비율에서 확인된다(각각 26퍼센트와 60퍼센트이다). 마지막으로, 텔 마소스는 좋은 교역로에 자리하고 있었는데, 사막을 통과한 길을 따라서 육상 교역에 뛰어들 수 있었다. 이는 키프로스-페니키아와 같이, 여기에서 다루고 있는 철기 I시대에는 상대적으로 흔하지 않았던, 약간의 장식이 들어간 해안 토기에서 드러난다. (그러므로 마소스, 호르마가 이스라엘 사람들의 도시가 아닐 것이라고 어떤 학자들은 주장하기도 했다.) 이 작은 농업 마을의 수명은 기원전 1200년 이전에 시작했으며(이것은 람세스 시대의 스카라베 연대로 확인된다), 기원전 12세기에 가장 크게 확장되었다가 기원전 950년 어간에 버려졌다.

텔 마소스가 성서에 나오는 호르마, 네게브의 벧엘(참조. 삼상 30:27-31), 시글락 혹은 심지어 아말렉(비-이스라엘의 영역)인지 확정할 수는 없지만,

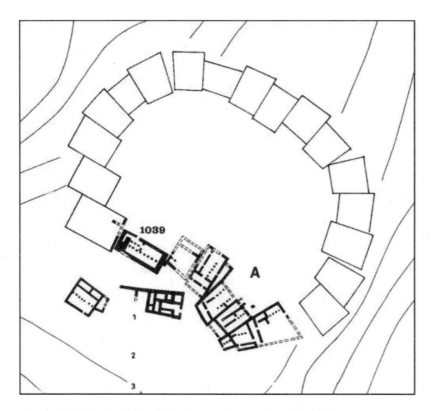

텔 마소스의 북부 정착 평면도, 지층 제3층의 촌락 구조가 투영되어 있다. Aharon Kempinski
and Ronny Reich, eds., *The Architecture of Ancient Israel*

대부분의 학자들은 이제 우리가 이스라엘 사람(혹은 내가 제시하는 '원-
이스라엘 사람들')이라고 확실하게 여기는 철기 I시대의 다른 촌락들의 많
은 특징을 가지고 있음에 주목한다. 이 부분은 아마 약간 왜곡된 것 같다.
(이들의 주장에 대한 논쟁은 이후에 언급하도록 하겠다.)

길로

1978~1979년에 아미하이 마자르Amihai Mazar는 예루살렘 근처의 길로
Giloh가 확장되는 시기에 발견된, 한때 둔덕에 자리 잡은 부락을 확장공사

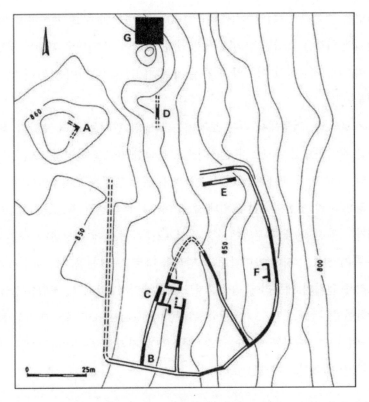

길로의 지형도. Israel Finkelstein and Nadav Na'aman, *From Nomadism to Monarchy*

가 실시되기 전에 조사하였다. 그 장소는 여호수아 15장 51절에 나오는 길로와 동일시되었는데, 그러나 그런 것 같지는 않다. 1981년 마자르는 급히 길로에 대한 보고서와 논의들을 발표했는데, 이것은 다른 어느 곳에서 발표된 연구물보다 가장 균형이 잘 잡혀 있고 또 도움이 되는 연구였다.

이 정착지는 단지 하나 혹은 두 채의 집 일부분만 남아 있었다. 그러나 이것들은 종종 초기 이스라엘 촌락이라고 생각되는, 기둥과 안뜰을 가진 혹은 4방 구조의 양식이었다. 만약 전체 지역이 발굴되었다면(그리고 보존되었다면), 길로에는 마자르가 예측했던 것보다 열 배는 더 많은 집이 있었을 것이다. 그리고 이는 대략 100~150명의 인구를 계산하게 된다. 여기엔 외각을 둘러싼 벽의 증거가 있다: 그러나 이 외벽은 후대의 것으로 보이는데, 왜냐하면 이곳의 북쪽 끝에 철기 II시대의 방어용 탑이 있었기 때문이다.

길로의 한 건물에서 나온 도자기는 특별한 관심을 불러 모았다: 비록 작은 것이었으나 마자르가 전문적으로 분석한 자료를 반영하고 있기 때문이다. 그는 다른 곳에서 발견된 것들과 많은 유사점을 보여주었다: (1) 길로의 도자기는 전형적인 고지대 초기 이스라엘의 다른 장소들처럼 그 연대가 기원전 13세기 후반에서 기원전 12세기 초반에 해당한다. (2) 그것은 후기 청동기 시대 가나안 문화 방식을 따르고 있다. 혹자는 과도기적인 요리용 용기의 테두리에 집중할지도 모르겠다; 그리고 목 주위를 둘러서 강화한 큰 저장 용기 — 이것을 소위 '목 이음(collar-rim)' 항아리라고 하는데, 여러 고고학자는 이것을 초기 이스라엘 지역의 특징이라고 생각한다 (이것에 대해서는 아래를 보라).

이즈베트 사르타

이즈베트 사르타'Izbet Sartah라는 곳은 이스라엘 기원 논쟁에서 주요 논쟁자 중 하나였던 텔 아비브 대학의 이스라엘 핑켈스테인Israel Finkelstein이 1976~1978년에 발굴하였다. 내가 생각하기에 성서의 에벤에셀과 같은 곳이라고 여겨지는 이즈베트 사르타는 산기슭을 따라 서쪽 끝부분 꼭대기에 자리 잡은 2헥타르 정도의 작은 지역이다. 이곳은 해안 평야의 아벡이란 곳에서 야르콘 강의 수원지를 향하여, 기껏해야 5킬로미터 정도 내륙 방향에 위치한다.

세 번째 지층(고고학자들은 지층을 따라 땅을 파 들어가는데, 각각의 층은 그 지역 역사에서 서로 다른 시대를 나타내고 있다)은 기초석 위에 자리하고 있으며 건축물 일부분, 보관 용기 몇 개, 그리고 원형의 외각 벽 혹은 일련의 집 벽으로 여겨지는 것들이 산산조각이 나 흩어져 있었다. 핑켈스테인은 이 지층에서 발견된 도자기가 후기 청동기 시대의 전통에 있다는 것을 근거로, 기원전 13세기 후반으로 연대 설정을 해놓았다. 타원형 —원 모양으로 대열이 그려진 마차들처럼— 으로 구성되어 있었기 때문에, 그는 제3지층을 목축 유목민들이 정착하던 초기의 활동이 반영된 일종의 '야영지'로 취급하였다.

제2지층은 보다 더욱 중요하며, 오늘날 약 4헥타르에 해당할 정도로 확장되었는데 기원전 11세기로 연대가 잡히며, 기원전 12세기 후반 동안 얼마간 사람이 거주하지 않았던 중단 시대를 거쳐 제3지층이 연결되었다. 이 지층은 대략 100명 정도의 사람이 살았던 촌락을 드러내고 있는데, 여기에 전통적인 기둥과 뜰을 갖춘 가옥들이 여럿 있었고, 줄을 지어 자리 잡은 수많은 돌 사일로silo가 집들을 둘러싸고 있었다. 중앙 가옥은 거대했

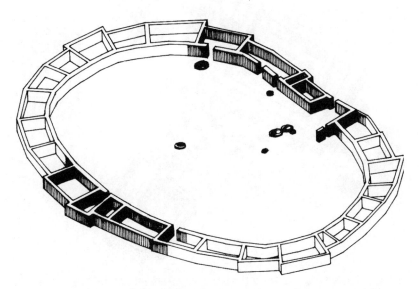

이즈베트 사르타 지층 제3층의 평면도; 오직 어두운 부분만이 발굴된 지역이다. Israel Finkelstein and Neil Silberman, *The Bible Unearthed*

으며(1층이 대략 160제곱미터) 매우 잘 건축되었다. 그 집을 둘러 43개의 사일로가 자리했다. 그중 하나에서 도편(ostracon) (즉 글씨가 새겨진 도자기 조각) 하나가 발견되었는데, 80여 개의 글자가 5열을 맞춰서 잉크로 쓰여져 있다. 가장 아래쪽에 있는 판독 가능한 줄은 알파벳 순서 혹은 알파벳 글자 모음을 기록하고 있었는데, 독특하게 왼쪽에서 오른쪽 방향으로 되어 있었다. 그 문자는 가나안 언어였지만 그것을 쓴 사람은 아마 글씨를

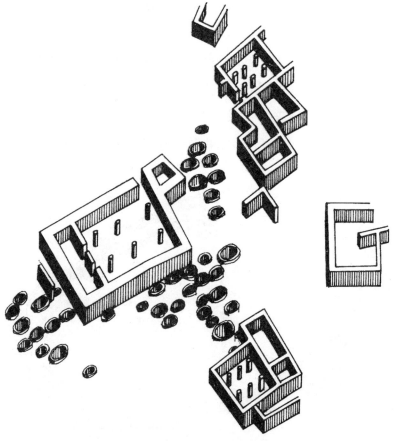

이즈베트 사르타의 지층 제2층의 부분 평면도, 곡식을 위한 사일로에 둘러싸여 있다; 기원전 11세기. Israel Finkelstein and Neil Silberman, *The Bible Unearthed*

연습하려 했던 이스라엘의 소년 학생이었을 것으로 보인다. (만약 이것이 가정학습이었다고 한다면, 나는 그 소년에게 '미'를 줄 것이다.) 만약 앞의 말이 맞는다면, 이즈베트 사르타의 도편은 우리가 발견한 최초의 히브리 비문(inscription)이 될 것이다 — 그리고 또한 이른 시기에 글씨를 쓰고 읽었다는 중요한 증거가 될 것이다. 제1지층은 기원전 10세기까지로 확장되는데, 그곳에서의 짧은 거주가 끝난 후 그곳은 사라졌다가 거의 3000년 가깝게 재발견되지 못했다.

이즈베트 사르타는 광범위하게 발굴되고 보고된 극소수의 초기 이스라엘 지역 중에 하나였다. 다른 지역들은 거의 표면 조사에 그치고 있다(아래를 보라). 핑켈스테인은 그곳을 지역의 목축 유목민이 정착했음을 보여주는 결정적인 증거로 보고 있는데, 그렇지만 그것을 지지하기엔 상당히 빈약하다고 하겠다. 동물들은 거의 전부 가축화된 것들이었고(97퍼센트), 소뼈가 현저하게 많았고(34.3퍼센트), 그리고 상당 수준의 잉여생산물을 만

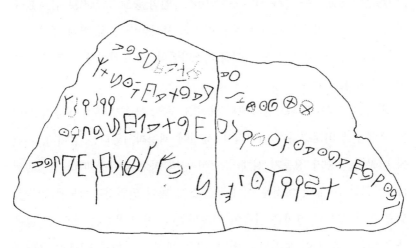

이즈베트 사르타의 지층 제2층에서 발굴된 기원전 12세기 알파벳 글자들. *Biblical Archaeology Review* IV:3

들어낼 수 있던 점으로 보아, 이 분야의 전문가들은 이즈베트 사르타의 경제구조가 '농업과 목축에 기초한 전형적인 정착 형식'이라고 보았다. 이러한 사실에 기초하여 현장 감독관은 핑켈스테인의 이론에 반박하는 글을 발표했는데, 그 제목은 「그들은 절대로 유목민이 아니었다」였다. (이 주제는 이후에 다루겠다.) 어찌 되었건, 이즈베트 사르타의 위치가 아벡이라는 광범위하게 발굴된 가나안-블레셋의 도시로부터 기껏해야 5킬로미터 정도 떨어져 있었기 때문에, 이곳은 특별히 중요하다 하겠다. 만약 이곳이 실제로 '에벤에셀'이라면, 즉 블레셋이 이스라엘을 물리치고 언약궤를 빼앗은 곳이라고 한다면(삼상 4), 그 중요성은 특별한 수준이 된다.

실로

1981년부터 1984년까지 핑켈스테인은 예루살렘에서 북으로 약 30킬로미터 떨어진 실로Shiloh를 재발굴했다. 그 이전에 이곳은 1920년대에 덴마크 고고학자들이 발굴했었다. 성서 전승에 따르면, 실로(아랍어로 키르베트 세일룬Kh. Seilûn)는 사사 시대 동안 이스라엘의 종교 중심지로 섬겨졌다. 법궤가 그곳에 머물렀고, 사무엘은 마지막 사사이면서 첫 번째 예언자—기원전 11세기 후반인 사울 시대에 이스라엘의 '숨은 실력자'—로 그곳에서 거주했다.

핑켈스테인의 새로운 발굴에서 밝혀낸 것은, 실로가 후기 청동기 시대에 오랫동안 버려졌다가 기원전 12세기에 재정착되었다는 점이다. 예전에 버려졌던 중기 청동기 시대의 도시 성벽 안쪽 경계를 따라서(기원전 17~기원전 16세기, 이것은 이제 테라스식 벽이 되었다), 기둥과 안뜰을 갖춘 초기 양식의 연이은 가옥이 건설되었다. 이 가옥들은 돌로 된 많은 사일로가 줄을 지어 둘러싸고 있다. 많은 토기는 기원전 12세기 초반의 것들로, 위에서 언급했던 거대한 크기의 목 이음 저장 용기 몇 개가 포함

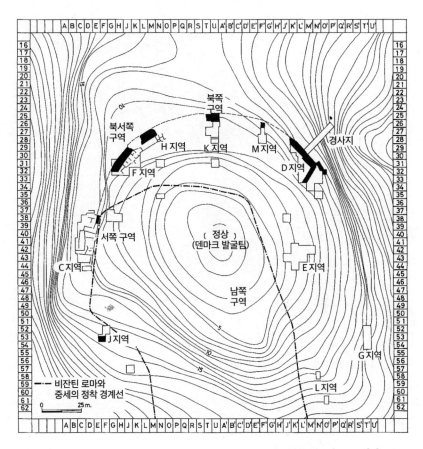

실로의 일반 지형도, 덴마크와 이스라엘 고고학팀이 발굴한 지역을 보여주고 있다. Israel Finkelstein, *Shiloh*

되어 있었다. 비록 초기 가나안 성소가 종교적 목적으로 재사용되었을 것이라고 핑켈스테인은 추정했음에도 불구하고, 그는 그곳에서 성서가 말하는 것과 같은 제의祭儀 중심지로서의 흔적을 그 어느 것도 찾아내지 못했다. 실로는 기원전 1050년 어간에 큰불로 파괴되었는데, 이 불은 1.8미터 높이의 잔해를 남겼을 정도였다. 이후 그곳은 더 이상 중요한 마을이 되지 못했는데, 이는 아마 왕조시대 초기에 있었던 도시화로 말미암아 인구 중

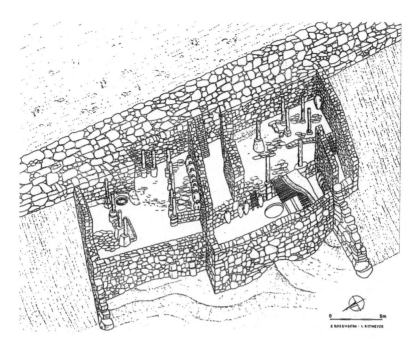

실로의 철기 시대 기둥과 안뜰을 갖춘 가옥, 같은 크기로 재구성함; 지층 제5층의 C 구역; 기원전 약 12세기. Israel의 Finkelstein, *Shiloh*

심지가 다른 곳으로 옮겨졌기 때문으로 보인다.

키르베트 에드-다바라

1980년대에 핑켈스테인은 기원전 11세기 중후반으로 연대 설정이 된 키르베트 에드-다바라Kh. ed-Dawara라고 하는 작은 언덕 마을을 발굴하였다. 타원형 모양으로 건축되었고, 몇 개의 잘 발달된 기둥과 가운데 뜰을 가진 가옥들이 바깥으로 약 1.8미터 두께로 둘러싼 벽에 이어진 구성이었다. 지금까지 볼 때, 이곳은 우리가 발굴했던 기원전 12~기원전 11세기의 마을 중에서 유일하게 성벽을 갖춘 곳이었다.

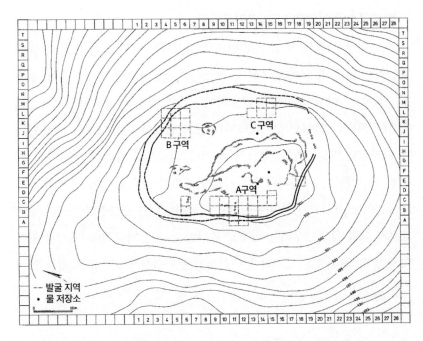

키르베트 에드-다바라의 지형도, '경계' 벽의 라인이 나타나 있다; 기원전 11세기. *Tel Aviv* 17:2

브엘세바

초기 철기 I시대의 이스라엘 촌락 중에서 철기 II시대와 왕조시대까지 지속된 몇 안 되는 장소 하나가 바로 브엘세바Beersheba이다. 이곳은 1969~1976년에 이스라엘 학자 요하난 아하로니가 발굴해서, 대략 1에이커 정도 크기의 확연한 타원형 모양을 가진 촌락 구조를 밝혀냈다. 이곳에는 기둥과 가운데 뜰을 가진 가옥들이 가까이 모여 있었으며, 연이은 돌로된 사일로들도 있었다. 지층 제9층은 아마도 기원전 12세기 후반으로 여겨지는데, 그 이후로 기원전 11세기와 기원전 10세기 초반에 두 번의 재건축(지층 제8, 7층)이 이어졌음을 보인다. 이곳에는 후기 청동기 시대의 가나안 점령은 없었다.

발굴된 이스라엘의 다른 지역들

'이스라엘 사람들'이 살았을 것으로 여겨지는 다른 초기 철기 I시대의 발굴지는 별로 없다(비록 우리가 '이스라엘 사람들'이란 용어가 무엇을 뜻하고 있는지 아직 규정하지 않았지만). 나는 위에서 예루살렘 북쪽으로 약 16킬로미터 떨어진 고지대에 위치한 벧엘에서 1930년대와 1950년대에 실시했던 발굴 작업을 언급한 바 있다. 대규모의 파괴가 있은 다음, 기원전 12~기원전 11세기의 방어시설을 갖추지 않은 촌락이 이어졌다. 이 파괴는 이스라엘의 침입 때문이라고 올브라이트가 규정했지만(아이 성에 대해서 위를 보라), 우리는 이것을 증명할 물질 증거를 별로 가지고 있지 않으며, 그의 논증은 고고학에 근거하기보다 성서에 의존하고 있을 뿐이

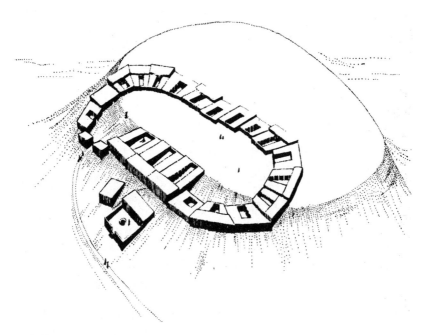

브엘세바의 지층 제7층의 정착지, 같은 크기로 재구성함; 기원전 약 10세기 초반. Israel Finkelstein and Nadav Na'aman, *From Nomadism to Monarchy*

다. 성서 전승에 따르면, 벧엘은 사사 시대의 어느 시점에 다시 빼앗았다고 했는데(삿 1:22-26), 그러한 정보가 여호수아의 초기 정복 기사에는 언급되지 않았다. 기원전 12~기원전 11세기의 철기 I시대의 정착에서 보여준 두 개의 파괴 흔적은 아마 이 성서 전승을 반영한 것처럼 보인다.

제의 장소

특별한 언급이 필요한 기원전 12세기의 독특한 장소가 있다. 왜냐하면 이곳은 초기 이스라엘의 제의 중심지로 해석되어왔기 때문이다. 바로 예루살렘에서 북쪽으로 65킬로미터 떨어진 에발 산 꼭대기에 세워진 작은 설치물인데, 그 아래로 세겜을 조망할 수 있다. 그곳은 1980년대에 아담 제르탈Adam Zertal이 발굴했고, 그는 그곳에서 여호수아가 에발 산에 세웠다는 바로 그 제단을 발견했다고 주장하기도 했다(신 11:29; 수 8:30-35). 그 장소는 3개의 지층이 있다. 첫 번째 것은 대부분이 울타리를 이루는 벽인데, 여기에서 발견된 람세스 2세 혹은 3세 시대의 이집트 스카라베를 근거로 볼 때 기원전 13세기 후반으로 연대가 정해진다. 다음 단계에서는 또 하나의 외벽 그리고 입구가 없는 작은 직육면체 건물이 추가되었으며, 건물의 모서리는 동서남북 방향을 가리키고 있다. 이 구조물 내에서 많은 동물 뼈가 나왔는데, 그곳에서 실제로 동물들을 키웠던 것으로는 보이지 않는다. 건물 바깥에 두 개의 뜰이 있었고, 부서진 도자기, 불에 타고 남은 것들, 그리고 다양한 종류의 타버린 동물 뼈(양, 염소, 소 그리고 노루)를 담은 저장 용기 몇 개가 그곳에 묻혀 있었다.

제르탈은 이 중앙 건축물을 완만한 계단을 가진 거대한 번제단燔祭壇이라고 해석했다. 불에 탄 뼈들은 동물 제사라는 성서의 전승을 반영하는 것이라고 보았다(비록 성서에는 사슴을 도축하고 조리하는 것에 대한 율법이 없었지만 말이다). 다음으로 그는 에스겔서에 나오는 번제단과 또한 후

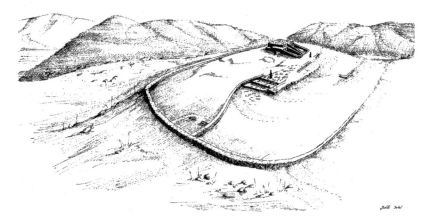

에발 산에 위치했다고 가정한 제르탈의 '제단' 재구성. *Tel Aviv* 13-14:2

대의 랍비 자료를 근거로 언덕 전체를 정교하게 재구성하였다. 그러나 제르탈의 해석에 동의하는 사람들은 별로 없었을 뿐만 아니라, 많은 사람은 이것이야말로 '성서고고학'의 무절제함을 보여주는 어처구니없는 경우라고 생각했다. 대부분의 이스라엘과 미국의 고고학자들은 에발 산 꼭대기의 이 불가사의한 구조물을 홀로 떨어져 있는 철기 I시대의 농가 혹은 단지 망루로 이해하였다. (나는 다른 곳에서 조금 익살스럽게 제시하기를, 시원하고 또는 조금은 서늘한 꼭대기라는 위치, 멋진 경치 그리고 불에 탄 뼈들을 볼 때, 이 모든 점에서 이곳이 소풍 가기 좋은 장소, 특별히 여름날 바비큐 파티하기 좋은 장소였을 것이라고 했다.) 초기 이스라엘의 제의를 위한 다른 곳의 시설로는, 마자르가 발굴한 먼 북쪽의 '황소 유적지(Bull Site)'가 있다(이곳과 관련해서 아래를 보라).

제6장

현장에서 나온 더 많은 사실: 최근의 고고학 연구들

지금까지 가나안 땅에 있었던 초기 이스라엘의 발흥에 관한 고고학적 증거는, 히브리 성서에 나오는 언급을 기초로 이스라엘 사람들이 살았던 곳이라고 여겨지는 몇 안 되는 발굴 지역뿐이었다. 그러나 최근에 웨스트뱅크 쪽, 즉 고대 이스라엘의 '심장'을 자세하게 조사함으로써 보다 많은 증거를 확보하게 되었다.

웨스트뱅크와 다른 조사들

역사의 아이러니 속에서 1948년 UN의 후원으로 팔레스타인의 일부 지역에서 이스라엘이라는 국가가 세워졌다. 그 결과 역사에 뿌리가 없었던 웨스트뱅크라는 새로운 나라가 나타나게 되었다. 이 나라는 아랍인들로 구성된 요르단 하심 왕국의 일부로 기획되었다. 그러므로 사실상 현대 이스라엘은 고대 가나안의 현대적 상대가 되었다. 그 옛날 블레셋이 고대 이스라엘에 대응되었던 것과 같았다.

1967년 6일 전쟁 직후, 이스라엘의 고고학자들은 무리를 지어 새로 정복한 지역으로 들어갔고, 그들의 역사적 '뿌리'라고 생각되는 것을 찾기 위해 노력했다. 그 전쟁의 시기에 나는 이스라엘의 서예루살렘에 있는 미국 히브리연합대학 성서고고학 학교의 학과장이었다. 그러나 그 사건이 있기 전 1960년 초반에 나는 한때 아랍 동부 예루살렘에 있는 미국인 학교였다가 이제 윌리엄 폭스웰 올브라이트 고고학 연구소가 된 곳에서 다른 이들과 연합하여 활동했었다. 웨스트뱅크에 익숙한 동부 예루살렘의 이방인 고고학자들이 전쟁이 발발하기 전에 모두 탈출했기 때문에 그 지역을 알고 있는 고고학자는 예루살렘에서 나 홀로였고, 요르단 정권 시기에 그곳을 발굴할 수 있었다. 물론 아브라함 비란Avraham Biran이나 베냐민 마자르Benyamin Mazar와 같이 소수의 나이 많은 이스라엘 고고학자만이 젊었을 때부터 그 땅을 발굴했기 때문에 속속들이 그곳을 기억하기 마련이었다. 그러나 젊은 이스라엘 고고학자들은 비록 그들이 '서류상으로' 그 장소들을 알고 있었는지는 몰라도, 그곳들을 실제로 본다는 것은 꿈에 지나지 않았다. 비란과 마자르가 내게 전쟁 후 약 일주일 동안 그 지역을 안내해줄 수 있을지 물었던 때의 전율을 지금도 회상하게 된다. 그런 일이 있은 후, 우리는 날을 잡아서 이스라엘 자동차들을 줄을 지어 이끌고 아이, 벧엘, 기브온, 세겜(이곳은 내가 작업했던 곳이다), 사마리아 그리고 다른 곳들을 탐험하곤 했었다. 그것은 마치 집으로 돌아가는 것 같았다 — 물론 내가 생각하는 것과 이스라엘 사람들이 생각하는 것은 서로 별개였다.

얼마나 오랫동안 이스라엘 사람들이 (대개 이렇게 부르는 것처럼) '유다와 사마리아'를 붙들고 있을지 아는 이가 하나도 없었기 때문에, 이스라엘 고고학자들은 곧 일종의 '신속하게 대충' 지표면 탐색 작업을 수행했고, 그 결과는 1968년에 히브리어로 출간되었다. 그러나 시간이 지나도 이스라엘의 점령은 종료되지 않았다. 따라서 1978년에 보다 더 넓은 지역과 더 정교한 방식으로 고고학 지표면 탐사가 이루어졌다. 이 작업은 텔아비브 대학의 젊은 고고학자들이 주로 진행했다. 그곳에서 그들의 스승인 요하난 아하로니는 그때에는 신선했던 '지역적 접근' 방법을 창안했는데, 이것은 넓은 지역에 대한 표면 연구에 몇 개의 중요한 장소를 선택적으로 깊이 파내려가는 방식을 더한 것이다.

웨스트뱅크에서의 이러한 탐사는 거의 10년 가까이 진행되었고 고대 이스라엘의 기원에 대한 우리의 이해를 완전히 뒤엎어버릴 정도의 놀랍고 풍부한 정보들을 산출하기에 이르렀다. 첫 번째 체계적인 발표는 1982년 봄에 예루살렘에서 있었던 연례 고고학 학회에서 발표되었는데, 그때 나는 안식년 관계로 이스라엘에 머물 수 있었다. 나는 현대 히브리어로 발표된 논문들과 사흘 동안 씨름하며 지냈는데, 모든 것을 이해할 수 없었으며 단지 내가 엄청난 고고학적 사건의 서막을 마주하고 있구나, 하고 인식했을 뿐이었다. 1980년대 중반에 이르러 나는 심화 연구를 진행했고 그 주제로 글을 쓰기 시작했다. 이 작업은 비非 이스라엘 성서학자들에게 내가 하나의 혁명이라고 생각하는 바를 알려주기 위한 글이었다. 그런 다음 1988년에 핑켈스테인은 기본이 되는 몇 개의 정보를 모아서 예비적 보고를 출간했는데, 그 제목이 『이스라엘 정착에 대한 고고학The Archaeology of the Israelite Settlement』이었다. 히브리어로 된 최종 보고서가 세상에 빛을 보기 시작했고, 1997년에 방대한 정보의 일부가 영어로 나타나게 되었다.

지표면 조사 방법론

웨스트뱅크의 전 지역에 대해 최초의 체계적인 탐사를 수행했던 이스라엘 학자(이스라엘 핑켈스테인을 가리킴－역주)의 결과물을 요약하기 전에 표면 조사 방법론에 대해서 그 장점과 약점을 간단히 살펴보도록 하자. 우리가 ('차창 밖 조사[windshield survey]' 혹은 차를 타고 지나가면서 조사하는 것과 반대되는) '보행 탐사'라고 부르는 작업에서 진행되는 것들은 일련의 고고학자들이 선택된 특정 지역을 격자로 구획화하고, 그런 다음에 줄을 맞추어 넓게 나아가면서 전체 지역을 걸어가며 고대 유물의 흔적 모두를 찾아내는 작업이다. 그들은 고대인의 거주의 성격을 밝혀줄 수 있을 것으로 보이는 모든 특징을 조심스럽게 기록한다. 여기에는 지형적인 변이성, 이어지는 벽들, 그리고 특별히 깨어진 도자기 조각들이 포함되는데 이것들은 해당 표면 아래의 다양한 거주 시기들의 연대를 결정할 수 있는 최고의 단서를 제공해준다. 이 작업에는 또한 부지 밖에 설치된 것들에 대한 조사도 포함되는데 층계식 농지, 바위를 깎아서 만든 올리브 압착기, 샘물, 관개를 위한 밭들이 해당한다. 해당 발굴지와 그 주변에 대한 모든 정보는 그 표면에서 관찰된 남은 자료들을 긁어모은 것들로 이렇게 기록되고 오늘날에는 컴퓨터로 저장되기도 한다. 다음으로, 지역의 모든 발굴 지역이 비슷하게 조사되었으면 '정착 지도'라는 것을 만들어서 각각의 고고학적 시대의 상황을 표시하게 된다. 이는 각각의 시대에 조사된 모든 유적지의 위치와 분포 상황을 나타내준다(즉, 독립적인 농가, 작은 집, 촌락, 마을, 외벽을 둔 도시, 산업이 융성한 도시, 요새, 무덤 기타).

그러한 방법론적 조사는 다음과 같은 장점이 있다: (1) 이것은 해당 지역 전체를 다루기 때문에 보다 완전한 그림을 제공한다. (2) 이것은 앞으

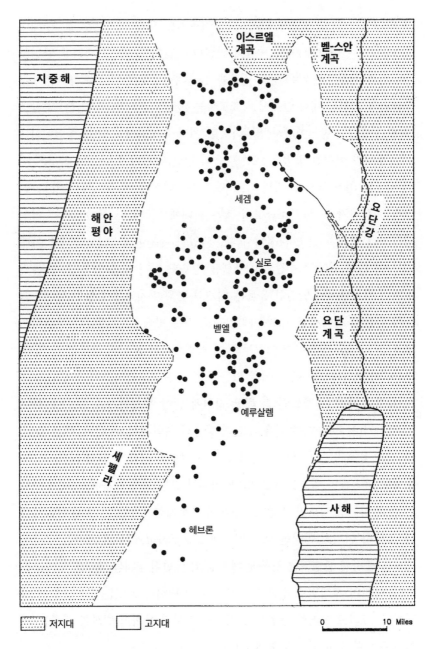

지중해

이스르엘
계곡

벧-스안
계곡

해안
평야

세겜

요
단
강

실로

요단
계곡

벧엘

예루살렘

세
펠
라

사해

헤브론

:::: 저지대   □ 고지대   0   10 Miles

예루살렘 북부 산지에서 핑켈스테인과 제르탈이 조사했던 '므낫세'와 '에브라임' 지역.
Israel Finkelstein and Neil Silberman, *The Bible Unearthed*

로 현대인에 의한 개발로 인해 곧 없어질지도 모를 여러 장소를 '구해내는' 작업이 된다. (3) 이것은 깊이 발굴하지 않아도, 즉 그 지역을 완전히 무너뜨리지 않고서 많은 양의 정보를 산출해내기도 한다. (4) 마지막으로, 오늘날의 제한된 재화 안에서 지표조사는 (땅을 깊이 파 내려가는) 발굴보다 훨씬 저렴한 방식이라서 경제적으로 '가장 수지타산이 맞는' 방법이다.

그렇지만 이러한 방법은 또한 다음과 같은 약점이 있다. (1) 이것은 해당 지역의 정착 역사에 대해 다소 오도하는 인상을 줄 수 있다. 왜냐하면 많은 유적지가 — 특히 소규모의 짧은 시대에 머물렀던 곳이라면 — 침식되었거나 현대의 건축 과정에서 훼손되었기 때문이며, 또는 충적물 아래에 깊이 묻혀 있어서 발견되지 못했을 경우도 있기 때문이다. (2) 보존되었거나 지표면에서 발견한 유물은 대개의 경우 마지막에 살았던 사람들의 문화 유물일 것이지만, 이와 마찬가지로 깊은 곳에 있는 것들은 상대적으로 이른 시기의 것들이며 이것들은 이 방법으로는 도저히 밝혀낼 수 없다. (3) 마지막으로, 지표에 흩어져 있는 유물들은 고고학자들이 실제로 눈으로 보고 집어드는 것들인데, 해당 지역에 풀이 무성하거나, 보존에 사고가 생기거나, 혹은 다른 이유로 인해 상당히 희박해질 수 있다. 예를 들면, 한 작은 유적지는 기껏해야 손에 잡히는 정도의 상태가 좋지 않은, 즉 불분명한 파편들만 내놓을 수도 있다. 이러한 모든 이유 때문에 지표면 조사는 종종 첫인상 정도만 줄 뿐 그 절대적인 통계상 유효성은 부족하다 하겠다. 그러나 여전히 이러한 모든 변수에도 불구하고, 지표면 조사는 그것이 매우 신중하게 실행되는 경우에 매우 신뢰할 만한 상대적 통계를 보여주곤 한다. 특별히 시대별로 정착 분포가 어떻게 변화하고 있는지에 대해서 탁월하다. 그리고 이러한 방법은 장기적인 역사와 문화적 변화를 다루는 데 가장 유용한 고고학 방법 중 하나이다.

더 진행하기 전에, 많은 독자가 궁금하게 여기는 질문에 대답해보겠다:

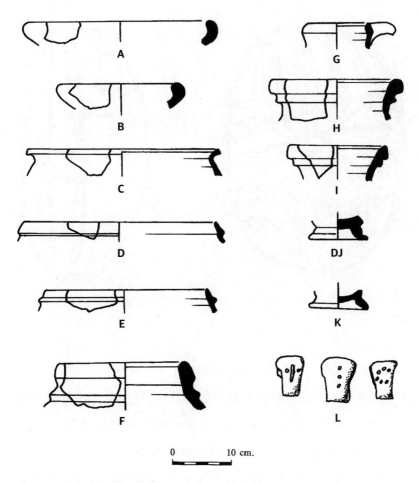

0   10 cm.

므낫세 조사에서 발굴된 전형적인 철기 I시대 도자기. Israel Finkelstein and Nadav Na'aman, *From Nomadism to Monarchy*

'그런데 어떻게 도자기가 연속적인 정착 연대를 결정해주는 것입니까? 모든 게 도자기에 달려 있나요?' 이에 대한 답은 의외로 간단하다. 고대 팔레스타인에서 출토된 통상적인 도자기들에 대하여 지난 100년이 넘는 분석을 통해서 우리는 이제 해당 연대를 자신 있게 확정하는 수준에 이르렀다. 심지어 작은 조각들까지도 100년 이내로 연대 설정을 해낼 수 있다. 이는

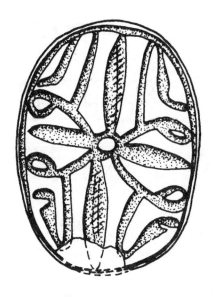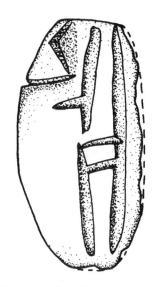

에발 산에서 출토된 이집트 스카라베, 람세스 2세 혹은 이후의 제19왕조 시대. *Tel Aviv* 13-14:2

우리가 종종 어떤 개별적인 형태를 발견해서, 그것이 연관된 특정 모음 혹은 '집합물'에 속한다고 한다면, 해당하는 연대로 잡을 수 있게 된다. 때때로 우리가 기준으로 삼는 연대기에는 이집트의 스카라베가 연관되기도 하며, 고대 문서에 천문학적 사건들과 연결되는 기록이 들어 있어서 그것으로부터 파괴의 증거를 추적하기도 한다. 다음으로는 동전들도 도움이 된다. 그리고 점차 방사성탄소연대측정법과 같은 과학적인 수단이 이용되는 추세이다. 그러므로 철기 I시대 촌락의 연대 설정은 실제로는 논쟁거리가 되지 못한다. 전문가들 사이에는 50년 이상의 이견이 좀처럼 발생하지 않으며, 그러한 '역사적 추측항법(historical dead reckoning)'은 우리의 목적에 대해서도 충분하다.

지역별 요약

이제 조사 결과에 주목하도록 하자. 이는 웨스트뱅크의 조사뿐만 아니라 최근에 이스라엘 내부에서 있었던 조사까지 포함하는 것으로, 예를 들어 갈릴리, 해안 평야, 그리고 북부 네게브에서의 조사가 있다. 우리가 찾고자 하는 것은 특별히 다음의 것이다: (1) 기원전 13세기부터 기원전 11세기에 이르는 문화적 변화에 대한 증거; (2) 이 기간(아마 이스라엘의 기원에 해당하는 기간)에 가나안에서 형성되었던 독특한 '삶의 양식'에 대한 증거; (3) 거주민들의 '민족성'에 대한 질문에 답을 주는 증거. 짧게 말해서, '초기 이스라엘 사람들'은 누구였고, 그들은 과연 어디에서부터 왔는가? (그 시기에 대한 답은 이미 알고 있다.)

정착 분포와 인구 상황

편의상 최근 이스라엘에서 있었던 조사 결과를 다음의 단순화한 표로 나타내도록 하겠다. 이 정보는 핑켈스테인의 책, 『이스라엘 정착에 대한 고고학The Archaeology of the Israelite Settlement』(1988)에서 주로 얻었고, 핑켈스테인과 나다브 나아만의 책, 『유목 생활에서 왕정까지: 초기 이스라엘의 고고학과 역사적 측면From Nomadism to Monarchy: Archaeological and Historical Aspects of Early Israel』(1994)에서 보충되었다. 여기에서 '철기 I시대'란 기원전 12~기원전 11세기의 이스라엘 지역들을 상정한다고 보면 된다.

지역	후기 청동기 시대와 철기 I시대의 유적지 수		기원전 11세기의 추정 인구
상부 갈릴리	8	23/40	2,300-4,000
하부 갈릴리	5	25	2,500
이스르엘 계곡	다수	?	?
북부 해안 평야	-	-	-
샤론 평지	?	10	2,500
셰펠라(언덕)	?	2	500
므낫세	22	96	1,000-2,900
에브라임	5/6	122	9,650
예루살렘 지역	8?	12-30	2,200-4,500
(베냐민)	-	-	2,200
서쪽 요단 계곡	?	20	2,200
유다 산지	7	18	1,250
유다 광야	?	소수	100
브엘세바 계곡	?	2-3	150-200
네게브 사막	-	-	-
총합	58	331-366	40,650-55,000

우선, 이 (지표면—역주) 조사에서 발견된 유적지의 총합에 주목해야 한다. 이것은 발굴지를 포함시키지 않은 것으로, 후기 청동기 시대부터 철기 I시대까지 점진적으로 증가하고 있음을 알 수 있다 — 58개에서 350개 어간까지 증가했다. 이스라엘 정착으로 간주되는 기간 중에 두 번째 과정이라고 보이는 기원전 11세기 즈음, 이들 지역의 인구 총합을 예측해보면(핑켈스테인의

'수정 요인'을 사용해서 전체 자료에 적용해본다면), 그곳에는 대략 50,000명이 살았다. 다른 책에서 그는 기원전 12세기의 요단강 서쪽에 있는 '이스라엘 사람들'의 인구를 예상하면서, 대략 21,000명으로 제시하였다. 여기에서 주목할 점은 '가나안 사람들'이 살았던 기원전 13세기 후기 청동기 시대에서 기원전 11세기경 철기 I시대에 살았던 '이스라엘 사람들' 사이의 인구 증가이다. 특별히 산지에 주목하도록 하라. 여기에 수치가 나온다:

지역	건축된 영역	추정 인구
기원전 13세기 29곳	117에이커	12,000명
기원전 11세기 254곳	547에이커	30,000-42,000명

1998년에 스테이저Stager는 조사된 자료에 대한 최신의 (그리고 더욱 정교한) 분석을 내놓았는데, 이는 좀 다른 그림을 보여준다. 그러나 우리가 중요하게 생각하는 상대적 수치의 변화는 비교 가능한 수준이다. 아래의 표는 가나안의 모든 지역에 대한 스테이저의 계산이다:

지역	건축된 영역	추정 인구
기원전 13세기 88곳	500에이커	50,000명
기원전 12-11세기 678곳	1,500에이커	150,000명

산지 지역만 놓고 볼 때(유다, 베냐민, 에브라임 그리고 므낫세를 가리킴-역주), 스테이저는 다음과 같은 수치를 계산하는데, 이는 핑켈스테인이 제시한 것과 비교할 때 약간 높은 수준이다:

지역	건축된 영역	추정 인구
기원전 13세기 36곳	?	?
기원전 12-11세기 319곳	?	?

스테이저는 기원전 12세기~기원전 11세기의 678곳 중에서 633곳
(93퍼센트)이 새롭게 세워졌으며, 일반적으로 소규모의 외벽이 없는 촌
락이라고 언급한다. 그리고 그러한 철기 I시대의 정착이 므낫세와 에브
라임 지역에서 일반적으로 밀집되어 있었다고 말한다. 이는 이미 이스라
엘(핑켈스테인을 말한다 – 역주)의 조사에서 드러난 점이기도 하다. 스테이
저는 이들 지역에 대한 추정 인구를 제시하지는 않았다. 그러나 많은 수
의 인구가 그곳에 몰려 있었기 때문에, 그가 제시한 총인구 150,000명 중
에 대략 50,000명 정도가 합당한 것 같다 — 이는 핑켈스테인이 제시한
30,000~42,000명보다 약간 높은 수준이다.

이러한 모든 특징이 보여주는 중요한 사실은, 가나안의 다른 지역들과
대조적으로 고지대(hill country) — 바로 이곳에서 이스라엘인이라고 여겨지
는 사람 대부분이 정착하고 이후에 민족국가를 형성하며 발달했다 — 에
서 기원전 12세기에 인구 폭발이 있었음을 증명하고 있다는 점이다. 이와
관련해서 스테이저는 다음과 같이 언급했다:

> 철기 I시대에 이렇게 예외적인 인구의 증가는 그 지역의 몇 안 되는
> 후기 청동기 시대의 도시국가의 자연적 인구 증가만으로는 도저히 설
> 명할 수 없다. 기원전 12세기와 기원전 11세기에 고지대 지역으로 상
> 당 수준의 인구 유입이 반드시 존재했어야만 했다. (…) 여기에 세워진
> 다수의 촌락이 왕조 이전 시대 이스라엘에 속한다는 점은 (…) 의심할

나위 없다. (1998: 134, 135)

　인구 분포와 정착 유형에 관하여 약간의 보충 설명이 필요할 것으로 보인다. 이는 고고학자들이 장기적인 문화의 변화를 조사하는 데 가장 잘 드러내는 방법이기도 하다. 첫째로, 철기 I시대 가나안 지형에 산재해 있는 엄청난 수의 소규모 촌락이 해안에 있는 샤론 평야나 유다, 셰펠라와 같은 저지대, 혹은 주요한 계곡들을 따라 자리를 잡지 않았다는 사실이다. 이들 지역에서 가장 중요한 장소들은 풍요로운 자원과 거대한 도심지가 특징인데, 거의 가나안의 (혹은 페니키아의) 철기 시대 문화를 그대로 보존하고 있다. 그리고 이집트 제19왕조는 최소한 기원전 1160년까지 이 지역을 다스리고 있었다(위를 보라). 이와 대조적으로 이스라엘의 새로운 정착지는 거의 모두 처녀지(de novo)에 세워졌다. 다시 말해서 후기 청동기 시대에 파괴된 지역 위에 세워진 촌락이 아니었고, 상부 갈릴리와 하부 갈릴리에서부터 사마리아와 유다 산지, 그리고 남쪽으로는 네게브 북쪽에 있는 여러 고지대에 분산해서 거주했던 것이다. 이 지역들은 개척지로 간주된다. 즉, 가나안 도시 사회의 변두리였다. 군사적 충돌이 주요한 이유가 아니라면 이렇게까지 산지에 정착하는 방식을 고집함으로써 고지대의 이주민들은 무엇을 피하려고 했던 것일까? 바로 이 지점에서 정착에 관한 평화적 침투 모델과 농민혁명 모델이 낡은 정복 모델보다 최근 고고학적인 증거에 있어 더 잘 들어맞는다. 거기(고지대 – 역주)엔 무력 충돌이 있을 필요가 없었고 정복할 대상도 없었다. 왜냐하면 그곳은 가나안 사람들이 거의 아무도 살지 않았던 지역이었기 때문이다.

　철기 I시대에 언덕 지역에 있었던 독특한 거주 형태에 대한 일반적인 특징을 정리하면 다음과 같다(자세한 논의는 다음을 위해 남겨두고자 한다): 이스라엘 사람(이스라엘 핑켈스테인을 가리킴 – 역주)이 조사한 지도에 나

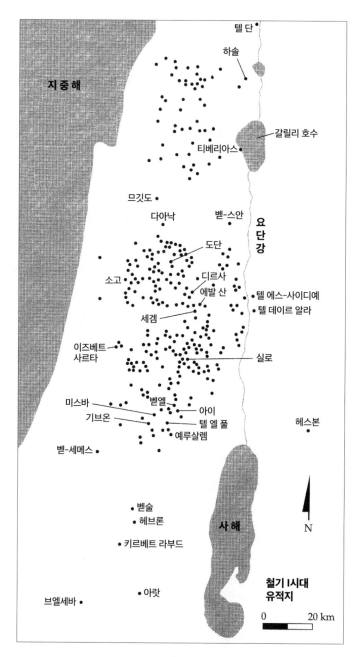

지중해

텔 단

하솔

갈릴리 호수

티베리아스

므깃도

다아낙

벧-스안

요단강

도단

소고

디르사

에발 산

텔 에스-사이디예

텔 데이르 알라

세겜

이즈베트
사르타

실로

미스바

벧엘

아이

기브온

텔 엘 풀

예루살렘

헤스본

벧-세메스

벧술

헤브론

사해

키르베트 라부드

N

철기 I시대
유적지

브엘세바

아랏

0   20 km

발굴되거나 조사된 초기 이스라엘 유적지. Hershel Shanks et al., *The Rise of Ancient Israel*

와 있는 거의 모든 정착지 — 실제로 모든 철기 I시대 발굴 지역이다 — 는 작은 촌락(village)으로, 그 크기는 0.4헥타르(4,000제곱미터) 정도의 소규모에서부터 1.6 혹은 2헥타르에 이르는 수준이었다. (비교해보자면, 0.4헥타르는 미식축구장 크기보다 약간 작은 정도이다.) '초기 이스라엘' 거주지라고 생각되는 곳은 어찌 되었건 단 한 군데라도 '도시적' 특성을 가지고 있지 않았으며, 심지어 작은 마을(town)이라고도 부를 수 없을 정도였다. 지금까지 우리가 살펴본 바와 같이, 그것들은 모두 농사짓는 촌락이거나 부락(hamlet)이었다. 이렇게 생각할 수 있는 이유는 그 작은 크기뿐만 아니라 꼭대기라는 독특한 위치에서 찾을 수 있다. 다시 말해서, 이곳은 작더라도 농산물을 경작하기 좋은 풍요로운 산지 계곡이 내려다보일 뿐만 아니라 올리브, 포도, 과일이나 채소와 같은 농작물을 재배하기 위한 테라스 농업에 적합한 근처의 산등성이 지역도 고려되는 지역이었다. 부연해서 말하면, 고대 팔레스타인의 산지는 근처에 방목하기 좋은 변두리나 초원지대(steppe) 지역이 있어서 경작과 함께 혼합해서 생계를 유지할 수 있었다.

제7장

철기 I시대 유물복합체의 물질문화에 대한 결론

6장에서 나는 고고학자들이 사용하고 있는 기본적인 용어인, '유물복합체(assemblage)'를 소개했다. 기억을 새롭게 하는 차원에서 나는 이 용어를, 서로가 분명하게 연관되어 있고 종종 함께 나타나는 경향을 보이기 때문에 하나의 유형을 이루게 된다는 측면에서 동시대에 속하는 물질문화 유물의 집합이라는 뜻으로 사용함을 밝힌다. 이러한 유형은 처음엔 개별적 장소에서만 보게 될 것이다. 그러나 같은 유형이 다른 곳에서도 나타난다면, 그리고 전체 지역에 걸쳐서 그러하다면 대규모의 문화적 집합체를 기술할 수 있게 된다 ─ 이것은 역사적 의미를 분명히 담아내고 있다.

하나의 유물복합체는 많은 수의 물품을 포함할 수 있다: 도자기, 석기 도구 혹은 금속 도구, 그리고 예술품과 같이 작은 가공품들. 그것은 또한 가옥 구조, 마을 구획, 방어 시설, 매장 시설, 수로 시설, 산업 시설과 같은 종류의 거대한 구성물도 망라할 수 있다. 또한 지리, 토양, 그리고 수자원과 기후와 같이 덜 정확하지만 그럼에도 불구하고 명백한 환경적 요인들도 고려 대상이다. 이렇게 상호 연관된 물리적 유물들을 관찰하다 보면, 고고학자들은 (내 동료 중 하나가 말하는 것처럼) '사물을 가지고 역사를 기록'할 수 있을지도 모른다. 문헌 자료 없이도 말이다. 그러므로 우리에게 적합한 것들로 다음을 제시하게 된다: (1) 인공유물, (2) 환경요소, 그리고 (3) 문자가 기록된 유물. 우리는 그것들을 어떻게 생각하고 있나?

고고학자들은, 이러한 유물복합체를 창조하도록 이끌었던 인간의 생각과 행동이 또한 '양식화'된다(달리 말해서, 문화의 한 부분이다)는 점을 가정함으로써 논의를 시작한다. 그러므로 이 둘 — 생각과 사물 — 사이에 반드시 어떠한 관계가 형성된다. 종종 제시되는 것처럼, '인공유물은 행동이 물질로 나타나는 것'이다. 과거의 생활양식이나 혹은 소멸해버린 사회구조를 재구성하기 위한 목적으로 문헌을 대하는 것처럼 이러한 유물복합체를 '읽어내려는' 시도를 하면서 많은 고고학자는 생명과학 분야에서 '체계'라는 개념을 끌어다 쓴다. 일반체제이론(General Systems Theory, GST)으로 불리는 것의 기본적 배경은, 모든 살아 있는 유기체는 매우 복잡한 체제로 이루어지는데, 이는 또한 다양한 하부 체제로 구성된다는 것이다. 그러므로 예를 들면 인간의 몸은 호흡기관, 순환기관, 소화기관, 신경기관 그리고 다른 하부기관들의 상호 연관된 활동들을 통해서 기능하고 있다. 일반체제이론의 두 번째 개념은 '균형성(equilibrium)'이라는 것이다. 모든 하부 체제가 활력 있는 균형을 이루고 있을 때 그 유기체는 건강하다; 그러나 이것 중 하나가 무너지게 되면 불균형이 나타난다. 그리고 만약 여러 하부 체제가 잘못된다면, 시스템은 급락하기 시작하여 붕괴에 이르게 되며, 결과적으로 그 유기체는 죽음을 맞이하게 된다.

과학 이론의 세계에서 사회 연구 분야로 모델을 옮기는 것에 대해 약간의 불확신이 들지도 모르겠다. 그럼에도 불구하고, 많은 고고학자는 일반체제이론의 유용성을 발견했는데, 최소한 고고학 유물복합체를 분석하며 지나간 사회구조를 유추하는 데 이러한 방법론의 설명으로 풀어나갈 수 있었기 때문이다. 나는 아래에서 철기 I시대의 촌락 유물복합체를 정리하면서 위에서 제시한 방법론을 따르도록 하겠다. 내가 찾아낸 가장 유용한 '하부 체제들'은 아래와 같다(제시한 요소들이 서로 연관된 것들임을 명심하도록 하라, 그래서 나열 순서는 다소 임의적일 수 있다):

1. 가옥 구조와 촌락의 배치
2. 생계 수단, 경제
3. 사회구조
4. 정치 조직
5. 기술
6. 예술, 이데올로기, 종교
7. 외부적 관계

사실, 혹자는 장소의 형태와 분포나 인구 상황과 같은 보다 더 기본적인 요인들을 가지고 시작하려고 들 수 있겠다. 그러나 우리는 지표조사를 다루면서 이러한 요인들을 이미 언급한 바 있다. 이제 우리는 지표에서 나온 자료와 발굴해서 얻은 자료 모두를 통합하려고 한다. 그래서 이 장에서는 위에서 제시한 일곱 개 중 처음 여섯 개의 분야를 조사할 것이다.

가옥 구조와 촌락의 배치

장소의 형태나 분포와 가장 밀접하게 관련된 것은 가옥들과 촌락 모두의 독특한 구조이다. 나는 기둥과 안뜰을 가진(pillar-courtyard) 또는 4방을 가진 집이라는 전형적인 양식의 가옥을 소개한 바 있다. 이제 이러한 집이 팔레스타인 서부의 일부 지역에서 오랫동안 알려져 왔으며, 초기 철

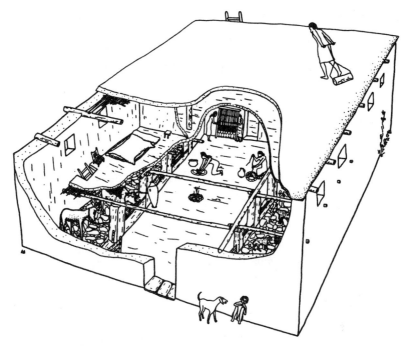

기원전 12~기원전 11세기의 전형적인 '이스라엘 가옥'의 재구성. Abbas Alizadeh

기 시대에 팔레스타인 동쪽에서도 역시 나타났다는 점을 주목하면서 우리의 생각을 넓히고자 한다. 많은 학자는 이러한 가옥들이 고대 이스라엘만의 '특징적인 화석(type-fossils)'이라고 생각했다 — 다시 말해서, 독특한 현상이며 그렇기에 민족적 특색으로까지 여길 수 있다는 견해이다. 이것들은 4방 구조 가옥으로 불리기도 했는데, 왜냐하면 1층의 구조가 가운데 넓게 개방된 안뜰이 있고 그것을 둘러싸고 ㄷ자 모양으로 세 개의 방이 붙어 있기 때문이다. 돌로 된 기둥은 방과 가운데 뜰을 구분해줄 뿐만 아니라 2층을 지탱해준다.

가운데 뜰에는 흔히 기반암을 깎아서 만든 깊은 저장 시설과 진흙으로 만든 화덕과 솥단지가 있었고, 보관을 위한 공간이나 간단히 작업할 수 있

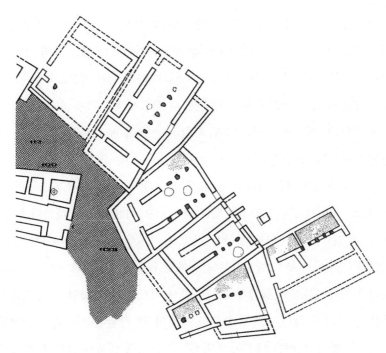

텔 마소스의 지층 제2층에서 나온 기둥과 안뜰을 갖춘 집단 가옥. Fritz and Kempinski, *Tel Masos*

는 도구들을 두는 곳도 있었다. 벽은 진흙을 다져 굳힌 것으로 만들었다. 기둥 옆쪽에 있는 방들은 가축을 기르는 곳으로 그 바닥은 자갈로 해두었는데 그 이유는 쉽게 청소할 수 있었기 때문이다. 이렇게 볼 때, 안뜰 옆에 있는 방은 일종의 마구간이라고 보는 게 상책이다. 라다나Raddana와 다른 곳에서 있었던 발굴 작업 결과, 이들 가옥이 본래 방이 두 개로 붙어 있었다가, 얼마 시간이 지나자 대부분 3개의 방이 되었다는 점을 알 수 있게 되었다. 2층의 다양한 방들은 대략 20여 명의 사람을 쉽게 수용할 수 있었다. 이 정도면 식사하고 잠을 자고 다른 가정 활동을 하기에 충분한 공간이 된다. 그리고 평평한 지붕은 음식물을 말리거나 추가적인 저장 공간으로도 이상적인 장소였을 것이다.

초기 철기 시대에 처음으로 등장한, 기둥과 안뜰을 가진 가옥이 농업경제 사회를 이루는 시골 사람에게 이상적인 농가였다는 점은 분명하다. 그것들은 (생활과 작업 공간을 위해 185제곱미터에 이를 정도로) 공간적으로 충분해서, 일반적인 수준의 대규모 다세대 농부 가족을 수용할 수 있을 정도였다. 여기에 여러 가축도 포함된다. 불을 보관하거나 음식을 저장할 여유 공간도 충분해서 1년 내내 지낼 수 있을 정도였다. 심지어 가축―대부분의 가정은 당나귀 한 마리, 암소 한두 마리, 그리고 소수의 양과 염소―을 기르는 것도 용이했다: 바로 가까이에 있었기 때문에 잘 보호할 수 있었고 가축의 배설물은 잡초와 섞어서 땔감으로 사용할 수도 있었다. 심지어 가축이 발산하는 열조차도 유용한 것이었다. 이렇게 효과적이고 자급자족적인 형태를 경제적인 용어로 '가내수공업 방식'이라고 부른다. 거의 동일한 농가가 오늘날 중동의 덜 발달된 지역에서 여전히 존재하고 있다. 이러한 사실이 의미하는 중요성에 대해서 잠시 후에 다루도록 하겠다.

이러한 가옥의 매우 정형화된 사례가 철기 I시대 이스라엘 사람들이 살았던 거의 모든 지역에서 발견되었다. 그리고 그것들은 왕조 말기인 철기 II시대까지 죽 유지되었다. 심지어 매우 도시화된 곳조차도 시골에서 기원한 일종의 '연립가옥'과 같은 정형화된 가옥 구조를 지키고 있었다.

이와 같은 독특한 가옥 형태는 이전 가나안의 정착 역사에서 그 전례를 찾을 수 없는 것으로, 기원전 13~기원전 12세기에 갑자기 산발적으로 나타났다. 이는 아마도 농촌의 사회경제에 대한 선호(혹은 향수)가 반영된 것처럼 보이는데, 그것은 또한 우리가 후기 성서 기록에서 알 수 있는 것처럼 굳게 맺어진 공동체 가치에 기초를 둔 일종의 '행복한 삶(good life)'이라는 전형적인 이스라엘 사람들의 이상이 반영된 것일 수도 있다. 짧게 말해서, 어디에서나 찾아볼 수 있는 이러한 가옥 구조는, 고고학자들이 그

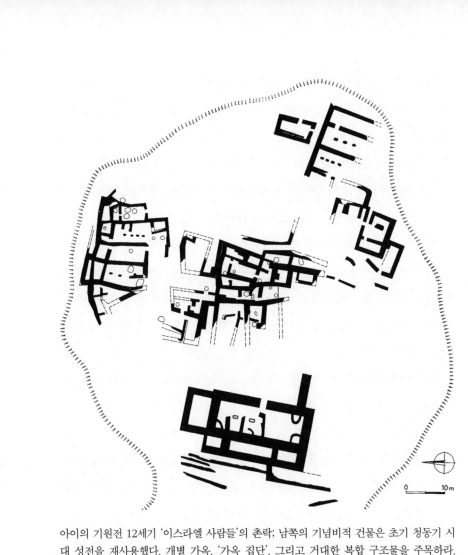

아이의 기원전 12세기 '이스라엘 사람들'의 촌락; 남쪽의 기념비적 건물은 초기 청동기 시대 성전을 재사용했다. 개별 가옥, '가옥 집단', 그리고 거대한 복합 구조물을 주목하라.
Aharon Kempinski and Ronny Reich, eds., *The Architecture of Ancient Israel*

문화의 민족성을 결정하는 데 유용하다고 모두 동의하는바, 철기 I시대 정착자들의 생활양식과 심지어 그 기원을 설명하는 데 최고의 단서가 될 수 있을 것이다. 독특한 가옥이라서 그들을 특별하게 묶을 수 있을까? 답은 '그렇다'이다. 이것들은 정말 이스라엘 사람들의 집이다.

한편, 개별 가옥 구조보다 더 중요한 것이 있는데, 바로 그러한 집이 두 개 혹은 세 개로 묶여 있는 경우로, 이는 공통의 벽과 넓은 뜰을 공유하며 보다 넓은 주택단지를 이루어서, 우리가 '혼합 가족(family compound)'이라고 부르는 것을 이루게 된다. 따라서 혼합 가족은 보다 큰 '무리(cluster)'들로 뭉쳐지며, 몇 개의 무리가 전체로서 하나의 촌락 형태를 구성하기에 이른다. 각각의 무리 사이에는 열린 공간이 있는데, 이곳은 가축을 기르거나 정원을 일구고 물건을 보관하거나 쓰레기를 쌓아두기도 하고, 혹은 돌로 된 도구를 사용하거나 도자기를 만드는 것과 같은 간단한 작업을 하는 용도로 사용되었다. 이러한 모든 특징을 통해, 서로 굳게 맺어졌지만 독립적이고 자급자족적인 소규모 농촌 촌락 가정의 생활양식을 가장 잘 이해할 수 있게 되었다.

1985년에 로런스 스테이저Lawrence Stager는 전형적인 철기 I시대 가옥 구조와 촌락 형태를 활용해서, '현장에서 나온 사실들'과 여호수아, 사사기 그리고 사무엘서에서 나오는 가족과 촌락의 사회구조에 대한 자질구레한 언급들 사이에 어떠한 밀접한 연관성이 있음을 보여주려 했다. 유사점이 있다고 여겨지는 것들은 철기 I시대의 실제 가옥 구조와 촌락 형태가 보여주는 증거들과 놀라울 정도로 잘 맞아떨어진다. 이제 그러한 증거들을 비교적 간단한 표로 제시해보겠다(스테이저의 표를 약간 단순화한 것이다).

스테이저의 천재적이며 탁월한 소논문의 제목은 「고대 이스라엘 가정의 고고학(The Archaeology of the Family in Ancient Israel)」이었고, 이 논문은 '초기 이스라엘'을 규정하는 작업에 있어서 문헌과 인공유물 모두를 가장 잘 분석해놓은 연구 중 하나로 지금까지 남아 있다.

히브리 성서에 언급된 사회경제적 용어와 그에 상응하는 고고학적 발견

히브리 용어	의미	고고학적 증거
게베르	핵가족에서 '개인'	개별 가옥
베트아브	'아버지 집'; 다세대 가정	몇 개의 '기둥과 안뜰을 가진' 집이 모인 연립주택
미슈파하	확대 가정, 또는 '씨족'	연립주택들의 모임, 전체 촌락
셰베트	'부족'	촌락들의 지역적 그룹
베네이-이스라엘	모든 부족, 혹은 '이스라엘 자손'	고지대 정착지 전체 네트워크

생계유지와 경제활동

한편, 철기 I시대의 '시골 촌락'이 실제로 농사를 짓는 공동체였다는 실제적인 증거로는 무엇이 있을까? 표본조사와 발굴 모두를 통해 얻은 고고학적 증거들은 풍부하면서도 결정적인 것들이다.

1. 음식 유물들: 고고학자들은 '고-민족식물학(paleo-ethnobotany)'이라고 부르는 것을 반복적으로 연구한다. 다시 말해서, 그들은 미세한 체로 걸러내거나 가라앉히는 도구로 방대한 사료를 얻어낸 후에, 그 사료에서 과거에 음식물로 사용되었을 것으로 보이는 식물의 미소한 잔류물을 얻어냈던 것이다. 그 결과로 우리는 철기 I시대 촌락에서 밀과 보리, 곡류와 콩류와 같은 다량의 곡물을 생산해냈고, 또한 현대의 채소밭과 같은 것을 만들었음을 알게 되었다. 통계 연구에 의하면 (위에서 이미 언급했던) 이즈베트 사르타'Izbet Sartah'나 실로와 같은 많은 촌락에서 이러한 농업 생산과정으로 잉여농산물을 만들어낼 수 있었음을 알게 되었다. 내가 볼 때 이러

한 증거는 그 거주민들이 이미 가나안에서 농업을 오래전부터 경험했던 농부였고 목축업자였음을 지시하는 것이다. 그러므로 그들은 아무도 찾지 않았던 산지의 악조건을 상당히 빠른 시기에 적응할 수 있었다 — 특별히 그들은 새로운 도구들의 도움을 받았다(아래를 보라). 이들 지역에서 목축 유목민이 갑자기 정착했다는 주장은 그 이상을 풀어낼 수 없는 난관에 직면하는 결과만 만들 뿐이다. (핑켈스테인의 주장처럼 그들이 가나안 내부인이 아니라 유목민이었다면 - 역주) 그들은 아마 첫해 겨울에 아사하고 말았을 것이다.

2. 동물 뼈: 유사한 표본을 엄청난 양의 동물 뼈로부터 얻어낼 수 있는데, 이는 고대(와 현대에) 농업-목축 경제의 전형이라고 할 수 있는 소규모 목축에 대한 명백한 증거가 된다. 철기 I시대 촌락에서 기르고 키워왔던 대부분의 동물은 오늘날 아랍 촌락의 경우와 같이 양과 염소였다(45퍼센트에서 80퍼센트 사이에 이른다). 그러나 소, 황소 그리고 당나귀 역시 잘 나타나고 있으며, 이것들은 쟁기를 끄는 데 분명히 용이했기 때문에 농가와 농촌에서 반드시 필요한 존재였다 — 그리고 이것들은 도시나 산업사회의 현장에서는 거의 나타나지 않는다. 이러한 증거로 볼 때, 전형적인 기둥과 안뜰을 가진 가옥의 1층 대부분이 마구간을 위한 목적으로 사용되었다는 사실을 반드시 덧붙여야만 하겠다.

하나의 동물 종이 철기 I시대 촌락에서 두드러지게 나타나지 않는다: 바로 돼지이다. 비록 청동기 시대에 양과 염소처럼 그렇게 보편적이지는 않았지만, 그 당시에 돼지는 비교적 잘 발견할 수 있었다. 돼지는 철기 I시대 블레셋으로 알려진 해안 지역에서 보편적이었다. 그러나 철기 I시대 이스라엘 지역에서 나온 동물 뼈에 대한 최근 통계 분석에 따르면, 돼지 뼈가 전체에서 1퍼센트 혹은 거의 전무하다는 것을 보여준다. 물질문화 유물에서 민족적 정체를 결정할 수 없다고 생각하는 다수의 학자가 이러한 명백한 것을 모를 수 있겠는가: 여기에서 우리는 민족적 특색을 보여주는 최소한 한 가지 측면을 발견했다고 할 수 있겠다. 즉, 가장 이른 시기까지 거슬러 올라가 비교적 안전하게 투영될 수 있는, 후대의 혹은 성서가 말해 주는 이스라엘의 민족적 특색 말이다.

3. 저장 공간과 설비들: 철기 I시대 가옥의 전형적인 특징은 자급자족 농업공동체에 필수적이라고 할 수 있는 널따란 저장 공간의 존재이다. 이들 중 어떤 것은 1층 뒷방에 자리하고 있었고, 남은 대부분은 셀 수 없이 많은 거대한 목 이음된 저장 용기가 자리하고 있었다. 이러한 점은 대부분의 가옥에서 발견되는 특징이었다. 목 이음된 저장 용기는 발견된 그릇 가운데 75퍼센트를 차지할 정도였고, 그 안에서 포도, 건포도, 포도주, 곡물, 그리고 올리브기름의 흔적을 찾을 수 있었다. 도심 지역에는 이러한 저장

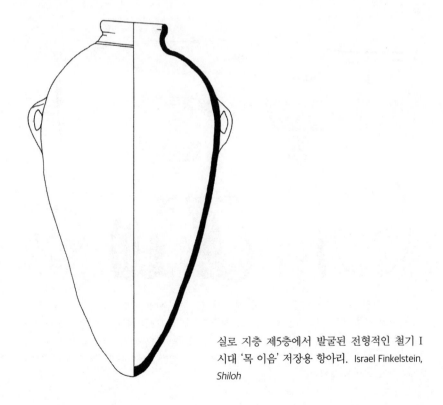

실로 지층 제5층에서 발굴된 전형적인 철기 I 시대 '목 이음' 저장용 항아리. Israel Finkelstein, *Shiloh*

공간이나 설비들의 증거가 거의 없었는데, 왜냐하면 거기 사는 사람들 대부분은 날마다 필요한 만큼 음식을 구입하거나 교환해서 얻었기 때문이다. 특별히 목 이음된 용기는 대부분의 도시에서 발견할 수 없었다. 위에서 언급했던, 보편적인 사일로나 수조는 저장용으로 사용되었다.

4. 도구들: 특별히 농업 용구가 철기 I시대 촌락에서 발견되었다. 초기 '철기 시대'의 가장 보편적인 철기 도구 가운데 무겁고 거대한 쟁기가 있는데, 이것은 한 무리의 황소나 당나귀 뒤에 쇠붙이를 붙인 나무 쟁기를 붙들어서 끌고 가는 방식으로, 최근까지 아랍의 농부들이 활용하는 도구이다. 갈릴리의 하르 아디르Har Adir라는 촌락에서 발굴된 철제 도구는 놀랍게도 최초의 강철, 즉 섬세하게 탄화시킨 철이었다. 첨언하면, 우리는 작

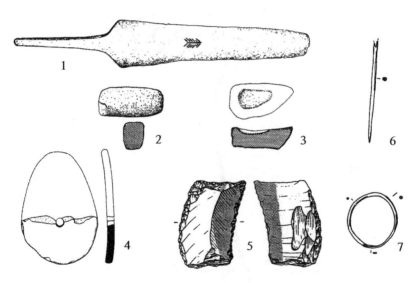

(1) 청동 단검, 길로; (2) 석기 방앗공이, 에발 산; (3) 석기 사발, 에발 산; (4) 도자기 '닦는' 도구, 실로 지층 제2층; (5) 부싯돌 날, 실로 지층 제5층; (6) 청동 바늘, 이즈베트 사르타 지층 제2층; (7) 청동 팔찌, 이즈베트 사르타 지층 제2층. Israel Finkelstein and Nadav Na'aman, *From Nomadism to Monarchy* (1); *Tel Aviv* 13-14:2 (2, 3); Israel Finkelstein, *Shiloh* (4, 5); Israel Finkelstein, '*Izbet Sartah* (6, 7)

은 청동기 손도끼, 단검, 부엌칼, 송곳과 같은 도구도 발굴했다. 아주 단단한 돌칼 역시 여전히 사용되었고, 또한 다른 단순한 도구들도 그러했다.

5. 소규모 가정 산업: 나는 철기 I시대의 경제와 사회가 경제인류학자들이 '가내수공업 방식'이라고 부를 만한 좋은 사례가 된다고 일찍이 언급한 바 있다. 즉, 가족을 근간으로 하는 경제로, 일반적으로 고대 세계의 산업 이전 사회들에서 보편적인 방식이다. 우리는 철기 I시대 촌락에서 그러한 소규모 가정 산업에 대하여 만족할 만한 고고학적 증거를 가지고 있다. 돌을 이용해서 날카로운 도구를 만들거나, 도자기를 만들거나, 올리브나 포도를 압착하기 위한 가정 내의 시설 흔적들이 남아 있으며, 천을 짜기 위한 원시적인 베틀에 대한 증거도 있었다. 이러한 모든 것은 전형적인 촌락 가정이 자신들의 것 대부분을 스스로 만들어서 사용하고 소비했음을 보여준다. 그들은 가게를 찾지 않았다.

사회구조

지금까지 철기 I시대 촌락에 대해서 내가 기술한 경제와 사회 분야는 분명히 말해서 시골의 가족을 배경으로 하며, 의심할 바 없이 농촌을 그 특징으로 두고 있다. 이러한 사실들에 기초해서 판단하건대, 우리는 결론적으로 다음과 같은 다양한 삶의 방식들을 추론할 수 있게 될 것이다: '간단한'; '자급자족하는'; 아마도 '평등한(egalitarian)' 혹은 더 나은 식으로 '공동생산의(communitarian)'. '평등한'이라는 용어가 초기 이스라엘을 사회학적으로 접근하려는 자들에게는 다소 논란이 될지도 모르겠다. 이제 그 용어를 잠깐 살펴보자.

초기 이스라엘에 대해서 처음으로 전면적인 현대 사회학 분석을 시도

한 사람은 노먼 갓월드Norman Gottwald로, 농민혁명 모델의 기획자 중 하나이다. 그의 기념비적인 책『야훼의 부족들*Tribes of Yahweh*』(1979)은 앞에서 이미 다룬 바 있다. 사회적 혁명에 대해 갓월드가 전반적으로 강조하고 있는 점은, 초기 이스라엘 사회가 평등했고 그 어떠한 사회적 계층도 존재하지 않았다는 주장이다. 이것은 당시 가나안의 군주제도가 보여주는 계급사회와 대조되는 지점이기도 하다. 따라서 그의 책은 다음의 부제목을 가지고 있었다: '해방된 이스라엘 종교의 사회학(A Sociology of the Religion of Liberated Israel)'. 이 책의 비평가들은 일찍이 '계급이 없는 사회'라는 마르크스주의의 이상에 의존하고 있다고 그를 지적했다. 그러한 이상은 오늘날 하나의 잔인한 환상임이 드러났을 뿐만 아니라, 인간 역사를 통틀어 그 어떠한 사회에서 진정한 평등주의가 존재했었는지에 대해 의심을 불러일으켰다. 심지어 사회학자들이 쉽게 말하는 것처럼 부족사회에서도 족장이라는 계급이 존재하지 않는가. 이론상으로 모두가 동등하다. 그러나 흔히들 말하는 것처럼, 어떤 것은 다른 것보다 더 평등하다. 그의 주장에 따르면, (1985년 이후) 최근 몇 년간 갓월드는 자신의 평등주의적 용어 — 그의 농민혁명 모델의 핵심 — 를 포기하기에 이른다. 대신에 그는 '공동 생산 모델'이나 '농촌 사회 혁명'이라는 용어를 선호하게 되었다. 여기에서 나는 더 이상 그의 주장에 동의할 수 없게 되었다. 그 이유를 아래에서 자세하게 설명할 것이다. 바로 이 지점이 현대의 고고학 자료가 암시하고 있는 정확한 경계가 된다(1979년에 갓월드가 처음 기록했던 시기에는 알 수 없었던 자료이다). '농촌(agrarian)'이라는 용어를 갓월드가 단지 지나가는 차원에서 언급했던 것과는 달리 나는 확대해서 사용하고자 한다.

초기 이스라엘 사회를 기술하는 다른 방식은 그것을 '부르주아'라고 특징짓는 것일 수 있다 — 다시 말해서, 귀족계급도 아니고 무산계급(노동자계급)도 아닌 일종의 중산층이라고 말이다. 그러나 다시 말하지만 이러한 용어는 지나치게 마르크스라는 짐을 질 뿐이다. 그리고 어떤 경우에서도 초기 이스라엘의 실재를 이해하는 데 도움이 되지 못한다. 궁극적으로 '부르주아'라는 용어는 '농민'이라는 용어만큼이나 쓸모없다.

갓월드 이전과 이후, 다른 성서학자들도 역시 초기 이스라엘 사회구조를 언급했다. 그러나 그들은 오늘날의 결정적인 고고학적 자료를 활용하지 않고 연구했거나, 혹은 초기 이스라엘이란 존재하지 않았다는 수정주의자적 입장에 있는 자들이었다. 나는 결론에서 이들 학자가 과연 누구인지를 알려줄 것이다.

정치조직

사회구조에 밀접하게 연관된 것이 정치조직인데, 정치가 어떤 측면에서 공동체적 삶의 기술이라고 볼 수 있기 때문이다. 전통적으로 고대의 정치조직을 연구했던 고고학자들과 다른 전문가들은 모든 초기 사회가 비슷한 단계를 거쳐 발전했다고 보는 일종의 진화론적 틀로 현상을 분석해왔다: 즉, 무리, 부족사회, 군장사회, 그리고 국가. 이것은 필연적인 발전 과정이라고 여겨질 뿐만 아니라 (사회적으로) 진보적이면서 또한 (경제적으로) 도움이 되는 과정이었다.

오늘날 그러한 틀은 너무 기계적이고 결정론적이어서 많은 사례 연구를 설명하기에는 부족하다. 간단히 말해서 그 법칙에 예외가 되는 것이 너무 많다는 것이다. 내 견해로는 초기 이스라엘이 바로 그러한 예외에 속한다. 이스라엘의 어떤 조상들이 무리를 지어 지중해 세계를 유랑했을 것 같지 않다. 최소한 석기시대라면 모를까. 그러므로 많은 학자는 가나안의 초기 이스라엘을 두 번째 진화 단계, 즉 부족사회 단계로 나타낸다. 확실히 가장 의욕적인 작업은 갓월드의 『야훼의 부족들』이다. 그러나 철저한 조사를 한 이후, 그는 '부족'이라는 용어를 정의하기가 어렵다는 것을 깨닫게 되었다. 정말 부족에 대한 인류학과 민족지학의 방대한 연구는 갈피를 잡지 못하게 할 정도였다. 그렇지만 대다수가 동의하는 분명한 요소들을 제시할 수는 있다. 즉, 부족은 다음과 같은 사회적 실체인 것이다:

1. 친족을 배경으로, 실제의 혹은 가상의 (시조의 이름을 가진) 조상에서 내려왔다고 흔히들 주장한다.
2. 지도자가 없는('우두머리가 없는') 상태로, 지나치게 차별화된 사회계층이나 중앙화된 권력이 없다(세습될 필요가 없는 지역의 군장사회는 예외로 한다).
3. 조직과 관련해서 국가 이전의 형태로, '국가에 반대한다'고 할 수 있고, 따라서 자치적인 조직이다.

과거와 현재에 우리에게 알려진 그러한 부족만 해도 100여 개가 넘는다. 그리고 주된 성서의 전통은 왕조 이전의 이스라엘이 부족의 기원을 가지고 있다고 비춰준다(이것은 '유목민적 이상'이라고 불렸다). 이스라엘의 조상들인 족장들은 전형적으로 아모리 사람·가나안의 목축 유목민으로 부족의 형태를 갖추고 있었다. 그리고 초기 이스라엘은 가나안에 정착하기 이전부터 각자 시조의 이름을 가진 조상들(야곱의 아들들과 손자들)을 둔 열두 부족의 조직된 형태로 그려진다. 이러한 부족에 대한 사회 개념은 왕조가 출현하기 전까지 주된 것이었다. 심지어 그 이후에도 유목민적 이상은 지속되었다. 열왕기상 12장에 따르면, 솔로몬이 죽고 난 후 북부 지파들이 반역하고 (부족사회를) 탈퇴했을 때, 그들의 표어는 '이스라엘아, 너희 장막으로 돌아가라!'였다. 그러나 이 모든 것이 역사적인 기억인가,

그렇지 않고 단지 기원-신화의 일부분, 즉 멋진 이야기인가? 많은 사람을 괴롭혀왔던 한 가지 문제는 바로 '부족'과 '유목민'을 혼동하는 것이었다. 모든 부족 조직 사회가 거주하지 않는, 즉 이 경우에서처럼 목축-유목민이라고 가정하는 것이 지금까지의 대전제였다. 그러나 바로 이 점이 오류이다. '부족 제도'는 이주하는 사람들(즉, 정착하는 사람들-역주) 사이에 특히 빈번하게 나타나는 특별한 사회조직 형태 중 하나이다. 그러나 또한 그것은 완전히 도시화된 사람들에게서도 발견되며, 심지어 사우디아라비아와 같은 중동의 현대적 부족국가들에서도 나타난다. 본질적인 특징은, 우리가 '기업가적(entrepreneurial)'이라고 부를 만한 사회가 아니라, 친족을 기반으로 하는 사회체제라는 점이다. 나는 초기 이스라엘이 정말로 그러한 부족사회였다고 주장하고자 한다. 그러나 후대에 나온 성서의 기억 그리고 목축-유목민의 기원이 있다고 보는 고고학적 견해(예를 들면, 이스라엘 핑켈스테인) 모두 그것을 지지하는 어떤 증거도 없다고 말해주고 싶다.

기술

많은 학자, 특별히 물질적이고 문화적인 유물에 전문지식을 가지고 있는 문화인류학자들은 기술을 문화의 변화에 있어서 소위 '원동력' 중 하나로 생각한다. 나는 (종교를 포함해서) 이데올로기적 요인들의 중요성을 조금이라도 간과하거나 축소하지 않을 것이지만, 기술 분야만큼은 종종 핵심적인 역할을 맡았다고 생각한다. 특별히 그것이 혁신적인 기술일 경우에 말이다. 그리고 후기 청동기·철기 시대에 나타난 것으로 보이는 여러 가지 새로운 기술이 있었다. 그것들 중 대부분은 새로운 농업 사회, 경제, 이데올로기와 밀접하게 연관을 맺고 있다.

1. 테라스 농법: 테라스(계단식) 농법은 지중해 세계 전반에 걸쳐 오랜 역사를 가지고 있다. 그것은 스페인에서부터 남부 이탈리아와 그리스를 거쳐 지중해에 이르기까지 오늘날에도 고산 지역에서 널리 실시되고 있다. 테라스 농법은 돌이 가득한 경사지에서조차 경작을 가능하게 하는 매우 전문적이고 효과적인 기술이다. 그리고 그것은 가족 수준의 소규모 농업에 특별히 잘 맞는다. 테라스를 만드는 것은 많은 노동이 필요하며 끊임없는 관심이 요구되는 작업이다(그런 이유로 농가 수준에 잘 맞는 작업이다). 테라스를 만드는 일은 다음의 작업들을 수반한다. (1) 경사지에 있는 돌들을 제거하여 쟁기질이 용이하도록 한다. (2) 동시에 골칫거리가 될 수 있는 돌들을 옮긴다. 그리고 그 돌들은 황소 혹은 당나귀에게 씌운 쟁기에 적합하도록 좁게 구역을 나누는 데 활용한다. (3) 더 중요한 점으로, 테라스를 통해서 우천 시에 경사를 따라 흘러 내려오는 물을 담아두고, 물을 여과할 뿐만 아니라 꼭대기 흙의 침식을 막아낼 수 있다.

철기 I시대에 출현한 고지대 경제에서 계단식 농업이 보여준 결정적인 역할은 이렇게 볼 때 분명하다. 그러나 그 중요성은 그동안 논란이 되어왔다. 나는 농업에 적합한 웨스트뱅크의 정착 지역 상당수가 그 이전에는 고지대에 자리하고 있어서 오늘날에도 볼 수 있는 널리 퍼진 테라스가 오랜 역사를 가졌음에 분명하다고 주장해왔다. 심지어 나는 다른 학자들과 함께 주장하기를, 이러한 테라스를 처음으로 만들고 사용한 사람이 우리가 다루는 초기 '이스라엘 사람들'이며, 이것이 그들이 출현할 수 있게 된 하나의 주된 요인이라고 말했다. 그러나 핑켈스테인은 이러한 지적에 반대한다. 그는 다음과 같이 논쟁한다(1996년): (1) 초기 철기 I시대의 지역들은 중앙 산맥의 동부 가장자리의 반건조 지역이었기 때문에 계단식 농업이 쓸모없었을 뿐 아니라 심지어 가능하지도 않았다. (2) 두 번째로, 우리는 고대의 계단식 농업 체제를 정확하게 연대 설정할 수 없으며, 어떤 학

예루살렘 남부에 있는 고대 산기슭 테라스의 잔류. William G. Dever

자들은 이를 청동기 시대로 거슬러 올라 잡기도 한다.

여전히 이러한 논증들은 핑켈스테인 자신의 자료를 사용해서 비교적 간단하게 반박된다: (1) 이스라엘인(핑켈스테인-역주)이 조사했던 '변두리' 정착지들은 모두 표면 조사에서 얻어진 것들뿐이다. 그러므로 그것들이 영구적인 농업 정착지였는지 아니면 단지 목축-유목민의 임시 거처였는지 확인하기가 불가능하다. 험한 지대와 비교적 낮은 강수량으로 볼 때 후자가 그럴듯해 보인다. 어떤 경우이건 중요한 사실은 발굴된 모든 고지대 정착지 — 예를 들면 실로, 아이, 벧엘, 라다나, 길로 그리고 이즈베트 사르타 — 가 주로 테라스를 오랫동안 필수적인 농지로 사용했던 지역이었다는 점이다(그리고 최근에 현대적인 농업 관련 산업이 도입되기 전까지 계단식 농업은 지속되었다). (2) 테라스의 연대 설정에 대한 질문과 관련해서 다음의 세 가지 중요한 논점이 있다: (a) 몇 가지 체계적인 시도를 통해 철기 I시대 계단식 농업의 연대를 정할 수 있었다. 그리고 그러한 시도들은 모두 기원전 12~기원전 11세기를 가리키고 있다. 비록 도자기 증거가 확실히 부족하고, 테라스가 몇 세기 동안 분명하게 재사용되기는 했지만 말이다. (b) 당연한 이야기이지만, 보다 이른 시기의 따로 떨어진 테라스들이 존재한다. 그렇지만 대규모의 집합된 테라스 체계는 오직 철기 I시대 고지대 촌락 주변에서만 발견되며, 그러한 테라스의 유입은 그 지역에 있었던 첫 번째 집약적인 거주와 동시대였으며, 또 바로 그들에게 연결시키는 것이 가장 적절한 설명이 된다. 실제로, 농촌을 배경으로 한 이들 촌락이 조만간 계단식 농업을 발전시키지 않고 생존하기는 불가능했을 것이다. (c) 마지막으로, 핑켈스테인은 이즈베트 사르타와 그곳에서 초기에 만들어졌던 테라스의 연대를 기원전 13세기 후반으로 정했다; 그리고 그곳은 우리에게 알려진 '초기 이스라엘'의 정착지 중 가장 서쪽 끝에 자리한다. 그렇다면 '동쪽에서 서쪽으로 이동했다'라는 게 말이 되나? (아래에서 자세하게 설명하겠다.)

테라스와 관련하여 핑켈스테인의 논증을 검토하면서, 나는 그가 목축-유목민 기원이라는 자신의 이론에 지나치게 집착하고 있어서 그 자신의 자료가 시사하는 바를 제대로 보지 못하는 것 같은 인상을 지울 수 없었다. 결과적으로 그는 유적지의 상대적 연대 설정과 정착민의 기원에 대한 모든 증거를 왜곡하고 말았다. 보다 정교하게 자료를 취급했던 글은 다른 곳에 있다. 바로 스테이저의 소논문인 「고대 이스라엘 가족의 고고학」으로(핑켈스테인은 이 논문을 인용하지 않았다), 이 글은 철기 시대 테라스 농업에 대한 고고학적 증거뿐만 아니라, 성서와 다른 문헌상의 증거들을 다루고 있다.

2. 사일로Silo: 나는 사일로의 역할이 음식물을 저장하는 기능이라고 앞에서 언급했었다. 사실 여기에는 조금의 이견도 없다. 사일로는 철기 I시대

의 고립된 산지 경제에서 필수였고, 그뿐만 아니라 그것이 이 시기에만 급
증하기 시작했다는 점은 일반적으로 동의하는 부분이다. 사일로는 청동기
시대 유적지에는 상대적으로 희박했지만, 우리가 살펴보는 지역 모든 곳
에서 아주 많이 발견되고, 종종 가까이 모여 있었다. 예를 들면, 이즈베트
사르타의 한 집에서는 그 집을 둘러싼 43개의 사일로가 나올 정도였다.
사일로의 증거 하나만으로도 이들 가옥이 자급자족 농업 촌락이라는 점을
충분히 확증하고도 남는다. 시골 생활의 불확실성 — 가뭄, 유해한 질병,

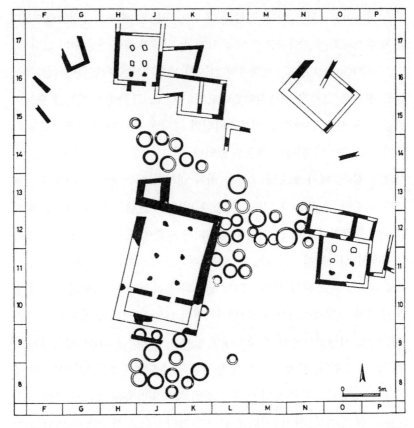

이즈베트 사르타에서 발굴된 기원전 11세기 가옥과 둘러싸고 있는 석재 사일로. Israel
Finkelstein, 'Izbet Sartah

흉작 — 으로 인해 거대한 저장 시설이 필요했던 것으로 보인다. 돌로 만든 사일로에서 곡물을 찾을 수 있었고 또한 그러한 사일로가 계속해서 나타난 다는 점은 돌로 된 사일로가 설치류나 부패로 인한 훼손을 견딜 수 있을 정도로 상당히 효과적인 저장 도구였음을 보여준다고 하겠다. 용적에 대해서 보자면, 음식물 생산 전문가에 의한 계산은, 대략 100헥타르의 농시로 매년 수확할 수 있는 이즈베트 사르타의 경우 110개 사일로에서 54톤의 밀과 21톤의 보리가 보관될 수 있다. 이것은 100명으로 추정된 인구를 먹이는 데 필요한 양에 거의 두 배에 해당한다. 풍년이 들어 교환을 위한 여유분을 제외하고라도 말이다. 그렇게 본다면, 이들은 매우 효율적인 농부들이다. 핑켈스테인이 제안하는 것처럼 이제 막 정착한 유목인일 수가 없다.

3. 수조(Cistern): 철기 I시대에서 산지의 개척지가 정착민들이 이주하고 싶을 정도로 그렇게 매력적이었다고 할지라도, 그곳에는 심각한 단점이 있었다: 물 부족 문제였다. 팔레스타인의 고지대 지역 어디를 찾아봐도 마르지 않는 강이나 심지어 개울도 없었다. 단지 여기저기에 샘들만 있을 뿐이었다. 물론, 때가 좋으면 충분한 비가 내려서 해안 평야나 저지대 계곡보다 수량이 풍부할 수 있다. (예를 들면, 예루살렘은 연간 강우량이 평균 63.5센티미터로, 이는 런던을 상회하는 수준이다.) 그러나 모든 강우는 10월에서 시작해서 4월까지로 제한된다; 그리고 여름은 변하지 않게 무덥고 극도로 건조해서 강우는 거의 전무하다 하겠다. 더 나아가 풍년과 흉년 주기가 전형적이어서 5년마다 한 번씩 재앙이 닥치기 마련이다. 그러므로 물을 저장하는 능력은 고지대에 정착하려는 대규모의 사람들에게 필수적인 요구였다. 정착자들은 이 문제를 효과적인 수조를 발전시켜서 풀어낼 수 있었다. 즉, 반석의 안쪽을 잘라내고 회반죽을 발라서 물이 새지 않도록 한 것이다. 철기 I시대에 인구가 집약적으로 성장할 수 있었던 것은 다른 것들과 마찬가지로 바로 이러한 기술의 혁신 때문이었다. 핑켈스

테인은 우리가 고려했던 회반죽 칠을 한 수조의 연대를 상당히 일찍 잡을 수 있다고 지적하면서, 이러한 논증을 '약한 기둥'이라고 불렀다. 그가 맞는 부분이 있기는 하다. 우리는 게제르에서 기원전 약 1600년대, 곧 중기 청동기 시대의 수조 몇 개를 발굴했다. 그러나 그 사실이 지금 여기에 해당되는 것은 아니다. 고지대에 고밀도의 정착이 시작되었던 때는 바로 철기 시대로, 바로 이 시기가 우리가 처음으로 대규모에 집중적으로 (비록 전부는 아니지만) 회반죽 칠을 한 수조가 사용되었음을 발견한 시대이기 때문이다. 핑켈스테인은 수조를 '부산물'에 불과하다고 평가했으나 테라스의 경우에서처럼 수조는 대부분의 지역에서 필수였다. (그는 거대한 목 이음 항아리가 근처에 혹은 멀리 있는 샘에서 물을 당나귀로 실어 나르기 위한 목적으로 사용되었을 것이라는 제르탈Zertal의 의심스러운 이론을 그대로 따르고 있다; 불행하게도, 이들 항아리 두 개에 물을 채우면 그 무게가 무려 270킬로그램에 이른다!) 최근까지만 해도 웨스트뱅크 촌락에 사는 거의 모든 아랍 가정의 안뜰에는 그러한 수조가 비치되어 있었다. 그리고 촌락의 변두리나 근처 뜰에는 수조가 더 많이 있었다. 내가 1968~1971년에 이들 촌락에서 머물면서 작업했을 때, 우리는 종종 그 수조의 물을 사용해야만 했다(그 때문에 때로는 흥미로운 질환으로 고생하기도 했다).

4. 철기: 혹자는 철기 제작 기술이 고대 팔레스타인의 철기 시대(기원전 약 1200~기원전 약 600년)의 도래를 이끄는 데 주요한 원인이었을 것이라고 가정하곤 한다. 그러나 사실은 철을 다루는 것은 기껏해야 기원전 12~기원전 11세기에 점진적으로 도입되었으며, 그 기술은 기원전 10세기 전에는 그렇게 보편적이지 않았다는 점이다. '철기 시대'라는 말은 당연히 '청동기 시대' 다음에 오는 것이기는 하지만, (초기 이스라엘의 형성이 있기) 대략 100년 전에 도입되었다. 사실 그 표현도 근거가 부족하다. 그러나 우리 고고학자들은 이 말에 매달려 있는 것 같다.

팔레스타인 동부와 서부 양쪽에 원철(raw iron) 생산지가 있는데, 철기 제조의 확산은 그 속도가 느렸고 몇몇 이유로 인해 제한적이었다. 첫째로, 철을 녹이기 위해서는 구리나 청동을 얻어낼 때보다 나무 연료가 덜 요구되기는 하지만, 이는 매우 노동 집약적인 일이기는 하다. 그러므로 철기 제조가 점진적으로 확산되었던 것은, '철기 시대'에 한때 산림이 빽빽했던 중앙의 산지가 벌목되기 시작했다는 사실과 연관 지을 수 있다. 이러한 벌목은 새로운 정착민들이 가속화시킨 과정이었다. 둘째로, 비록 우리의 '진화론적' 고고학 순서에서 철기가 청동기를 이어받았지만, 그렇다고 철기가 더 우월한 금속인 것은 아니었다. 철로 만든 도구는 튼튼하기는 했지만, 청동으로 된 것보다 다루기 힘들었으며 부서지기 쉬웠다. 더 나아가 철기는 심하게 녹이 슬었던 반면, 청동기는 거의 무한정 유지되었다. 이런 것들과 다른 많은 이유를 고려할 때, 기원전 약 1200년 이후 철기의 도입은 실로 기술적인 '혁명'이라고까지 할 수는 없다. 예를 들면, 몇 개의 연구에서는 철기 I시대(기원전 12~기원전 11세기)에 나온 철기 도구가 모두 합해서 30개를 넘지 않는다고 말한다. 그리고 이 시기에 청동기와 철기의 사용 비율을 보면, 대략 4대 1로 청동기가 더 높았다. 후대에 성서의 기록자는 어떻게 블레셋이 철기 제조를 독점했는지, 그리고 어떻게 사울과 그의 아들 요나단만 철로 된 칼과 창을 가질 수 있었는지를 묘사하면서(삼상 13:19-23), 그 시대에 철기가 희귀했다는 것을 올바르게 기억하고 있었다. 오늘날 (블레셋이 철기를 '발명했다'라는 말처럼) 그러한 독점이 있었다는 게 의심스럽기는 하지만, 성서의 이야기는 사실 어느 정도 근거가 있는 것처럼 보인다.

이스라엘이 정착했던 고지대에서 우리가 발견했던 몇 안 되는 철기 도구들이 모두 간단하고 실용적인 도구 — 상당수는 쟁기 끝의 돌출된 부분(이것은 쟁기 농업을 다루면서 위에서 언급했다) — 였다는 점을 주목해야 할 것이다. 그 어떠한 모양에서도 무기로 보이는 것은 없었다. 다시 말하지만, 평화적 침투설이나 공생 모델이 고고학적인 증거를 고려할 때 정복모델보다 더 적합한 것으로 보인다. 철기 I시대의 정착자들은 농부들이었지 정복자들은 아니었다.

5. 도자기: 고고학자들은 모든 종류의 도자기와 도자기 제조 분석에 집착하는 것 같다 — 그리고 여기에는 그럴듯한 이유가 있다. 로버트 에릭 Robert Ehrich과 같은 학자는 다음과 같이 말하였다:

> 도자기는 공통의 미학적 전통을 인식하는 데 가장 결정적인 도구이다. 그것은 민족 집단을 결정해주기도 하는데, 그들이 어떤 문화적 접촉이 있었고 어떻게 문화가 변화했으며 어디로 이주했고 또 어떻게 무역을 했는지 보여주기 때문이다. (1965: vii, viii)

우리는 도자기가 우리의 철기 I시대 언덕 지대 발굴지들의 연대를 정하는 데 어떻게 도움이 되는지 살펴본 바 있다. 그러나 이제는 정착민들의 도자기가 그들의 기원과 그들의 문화적 독특성(만약 어떠한 특징이 있다고 한다면)을 결정하는 일에 어떠한 도움을 주는지 살펴보도록 하자. 다음 몇 가지 사실이 관련이 있다.

1) 첫째로, 도자기 전문가(나의 제자들도 포함되어 있다)의 연구에 따르면, 후기 청동기 시대와 철기 I시대 도자기에는 기본적인 모양에서 유사점이 있지만, 제작 기법은 종종 차이를 보인다. 특별히, 일반적으로 철기 I시대 도자기 기법은 도자기 물레를 덜 사용했는데, 마무리하는 과정에서는 예외였다. 즉, 손으로 직접 그릇을 만드는 기법으로 옮겨진 것은, 대규모의 산업적 제작에서 가내공업으로 변화했음을 시사하는 것으로 볼 수 있다. 각 가정의 기술자 혹은 아마도 어떤 촌락의 기술자는 그들에게 필요

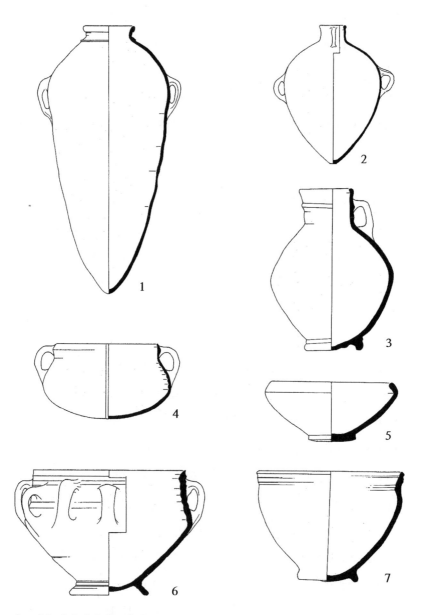

실로 지층 제5층에서 발굴된 전형적인 기원전 12세기 도자기. Israel Finkelstein, *Shiloh*

한 모든 도자기를 직접 만들었을 것이다. 그것은 정말 단순한 종류들이었다. 이제 그 종류들을 살펴보자.

2) 철기 I시대 촌락에서 나온 도자기 종류는 후기 청동기 II시대의 그것과 상당 부분 연속성을 보여준다. 그러나 철기는 개별적인 형태가 훨씬 덜하다. 실로는 지금까지 발표된 지역 중에서 가장 좋은 연구 대상이 되겠다. 지층 제5층에서 대규모의 도자기 더미가 출토되었고, 그 종류는 다음과 같이 구성된다:

형태	개수	비율(퍼센트)	번호
목 이음 항아리	24	40	1
항아리	9	15	2
주전자	10	17	3
물병	1	2	
크라테르(큰 대접)	5	8	6, 7
그릇	3	5	5
요리용 냄비	6	10	4
다른 것들	2	3	

실로에서 나온 수치는 온전하거나 회복 가능한 도자기 대부분이 저장소로 보이는 곳에서 출토되었다는 사실에서, 핑켈스테인이 지적하는 것처럼 다소간 왜곡된 정보로 보일 수 있다. 그러나 철기 I시대의 다른 촌락에서는 항아리와 요리용 냄비가 주로 많았다. 예를 들어, 길로에서는 항아리와 요리용 냄비가 발견된 것 가운데 76퍼센트를 차지한다. 그러므로 이러한 도자기 정보를 통해 알 수 있는 것은, 실용적인 종류의 도자기가 도시보다는 시골에서 주로 나타났으며, 가내수공업을 기초로 하는 농촌 경제

에 잘 받아들여졌다는 점이다.

3) 철기 I시대 촌락에서 도자기 종류가 비교적 단순화되었음을 나타내는 다른 증거로, 다른 곳에서 수입된 것들이 거의 전무하다는 점이다. 이것은 후기 청동기 시대 가나안 지역에서 나온 전형적인 도시형 종류와 날카롭게 대치되는 부분으로, 그 당시에는 키프로스와 그리스 내륙에서부터 사치품을 수입하는 것이 보편적이었다. 초기 철기 I시대에 이르러 수입은 거의 완전히 멈추었다. 이즈베트 사르타를 예를 들면, 그곳에서 '후기 미케네 IIIB' 시대의 목에 긴 손잡이가 달린 항아리(stirrup jar) 조각이 나왔는데, 이것은 아마 키프로스에서 수입된 것으로 보이며, 그 연대는 기원전 13세기 후반으로 여겨진다. (그 물건은 아벡 근처의 지역 블레셋과 접촉을 통해 이동되었을 것이며, 이들 블레셋인은 키프로스에서 이주해온 자들이라고 알려졌다.) 그리고 더 내륙으로 들어가면, 그곳에는 철기 I시대에 수입된 키프로스식 혹은 그리스식 도자기는 눈을 씻고 찾아도 찾을 수 없다. 또한 이국적인 블레셋 형식의 이색(즉, 두 개의 색깔이 있는) 도자기가 기원전 12세기 해안 지역에는 널리 퍼져 있지만, 내륙 산지에는 현저하게 눈에 띄지 않는다는 사실은 좋은 사례가 된다. 이들 도자기는 '해양민족'의 유입이 있을 때 레반트 지역으로 들어왔으며, 완전히 그리스 미케네에 그 기원이 있다. 철기 I시대 촌락 지역에 이러한 블레셋 도자기가 전무하다는 사실은, 동시대의 두 민족 사이에 적대감이 있었다는 성서 기사의 기본적인 정확성을 강조하는 것이기도 하다. 이들 모두는 어떤 의미에서 보면 신참자들이며, 가나안에서 거점을 두고 경쟁하는 관계였다.

4) 비록 도자기 제작 기술과 도기 형태의 비율이 후기 청동기 II시대에서 철기 I시대로 오면서 변화할 수 있겠지만, 실제로 우리가 보유하고 있는 모든 개별적인 형태가 보여주는 바는 강한 연속성이다. 나는 차라리 직

접적인 연관성이 있다고 말하고 싶다. 그러므로 우리의 초기 이스라엘 사람들은 도자기라는 관점에서 볼 때 완전히 가나안 사람과 같았다. 이러한 주장은 많은 사람을 깜짝 놀라게 할 것이다. 그리고 심지어 어떤 전문가들은 이 점이 논쟁이 되리라고 생각할 것이다. 따라서 내 주장을 더욱 세워 나가기 위해, 기원전 13세기와 12세기의 전형적인 기본적인 형식의 도자기들을 나란히 놓고, 그것을 예로 들어 설명하도록 하겠다(다음에 나오는 도자기 그림을 참조하라 – 역주).

비전문가라도 각각의 열에 나와 있는 도자기의 모양이 매우 밀접하게 연관되어 있음을 확인할 수 있다. 정말로 각각의 경우에 철기 I시대의 모양은 후기 청동기 시대에서 확실히 유래했다. 이 그림에서 우리는 유형적인 발전(즉 모양이 변화한다)을 확인하게 된다. 우리는 어디에서 왔는지 기대할 수 있고, 사실상 어떻게 변할지도 예측할 수 있다. 항아리가 목 부분에서 어떻게 조금씩 변하고 있는지를 주목해보라. 크라테르krater(혹은 두 개의 손잡이가 달린 큰 대접)는 거의 동일하지만, 표면에 빨간색으로 '긴 표식'을 하거나 그림 비슷하게 장식이 되어 있다. 중간 크기의 그릇들은 비슷한데, 목 부분이 다소 볼록하게 되어 차이점을 보인다. 그러나 요리용 냄비는 다른 도자기와 비교할 때 확실한 연속성을 드러낸다: 두 개의 형태가 거의 동일하다. 단지 나중에 나온 것이 그 목 가장자리 부분이 바깥으로 뒤집어져서 약간 길어졌다는 점을 제외하면 말이다. 이러한 연속성은 기원전 15세기부터 기원전 8세기에 이르기까지 쉽게 하나의 표로 만들 수 있을 정도이다.

나는 이렇게 직접적이고 장기적인 연속성이 초기의 가나안 도자기와 후대의 철기 I시대의 이스라엘 도자기 사이에 존재하고 있음을 주장하고자 한다. 이러한 사실은 이제 객관적 자료를 배경으로 문서로 기록되었으며, 결코 우연의 결과가 아니다. 이러한 사실에서 초기 이스라엘 사람들

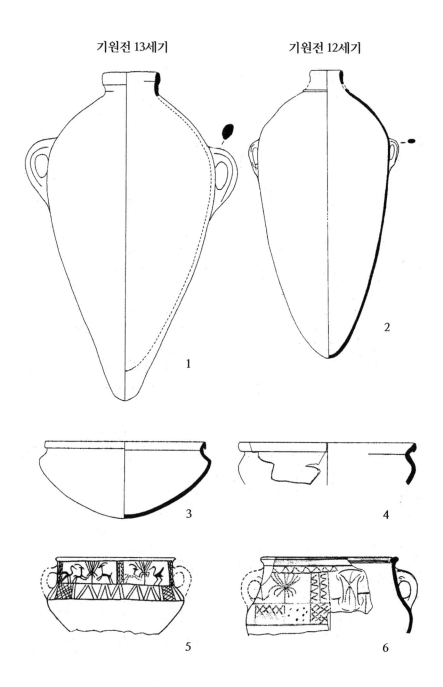

기원전 13세기   기원전 12세기

1

2

3

4

5

6

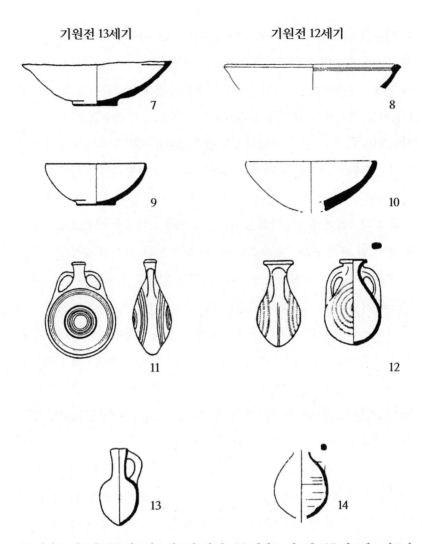

기원전 13세기   기원전 12세기

(1) 게제르, 제15층; (2) 이즈베트 사르타, 제3층; (3) 게제르, 제15층; (4) 이즈베트 사르타, 제3층; (5) 라기스, 해자 성전 3층; (6) 이즈베트 사르타, 제3층; (7) 게제르, 제15층; (8) 이즈베트 사르타, 제3층; (9) 게제르, 제15층; (10) 실로, 제5층; (11) 라기스, 해자 성전 3층; (12) 이즈베트 사르타, 제3층; (13) 므깃도, 제8층; (14) 이즈베트 사르타, 제3층. *Gezer*(1, 3, 7, 9); Israel Finkelstein, *'Izbet Sartah* (2, 4, 6, 8, 12, 14); *Lachish* (5, 11); Israel Finkelstein, *Shiloh* (10); *Megiddo* (13)

이 이방인으로, 이집트에서 빠져나와 트란스요르단을 건너 가나안에 새롭게 들어온 사람이라고는 도저히 생각할 수 없다. 그럼에도 불구하고 이들의 견해를 옹호하고자 한다면, 다음과 같은 주장에 동의해야만 할 것이다: (1) 이들 침입자가 어떤 형태로든지 어떠한 도자기 풍습을 가지고 오지 않았으며, (2) 그들은 도착하자마자 곧바로 (가나안) 지역의 도자기 모양을 받아들였고 그것을 정확하게 복제했다. 정말 그랬다면 대경실색할 일이다. 그리고 내 경험으로 그런 일은 전례가 없다. 결국, 그러한 가정은 이 기간에 이스라엘이 가나안의 도자기를 모방해서 자기의 것으로 만들었다는 말이 안 되는 생각으로 우리를 이끌어놓고 만다. 도자기 분석으로 우리는 고지대 언덕의 정착민들을 민족적으로 규정할 수 있단 말인가? 그래서 그들의 기원까지도 알아낼 수 있단 말인가?

5) 이스라엘 사람들의 초기 역사에 대한 최근 연구에서 위의 문제만큼이나 논쟁적인 것도 없다. 논쟁은 전문가들 사이에서 격렬하게 진행되며 신랄한 욕설이 동반되기도 하는데, 그 결과로 평신도들은 전반적으로 혼동스러워하며 어쩌면 욕지기를 느낄 정도에 이르기도 한다. 도대체 무슨 일이 일어나고 있는 것인가?

아미하이 마자르Amihai Mazar는 철기 I시대의 '이스라엘 도자기'를 분석했던 최초의 현대적 학자 중 한 사람으로, 그 이전에 올브라이트가 1920년대에 도자기의 몇 가지 특징들을 주목했고, 1950년대에는 이스라엘 고고학자 요하난 아하로니가 시도하기도 했다. 마자르는 주목하기를, 길로 (그는 이곳을 성서의 바알 브라심[삼하 5:20]으로 보았다)에서 나온 대부분의 도자기가 기원전 13세기 후기 청동기 시대의 전형적인 형태에서 직접적으로 유래했다고 하였다. 다시 말해서, 그것은 한마디로 '과도기'였던 것이다(청동기에서 철기로 같은 문화권에서 넘어갔다는 의미이다 - 역주). 더 나아가 마자르는 길로의 도자기가, 그가 책을 쓰고 있었을 당시(1981년)에 '이스라엘 사람들'의 장소라고 여겨지는 다른 곳에서 나온 도자기와 동일했음을 보여주기도 했다. 후기 청동기-철기 I시대 도자기에 연속성이 존재한다는 마자르의 생각은, 이후 1985년에 다른 이스라엘 고고학자인 아하론 켐핀스키Aharon Kempinski에 의해서 심화 발전되었다(안타깝게도 오직 히브리어로만 출판되었다).

핑켈스테인은 도자기를 종합적으로 분석했던 최초의 연구자였다. 처음에 그는 그의 책『이스라엘 정착의 고고학Archaeology of the Israelite Settlement』(1988)에서 도자기를 개괄하였다; 그런 다음 기원전 12세기 실로에서 발굴된 대규모의 도자기에 관한 책을 출간했다(1993년); 그리고 최근엔 내가 여기에서 말하고 있는 내용에 반대하는 대중적인 글을 발표하였다(1998년). 1988년에 그는 이 도자기가 이스라엘의 것이며, 현지 사람들이 쓰는, 다시 말해 가나안 내부자에 기원을 두고 있다는 것을 알고 있었음에도 불구하고 단정적으로 다음과 같이 언급했다:

비록 극소수의 형태에서 어떤 수준의 연속성이 나타나고 있는 것 같기는 하지만, 이스라엘 정착지의 도자기 집적물의 형태를 종합적으로 살펴보면, 가나안 중심지의 모양들과 뚜렷한 대조를 이루고 있다. (1988: 274)

핑켈스테인의 논증에 따르면, 극소수의 연속성이 존재했던 이유는 정착 유목민이 "막 정착을 하려고 할 때, 도자기를 만들 수 있는 기반 시설 자체가 부족했기 때문에, 그 당시 주변에 잘 발전되어 있었던 그들의 전통을 받아들였던 것 같다"(1988: 275)는 사실로 설명될 수 있었다. 그러나 후기 청동기 II시대와 철기 I시대 도자기 사이에 '뚜렷한 대조'가 있다는 핑켈스테인의 논증을 점검해보면, 그가 구별할 수 있었던 유일한 차이점은 그릇 모양의 빈도가 다르다는 것뿐임이 드러난다. 다시 말해서, 후기 청동기 시대 (그리고 또한 초기 철기 시대) 가나안 도심지에서도 도자기를 조사해보면 역시 차이를 보이는 빈도가 발생한다. 나는 일찍이 철기 I시대 산지 지역에서 큰 항아리가 통계상 보다 일반적이라는 것을 지적하면서 비슷한 현상에 대해서 주목한 바 있다. 그러나 그 이상의 무엇이 있다: 그러한 차이는 (가나안과 이스라엘이라는 민족의 차이가 아니라) 도시와 시골의 삶의 방식 사이에 존재한다는 사실이다. 실제 그릇의 모양은 동일하거나, 같은 뿌리를 갖는다. '도시-농촌'이란 현상은, 비록 그 차이가 당시에 제기된 것처럼 그렇게 절대적이지는 않더라도, 1989년에 도자기 기술 분야의 전문가인 글로리아 런던Gloria London에 의해서 주목된 바가 있다. (예를 들면, 목 이음 항아리는 몇몇 도심지, 즉 므깃도와 같은 가나안의 도심지에서도 나타났다.)

핑켈스테인은 자신의 도자기 논증에 대한 나의 비평을 계속해서 무시해왔다. 그러다가 그는 최신 글에서 자신의 양면성을 다음과 같이 밝혔다: "소수의 희귀한 그릇들을 제외하면, 철기 I시대 고지대 도자기들에서는 특별한 형태가 나타나지 않는데, 전체 집적물에서도 그렇고 특별한 *경우*에서도 그러하다"(1996: 204; 강조는 나의 것). 첫 번째 지적은 그 자신의 자료와 이전 결론에 상충한다; 그리고 두 번째로 지적하자면 그게 바로 내가 주장했던 바였다!

다시 말하지만, 핑켈스테인은 도자기를 통해서 민족성을 알 수 있다거나 혹은 그 기원에 대한 단서가 된다는 생각에 주저하는 것 같은데, 그 이유는 그가 느끼기에 도자기 분석이 그의 정착 유목 이론에 맞지 않기 때문으로 보인다. 실로 그는 연속성이 있다는 주장에 반대하는 이유로, 초기 이스라엘인들이 가나안의 저지대에서부터 올라온 사람들이라고 했던 나의 주장(아래를 보라)에 반대하는 것과 연결시키고 있다. 여전히 핑켈스테인은 언제나처럼 (그리고 정확하게) '내부자 기원'을 강력하게 주장한다. 정말로 그는 고지대의 정착민들이 오로지 자신의 힘으로 도자기 문화를 고안했으며, 아주 우연히 그것이 후기 청동기 시대 가나안의 모양과 상당히 비슷하게 되었다고 생각하는 것인가? 이러한 그의 강박은 그가 가진 자료가 암시하는 사실을 올바르게 인식하지 못하게 막고 있다. 철기 I시대 고지대를 개척했던 사람들의 도자기가 그들의 기원을 말해주는 최고의 단서가 된다는 말은 사실이다. 그리고 (도자기의) 연속성이 보여주는 것은 그들이 후기 청동기 시대 가나안 사회 내에서부터 형성된 자들이라는 점이기도 하다. 그러므로 남은 유일한 질문은, 어디에서부터인가, 하는 것이다. 그리고 이 질문을 곧바로 다루도록 하겠다.

미적 감각, 이데올로기, 그리고 종교

이제 우리는, 보다 실체가 없고 그래서 고고학자들이 얼마나 열심히 찾아내는지와 상관없이 일단 '볼 수 없다'고 여겨지는 문화와 사회라는 분야를 다루게 될 것이다. 일단 예술 작품에서 나타나는 미적 감각을 생각해보자. 의외로 간단하다: 거기엔 아무것도 없다. 성서학자들은 종종 주장하기를, 토종 '이스라엘의 예술'이라는 것은 사실상 존재하지 않는데, 그 이유로 제2계명이 거의 모든 형상 숭배를 금지하고 있기 때문으로 본다. 그러나 그러한 주장은 두 방향 모두에서 틀렸다. 이것은 독일 성서학자이자 예술사가인 질비아 슈로어Silvia Schroer가 최근 출간한 책『이스라엘에 예술이 있었다In Israel There Was Art(In Israel Gab es Bilder)』(1987)에 잘 나타나는 사실이다. 이스라엘 왕조 시기(기원전 10~기원전 7세기) 동안, 우리는 상대적으로 풍성한 예술품의 존재를 알고 있다. 비록 부분적으로 페니키아와 다른 곳에서 유입되기는 했지만 말이다. 그러므로 상아 조각품, 보석으로 만든 인장(seal), 보석류, 입식 테라코타, 작은 조각상, 돌이나 석고로 만든 작품, 장식이 된 도자기, 건축물, 그리고 흔하지 않지만 벽화까지 이들의 예술을 잘 반영하고 있다. 이렇게 볼 때, 기념비적인 경전만 찾을 수 없다.

그러나 철기 I시대, 즉 정착 시대로 오게 되면, 이러한 후대의 명백한 '이스라엘' 예술이라고 부를 만한 것이 거의 완전히 실종된 상태에 놓인다. 더욱 충격적인 사실은, 심지어 더 풍요로웠던 후기 청동기 시대의 지역의 예술 전통에서도 거의 전무했다는 점이다. 철기 I시대의 것이라고 해봐야 원시적 막대 모양의 조잡한 도장들; 손에 잡힐 정도의 소량의 테라코타 제물대(offering stand); 그리고 인상적인 장식으로, 동물이나 사람의 모양을 얇은 돋을새김을 한 도자기나 그릇 조각 몇 개뿐이다. 주목할 만한 예외 사항이 있는데, 마자르가 '황소 유적지'라고 부르는 곳에서 발굴된 좋은 청동으로 만든 형상물이다. 이런 것을 제외하면, 전반적으로 초기 이스라엘의 미학적 전통은 기실 결여되었다고 봐야 한다. 그러나 바로 이 점은 내가 다른 것들을 논의하면서 특징지었던, 단순하고 고립된 농촌 사회에 잘 맞아떨어지는 내용이기도 하다. 이들 산지 민간인들에게 그 어떤 천재적인 소질이 있었다 한들, 그것은 다른 지역에도 동일하게 존재했을 것이다.

미적 감각과 관련하여, 보다 가시적인 상징물을 남길 수밖에 없는 특정한 풍습들이 있었을 것이며, 이것은 고고학자들이 예측할 수 있는 부분이기도 하다. 이러한 것 중에는 매장 풍습을 들 수 있는데, 거의 모든 고고학자는 매장 방식에서 사회적 위치나 사후 세계에 대한 그들의 믿음과 같은 요소들이 잘 드러나 있다고 생각한다. 불행하게도 고지대 촌락이나 초기 이스라엘의 장소라고 여겨지는 다른 어디에서도 묘지나 독립적인 매장지조차 발견되지 않았다. 그것은 마치 기원전 12~기원전 11세기에 많은 사람이 살기는 했지만, 그 누구도 죽지 않은 것처럼 보인다. 기원전 13~기원전 12세기의 거대한 동굴 무덤이 도단Dothan에서 발견되었는데, 그곳에는 많은 무덤과 깊은 구멍이 있었다. 그 발굴에 대해서는 출판되지 않았고, 내가 그 자료를 조사해본 결과, 그곳이 특별히 도움이 된다거나 하지 않았다. 심지어 그들이 이스라엘 사람으로도 여겨지지 않았다.

매우 흥미로운 점은 종교와 제의 — 이에 대하여 멘덴홀과 갓월드 그리고 많은 성서학자는 이것이 초기 이스라엘을 배태했던 '사회혁명'의 주된 요인이라고 취급했다 — 가 사실상 고고학적으로 나타나지 않는다는 사실이다. 후기 청동기 시대 사회에서 전형적으로 나타나는 성전들과 그곳의 정교한 비품들이 기원전 13세기 말에 이르자 완전히 사라져버렸다. 유일하게 남아 있는 사례는 세겜에서 발굴된 것으로, 재사용된 '견고한 성전(fortress-temple)'인데, 일찍이 고고학자 라이트Wright가 이곳을 여호수아 24장과 사사기 9장에 언급된 초기 이스라엘의 계약갱신 예식과 연결했던 곳이다. 라이트는 '바알 계약 신전'이 '하나님(엘) 계약 신전'으로 이름이 바뀐 성서 이야기에 의존하고 있다(삿 9:46). 그러나 성서 기록과 실제 고고학적 인공물 사이의 이러한 직접적 연결은 비정상적일 수 있으며, 그렇기에 학자들은 세겜의 '신전'에 대해서 회의적인 상태이다. 철기 I시대에 이스라엘의 성소나 신전이 나타날 수 있다는 가능성을 별도의 문제로 두면, 우리가 가진 유일한 증거는 마자르가 발굴한 '황소 유적지'이다(위를 보라). 그리고 그곳에서 나온 청동기 황소 형상은 가나안 만신전의 유명한 남성 신인 엘El과 거의 확실하게 연결된다. 엘의 주된 별칭이 바로 '황소 엘'이었다.

그러므로 초기 이스라엘의 신앙과 제의 풍습에 대한 유일한 물질적 증거는, 그들이 가나안 종교와 연속성을 가지고 있음을 확증하는 근거가 된

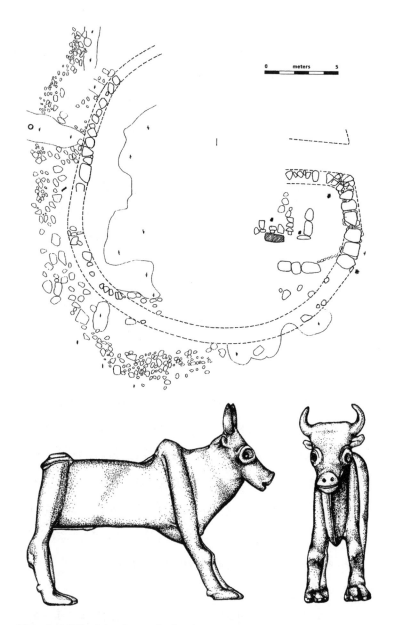

'황소 유적지'의 평면도와 주요한 발굴인 청동 황소 입상; 기원전 12세기. *Biblical Archaeology Review* 9:5

다. 다시 말해서 여기에 새롭거나 혁신적인 종교적 내용은 전혀 없었다. 당연한 말이지만, 전통주의자들은 옛 야훼 신앙과 이스라엘 이전 모세가 맺은 계약이 독특했으며 또한 지속적으로 이어져 왔다는 성서 전통의 표현에 호소할지도 모르겠다. 그러나 성서는 사실상 몇 세기 후대에 기록된 것이다. 설령 그렇다 할지라도, 그 기록자들은 가나안 종교의 영향을 넌지시 인지하(였고 반대하)고 있었다. 특별히 이는 사사 시대를 가리킬 때 그러했다. 그리고 그들은 또한 상당히 후대의 이스라엘 종교를 실제보다 더 이상적으로 그려왔음을 인정하고 있다. 어떤 성서학자들은, 나의 스승과 올브라이트의 전통 안에 있는 다른 이들을 포함하여, '야곱의 축복'(창 49장)이나 '바다의 노래'(출 15장), 혹은 '드보라의 노래'(삿 5장)와 같은 여러 시들의 연대를 기원전 12세기 혹은 11세기로 잡고 있다. 그러나 대부분의 학자는 이 고풍스러운 시들이 옛적 구전 전승의 일부분이기는 하겠지만, 그 기록은 기원전 8~기원전 7세기에 해당한다고 보고 있다. 그러므로 그 기록들이 '그 당시의 자료'로 여겨질 수 없는 것이다. 오늘날 성서학자나 고고학자 중에 초기 이스라엘의 종교가 엄격한 차원에서 유일신주의라고 감히 특징짓는 사람은 거의 없다. 그들의 종교는 심지어 독특하지도 않았다.

야훼로 불리는 신은 일찍이 기원전 13세기에 이집트 문헌에 나오는데, 트란스요르단 남부의 샤수라는 베두인족의 신으로 나타난다. 사실 트란스요르단 남부는 몇몇 성서 기록에서 야훼 제의의 기원이 언급되는 장소이기도 하다. 그러나 고고학적으로 볼 때, 야훼는 후대에 기록된 성서의 내용과는 달리 철기 I시대 촌락에서는 나타나지 않았다.

이렇게 명백할 정도로 고고학적인 내용이 전무하다는 점에서, 혹자는 우리에게 기록된 문헌 자료가 부족하고 또한 그러한 문헌 자료만이 초기 이스라엘의 종교적 이데올로기를 심도 있게 특징짓는 근거가 된다고 잘못 생각할지도 모르겠다. 지금까지 우리가 보유하고 있는 유일한 두 개의 '본문'은 위에서 다루었던 것들로, 라다나에서 발굴된 항아리 손잡이에 새겨진 이름 조각과 이즈베트 사르타에서 나온 철자 연습 자료뿐이다.

제8장

초기 이스라엘과 관련하여 문헌 자료와 인공유물 자료를 종합하려던 과거의 시도

지금까지 문헌과 고고학 모두 상세하게 개괄했던 자료들을 종합하기 전에, 약간의 배경 지식을 주기 위한 목적으로 이전의 견해들을 정리해보도록 하겠다. 지난 성서학자들을 살펴보는 것으로 시작하자.

옛 이스라엘 성서학자

카우프만

현대 이스라엘 성서학자의 전신 중 한 사람은 예헤츠켈 카우프만Ye-hezkel Kaufmann이다. 8권으로 된 그의 기념비적인 『이스라엘 종교의 역사 History of Israelite Religion』는 1937년에 등장했는데, 아쉽게도 히브리어로 출간되었다(한 권으로 된 영어 판본이 1960년에 나왔다). 카우프만은 전통주의자로 거의 정통 유대교에 속하는데, "이스라엘의 종교는 이스라엘 사람들의 고유한 창조물이다. 그것은 다른 어떤 이교도 세계가 알고 있던 것들과 절대적으로 차이를 보인다"라고 처음부터 단언하였다(1960:

2). 따라서 그에게 있어 이스라엘의 신적 부름과 독특한 기원을 말하는 히브리 성서의 이야기는 문자 그대로 진실이었다. 여기에서 다룰 만한 또 다른 초기 이스라엘 학자는 슈무엘 예이빈Shmuel Yeivin인데, 그는 1971년 『이스라엘의 가나안 정복The Israelite Conquest of Canaan』이라는 제목의 독특한 소책자를 출간했다. 오늘날에는 그 책을 역사적 호기심을 표현한 것에 지나지 않는다고 본다.

'독일학파'

독일학파의 거인들은 당대에는 올브라이트나 마자르와 맞먹는 명성을 가지고 있었다.

알트

우리는 1920년대에 창안되었던 평화적 침투 혹은 내부적 이주 모델을 다루면서 알브레히트 알트Albrecht Alt의 견해를 논의한 바 있다.

노트

알트의 제자인 마르틴 노트Martin Noth 역시 탁월한 학자로, 1930년대에 사사 시대의 이스라엘에 대한 모델을 발전시켰는데, 지금까지 큰 영향력을 행사하고 있을 정도이다. 노트는 열두 부족 연합에 대한 성서의 이야기를 암픽티오니amphictyony(고대 그리스의 신전 옹호를 위한 도시국가 간의 인보隣保 동맹 - 역주)로 알려진 그리스 부족 연합에 비추어서 이해했다. 공동의 선을 위해서 느슨하게 묶여 있던 '신성한 연합체'라는 것인데, 이것이 중앙 성소에서 주기적인 계약 갱신 예식을 통해 유지되었다고 한다. 노트의 암픽티오니 이론은 성서의 부족 시대 기억을 잘 설명해줄 뿐만 아니라 실로 나 세겜과 같은 중앙 성소와 관련된 성서의 초기 제도들에 대해서 합당한 설명이 된다. 바로 이러한 이유로 인해 이 이론은 1960년대에 매우 유력한 것으로 남았었다. 그러나 오늘날에 와서 그것은 완전히 버려진 이론이 되었는데, 왜냐하면 그 이론이 의존하고 있는 성서 기록들을 해석하는 데 의견의 일치를 보이지 않기 때문이고, 그러한 암픽티오니를 뒷받침해주는 어떠한 고고학적인 증거들도 발견되지 않았기 때문이다.

바이페르트

독일의 젊은 성서학자인 만프레트 바이페르트Manfred Weippert는 1971년에 『팔레스타인에서의 이스라엘 부족들의 정착The Settlement of the Israelite Tribes in Palestine』이라는 책을 발표했다. 바이페르트는 독일인 특유의 철저함을 갖춘 학자로, 1970년대까지 자신이 할 수 있는 모든 고고학적 증거들을 조사했다. 그러나 본질적으로 그는 알트와 노트의 이론을 반복하였다. 그는 "후기 이스라엘인들의 조상들이 중기와 후기 청동기 시대에 완전히 유목민이었다"라고 말했으며, 오늘날 베두인족과 비견된다고까지 하였다. 이것은 멘덴홀과 갓월드의 견해와 얼마간 유사한 점이기도 하다. 그러나 바이페르트는 후자의 기본적인 견해, 즉 아피루와 '히브리'를 동일시하는 것에 대해서는 격렬하게 거부하였다. 그리고 목축 유목생활에 대한 그의 견해에는 다소 미묘한 차이점을 보이는 것 같다. 그러나 궁극적으로 그의 결론은 '미국학파'를 거부하는 데 있어서는 특별히 독창적이지 못하다:

내가 볼 때, 알트 '학파'의 '주관적' 방법론은 그를 비평했던 자들이 보여주었던 것보다 더 잘 자료에 부합하는 '더 객관적인' 그림을 제공하는 것처럼 보인다. (…) 올브라이트와 그의 추종자들 모두 역시 종종 담아내는 것 이상으로 자신들의 자료를 취급하곤 한다. (1971: 145)

'미국학파': 성서주의자

우리는 4장에서 올브라이트, 브라이트, 그리고 라이트라는 유명한 3인 조를 다루었다. 이들은 정복 모델을 선도하는 옹호자들일 뿐만 아니라, 멘 덴홀과 갓월드의 비판자이기도 하다. 그러나 1980년대에 이르러 이스라 엘의 기원에 대해 새로운 의견을 개진하는 다른 미국 성서학자들이 출현 하기 시작했다.

핼펀

바루크 핼펀Baruch Halpern은 하버드에서 올브라이트 계열에 속한 젊은 학자로, 1983년에 대단히 박식한 책인 『가나안에서의 이스라엘의 출현 *The Emergence of Israel in Canaan*』을 출간했다. 핼펀의 책은 자기 스 승의 정복 모델에 확연히 반대할 뿐만 아니라 멘덴홀이나 갓월드의 것과 도 결을 달리했다. 그러나 핼펀은 종종 훌륭한 생각과 급진적일 정도로 혁 신적인 견해를 보이는 학자로 알려져 있기는 하지만, 결론에서는 놀라울 정도로 보수적인 입장을 취했다. 성서 자료에 나타난 난제들에 대해서, 그 는 "이것을 설명할 수 있는 가장 단순한 방법은 히브리인 혹은 이스라엘 사람들의 침공이 있은 다음 바로 필요시에 침투가 이어졌다는 전통에 의 지하는 것이다"라고 결론을 맺었다(1983: 90). 그렇게 될 수 있었던 이유에 대해서 그는 이렇게 말한다:

13세기와 12세기 동안, 민족적 자의식과 연대 의식이 이스라엘에게 비추기 시작했다. 12세기가 끝나기 전에, 즉 드보라의 노래(삿 5:13-18)가 있었던 시대에 완전한 형태의 부족 연합체가 존재하게 되었다. (1983: 91)

좀 더 최근인 1991년에 스미스소니언 주최 세미나에서(나 역시 초기 이스라엘과 관련하여 소논문을 제출하였다) 헬펀은 기원에 대한 문제를 보다 직설적으로 제기하였다. 그는 출애굽 이야기가 호머의 오디세이와 같이, "회상된 것들이 공상물과 유익한 방향에서 혼합된 것을 반영한다"라고 주장했다. 그러나 정확히 말해서 과연 무엇이 회상되었다는 말인가? 헬펀은 이집트에서의 압제와 그 해방이라는 성서 이야기 배후에 어떠한 역사적 사건이 존재한다는 것을 믿는 게 합리적이라고 주장한다. 그는 같은 방식으로 주장하기를, 트란스요르단을 통과하는 경유지들이 비록 다소 구불구불한 길이기는 했지만 분명 존재했다고 말한다. 그가 볼 때, 방랑자들은 이스라엘의 서부 셈족으로 처음 사촌이 된 아람인(Aramaean)과 관련이 있는데, 이들에 대해서 우리는 그들이 그 당시에 정착하기 시작했다는 것을 알고 있다. 초기 이스라엘은 그러므로 출애굽 전통 — 아마도 얼마 동안 목축민이었다 — 과 그 전통이 없는 자 — 즉, 광활한 가나안 내의 다른 어떤 지역에서 온 사람들 — 가 섞여 있는 혼합체였다. 이들 두 집단이 어떻게 접촉했으며 어떻게 공통의 삶을 형성했는지 우리는 절대로 알 수 없다. 그러나 철기 I시대 가나안 산지에 나타난 문화의 결론적인 내용은 "이스라엘 사람들은 그 땅으로 들어온 외부인으로, 기원전 13세기와 기원전 12세기경에 자신들의 재산을 가축으로 바꾸어 정착하게 되었다고 생각하는 게 바람직하다."(1992: 106). 헬펀은 "출애굽 이야기는 유형학적으로 사실이다"라고 결론을 맺었다. 다르게 말하면, 출애굽이 해방에 대한 은유라는

것이다. 나는 핼펀의 가설이 도발적이라고 생각한다. 그리고 나는 이 책의
끝에서 이 주제를 다룰 것이다.

체이니

1983년, 핼펀의 책이 나타났던 같은 해에 몇몇 성서학자가 의기투합해
서 '성서 고대의 사회 세계(Social World of Biblical Antiquity)' 시리즈에 한
권의 논문집을 내놓았다. 이것은 그 자체로 멘덴홀과 갓월드에 의해서 창
시된 사회학 연구학파 분야의 관심이 증가하고 있다는 근거이기도 하다.
실로, 이 두 학자 모두 이 책에 소논문을 남겼는데(멘덴홀은 갓월드를 통
렬하게 공격했다), 책의 제목이 『전환기의 팔레스타인: 고대 이스라엘의
출현Palestine in Transition: The Emergence of Ancient Israel』이었
다. 이 책에서 가장 혁신적인 소논문은 마빈 체이니Marvin L. Chaney가 쓴 것
으로, 그 제목은 「고대 팔레스타인의 농민운동(ancient Palestinian peasant
movements)」이었다.

체이니는 오래된 정복 모델과 평화적 침투 모델 모두를 거부했다. 그리
고 후자에 대한 바이페르트의 입장을 강력하게 비판했다. 그는 멘덴홀과
갓월드가 제기한 사회혁명이라는 생각에 훨씬 공감했다. 그렇지만 야훼
종교가 결정적인 요인이었다는 그들의 가정에는 동의하지 않았다. 체이니
에게 있어서 주요한 이데올로기는 경제에 무게가 있었는데, 즉 토지를 상
실한 농부들이 가나안 사회의 폭력적인 토지 정책을 없애려고 했다. 그러
므로 그는 최초의 '이스라엘 사람들'을 기원전 14세기 아마르나 서신에
나오는 처치 곤란한 '아피루' 전통에서 보았다(이것은 멘덴홀과 갓월드 그
리고 다른 학자들이 했던 것과 같다). 그러나 체이니는 '혁명' 모델에 '변
경/개척지'(이는 이후 보편적인 개념으로 인정받게 된다)와 '토지'라는 새
로운 개념을 추가했다. 그는 다음과 같이 결론을 맺었다:

여전히 하나의 작업가설이기는 하지만, 개척 농민에 의한 혁명 모델은 아마르나 시대의 기록물, 시리아-팔레스타인의 고고학, 그리고 성서 전통이 제공하는 정보를 수용할 뿐만 아니라 명확하게 해준다는 것을 보여주었다. 그리고 이 모델은 사회과학자들이 농경사회를 비교 연구해서 얻은 조건들 안에서 동일하게 기능한다. (1983: 72)

그 당시에 체이니의 논의는 가히 혁신으로 여겨졌다; 그리고 그것은 가장 좋은 의미에서 혁신 그 자체였다.

쿠트와 휘틀럼

딱 4년 뒤에, 로버트 쿠트Robert B. Coote와 키스 휘틀럼Keith W. Whitelam (이 둘은 고고학에 전문성이 없는 성서학자이다)이 위에서 언급한 시리즈를 통해 보다 획기적인 책을 내놓았는데, 제목이 『역사적 관점에서 본 초기 이스라엘의 출현The Emergence of Early Israel in Historical Perspective』이었다. 이 책에서 놀라웠던 점은, 후기 청동기·철기 I시대의 변화 과정을 고대 팔레스타인의 보다 장기적인 정착 역사 안에서 접근했다는 것이다. 쿠트와 휘틀럼이 연구의 출발점으로 삼은 것은 프랑스의 역사가 페르낭 브로델Fernand Braudel과 아날파(Annales)로 알려진 방법론이었다. 그들은 장기적인 역사(장기 지속[la longue durée])를 일화적인 사건이나 위대한 영웅의 공적 행위로 보는 것이 아니라, 단지 "파도에 거품이 일어나는" 것으로 보았다. 다시 말해, 그들은 수천 년이 지나면서 변화하는 자연조건, 즉 '심해의 융기(deeper swells)'에 문화적으로 적응했던 결과들이 바로 역사라고 이해한 것이다. 그래서 그들은 이 원리를 기원전 3000년대 중반에서부터 팔레스타인의 청동기 시대에 적용했고, 더 나아가 철기 시대의 초기 이스라엘의 역사를 구체적으로 다시 써 내려갈 수 있었다.

쿠트와 휘틀럼은 자신들이 이해한 바대로 고고학적인 자료들을 주로 사용하면서, 성서는 단지 근거 수단으로만 사용했다. 그들은 초기 이스라엘의 특성이 고지대와 초원지대(steppe)에 있다고 보았는데, 이는 기원전 1200년 즈음 청동기 시기 종반에 이르러 가나안 도시 문화가 쇠퇴하고 교역도 내리막길을 걷는 것에 대한 반응으로서 가나안 내부에서부터 기원한 집단이라고 규정했다. 신뢰할 만한 것이 별로 없는 수준의 고고학적인 자료들을 사용했다는 점과, 이들 저자가 고고학 분야에서 전혀 전문가가 아니라는 점을 고려해볼 때, (그럼에도 불구하고 – 역주) 이들의 작품은 신선하며 놀라울 정도로 전문가 뺨친다. (그들은 나의 견해를 비중 있게 실었고, 또 잘 봐주었다.) 책의 결론에서 쿠트와 휘틀럼은 다음과 같이 언급한다:

> 이스라엘 역사를 조사하면서, 특별히 그 출현에 있어서 매우 흥미로운 단계에 이르게 된다. 그 기간에 대한 우리의 이해는 새로운 고고학적 업적들의 결과로 인해 아주 중대한 영향을 받게 되는데, 특별히 초기 단계에서의 지역 측량이 그러하다. (…) 이스라엘 역사에 대한 연구는 상당히 복잡한 것이 될 수밖에 없는데, 최근의 고고학 탐사와 같이 역사 연구는 다양한 분야의 전문가들로 구성된 협동 조직을 필요로 한다. 대화에서부터 시작할 수 있을 것이고, 이는 역사학자들에게 가장 흥미로운 국면을 불러일으킬 것이다. (1987:177)

이러한 결론은 정당한 방향을 정확하게 제시하고 있다; 그러나 불행하게도 그 저자들이 기대했던 대화는 아직도 실현되지 않고 있다.

쿠트

1990년에 쿠트는 휘틀럼과 공동으로 출간했던 것을 좀 더 확장해서

『초기 이스라엘: 새로운 지평Early Israel: A New Horizon』을 내놓았다. 이 책은 비록 강경하고 간결하며 빼어나게 명쾌한 문장으로 되어 있기는 하지만, 이후의 견해들을 제압할 수 있을 정도는 못 되는 것 같다. 그 책은 이스라엘 사람이 조사한 첫 번째 완전한 보고서를 활용할 수 있었는데, 그것들 가운데에는 핑켈스테인의 기념비적인 『이스라엘 정착의 고고학Archaeology of the Israelite Settlement』(1998)이 있다. 쿠트의 대범한 가설은 초기 이스라엘이 처음엔 부족 연맹으로, 아마도 준準-군사 연합 정도의 수준으로, 이집트가 제국의 지배력을 점차 상실해감에 따라 그 지역을 맡게 되었다는 것이다. 나중에, 비록 그들이 잠시 이집트의 권위 아래에 있었음에도 불구하고, 그들은 고지대로 이동하게 되었고 결국 촌락을 세운 농부들이 되었다는 것이다. 사실 어느 누구도 이러한 시나리오를 생각해낸 사람이 없었다. 그러나 쿠트의 근본적인 논쟁점인, 초기 이스라엘인은 애초부터 가나안인이었다는 것은 지금에 와서는 널리 받아들여지고 있다(우리는 아래에서 다루게 될 것이다). 그럼에도 불구하고 고지대 정착인들의 기원에 관하여 나는 더 이상 쿠트의 결론에 동의할 수 없는데, 왜냐하면 쿠트는 고고학적인 증거에 대해서 자신의 이해를 기초로 다음과 같이 말했기 때문이다:

증거는 무엇을 기대해야 할지를 정확하게 보여준다: 저지대 변방에서부터 고지대 변방으로 생계를 위한 농업은 이동하게 된다. 저지대에서의 건지 농업에 의존했던 사람들이 고지대로 이동했으며, 거기에서 같은 농업을 계속했던 것이다. 더 나아가 이러한 촌락 군집은 저지대와 문화적 연속성을 보이는데, 고지대 상황에 적응해야만 했던 지역들은 예외이다. (1990:127)

앞으로 우리가 보게 될 것과 같이, 쿠트는 일군의 고고학자들이 주창할 '공생(symbiosis)' 모델을 이미 예견했던 셈이다.

알스트룀

스웨덴에서 학문을 시작했지만, 미국 성서학풍을 이어받은 예스타 W. 알스트룀Gösta W. Ahlström은 1986년에 어느 정도 대중적인 종합을 시도하면서, 이 책의 제목과 유사한 『이스라엘인들은 누구인가?*Who Were the Israelites?*』를 출판했다. 알스트룀은 많은 사람에게 다소 괴짜로 인식되었는데 그 자신은 전혀 느끼지 못했던 것 같다. 그러나 그의 기본 논지는 '이스라엘'이라는 용어가 본래는 특정 민족을 지칭하지 않았고, 오히려 지리적인 지역, 그러니까 정확하게는 가나안 고지대를 의미한다는 데 있었다. 그는 이러한 개념을 고고학적인 자료(그때는 잘 알려지지 않았다)에서 도출하지 못했고, 기원전 약 1210년경의 것인 파라오 메르넵타의 유명한 '승전 비문'의 '이스라엘'에 대한 언급에서 이끌어냈다. 이 고지대에서 거주한 사람들이 나중에 '이스라엘인'이라고 불리게 되었다. 알스트룀은 가나안 저지대 주민들 가운데에서 '고지대의 개척자들'의 기원을 찾았던 것이며, 바로 이들은 청동기 시대 말기의 대격동으로 인해 쫓겨났던 사람들이었다. 그는 일부 '아피루와 같은' 사람들이 아마도 이 그룹의 일원이었을 것이라고 생각했다. 그러나 그는 이스라엘 왕조 (기원전 10세기) 이전에 그 어떤 사람들에게라도 '이스라엘인'이라는 칭호를 붙이기를 거절했다.

'이스라엘의 역사들'

지금까지 나는 특별히 초기 이스라엘이라는 주제에 관해서 1970년대와 1980년대에 제시되었던 몇 명의 성서학자들의 견해들을 간략하게 소개했다. 그러나 이 기간에 고대 이스라엘의 전 역사에 대한 새로운 견해들이 다양하게 제시되기도 했다. 지크프리트 헤르만Siegfried Herrmann의 간략한 『구약시대의 이스라엘 역사A History of Israel in Old Testament Times』(1973)는 알트와 노트의 견해를 뛰어넘지 못했으며, 이는 역시나 갓월드의 획기적인 연구가 소개되기 이전에 출판되었다. 더 나아가, 헤르만은 독일 성서학계에서 기원한 진부한 견해를 계속 고집했는데, 그는 고고학은 '말이 없다'라는 견해를 이어받아 '벙어리 고고학'이라고 부르기도 했다(1973:36). (내 견해에 따르면, 고고학은 벙어리가 아니다; 오히려 어떤 역사가들이 귀머거리일 뿐이다!)

이스라엘 역사를 기록한 유럽인 가운데 이탈리아 학자인 J. 알베르토 소진J. Alberto Soggin이 있는데, 그는 1985년에 『고대 이스라엘 역사: 시작에서 기원후 135년의 바 코흐바 반란까지A History of Israel from the Beginnings to the Bar Kochba Revolt, A.D. 135』를 출간했다. 소진은 (나는 1960년대에 세겜에서 그와 함께 작업한 적이 있다) 고고학의 긍정적인 면을 보다 많이 받아들였다. 그러나 실제 이스라엘 역사는 아무리 적합한 자료라고 할지라도 기껏해야 기원전 10세기의 것에서부터, 그러니까 성서적으로는 통일왕조 기간에서부터 시작할 수밖에 없다고 생각했다. 그러므로 그의 저작은 기원(초기 이스라엘 – 역주)이라는 주제를 전혀 다루고 있지 않다.

오늘날 영어권 세계에서 고대 이스라엘 역사에 대해서 가장 널리 사용되고 있는 것은 J. 맥스웰 밀러J. Maxwell Miller와 존 H. 헤이스John H. Hayes가 공저한 『고대 이스라엘과 유다의 역사A History of Ancient Israel and Judah』(1986)이다. 고고학 자료들을 해박하고 적절하게 사용했다는 것은 밀러가 상당 수준의 현장 경험을 가지고 있음을 보여주는데, 특별히 요단에 대한 그의 탐사는 주목할 만하다. 그럼에도 불구하고 '기원에 대한 탐구'라는 주제를 정리하면서 밀러와 헤이스는 다양한 견해들을 요약한 후에 다음과 같이 결론을 내렸다:

> 우리는 어떤 것을 말할 때 신중에 신중을 기하고자 한다. 증거가 부족하기 때문에 비평적 역사 서술의 입장에서 이스라엘과 유다의 기원에 관한 자신 있는 글을 쓰기란 솔직히 불가능하다. 이 분야는 역사가들이 여기에서 말하는 것들은 대체로 추측이라는 것을 용납하지 않으면 안 되는 분야 중 하나이다. (1986: 78)

(이 시점에서 나는 성서문학협회[SBL] 연례 회의를 회상하는데, 그 모임은 이 책의 출판을 축하하고 약간의 토론을 위한 자리였다. 그때 나는 방 뒷구석에 조용히 앉아 있었는데, 참석한 고고학자라곤 나 혼자뿐이었다. 끓어오르는 불만을 삭이지 못한 채, 소위 배웠다는 성서학자들이 하나같이 '고대 이스라엘의 역사'를 더 이상 기록할 수 없는 이유들을 나열하는 것을 듣고 있어야만 했다. 결국, 나는 더 이상 침묵으로 일관할 수 없었다. 나는 일어섰고 나의 오랜 친구인 밀러를 향해서 크게 항변했다: "만약 당신네 성서학자들이 더 이상 이스라엘의 역사를 쓸 수 없거나 쓰려고도 하지 않는다면, 우리 고고학자들이 그 일을 하겠소!" 사람들은 고개를 돌렸고, 외계인을 보는 것처럼 나를 쳐다보았다.)

그러나 밀러는 초기의 회의론적인 입장에서 돌이켜 이스라엘인의 기원에 대한 주제로 회귀했는데, 1999년에 출간된 『아브라함부터 로마인의 성전 파괴까지의 고대 이스라엘Ancient Israel from Abraham to the Roman Destruction of the Temple』(허셜 섕크스 편집)이라는 훌륭한 대중적 안내서에서 조지프 캘러웨이가 맡았던 부분을 개정하는 데 참여하

게 된다. 단지 9년밖에 지나지 않았지만(초판은 1992년에 나왔다 - 역주), 개정
판은 초판과 큰 차이점을 보였다(이는 학계가 정말로 발전하고 있음을 잘
보여주는 사례이다). 옛 자료들과 이론들을 훌륭하게 개괄한 이후, 밀러는
여호수아와 사사기에서 부족들과 연관된 자료들에서부터 논의를 시작하
는데, 그는 여호수아와 사사기에서 "역사적인 기억들이 깊숙이 새겨져 있
다"라고 말한다. 밀러는 이렇게 말했다(캘러웨이의 초판을 참조하라).

> 어쨌든 최초의 이스라엘은 아마도 부족들과 씨족들의 느슨한 동맹
> 에서부터 비롯되는데, 이들은 그 땅의 대다수 주민들에서부터 점차적
> 으로 '출현한(emerged)' 사람들이다. 따라서 이스라엘의 조상들은 다
> 양한 기원을 갖고 있었을 것이다. 그들 중 일부는 트란스요르단에서부
> 터 온 이주자들이었고, 이집트에서 온 사람들도 혹 있었을 것이다. 그
> 러나 기본적으로 이스라엘은 철기 시대 초부터 가나안 땅에서 이미 살
> 고 있었던 사람들의 인종적 도가니로부터 출현한 것으로 보인다. 그러
> 므로 그들의 생활방식과 물질문명은 본질적으로 '가나안'의 것일 수밖
> 에 없다. (1999: 82)

이 부분에 대하여 학자들 사이에 점차 의견 일치가 이루어지고 있음을
간파한 독자가 있다면, 아주 잘 읽은 셈이다.

성서 수정주의자들

'초기 이스라엘의 성서적 역사들'이란 주제를 끝내기 전에 우리는 비록
작지만 무시할 수 없는 (그리고 그들은 논쟁적이다) 유럽의 성서학자들이

최근에 제안한 '무無-역사'라는 것을 다루어야만 하겠다. 그들은 종종 스스로 수정주의자(revisionist)라고 부르며, 다른 사람들은 그들을 최소주의자(minimalist)라고 표현한다. 나는 그들을 보다 정확하게 말해 허무주의자(nihilists)라고 부르고 싶다 — 왜냐하면 초기의 역사이건 후기의 역사이건 그들은 이스라엘의 역사를 재작성하면서, 우리가 역사라고 여길 그 어느 것도 전혀 남겨두지 않기 때문이다. 그러나 그들이 자신들의 근본적인 결론이라고 얻어낸 것이라고는 (혹은 그것은 편견이 아니던가?) 그 누구도 최소한 성서의 기록들만을 가지고는 더 이상 고대 이스라엘의 역사를 기록할 수 없다는 것뿐이었다.

학자들은 이 문제에 대해서 일반적으로 회의적이었는데, 물론 그 출발점은 현대적 성서비평 방법이 시작된 150년 전으로 거슬러 올라가게 된다. 그러나 가장 급진적인 학자일지라도 성서 내용 자체를 폐기해야 한다고 주장했던 사람은 하나도 없었다. 나는 최근에 출판한 여러 책을 통해서 수정주의자들을 비난해왔다(특별히『성서의 기록자들은 무엇을 알았으며, 그들은 언제 그것을 알았을까?What Did the Biblical Writers Know and When Did They Know It?』[2001]).

데이비스

많은 사람이 지금에서야 성서가 역사적으로 사실인지 아닌지에 대하여 논쟁하고 있지만, 사실 대소동은 셰필드 대학의 필립 R. 데이비스Philip R. Davies가 1992년에 내놓은 『고대 이스라엘'을 찾아서In Search of 'Ancient Israel'』에서 시작했다. 짧게 정리하자면, 데이비스는 자신이 분류한 세 개의 '이스라엘들' 중에서 그 어느 것도 찾을 수 없다고 말한다: (1) '역사적' 이스라엘로, 철기 시대 팔레스타인의 사람들; (2) 성서적 혹은 '문자적' 이스라엘; 그리고 (3) '고대 이스라엘'로, 이는 앞선 두 개를 가지고 현대 학자들이 창조한 것이다. 데이비스에 따르면, 나중의 두 개는 단지 사회적인 고안품(social construct)일 뿐이다 — 다시 말해서 허구라는 것이다. 그 이론에 따르면 역사적 이스라엘을 재구성할 수는 있지만, 고고학의 한계를 포함해서 신뢰할 만한 자료가 터무니없게 부족하기 때문에 불가능하다고 말한다. 데이비스는 표준적인 연구서인 마자르의 『성서 지대의 고고학Archaeology of the Land of the Bible』조차도 인용하지 않았는데, 각주를 통해서 마자르가 (기원전 586년까지 다루지 않았으므로 - 역주) 데이비스가 생각하는 '헬레니즘적' 성서라는 개념과 그 자체로 고대 이스라엘이 발명되었다는 것을 다루지 않았다는 것은 잘못된 일이라고 논평할 뿐이다. 그러므로 그에게 있어서 우리가 알 수 있는 초기 이스라엘이라는 것은 사실상 존재하지 않는다. (내가 이 점을 지적했을 때 그는 이의를 제기했다; 그러나 그는 내가 심지어 최소주의자의 역사라고 부를 수 있는 것에 대해서 그 어떠한 대답도 하지 못했고, 그의 방법론도 그러했다.)

휘틀럼

많은 사람에게 무해한 오락거리일 뿐인 (이는 또 다른 괴짜 영국인의 것에서도 나타나는데) 데이비스의 소책자를 시작으로 다수의 글이 다른 수정주의자를 통해서 쏟아져 나왔으며, 그중에 많은 책이 셰필드 대학 출판사에서 나왔다. 그 후 스코틀랜드에 있는 스털링 대학(지금은 셰필드가 되었다)의 키스 W. 휘틀럼은 1996년에 상당히 과격하며 도발적인 제목으로 다음의 책을 내놓았다: 『고대 이스라엘의 발명: 침묵하는 팔레스타인의 역사The Invention of Ancient Israel: The Silencing of Palestinian History』. 이것으로 인해서 수정주의자의 이데올로기적이며 정치적인 측면은 숨김없이 드러나게 된다. 휘틀럼의 견해를 따르면, 현대의 학자뿐만 아니라 특별히 경건한 기독교인과 이스라엘 시오니스트가 그들의 이스라엘을 '발명해낸(invented)' 것이며, 그러한 과정에서 그들은 팔레스타인을, 즉 그 지역의 실제 거주민과 그들의 역사를 침탈했다는 것이다. 휘틀럼의 전형적인 주장은 다음과 같다:

성서 연구에 있어서의 '고대 이스라엘'은 성서 전승을 잘못 해석한 것에 기초해서 학자들이 만들어낸 것일 뿐이다. 역사적인 실제는 그것과 판이하게 다르다. (1996: 3)

성서학계는 '후퇴한 제국주의'에 단지 말려든 수준이 아니라, 침탈이라는 행동에 실제적으로 협력했고 (…) 초기 철기 시대 팔레스타인에 살았던 내부인들의 역사에 대해서는 침묵해왔었다. (1996: 222)

휘틀럼의 시나리오에 따르면, '팔레스타인 사람들'은 그 자신의 정체성에 문제가 있는 사람들이다. 그러나 반-이스라엘적 수사법에 가득 찬 동정심에 따르면, 현재 갈등 중에 있는 팔레스타인 사람들은 고대 팔레스타인 땅에 존재하지 않았음이 드러난다. 그들은 상대적으로 현대에 들어오기 전까지는 전혀 '민족(people)'을 형성하지 않았었다. 이는 잘못된 역사적인 방법론을 사용했을 뿐만 아니라 학자적으로도 비양심적인 행위가 아닐 수 없다. 그리고 이는 정치학을 근동 고고학으로 불필요하게 끌어들였으며, 그 자체만으로 충분히 선동적인 학문이 아닐 수 없다. 고고학자들은 그가 말했던 '팔레스타인의 역사'를 100년 동안이나 써 내려왔다 — 이것은 전기 구석기 시대부터 오스만제국의 시대까지 모든 사람의 역사이다. 휘틀럼은 로버트 쿠트와 합작했던 1987년의 일들을 회상했어야만 했다. 왜냐하면 그 책에서 그는 고고학에 대해서 상당히 많이 아는 척을 했기 때문이다.

(같은 해에 휘틀럼은 셰필드의 『구약 연구를 위한 정기간행물Journal for the Study of the Old Testament』에 논문을 기고했는데, 그 제목은 「후기 청동기-철기 시대 팔레스타인의 재편성과 변화[the realignment and transformation of Late Bronze-Iron Age Palestine]」였다. 그 논문은 현대 고고학 이론을 서투르게 모방한 것으로 가득 차 있었으며, 그로 인해 나는 그 간행물에 대답해야 할 필요를 느끼게 되었다. 나는 성서 연구에 잠깐 적을 두었던 고고학자들뿐만 아니라, 고고학에 잠깐 적을 두었던 성서주의자들 역시 자신들만의 장광설에 빠져 있는 것이라고 단언했다―그러므로 [자신들이 하고 싶은 말만 할 것이 뻔하기 때문에-역주] 이 둘의 대화는 반드시 막아야만 한다.)

렘셰

코펜하겐이 수정주의자 운동의 새로운 중심지가 되었다. 거기에서 닐스 페테르 렘셰Niels Peter Lemche라는 성서학자가 도발적이지만 널리 인정받은 책을 내놓았는데, 1985년도 판으로 제목은 『초기 이스라엘: 왕조 이전 이스라엘 사회에 대한 인류학적-역사적 연구Early Israel: Anthropological and Historical Studies on the Israelite Society Before the Monarchy』였다. 그 책은 매우 혁신적이었다. 나는 책을 읽으면서 매우 흥미로웠던 것 같은데; 후에 나는 렘셰가 나의 동료가 되었다는 것을 알고 매우 기뻐했던 적이 있다.

시간이 지나서 1990년대 초반에 그는 보다 급진적인 관점을 채택하게 된다. 지금 우리가 가지고 있는 히브리 성서는 철기 시대, 즉 왕조시대의 문헌이 아니라, 헬레니즘 시대인 기원전 2세기에 와서야 거의 전반적으로 만들어졌다(단지 편집된 수준이 아니다). 그러므로 히브리 성서는 철기 시대 고대 이스라엘의 역사를 위한 적합한 자료로 사용할 수 없게 된다.

오히려 히브리 성서는 시대의 산물로서, 헬레니즘 시대 팔레스타인에 살았던 유대인들의 정체성 혼란을 막고 자신들의 혈통을 지켜나가려는 '경건한 선전문구(pious propaganda)'로서의 기능이 있을 뿐이다. 그들은 그들 자신이 정통적인 역사를 갖기 위해서 허구적인 이스라엘을 만들었다고 보았다. 휘틀럼과 같이 렘셰는 성서의 고대 이스라엘에 대한 이야기가 전적으로 신화라고 주장한다.

1998년에 렘셰는 자신의 수정주의자적인 역사를 출판하게 되는데, 자신의 1985년 작품과 거의 완벽하게 반대 입장을 취한다(지금에 와서 그는 옛 이론을 거부했다). 그 제목은 『역사와 전통에서 본 이스라엘인The Israelites in History and Tradition』이다. 히브리 성서가 더 이상 알맞은 자료가 되지 못하므로, 고고학이 렘셰의 최소주의적인 (허무주의가 아니라면 말이다) 역사의 부족한 부분을 메울 수 있다고 보았다. 그의 전형적인 표현은 다음과 같다:

구약의 이스라엘은 그 자체로 문학적 상상의 결과물임을 보여주었다. 그 역사는 실제 세계의 것이 아니었고, 두 개의 토대를 이루는 신화들을 기반으로 생성되었으니, 첫째는 출애굽이요, 둘째는 바벨론 포로 시기였다. 이러한 역사가 일부분이라도 '실제' 세계에서 일어났었는지의 유무는 실체가 없는 역사를 형성시켰던 자들의 마음에 달려 있었던 것이다. (1998: 129)

남겨진 것이라곤 철기 시대 팔레스타인의 두 개의 작은 국가들의 전승뿐이었으니, 이는 그들이 사라지고 오랜 후에, 그러니까 포로기 이후 기간에 팔레스타인 국토 위에 새로운 나라를 세우면서 선택된 기초 역사가 되었다. (1998: 155)

결국 우리는 (기록된 - 역주) 이스라엘이 (실제의 - 역주) 이스라엘이 아니라는 상황에 처하게 된다. 예루살렘도 예루살렘이 아니며, 다윗도 다윗이 아니다. 어떻게 우리가 고대 팔레스타인의 유물들을 마음대로 왜곡하든지 상관없이, 우리는 철기 시대의 이스라엘 바로 그때의 성서 이스라엘을 얻을 수 없다. (1998:166)

내가 렘셰를 역사나 허무주의자라고 여기는 것이 놀라운 일일까? 그가 할 수 있는 일이라고는 고작 고대 이스라엘에서 무無-역사를 만들어내는 것뿐이지 않은가? 그는 나의 비평에 날카롭게 반응을 보였지만, 전혀 심각하게 여기지 않았고 대답을 시도하지도 않았다. (가장 최근에 그는 나를 '시온주의자'라고 비난했다. 그러나 이는 동시에 그의 입장이 나와 반대되는 '나치'-주의자가 되어버린 것이 아닐까?)

톰프슨

아마도 가장 극단적인 수정주의자라고 한다면, 미국인이지만 지금은 코펜하겐에서 렘셰와 같이 강의를 하고 있는 토머스 톰프슨Thomas Thompson이 아닐까 싶다. 1974년에 그는 『족장 내러티브의 역사성Historicity of the Patriarchal Narratives』을 썼는데, 이 책은 올브라이트의 '실증론자(positivist)' 체계를 와해하는 역할을 했다; 당시에는 주목받지 못했지만 점점 주목받기 시작했다. 그리고 1992년에 이르러 그는 『이스라엘 사람들의 역사: 기록된 것에서부터 고고학적인 자료들까지Early History of the Israelite People from the Written and Archaeological Sources』를 출간하게 된다. 이 거대한 작품에서 그는 '팔레스타인의 세속 역사'를 찾아보려고 시도했는데, 이는 수정주의자들과 (나 자신을 포함한) 다른 사람들이 애써왔던 것이었다. 그러나 불행하게도 시도는 단지 밑그림 수준에 머물렀으며, 그 어떤 고고학자들조차도 주목할 만한 그런 역사는 되지 못했다. 그리고 5년 이내에 톰프슨은 그러한 시도들을 포기해버리고, 매우 후기라고 언급했던 헬레니즘 시기에 와서야 히브리 성서가 (역사로) 이용될 수 있었다고 말한다. 2년 후에 그는 수정주의자적인 입장에서 고대 이스라엘에 대한 역사를 다시금 다루게 된다: 바로 『신화적 과거: 성서 고고학과 이스라엘의 신화 *The Mythic Past: Biblical Archaeology and the Myth of Israel*』이다. 책의 부제와는 달리 이 작품은 실제 고고학을 전혀 다루지 않았다. 보다 심각한 것은, 톰프슨은 고고학자들과 거의 모든 성서학자뿐만 아니라 히브리 성서까지도 풍자했다는 점이다. 그의 결론은 다음과 같다:

> 오늘날 우리가 알고 있는 철기 시대 팔레스타인의 역사란 단지 예루살렘 북부와 이스르엘 계곡 남부에 해당하는 작은 고지대만을 다룰 뿐이다. 이스라엘 사람에게 가장 중요한 제의 신이었던 야훼조차 성서가 이해하는 신과는 별 관련이 없다. (1999: xv)

계속해서 톰프슨은 다음과 같이 주장했다: "성서의 많은 부분이 전혀 존재하지 않았던 사람들의 기원 전승을 다루고 있다는 점 자체가 아마도 흥미로울 것이다." (1999: 34)

그러므로 톰프슨이 '실제' 이스라엘이라고 하면서, 412페이지나 되는 자신의 책 가운데 왕조시기(기원전 9~기원전 6세기에 해당한다)를 기록하면서 단지 7페이지만을 할당하고 있다는 점은 그리 놀랄 만한 일이 아니다; 그리고 정착 시기에 대해서는 4페이지도 채우지 못했다. 그리고 톰프슨은 그 어느 곳에도 '이스라엘'이라는 용어를 사람들을 지칭하는 데 써먹지 않았다. 대신 그는 '남부 시리아 외각의 주민들'이라고 불렀다. 우리의 주제

에 관해서는 다음과 같이 말한다:

> 기원에 대한 탐구는 역사적인 탐구가 되지 못한다. 이것은 오히려 신학적이며 문학적인 질문의 차원이며, 의미에 관한 물음인 것이다. 그러한 물음에 역사적인 형식을 부여한다는 것은 우리 자신의 의미 찾기에 지나지 않을 것이다. 성서학자들은 기원을 되찾을 수만 있다면 성서를 제대로 이해할 수 있을 것이라고 믿어왔었다. 그러나 기원에 관한 물음은 대답 가능한 차원이 못 된다. (1999: xv)

1997년에 유럽의 수정주의자들은 소논문을 모아서 『'이스라엘 역사'를 쓸 수 있을까?Can a 'History of Israel' Be Written?』라는 제목으로 출판했는데, 이 책은 질문은 많았지만 정작 답은 별로 없었다. 저자는 성서학자가 대부분이었고 고고학자는 단 한 명도 없었다. 편집자는 '성실한 대화'를 시도했다고 평했지만, 사실 수정주의자들의 담론과 같이 이 책은 독백 수준이며 어떤 것은 지루하기 그지없다. 그 책은 (내가 이 책에서 개괄한) 고고학적인 혁신을 전혀 알지 못했고, 초기 이스라엘에 관하여는 그 어떤 것도 우리를 가르쳐주지 못했다.

많은 독자가 고대 이스라엘을 역사성이 없는 것으로 읽도록 수정주의자들이 시도하고 있는데, 이는 말도 안 되는 엉터리인 것 같다. 과거를 이해하려던 그들의 접근법은 요즈음에 와서 더 이상 특별한 것이 못 된다. (그들이 이해했던 접근법으로 - 역주) 거대하며 영향력 있는 '역사'학파가 있는데, 그 시작은 프랑스인으로 후기구조주의 철학자인 미셸 푸코Michel Foucault로서, 그는 "모든 역사 기록은 허구이다"라고 주장한다.

후기구조주의의 근본 가정은 절대적인 지식은 불가능하며, 특별히 단지 문헌상으로만 존재하는 과거에 한해서는 더욱 그러하다. 이러한 후기

구조주의적인 관점에 의하면 문헌은 단지 '사회적 산물'일 뿐이며, 그렇기에 해체되어야만 하는 존재이다(달리 말하면, 저자의 의도를 분석하기보다는 그 속에서 사용된 언어의 방식을 분석하는 것이다). 그리고 객관적 진리란 전혀 알 수 없는 것이기 때문에, 단지 문헌은 우리가 원하고 필요한 대로 의미가 부여되는 대상이 될 뿐이다. 후기구조주의는 특별히 '메타내러티브metanarrative' — 즉, 텍스트는 사라져버리고, 고차원적인 광범위한 지식만을 요구하는 것 — 를 믿지 않는다. 명백하게 말해서 성서야말로 그러한 메타내러티브이다; 정말이지 그것은 서구문화 전통 속에서 주도적인 위치를 차지해왔었다. 그러므로 성서를 비신화화할 뿐 아니라 진리인 양하는 가면을 벗겨버리는 일은 적법한 일이다; 또한 그것은 필요하기도 하다. 키스 윈드셔틀Keith Windschuttle은 자신이 쓴 『역사를 죽이다: 문학비평가와 사회이론가가 어떻게 우리의 과거를 말살했는가』의 서문에서, 역사는 모든 사람의 것이지 서구 문화사회에만 해당하는 것이 아니라고 논평한다. 그리고 다음과 같이 이어간다:

> 문화적 상대주의와 후기구조주의가 역사에서 메타내러티브를 없애려고 하는 시도 — 즉, 당시의 사람들이 알건 모르건 상관없이 실제로 일어난 것에 대한 내러티브를 제거하려는 — 는 우리의 문화가 어떠하건 상관없이 우리의 과거에 대한 순수한 지식을 빼앗아버리고 말 것이다. (1996: 281)

그러나 그들은 이러한 역사철학을 바로 받아들였기 때문에, 성서 수정주의자들이 성서의 고대 이스라엘은 발명된 것이라는 주장을 할 때, 우리는 크게 놀랄 필요가 없다.

그러나 우리 중에 동의하지 않는 사람이 있다면 질문은 여전히 남게 된다. 후기 청동기-철기 I시대의 지평에 새로운 사람들이 출현했다면, 과연 가나안에서는 어떤 일이 실제로 일어났던 것일까? 정말 초기 이스라엘이 라는 것은 있었던 것일까? 그리고 우리의 현대적 비평 방법을 가지고, 성서의 기록자들과 편집자들을 보다 더 잘 이해할 수 있단 말인가?

이스라엘과 미국의 고고학자들

이제 나는 대표적인 성서학자들로부터(이들은 단지 텍스트 연구에 탁월할 뿐이다) 고고학자들에게(이들은 '어떠한 사물에서부터 역사를 써 내려가는 사람들'이다) 관심을 옮길 것이다.

랩

폴 W. 랩Paul W. Lapp은 처음엔 올브라이트의 제자였다가 후에 라이트의 제자가 된다. 그는 1970년에 37세의 일기로 세상을 떠났는데, 당시의 사람들은 그를 성서와 시리아-팔레스타인 고고학 분야에 있어서 (다소 괴짜 같기는 했지만) 미국의 가장 총명한 젊은이로 인정했다. 그는 1967년에 후기 청동기·철기 I시대의 범위를 정해놓고 아주 세밀한 고고학 탐사 결과물을 출판하게 된다. 그러나 불행하게도 인지도가 낮은 교회 관련 저널에 소개되었기 때문에 널리 읽히지 못했다. 그러나 그 당시 그는 미국 고고학 분야에서 독보적인 위치를 고수하고 있었기 때문에 그의 주장은 성서학자들에게 충분한 충격을 던져주었다. 전반적으로 랩은 그의 스승들이 주장했던 '정복' 모델을 지지한다. 그는 다음과 같이 선언했다:

단층에 의한 증거에 따르면 (…) 해안 도시와 이스르엘 평야의 바깥

쪽에서는 13세기 후반에 중요한 도시가 거의 완전하게 파괴되었음을 뚜렷하게 보여준다. (1967:295)

더 이상 말할 필요도 없이, 오늘날 그 어떤 훌륭한 고고학자라도 그런 주장은 하지 않는다. '파괴 영역'은 생각보다 상당히 복잡하기 때문이다.

베냐민 마자르

고인이 된 베냐민 마자르Benjamin Mazar는 92세로 사망하기까지 현대 이스라엘 성서 역사 연구에 있어서 일인자로, 상당히 많은 실전 경험을 갖추고 있었으니 지형학(topography)과 고고학에도 일가견이 있었다. 한마디로 그는 이스라엘의 올브라이트였다. 그의 방법론은 올브라이트가 했던 것과 같이 방대한 자료에서부터 정보를 취합하는 것으로, 일반적으로 주요한 역사적인 뼈대 안에서 작업했다. 그의 접근법은 적당한 수준에서 보수적이었는데, 그렇다고 올브라이트처럼 보수적이지는 않았다. 독창성이 넘치는 마자르의 초기 연구들은 단지 히브리어로만 소개되었다가, 1981년에 그중 한 개의 논문이 영어로 번역되면서 그의 관점이 세상에 드러나게 되었다. 산간 지대의 초기 이스라엘 정착을 다루면서, 그는 다음과 같이 결론을 맺는다:

산간 지대에서 이스라엘 부족이 정착하게 된 것은, 그들의 국가-신神에 대한 의식意識과 가나안과 트란스요르단을 넘어 뻗어 있는 목축업자로서의 삶의 방식에 의해서 애초부터 결정되었다. 초기 이스라엘인들은 이후에 단지 점차적으로 정착 생활의 조건들, 즉 영구적인 촌락에서 거주하며, 그들로 하여금 정착의 필요성을 느끼게 해주며 점차적으로 농경에 기반을 둔 경제체제로 변환하도록 동기부여를 한 비-

이스라엘 계열의 이웃들과의 접촉에 적용하는 것뿐이었다. 이스라엘 부족들과 연합 단체들은 한편으로는 자신들의 이웃들에 동맹을 맺다가도, 다른 한편으로는 생명과 재산을 보호하기 위해서 처절한 싸움도 피하지 않았으니, 이는 인구 확장을 보장하기 위한 조치였으며, 또한 이는 토착 주민들을 지배하고 그들을 흡수해서 이스라엘 부족의 뼈대를 삼았으며, 결과적으로 정치적인 우월성을 확보하기 위함이었다. (1981: 78)

그러므로 이스라엘 정복은 복잡하고 역동적인 과정을 거치며 상대적으로 긴 시간에 걸쳐서 이루어졌다고 마자르는 생각했다. 문헌상의 증거를 다루면서 그는 진지하지만 문자적 방법이 아닌 접근법을 취했으니, 역사적인 세부 사항과 기억 속에서 후대의 전승을 캐내는 방법을 취했다. 무엇보다도 그는 초기 이스라엘은 서로 다른 많은 인종 그룹이 뒤섞인 것이라고 강조했다 — 이들 그룹은 성서가 말하고 있는 바와 같이 '헷 족속, 히위 족속, 여부스 족속 등'이다.

야딘

이가엘 야딘Yigael Yadin은 후에 이스라엘의 가장 탁월한 고고학자가 되는데, 마자르의 제자였으며 여러 방면에서 그의 기본적인 접근법을 이어받는다. 비록 스타일에 비해서 그 내용에서는 부족한 감이 없진 않지만 말이다. 이 책의 4장에서 우리는 야딘이 1956~1958년 하솔에 대한 탐사를 기반으로 이스라엘의 기원을 주장했던 바를 살펴보았다.

아하로니

요하난 아하로니Yohanan Aharoni는 마자르의 또 다른 제자(protégé)였는데, 1957년 박사 학위논문으로 제출한 『이스라엘 부족의 상부 갈릴리 정착The Settlement of the Israelite Tribes in Upper Galilee』(히브리어로 출판되었으며, 같은 해에 영어로 요약되었다)을 통해서 이 분야에 중요한 공헌을 하게 된다. 나중에 그는 이 주제에 대해서, '이르지도 않고 늦지도 않았다: 이스라엘 정복 다시 쓰기'라는 도발적이면서도 대중적인 글을 1976년에 발표하게 된다; 그리고 『성서지리The Land of the Bible』(1966년 초판, 그가 죽은 이후 1979년 레이니에 의해 개정)라는 널리 사용되는 논문집의 한 장을 통해서도 발표한다. 기본적으로 아하로니는 전반적인 침투 과정을 옹호한다는 측면에서는 알트를 따르고 있다. 그러나 그는 또한 한곳에 머물러 살던 이스라엘인들이 요단강의 양편에 있던 산간 지대의 여러 장소를 파괴했음을 믿었다. 그리고 북부 지역에 대해서는, 특별히 상부 갈릴리에서는 대규모의 접전이 있었다고 생각했다. 1950년대에 실시했던 탐사를 기초로 해서, 그는 자신이 '정복 토기'(가장자리가 접힌 항아리와 유사하다)라고 불렀던 것을 연대 설정하는데, 기원전 13세기 중반 혹은 약간 이른 시기로 잡았다. 그러나 정복은 최소한 기원전 1150년까지 계속되었을 것이라고 주장했는데, 이는 하솔이 파괴된 시기이다(이 시기를 놓고 아하로니와 야딘은 심하게 논쟁했다). 지역 연구와 프로젝트, 즉 브엘세바 계곡과 갈릴리에서의 탐사라는 아하로니의 개척자적인 연구에도 불구하고, 그의 결론은 오늘날 쓸모없는 이론이 되고 말았다. 그의 연구는 자신이 세운 텔아비브 대학의 고고학협회(이는 아래에서 좀 더 자세히 다룰 것이다)의 학생들을 통해서 주로 행해지고 있다.

프리츠

우리는 브엘세바 근처인 텔 마소스 발굴에 대해서 이미 논의한 바 있다. 이 발굴의 공동 감독자였던 독일 학자는 탁월한 성서학자로, 이스라엘에서 고고학 분야에서 아주 오랜 경험을 쌓아왔던 관계로 딱히 명칭을 정할 순 없겠다(그는 1960년대부터 현장 경험이 있다). 발굴의 근거에 기초해서, 내가 여기에서 정리했던 바와 같이 볼크마르 프리츠Volkmar Fritz는 기존의 정착민 기원 가설(즉, 농민혁명이나 내부적 유입과 같은 이론을 말한다)을 획기적인 방향으로 발전시켰는데, 이는 바로 앞으로 종종 불리게 될 '공생(symbiosis)' 모델이다. 그는 청동기 후기 가나안 문화와의 연속적인 요소들을 언급했는데, 이는 토기와 금속공예에서 드러나고 심지어 뜰과 기둥이 있는 가옥에서도 나타나는데, 그는 이러한 것들이 보다 이전의 지역들이나 심지어 이집트 안뜰 가옥에서 유래했다고 생각했다. 달리 말하면, 철기 I시대에 나타난 텔 마소스와 다른 곳의 가옥 양식과 도자기가 보여주는 철기 I시대의 수용은, 새롭게 정착하게 된 삶의 양식과 마찬가지로 가나안과 이스라엘 사람들이 같은 기원을 가지고 있으며 철기 I시대에 서로가 함께 공존하며 살아왔음을 나타낸다고 프리츠는 주장했다. 그러므로 공생이라는 개념이 가능한 것이다. 이에 대해서 프리츠는 다음과 같이 말한다:

아주 오랜 공존의 기간을 통해서만이 얻어질 수 있는 그런 강력한 문화적 접촉이 있었던 것 같다. 12세기 본격적인 정착이 있기 전에, 그들 자신의 유목민적 삶의 양식을 철저하게 그만두지 않고서, 정착민들은 아마도 가나안 도시 주변에서 몇 세대를 걸쳐 살아왔다. 그러나 이것은 최초의 정착인들이 초원지대에서 곧장 왔다는 것을 의미하는 바가 아니라, 13세기나 혹은 아마 보다 이른 시기에 정착된 지역을 이미 통과했음을 의미하는 것이며, 가나안인과 공생의 형태를 이루며 들어왔음을 뜻하는 것이다. (1981: 69,70)

더 나아가 이렇게 말한다.

정착인들은 단순히 초원 지대에서부터 온 목축 유목민들이 아니었다. 오히려 그들은 가나안 도시 주변에서 반半유목민으로 아주 오랫동안 살았을 것인데, 아마도 그들이 새로운 정착을 위한 기초를 세우기를 마치고, 청동기 후기인 기원전 1200년경에 일어난 도시국가의 대대적인 붕괴 이후에 최종적으로 정착 생활의 삶의 양식을 이루게 되었을 것이다. 정착이라는 삶으로의 변환은 달리 말해서 그러한 삶의 양식에 맞는 경제구조를 받아들이는 것으로 이어진다. 보다 넓은 문화와 접촉했던 이 기간에 상당한 수준의 이동 방목은 여전히 존재했을 것인데, 이는 우기 동안 가축을 이끌고 정착지에서부터 스텝 지역의 목초지까지 몰고 다니는 것을 말한다. 그러므로 그 지역의 '정착'은 외부로부터의 강탈을 말하는 것이 아니다. 대신에 이것은 청동기 후기에서 철기 시대로 옮겨가면서 나타났던 하나의 발전인 셈이다. (1981:71)

프리츠의 모델은 충분히 진전되지 못했으며, 명백히 공생 모델이라는 명칭도 붙이지 않았다. 그러나 내 생각이 맞는다면 그 모델은 상당히 가치가 있어 보인다.

캘러웨이

나는 1970년대 아이'Ai에서의 발굴을 검토하면서 조지프 캘러웨이Joseph Callaway를 언급한 바 있는데, 이후에 그는 초기 이스라엘 역사를 기록하기 위한 1차 자료로서의 고고학 연구에 더욱 관심을 보이게 된다. 1985년에 그는 확장된 내용으로 출판하게 되는데, 기본적으로 알트의 침투 이론을 지지하면서도 다음과 같은 면에서는 중요한 차이점을 보였다: 철기 I 시대 고지대 정착인들은 유목민이 아니었고, 그들은 "두 개의 새로운 생존 전략을 보유했던 고정된 형태의 촌락 생활"을 영위했다.(1985: 33) 이러한 전략이란 계단식 농업과 바위를 깎아 만든 수조의 사용이었다. 캘러웨이의 견해에 따르면, "고지대 정착인들은 전쟁과 폭력을 피해서 이주해온 사람들로, 그들은 풍족한 평야 지대에서 벌어졌던 투쟁과 분열에 대한 피난처로서 멀고 고립된 산꼭대기 촌락을 찾게 되었던 것이다."(1985:33) 철기 I시대의 고지대 촌락이 보여주는 융화된 물질문화와 사회구조는 그 구성원의 정체를 다음과 같이 명백하게 보여준다:

> [거주민들은] 가나안 전반에 걸쳐서 일어났던 일반적인 인구 이동의 일부분이었는데, 이들은 유목민이거나 혹은 반¥유목민이라기보다는 농경을 기반으로 한 정착 주민을 배경으로 한다. (1985:43)

코하비

캘러웨이의 책이 출판된 같은 해에 몇 명의 이스라엘 고고학자들은 동일한 주제를 다루게 되었다. 그중 한 사람이 텔 아비브 대학의 고참 격인 모셰 코하비Moshe Kochavi이다. 코하비는 위에서 제기되었던 이스라엘 사람들에 대한 조사를 기반으로 그의 작업을 진행했는데, 특별히 그는 지역적인 차이가 있으며 정착 과정은 점진적이었다는 면에서 차이를 보였다. 코하비는 고지대에 관해서 핑켈스테인(그리고 아래에서 다루게 될 제르탈)에 동의했는데, 이는 목축 유목민들이 동부에서 서부로 이동해오면서 점진적으로 정착했다는 해석이었다. 그리고 그는 "진정 믿을 만한, 이 시대의 유일한 자료"를 내놓는 일이 후배 고고학자들의 몫이 될 것이라고 갈음하였다.(1985: 58)

아미하이 마자르

코하비가 편찬한『현대 성서고고학: 성서고고학 국제협회 회보*Biblical Archaeology Today: Preceedings of the International Congress on Biblical Archaeology*』(1985)에서 아미하이 마자르Amihai Mazar는 자신의 1981년의 견해를 확장했는데, 나는 위에서 길로의 발굴을 설명하면서 요약한 바 있다. 마자르는 그때까지 알려졌던 고고학적 증거들을 완벽하게 — 포괄적이며 균형 잡혔고 적절한 판단력을 갖추고, 이데올로기적인 면도 없었다 — 정리해주었다. 마자르는 다음과 같이 결론을 맺었다:

> 최근 고고학 연구는 이러한 물질문화의 다양한 요소들이 가나안에 그 기원을 두고 있다는 점을 더욱 강조하고 있다. 예를 들면 건축양식, 토기 생산, 예술적 전통 그리고 제의 행습行習의 자세한 부분들이 가나안에 기원을 두고 있다. 그러나 전체적인 면에서 이스라엘의 물질문화는 이전과 동시대의 가나안 문화와는 주목할 만한 차이가 있다. 집터 분포와 위치 그리고 계획, 토기류의 성분, 그리고 경제 사회적 구조와 같은 다양한 부분에서는 확실히 비-가나안적이다. 그러므로 관측과 발굴을 통해서 서로 다른 특성을 가진 물질문화가 드러나게 되었는데, 비록 가나안 전통에 의해서 영향을 받았다고는 할지라도 이스라엘 자체의 독립적인 발전도 있었다고 설명할 수 있다. (1985:70)

스테이저

로런스 E. 스테이저Lawrence E. Stager는 앞에서 찬사를 보냈던 1985년판 회보에서 한 장을 맡았는데, 그 제목은「고고학으로 본 가족(The Archae-ology of the Family)」이었다. 그는 자신의 소논문에 따라 기초를 세웠는데, 지금에 와서는, 철기 I시대 촌락에 있어서 지역적인 다양성이 있었다고 해서 그것이 성서 전승에 나타난 이스라엘인들이었다고 관련을 짓는 것은 너무 단순화한 것이라고 강조했다. 그러므로 그는 핑켈스테인의 범汎-유목민 이론을 반대한 셈이다. 다시금 그는 인구통계 분야를 주목했는데, 청동기 후기 가나안의 소작민이나 유목민은 단독으로 철기 I시대 고지대의 인구 확장을 충분히 뒷받침해줄 수 없음을 지적했다(이는 결정적인 사실로 드러난다). 그러나 스테이저는 다음과 같이 주의를 주면서 글을 맺는다: "문헌이 확실하게 나타내고 있는 바가 없기 때문에, 나는 그 어떠한 고고학자라도 홀로 남은 문화 유물만을 통해서 철기 I시대 촌락민들의 인종적 정의를 내릴 수 있을지에 대해서 심각하게 회의적이다."(1985:86) 나는 스테이저의 결론적인 언급뿐만 아니라 이 주제에 대해 곧 언급할 것이다.

부니모비츠

1994년에 출간된 가장 중요한 논문집인 『유목 생활에서 군주제까지: 초기 이스라엘의 고고학적·역사적 관점From Nomadism to Monarchy: Archaeological and Historical Aspects of Early Israel』에서 텔 아비브의 젊은 학자 슐로모 부니모비츠Shlomo Bunimovitz는 핑켈스테인의 정착화된 유목 모델을 받아들여, 장기적인 거주 역사를 기초로 삼았다. 그러나 그는 변화무쌍한 변경(shifting frontiers)이라는 관점을 특별히 중요하게 언급하고 있다. 부니모비츠는 다음과 같이 논증한다:

심지어 청동기 후기의 개척자들이 팔레스타인의 거의 모든 지역으로 확장했다고 할지라도, 흥하고 쇠하는 기간은 있었으며, 특별히 이집트 정부의 영향력이 지속적으로 변화되는 것과 발을 맞췄을 것이다. 철기 I시대 초기에 저지대에서부터 들어온 목자·유목민들 (그리고 다른 비-거주 요인들), 그리고 그들의 고지대 정착화는 변화무쌍한 변경

모델에 의해서 합당하게 설명될 수 있다. (1994: 200)

그러므로 부니모비츠는 목축 유목민이 (그리고 다른 이들이) 고지대에 정착했다는 의견에 동의하면서, 핑켈스테인이 주장하는 바대로 압도적인 숫자의 사람들이 동쪽에서 서쪽으로 이동해왔다는 견해를 부정하게 된다. 이제 마지막으로 논쟁의 중심에 서 있는 핑켈스테인의 관점으로 나아가기 전에, 두 명의 다소 독특한 견해를 살펴보자.

스티빙

윌리엄 H. 스티빙William H. Stiebing은 고고학을 전공했지만 일반적으로 대중적 작가로 알려졌는데, 1989년에 『광야를 벗어나? 고고학과 출애굽·정복 설화Out of the Desert? Archaeology and the Exodus·Conquest Narratives』라는 독특한 제목의 책을 출간했다. 그 책에서 그는 그 당시에 널리 알려졌던 다양한 토착민들에 의한 개척지 기원 이론을 따르고 있다. 그러나 그는 핑켈스테인의 정착화된 유목민 이론은 확실하게 거부한다. 스티빙의 견해에 따르면, 성서의 이스라엘인은 가나안의 일부 사람들에게는 새로운 얼굴이었던 반면, 지중해 세계 전 지역을 뒤흔들었던 사람들로, 즉 기원전 13세기 후반에 청동기 시대의 끝을 알렸던(철기 문화를 인도했던-역주) 사람들로 인식되었다. 그는 소규모의 성서적 출애굽이 아마도 일어났으며 그들이 몇몇 집단을 궁극적으로는 가나안으로 이끌었던 것이라고 믿었다. 그러나 그의 엉뚱한 결론 — 단지 아무런 증거 없이 주장할 뿐, 문서화하지 못했다 — 은 기원전 13세기와 기원전 10세기 사이에 지중해 전 지역을 황폐화시킨 대규모의 가뭄으로 인해 여러 곳에서부터 유입해 들어온 대부분의 사람이 후에 '이스라엘'로 세워졌다는 것이다. '범汎-지중해 가뭄 이론'은 고전학자 라이스 카펜터Rhys Carpenter가 40

년 전에 주장했던 이론이다. 오늘날 거의 모든 학자는 그 이론을 별로 주목하지 않으며, 심지어 거의 인용하지도 않는다. 아마도 정기적으로 지역적인 가뭄은 있었을 것이지만, 그러나 스티빙의 이론을 뒷받침할 만한 고고학적이거나 과학적인 증거는 전혀 없다(예를 들면, 화분분석花粉分析 방법). 이처럼 전해 들은 내용에 고고학적 자료들을 잘못 사용하게 되면서, 그의 이론은 현재의 논의에서는 거의 사장되어버리고 말았다.

레드퍼드

도널드 B. 레드퍼드Donald B. Redford는 고대 이스라엘이라는 방면에서 때때로 풍운아와 같은 존재지만, 이집트학 분야에서는 탁월한 학자 중 한 사람이다. 1992년에 출간된 『고대 시대의 이집트, 가나안, 그리고 이스라엘Egypt, Canaan, and Israel in Ancient Times』은 이집트를 제외한 다른 주제에 대하여는 독특하고 논쟁적이며 격앙시키는 작품이다. 그 책은 도발적인 통찰력으로 가득하다고 말할 수 있다. 레드퍼드는 종종 성서와 성서학자들을 얕보며 무시해왔는데, 자신의 이론을 제외하고는 이스라엘의 기원에 대한 모든 논의를 무시해버렸다. 레드퍼드에 따르면, 초기 이스라엘인은 남부 가나안에 살았던 샤수 베두인의 작은 파견대에 불과한 것으로, 우리는 이집트 18~19왕조의 기록을 통해서 잘 알고 있다. 이 기록에는 샤수에 대해서 보다 자세한 기록이 여럿 있는데, 이들 샤수는 이집트 국경의 반건조 지역에 주로 위치해 있었으니, 구체적으로는 모압과 에돔 그리고 네게브 지방에까지 이르렀다. 이집트 기록에 의하면, 그들은 계절에 따라 나귀를 타고 돌아다녔던 목축 유목인으로 여겨졌으나 또한 산적 떼─대체로 멀리 떨어진 이집트 정부에게는 매우 귀찮은 존재였음이 분명하다─로도 인식되었다. 몇 개의 흥미로운 기록들에서 '샤수 땅(에 있는) 야후Yhw'란 신의 명칭이 등장하는데, 이는 모세가 미디안 땅에서 야훼를 알게 되는 성서의 전승과 맞아떨어지는 듯하다. 정말로 이러한 기록은 이스라엘인의 야훼와 관련된 가장 이른 정보이며, 성서 밖에서 거의 찾아볼 수 없는 중요한 자료이다. 레드퍼드는 다음과 같이 언급한다:

> 팔레스타인 고지대에서 샤수의 정착은 의심할 바 없이 미성숙한 이스라엘이라고 부를 수 있으며, 그리고 남쪽인 유다 산지에서 연합을 시도했던 그룹들의 정체와는 상관없이, 고고학적인 기록으로는 거의 찾아볼 흔적조차도 남기지 않을 정도로 매우 조야하고 단순한 삶의 양식을 만들었다. 기원전 13세기가 끝나갈 무렵, 그들은 촌락을 발전시키기 시작했으니, 대부분에 있어서 그들은 저지대 가나안 마을에서부터 거주형태와 건축양식을 모방했다는 점에서 중요한 의의가 있다. (1992: 279)

우리가 상상했던 이스라엘인과 샤수를 결합시킨 레드퍼드의 견해는 다른 학자에 의해서 제안되었는데, 이들 중에는 성서학자들과 골치 아픈 고고학자들이 포함되어 있다. 그러나 이들 가운데 대부분은 자신의 뜻대로 고고학적인 자료들을 소유하고 있지 못했다. 심지어 레드퍼드 자신도 책을 썼을 때 고고학적 자료들을 인용할 수 없었다(그는 핑켈스테인의 1988년 작품, 『이스라엘인 정착의 고고학Archaeology of the Israelite Settlement』을 언급하지도 않았다). 그럼에도 불구하고 그의 샤수 이론을 깊이 생각하지 않고 폐기처분하는 것은 옳지 않다(실제로 이집트 분야의 권위 있는 이스라엘 학자 앤슨 레이니Anson Rainey는 최근 레드퍼드의 의견에 찬성하고 있다). 때때로 비전문가, 즉 그 어떠한 보편적 사고 구조(이런 경우엔 종종 신학적인 것)에 의해서 침해받지 않는 그런 비전문가들이 짜증 나는 문제를 아주 간단하게 해결해버리기도 한다.

제9장

초기 이스라엘의 기원과 성격에 대한
다른 종합을 향해

나는 이스라엘 핑켈스테인에 대한 비평적 평가를 마지막까지 유보해두었다. 사실 많은 경우에 이스라엘의 기원에 대한 최근 논쟁을 시작한 사람이 바로 그였기 때문이기도 하다. 그는 1980년에 이스라엘 지역을 선구적으로 표면 조사하고 발굴했으며, 이후 그 정보들을 종합해 발표했다. 어떤 설명으로든 핑켈스테인은 중요한 대변인이 되어버렸고, 나는 비록 종종 동의하지는 않지만 그의 견해를 극도로 신중히 취급하고 있다. 우리가 논쟁을 주고받은 것은 1990년대 초반부터였는데, 그때 나는 이 주제에 대해 보다 명시적으로 글을 쓰기 시작했고, 핑켈스테인은 내 글에 반응했다. 대부분의 경우 그것은 사근사근한 논쟁이었다. 그리고 나는 그게 바람직한 것이라고 생각했다. 그것은 우리가 의견의 일치를 보이는 점과 그렇지 않은 점을 간단하게 설명하는 수준의 문제였다.

우리는 다음의 내용에 대해서 의견의 일치를 보였다(그리고 그러한 내용에 대해서 대부분의 고고학자가 동의하는 바이다):

1. 오래된 모든 모델은 이제 폐기되었다; 앞으로 고고학적 자료가 우선

될 것인데, 히브리 성서까지 포함해서 문헌 자료를 능가할 것이다.

2. 최근 이스라엘에서 시행된 표면 조사는, 몇 군데 발굴을 포함해서 매우 중요한 정보를 제공하고 있다.

3. 현재의 모든 증거는 철기 I시대에, 특별히 산지 지역에서 급격한 인구의 증가가 있었음을 나타낸다.

4. 고지대의 정착민들은 외부에서 온 침략자가 아니었고, 오히려 그들 대부분은 가나안 사회 내부의 어딘가에서 왔다.

5. 전반적인 정착 과정은 점진적이었고, 팔레스타인의 정착 역사에서 종종 주기적인 양상으로 나타나는 장기적인 틀(장기 지속) 안에서 가장 잘 이해된다.

6. 후기 청동기 시대의 물질문화와 상당한 연속성이 있다(도자기가 좋은 예이다); 그리고 또한 철기 I시대에서 철기 II시대에도 역시 연속성이 있다(이스라엘 왕조 시기에 해당한다).

7. 기원전 12~기원전 11세기에 출현한 독특한 문화는 균일하지 않았고, 오히려 민족적으로 섞여 있는 상태를 나타낸다.

8. 환경과 기술은 이 시대의 문화 변화에 중요한 요인이다.

그렇지만 핑켈스테인과 나 사이에는 다음과 같이 몇 가지의 중대한 불일치점도 존재한다:

1. 가나안 내부에 의한 기원: 핑켈스테인은 지역 목축 유목민들이 대규모로 재정착했다는 견해를 선호하지만(이는 알트의 견해와 유사하다), 나는 보다 다양한 기원이 있다고 보는데, 즉 상대적으로 유목민은 적었고 저지대에서 온 정착민이 더 많았다고 본다.

2. 연대 설정: 핑켈스테인은 정착 연대를 기원전 12세기 후반과 심지어

기원전 11세기에도 있었다고 본다(이즈베트 사르타는 제외한다). 나는 그 정착이 기원전 13세기부터 시작되었다고 믿는다.

3. 도자기: 나는 전반적인 후기 청동기 시대 가나안 형식이 이후까지 상당 수준의 연속성을 보여주고 있음을 발견했다. 핑켈스테인은 차이가 있다고 주장했는데, 그 주장에 대해서 나는 그 차이가 단지 도자기 모양의 비율이 상대적으로 차이를 보이는 것뿐이라고 반박하고자 한다.

4. 기술: 나는 테라스 건설과 수조를 파는 것과 같은 기술을 보다 조직화된 작업(즉, 혁신으로 나아가는 사회문화적 현상의 일부분)이며 보다 근본적인 것이라고 본다. 핑켈스테인은 상대적으로 덜 중요하게 여긴다.

5. 이데올로기: 나는 상대적으로 덜 물질주의적이고 덜 결정론적 접근을 취하고 있는데, 문화가 변화하는 데는 사회학적이며 이데올로기적 요인이 상대적으로 중요한 역할을 감당하고 있음을 시인한다(비록 이러한 점을 고고학적으로 밝혀내기 어렵다고 인정할 뿐이지만 말이다)

6. 민족성: 나는 고고학적 자료를 가지고 민족을 식별하는 문제에 대해 핑켈스테인보다 훨씬 낙관적인 입장이다. 결국, 핑켈스테인은 고지대 정착민을 식별할 수도 없었고 또 그러기를 꺼렸다; 나는 우리가 그들을 '원原이스라엘인(proto-Israelites)'으로 분류할 수 있다고 믿는다.

나는 핑켈스테인이 취했던 입장에 대한 그의 근거를 여기저기에서 다루었다. 그의 근거를 평가하기는 어려웠는데, 왜냐하면 그는 많은 양의 정보를 최근까지 공개하지 않고 있었기 때문이다. 추가해서 말하면, 그는 어떤 핵심 주제에 대해서는 기존의 생각을 바꾸기도 했다. 그럼에도 불구하고 그의 기본적인 입장은 그의 책『이스라엘 정착의 고고학Archaeology of the Israelite Settlement』(1988)에 이미 명시되어 있으며, 그 이후로 자신의 기조를 지키고 있다. 가장 분명한 그의 요약 중 하나가 1992년에 발표되었는데, 바로 내가 그와 날카롭게 대치하는 부분을 다루었던 대중 강연에 대한 반응을 그에게 요청했기 때문이다. 1996년에 그는 한 번 더 응답했는데 이것은 앞의 경우와 유사하게, 1995년에 발표된 나의 소논문에 대한 비평이었다. 나는 내 글의 제목을 「진짜 이스라엘이여, 제발 일어서주시겠습니까?(Will the Real Israel Please Stand Up?)」라고 정했다. 핑켈스테인의 제목은 「가나안 고지대의 철기 I시대 정착민의 민족성과 기원: 진짜 이스라엘은 일어설 수 있는가?(Ethnicity and Origin of the Iron I Settlers in the Highlands of Canaan: Can the Real Israel Stand Up?)」였다. 그의 대답은 '아니오'였다. 최소한 (북)이스라엘 국가가 건립되었던 기원전 9세기가 되기까지는 아니라는 대답이었다. (그리고 바로 이 책 —『이스라엘 정착의 고고학』— 이 1988년에 그 주제로 문자 그대로 '책을 썼다는' 사람에게서 나왔다!)

개관

이 주제에 대해 핑켈스테인이 썼던 모든 글을 다시 읽어가는 과정에서 다음의 세 가지 사항이 나를 매우 놀라게 했다. (1) 그는 자신이 한때 '초기 이스라엘'이라고 특징지었던 실체에 대하여 그 어디에서도 간결하고 인용이 가능한 기술을 하지 않고 있다. 다른 학자들의 경우는 쉽게 발견할 수 있으며, 그래서 내가 위에서 그들을 인용할 수 있었다. 이러한 사실은 심지어 1995년에 『성지의 사회에 대한 고고학The Archaeology of Society in the Holy Land』(토머스 레비 편집)이라는 제목으로 편집된 책에 기고한 그의 글에서도 나타난다. (2) 1995년 이후의 논의에서(1996, 1997년 그리고 1998년에 있었던 것들), 그는 자신의 입장을 반복할 뿐인데, 그것도 한마디도 틀리지 않게 사용하고 반복하는 수준이다. (3) 핑켈스테인이 그의 글을 통해서 나의 다양한 비평을 신랄하게 거부하고는 있지만, 그는 단지 인신공격으로만 '대답하고' 있을 뿐, 오래된 것이거나 새로운 것이거나 그 어떠한 실제 자료를 근거로 대답하지 않고 있다. 그는 종종 나의 견해를 잘못 표현하고 있을 뿐만 아니라(나는 절대 '갓월드'를 지지하지 않았다), 또한 그는 내가 격리된 '성서고고학자'라고 생각한다(핑켈스테인이 아직 꼬마였을 때 내가 바로 그런 접근에 반대하는 글을 썼다는 사실을 알고 있는지 모르겠다).

논쟁은 제쳐두고, 기원에 대한 핑켈스테인의 주요한 논점을 요약해보도록 하겠다. 이것은 이어지는 논의를 위해서도 중요하며, 내가 그의 견해(그가 1995년에 요약한 글을 보라)를 올바르게 제시할 수 있을 것이라는 희망을 가지고 시도해보겠다.

1. 고대 팔레스타인의 장기적인 정착 역사와 인구 이동은 '주기적인 진동(oscillations)'으로 특징지을 수 있다. 이것은 유목 생활과 거주 생활이라는 삶의 방식이 번갈아 발생하는 것을 의미한다. 예를 들면, 고지대에서는 세 번의 '정착의 물결'이 있었다: (a) 후기 금석병용기金石竝用期~초기 청동기 I시대; (b) 중기 청동기 II~III 시대; 그리고 (c) 기원전 13세기 후반~기원전 11세기. 이것은 두 번의 '하락 구간'에 의해 나누어진다.

2. 철기 I시대는 위에서 제시된 순환 과정에서 세 번째 '물결'에 해당한다. 이때 중기 청동기 시대 말에 있었던 대규모의 파괴로 내몰리게 된 유목민과 후기 청동기 시대를 거치면서 유목민으로 계속 남아 있었던 사람들이 점진적으로 '다시 거주하게' 되었다.

3. 철기 I시대 인구를 구성했던 사람들이 궁극적으로 중기 청동기 시대의 사람들이었다는 단서는 다음과 같은 밀접한 유사성이 그들의 문화 안에 드러나기 때문이다: 방어 시설이 없으며, 가정에서 만들었던 가옥, 도

자기, 그리고 산꼭대기에 자리 잡은 '제의 시설' 등이다.

4. "후기 청동기 시대에서 철기 I시대로 전이하는 과정에서, 저지대에서 고지대로 중대한 수준의 직접적인 인구 이동을 보여줄 수 있는 반박 불가한 고고학적 증거란 그 어디에도 없다."(1995:363; 강조는 저자)

주의 깊게 근거를 조사하다

핑켈스테인의 주요한 논점들을 하나씩 살펴보도록 하자.

1. 장기적인 정착의 순환 과정이 있을 것이라는 그의 기본적인 가정은 옳다. (내가 이 점을 무시했다는 그의 비난과는 반대로) 이것은 나도 개별적으로 종종 지적한 바 있다. 그리고 그와 나는 유목민들에게 최소한 한 번의 중단 기간이 있었다는 점을 인정한다. 그 시기는 내가 광범위하게 연구했던 기원전 2300~기원전 2000년의 초기 청동기 IV 시기이다. 이러한 순환 주기는 너무나 잘 알려진 현상이어서 그러한 논증을 특별히 변호할 필요는 없다고 본다.

2. 핑켈스테인의 다음 요점은 그럴듯한 가정인 것처럼 보이지만, 여전히 거의 증거자료를 나타내지 못하고 있다. 다른 곳에서 그는 다음과 같이 썼다:

중기 청동기 시대의 정치제도의 붕괴로 인해 고지대 개척지의 주민 대부분이 유목민화되었다; 후기 청동기 시대에 이러한 목축 집단은 남아 있는 도심지와 밀접한 공생적 관계를 유지하며 살아가고 있었다. (1992: 68)

위와 같은 단언은 사실인 양 직설적으로 나타내고 있지만, 후기 청동기 시대에 그러한 유목민화가 있었는지에 대해서 그 어떠한 증거도 없다. 우리가 알고 있는 전부는 그 기간에 가나안 전반에 걸쳐 주목할 만한 하락 국면을 암시하는 (고고학적) 표면 조사와 발굴이 있었다는 점이다. 다시 말해서, 거주지가 약 272개에서 101개로 줄어들었고, 인구가 140,000명에서 60,000 혹은 70,000명으로 하락했다는 점뿐이다. 핑켈스테인 자신의 자료를 사용해보면, 고지대 지역들은 248개에서 29개로 하락하게 되고, 인구는 (일반적으로 건물이 세워진 지역을 중심으로 계산하면) 약 36,750명에서 약 11,750명으로 하락하게 된다.

기원전 약 1500년, 중기 청동기 시대의 파괴의 영향으로 어느 정도의 인구 이동은 발생했던 것으로 보인다(어쨌든 그들은 모두 죽임을 당하지는 않았다). 그랬다면 피난민들은 고고학적인 자료에서는 나타나지 않게 된다. 핑켈스테인은 리브카 고넨Rivka Gonen이 1984년에 분석했던 결과에 주로 의존하고 있는데, 이 사람은 학살당한 가나안이라는 그림을 그리기도 했으며, 궁극적으로는 후기 청동기 시대에 도심지에서 시골의 정착지로 흩어졌다고 주장했다. 그런데 무슨 이유로 핑켈스테인은 텔 아비브 대학의 그의 젊은 제자인 슐로모 부니모비츠Shlomo Bunimovitz의 1989년 박사 학위논문을 인용하지 않는 것일까? 그의 연구가 전혀 다른 분석을 내놓고 있기 때문인가? 부니모비츠는 다음과 같이 썼다:

중기 청동기 시대 가나안에서 정착의 핵심을 구성했던 거대한 도시 중심지 상당수가 극적으로 감소했다는 점은 사실이지만, 그들이 여전히 도시에 남아 있다는 점을 강조해야 하겠다. (…) 중간 크기의 후기 청동기 시대 도시들은 상대적으로 축소된 시골 지역을 제어했다. 실로, 이 시기 동안에 고지대와 그 밖의 다른 어떤 시골 지역에서도 정착이

거의 일어나지 않았다. (1995: 324)

실로 '투명 유목민'이라 하겠다!

3. 그러나 이제 이러한 유목민들에 대해 보다 자세하게 살펴보도록 하자. 팔레스타인의 다른 모든 시대처럼 후기 청동기 시대의 고지대에서 목축 유목민이 존재했다는 것은 이제 의심할 나위 없는데, 심지어 직접적인 고고학적 근거가 없더라도 말이다. 그러나 핑켈스테인 자신의 계산에 따르면, 최근까지 모든 기간을 통틀어 팔레스타인 인구에 대한 목축 유목민의 비중은 전체의 약 10퍼센트에 해당하는데(혹은 최대로 잡아 15퍼센트), 이는 일반적으로 받아들여지는 견해이다. 그러므로 후기 청동기 시대의 산지에 있는 12,000명의 인구에다가 (핑켈스테인의 계산을 따라서) 다른 1,200~1,500명의 목축 유목민을 더해야 하며, 그래서 최대 13,500명의 인구를 산출하게 된다. 그런 다음 기원전 12세기의 산지 인구가 약 12,800명에서 17,000명 사이에 해당하며, 기원전 11세기에는 약 30,200명에서 42,700명에 이른다는 핑켈스테인의 계산을 명심하도록 하라. (참조. 1988:194; 323, 333)

핑켈스테인 자신은 철기 I시대 산지의 '인구 폭발'을 처음으로 자료를 들어 분석한 사람으로, 이 언급은 거의 모든 권위자가 수용하고 있다. 그가 제시한 정보는 맞지만 그의 설명은 잘못되었다. 이는 간단한 수학으로 나타난다. 내가 1998년에 지적한 것처럼, 심지어 기원전 13세기의 1,200~1,500명 모두가 시간이 지나 기원전 12세기에 정착한 목축 유목민이었다면, 자연적 인구 성장만으로는 철기 I시대에 인구가 10배나 증가했다는 점을 설명해낼 방법이 없게 된다. 아마 각 가정에서 50명이나 되는 아이들을 유기하지 않고 계속 낳는다면 가능하겠지만 말이다! 이른 시기의 어느 지점에 상당한 수준에서 인구의 증가가 있었음에는 틀림없다.

실로, 다른 고고학자들도 그렇게 생각한다; 오로지 유목민의 재정착 과정만 있었다는 핑켈스테인의 이론은 그래서 아무도 따르지 않는 것이다. 그러나 핑켈스테인은 부니모비츠나 스테이저, 그리고 나의 비평에 대해서 절대 응답하지 않았다.

핑켈스테인은 3개의 다른 근거들을 추가했다. 그는 (a) 대부분의 철기 I시대의 지역들은 동쪽에서 발견되었으며; (b) 기둥과 안뜰을 둔 가옥의 구조와 배치는 베두인족의 천막을 모델로 하고 있으며; 그리고 (c) 철기 I 시대에 상당수의 중기 청동기 시대의 문화적 특징들이 다시 나타났다고 단언했다. 이러한 단언에 대해 각각 차례로 평가해보도록 하자.

철기 I시대 장소들의 위치

핑켈스테인은 자신의 사마리아 남부 ('에브라임') 표면 조사에서 "초기 철기 I시대 대부분(75~90퍼센트)은" 그 지역의 동쪽에 자리하고 있다고, 즉 "사막의 경계이며 가운데 부분의 동쪽 측면"이라고 서술했다(1988: 191; 1995: 357). 그러나 그는 지리적으로 일관되지 못했다. 다른 곳에서 그는 이것을 수정해서 "곡물 재배에 적합한 지역"이라는 문구를 포함시키고 있다(1992: 67). 그리고 여전히 다른 곳에서는 그가 애용하는 "초기"와 "유목의"라는 정착 단계에 해당하는 표현을, "중앙 지역의 산간 계곡, 그리고 벧엘 고원과 같은 평평한 지역"에 덧붙이고 있다(1992: 64). 왜 이렇게 들쭉날쭉한 것일까?

핑켈스테인은 또한 자신의 통계 분야에서도 일관되지 못하다. 한 곳에서(1988: 191) 그는 초기 철기 I시대의 모든 지역의 75~90퍼센트가 "사막 가장자리"에 있다고 했다. 그러나 다른 곳에서(1988: 194) 그는 주장하기를 "철기 I시대 초반에 거의 모든 거주민이 중앙 지역에 집중했다"라고 했다. 어느 것이 진짜인가? 어떤 진술이건 간에, 가장자리 지역에 대한 그의 주된 강조점은 과연 그게 무엇을 가리키는지 상관없이 환경적인 면 — 목축과 약간의 건식 농업을 하기에 적합한 — 에 대한 강조가 아니라 오히려 그 어떤 테라스나 수조라도 요구되지 않는 지역을 가리키는 것이었다. 그러므로 그는 최초의 철기 I시대 정착민이 반드시 목축 유목민일 수밖에 없다고 주장한다.

이러한 그의 논증에는 그가 말하는 '목축 유목민의 특별한 지역'을 지리적으로나 생태학적으로 구체적으로 지적하지 못한다는 것을 차치하더라도 다음과 같은 여러 가지 문제점이 있다. 첫째로, 가장 동쪽에 지표조사했던 지역이 정말 우리가 대상으로 하는 초기였는지에 대한 증거가 부족하다. 이것은 그의 전체 논증의 버팀대이다; 그러나 비록 지표조사가 수행되었더라도 실제로 발굴된 지역은 한 곳도 없었다. 그리고 그 자신의 논의가 암묵적으로 인정하고 있는 것처럼, 대부분의 지표조사에서 발견될 수 있는 몇 안 되는 토기 조각을 기초로 기원전 12세기 도자기와 기원전 11세기 것을 구분하는 것이 거의 불가능한 일이다. 더 나아가 핑켈스테인의 고유한 지역 분포 지도와 인구통계 작업(이것은 1988년에 출판되었다)이 이 두 개의 층(기원전 12세기와 기원전 11세기 – 역주)을 구별하지 못한다는 것을 우리는 주목해야만 한다. 이후의 논의에서, 그의 '철기 I시대' 자료는 비록 그가 기원전 12세기의 첫 번째 정착 '물결'이라고 연대를 잡았지만, 거의 다 전적으로 기원전 11세기에 해당한다는 것이 밝혀졌다. 만약 그렇다면 과연 12세기의 증거는 어디에 있는가? 오직 하나의 지도에서(1988: 189) 핑켈스테인은 이 두 개의 층을 구분하고 있다. 그렇다면 그는 어떻게 그의 동쪽 지역의 도자기가 '이른 것'이라고 생각할 수 있었단 말인가? (제르탈은 '동쪽에서 서쪽으로'라고 유사한 논증을 했으며, 심지어 일부 목이 달린 요리용 항아리가 한 세기 혹은 다른 세기까지 광범위하게 할당될 수 있다고 주장했다. 그러나 역시 그의 통계분석은 쉽게 반박된다 — 이는 아래에서 다룰 것이다.)

더 진행하기에 앞서 나는 독자들에게 모든 고고학자가 이미 알고 있는 것을 말해주고 싶다. 한 줌의 오래되고, 정확하게 규정되지 않은 철기 I시대의 토기 조각만으로도, 목이 달린 요리용 항아리는 개략적으로 '기원전 12세기'와 '기원전 11세기' 그룹을 신뢰할 만하게 나눌 수 있다. 그 이유는 이렇게 단명한 그릇들이 예측 가능한 방향으로 변화하며, 그리고 그 변화가 (길로, 실로, 그리고 이즈베트 사르타와 같은) 발굴지에서 어느 정도의 양으로 복원한 거대한 표본과 전체 그릇들을 가지고 상당히 그럴듯하게 그 연대를 설정할 수 있게 되었기 때문이다. 핑켈스테인은 이 점을 인정했다(1988:190).

더 나아가, '초기' (이스라엘 지역의) 지표조사의 75~90퍼센트가 '사막 가장자리'에 있다는 핑켈스테인의 빈번한 주장은 1997년에 출간된 그 자신의 데이터베이스에서 산출된 것이 아니었다. 여기에는 검사된 모든 도자기가 소개되고 있다. 1988년에는 단지 10개의 토기 조각을 증명도 하지 않고 소개했다; 당시에 도표에는 매 장소에 대하여 각 '모양'에 맞는 토기 조각의 숫자가 간단히 기입되어 있었다. 심지어 1988년 핑켈스테인은 에브라임 지역의 지표조사에서 '사막 가장자리'라는 칸을 만들고 그 안에 오직 14곳의 조사지를 기입하였다(1988: 186). 전체가 115곳이나 되었는데 말이다. 만약 내가 여기에서 무엇인가를 놓치지 않고 있다면, 그 수치는 약 12퍼센트이지, 90퍼센트나 심지어 75퍼센트가 될 수 없다. 그리고 우리가 어떻게 이들 14곳이 '초기'에 해당하는지를 알 수 있단 말인가?

여기에서 일종의 형사 업무가 요구된다 — 이것은 부수적인 차원에서 왜 비전문가가 초기 이스라엘에 관한 핑켈스테인의 이론을 평가하는 데 상당히 어려움을 느끼는가를 보여주는 것이기도 하다. 나는 1988년에 제시되었던 14곳의 사막 가장자리의 지역들을 가보았고, 1997년 최종 보고

장소 번호	아랍어식 이름	철기 I시대 토기 조각들	출판 정보 (1988 그림)	해설
18-15/1	키르베트 엔-마르가마			
18-15/31	키르베트 엔-나가마	8		
18-15/44	키르베트 지브으이트	14	8.303:5-7	미검
18-16/6	키르베트 카르카파	12	8.307:1-3	미검
18-16/41	키르베트 엘-마라김	14	8.317:2-4	번호 3번 = 12세기의 요리용 항아리
18-16/50		3		
18-16/51	키르베트 에르-라하야	5	8.321:8,9	번호 9번 = 12세기의 요리용 항아리
18-16/54	에슈-셰이크 마자르	23	8.323:12-15	번호 14번 = 12세기의 요리용 항아리
18-16/55		3	8.325:5	
18-17/42	엔 나비 눈	1		
18-17/43	키르베트 야눈	9	8.339:1-3	번호 1번 = 12세기 초반 요리용 항아리
18-17/44		19		
18-17/51	키르베트 엘-가라이슈	11	8.342:10,11	미검
18-17/73	키르베트 타나 에트-타타	3		

사막 가장자리 철기 I시대 지표조사 자료를 표로 만든 것임; 1997년의 최종 보고서에 나온 자료를 정리한 것임. '미검'은 검사되지 않은 상태를 뜻함; 도자기의 연대는 이 책의 저자에 의한 것임.

서로 출간된 도자기를 참고하였다. 그러므로 산출된 정보는 왼쪽의 표에서와 같이 간단하게 요약된다.

이들 원시 데이터에는 여러 가지 중요한 암시가 있다 ― 그 어느 것도 핑켈스테인이 연구하지 않았다는 것이다. 이제는 완전하게 발표된 14곳의 모든 '사막 가장자리' 지역에서 대부분은 기껏해야 한 줌의 토기 조각들이 나왔을 뿐이며, 이것들은 일반적으로 포괄적인 '철기 I시대' ― 즉, 기원전 12~기원전 11세기 ― 로 통계화되어 기술되었을 뿐이다. 그러나 핑켈스테인의 '동쪽에서 서쪽으로/초기에서 이후로'라는 기획은, 최소한 이들 철기 I시대 장소 중 얼마는 기원전 12세기로 연대가 설정되어야 그 기획이 설득력을 갖는다. 여기에서 문제는 매우 극소수의 숙련된 고고학자들만이 이들 지역에서 나온 도자기를 조사할 수 있는 기본 자격이 된다는 것이다. (지난 10여 년간 게제르에서 수천 개의 철기 I시대 토기 조각들을 다루면서, 그리고 실제로 도자기 유물의 비교 작업을 수행해오면서 나는 나 자신이 그 숙련된 모임에 충분히 들어간다고 생각한다.) 그리고 꼼꼼한 조사를 통해서, 발표된 토기 조각들 대부분이 검사되지 않은 것이라는 사실을 보여주었다(그래서 '미검'이다). 4곳에서 확실히 기원전 12세기의 요리용 항아리의 테두리 부분이 나왔는데, 이것은 길쭉하고 테두리를 가진 단순한 형태로 초기 장소들과 실로와 이즈베트 사르타의 발굴을 통해 잘 알려진 것들이다. 키르베트 야눈Kh. Yanun이란 장소에서는 보다 짧고 삼각형 모양의 요리용 항아리 테두리 하나가 나왔는데, 이것은 길로Giloh에서 출토된 것과 유사하며, 기원전 12세기에 공통적으로 나타났던 것으로 보인다. 여기 14곳의 사막 가장자리 지역의 남은 곳들에서는 주로 저장용 항아리의 테두리 부분이 발견되었는데, 이것은 기원전 13세기 것인지 아니면 기원전 12세기 것인지 구분이 불가능하다(이 점은 핑켈스테인도 인정하고 있다[1988: 276]). 그러므로 에브라임의 115곳의 철기 I시대 장소

중 75~90퍼센트가 사막 가장자리에 자리 잡았으며, 또한 바로 이러한 점이 정착의 첫 번째 '물결'의 주체인 목축 유목민이 그곳에 자리 잡은 것임을 증명하는 것이라는, 핑켈스테인의 전면적인 주장을 뒷받침해주는 유일한 증거가 기껏해야 4곳에서 나온 것이며 그것도 4개의 식별 가능한 토기 조각들뿐이었다! 그 자료를 심사숙고해볼 때, 핑켈스테인의 카드로 만든 집 전체는 무너져 내리고 만다. 한편, 경솔한 성서학자나 전문적인 지식이 없는 일반 독자는 내가 여기에서 문서화한 사실을 절대 알 수 없었을 것이다.

개별 사막 가장자리 장소 중 어떤 곳의 위치와 관련하여 마지막으로 지적할 것이 있다: 키르베트 야눈—기원전 12세기에 거주의 증거가 있다고 보이는 4개의 장소 중 한 곳이다—에서 찍은 사진 2매는 다음의 사실을 확실히 보여준다: (1) 이곳은 꼭대기이다; (2) 사방에 테라스 설비가 되어 있다; 그리고 (3) 비옥한 계곡이 내려다보인다(1997: 330, 331). 그러므로 그곳을 '사막 가장자리'라고 기술하는 게 정확하게 보이지는 않는다. 이런 생각이 다른 초기 장소인 키르베트 엘-마라김Kh. el-Marajim에서도 적용된다(1997: 782). 오직 키르베트 에르-라하야Kh. er-Rahaya와 에슈-셰이크 마자르esh-Sheikh Mazar만이 스텝 지역으로 내려가는 곳의 끝에 자리하고 있을 뿐이다(1997: 793; 796). 핑켈스테인의 대표적인 철기 I시대 장소 중 하나인 키르베트 마르가마Kh. Marjama는 1970년대에 아미하이 마자르가 부분적으로 발굴했던 곳이다. 마르가마는 예루살렘 북부에서 약 29킬로미터 떨어진 꼭대기에 자리하는데, 이곳은 세겜으로 향하는 주도에서 정확히 동편이기도 하다. 나는 그 장소를 방문한 바 있고, 그 지역을 매우 잘 알고 있다. 마자마란 곳을 사막 가장자리로 부르는 것은 잘못된 것이다; 그곳은 오히려 전형적으로 중앙이 융기된 장소라고 할 수 있는데, 다량의 계단식으로 된 비탈이 있고 주변에 큰 샘물이 자리하며 매우 비옥한 계곡에 인접하고 있었다. 덧붙여 말하자면, 이곳의 4헥타르에 달하는 장소는, 방어시설이 잘되어 있었고, 마자르에 의하면 왕조시대로 연대 설정이 가능하며(기원 전 약 10세기부터), 그곳에는 철기 I시대의 유물이 전혀 나오지 않았다. 핑켈 스테인은 1997년에 그 어떤 도자기에 대한 정보도 출간하지 않았다; 그리 고 1988년 작품에서는 그 어떠한 도자기도 나열하지 않았다. 그럼에도 그 당시에 왜 마르가마를 철기 I시대의 장소라고 주장했던 것일까?

건축구조와 기둥과 안뜰을 갖춘 가옥들

핑켈스테인은 위에서 언급된 그림이 단지 에브라임, 즉 사마리아 남부 지역의 상황만을 반영하는 것일 뿐이라고 하면서도, 북쪽으로 므낫세에서 는 그 정착민들이 '보다 정주定住하는' 배경을 가진 사람들이라는 점에는 동의하고 있다(1995: 357). 사마리아 남부에 대한 핑켈스테인의 다른 논거 는 다음의 논쟁에 의존하고 있다: (a) 몇몇 초기 정착의 타원형 혹은 원형 구조가 원형으로 천막을 설치하는 베두인족의 사회-경제적이며 문화적인 배경을 반영하고 있으며, (b) 개별적인 기둥과 안뜰을 둔 가옥 혹은 4방 구조의 가옥은 베두인족과 같은 목축 유목민의 전형적인 천막에서 기원한 것이다. 그러나 불행하게도 여기에서 제시된 논쟁은 추정에 불과할 뿐이 다ー실로, 완전히 이론적인 생각일 뿐이다.

첫째로, 타원형 혹은 원형 구조를 보자. 당연한 이야기지만, 이것은 그 지역을 띠 모양으로 둘러싸고 있는 마을의 벽에서 얻어낸 결과가 아니라, 연이어서 지어진 집들로 인해 일종의 그 주위가 둘러싸여 있는 모양을 형 성하게 된 것일 뿐이다. 핑켈스테인이 인용하는 전형적인 사례는 브엘세 바와 이즈베트 사르타 지층 제3층이다(여기에 핑켈스테인이 지표조사를 해서 발견했던 몇몇 산꼭대기 촌락을 추가할 수 있을 것 같다). 그러나 핑 켈스테인이 인용했던 브엘세바는(그는 헤르조그Herzog를 따르고 있다; 1988: 243) 지층 제7층에 있는 촌락으로, 기원전 11세기 후반이나 기원전 10세기 초반으로 연대가 설정되었다. 브엘세바에서 기원전 12세기 후반~기원전 11세기 초반의 지층은 가장 초기에 거주했던 곳으로, 제9층이 되며, 여기에서는 오직 저장용 구덩이와 수조만 발견되었을 뿐 가옥의 구성이 어떻게 되었는지는 식별할 수 없었다.

핑켈스테인이 직접 조사했던 이즈베트 사르타에 관하여, 기실 이곳은 단연 중요한 곳이라고 할 수 있는데, 나는 그의 해석에 대해 몇 가지 이의를 제기한 바 있다. 공식적으로 발표된 지층 제3층의 평면은 거의 억측으로 된 것이고, (어림잡아 24개 정도라고 건물을 예상하지만) 사실은 대여섯 개의 인접한 건물들의 부분으로 구성되었을 뿐이며, 그 건물의 어떤 벽들이 약간 굽어 있었을 뿐이다. 나는 앞에서 말했던 것처럼 평면의 약 15퍼센트 정도밖에 실제로 발굴되지 않았다는 점에서 판단하고자 한다. 1992년에 이러한 나의 이의에 대답하면서 핑켈스테인은 '주변의 벽'에서 40퍼센트가 드러났다고 주장했다(1992: 67). 독자는 위에서 소개했던 그림(119면)을 보고 난 후 쉽게 판단할 수 있을 것이다. 이즈베트 사르타가 목축민의 야영지였다는 점이 의심스러운 다른 이유는, 그 발굴을 할 때 스태프였던 바루크 로젠Barukh Rosen이 그 발굴지에서 동물학적 유물과 식물학적 유물에 대한 계산을 한 것 때문이다. 그의 계산에 따르면 상당한 수준의 잉여 농업 생산물이 나타나는데, 이것은 목축 유목민들에게 일어나기 어려운 것이다. 사실상 가장 초기 지층인 제3층에서 소뼈가 전체 뼈 중에서 43퍼센트를 차지하다가, 지층 제2층이 되면 그 수치가 23퍼센트로 하락하였다. 이 정보에서 그 어느 것도 '유목민의 정착'을 보여주지 않는다. 경제에 관하여 로젠은 다음과 같이 결론을 맺는다: "정리하면, 이즈베트 사르타의 경제구조는 전형적으로 농업과 가축을 배경으로 한 정주 정착의 모습이었다"(1986: 151; 강조는 저자). 그리고 핑켈스테인 자신의 현장 관리자였던 즈비 레더만Zvi Lederman이 쓴 소논문을 반드시 추가해야 할 것이다. 그 제목이 「유목민은 절대 아니었다」. 핑켈스테인은 위에서 언급한 정보 중 그 어느 것도 인용하지 않았다; 나는 그가 이즈베트 사르타에 이미 그곳에서 살고 있던 재정착한 유목민과 함께 갔으며, 그곳에서 그는 이미 볼 수밖에 없는 것을 보았던 것뿐이다, 하고 생각하지 않을 수 없다. 사실 이런 일은 고고학에서 종종 벌어지는 해프닝이다(고고학이 아닌, 텍스트를 읽는 경우에는 분명히 이러지 않을 것이지만 말이다!).

핑켈스테인이 자신의 유목민 이론을 뒷받침하기 위해 추가했던 세 번째 장소는 텔 에스다르Tel Esdar로, 그곳은 브엘세바에서 남동쪽으로 19킬로미터쯤 떨어진 네게브에 위치한다. 코하비Kochavi는 그곳을 1963~1964년에 발굴했다. 지층 제3층의 평면은 타원형 모양의 정착지로 여겨지는 것의 일부분을 보여주고 있다. 그러나 에스다르 제3층은 기원전 11세기 후반이나 심지어 기원전 10세기 초반으로 연대를 설정할 수 있는 지층이다. 핑켈스테인은 1988년에 그것을 이스라엘의 지역이라고 생각했고, 그 크기도 0.4헥타르를 넘지 않는다고 기술함으로써, 빈약함이라는 그의 기준에 잘 들어맞는다고 하였다(1988: 38). 그러나 그 지역의 발굴자였던 코하비는 텔 에스다르의 넓이가 2헥타르에 달한다고 말했다(1969: 2).

철기 I시대의 많은 지역에서 타원형 혹은 원형의 가옥 구조를 보려는 핑켈스테인의 노력은 다음의 매우 중요한 점들을 놓치고 말았다. (1) 이들 초기 철기 시대 촌락은 대부분이 산꼭대기에 자리하고 있다. 가장 쉽고 가장 효율적이며 가장 합리적인 촌락 구조는 산꼭대의 자연적 조건(종종 있는 그대로의 지표)을 그대로 따르는 것일 것이다. 이렇게 볼 때, (원형 구조는 자연스러운 현상이며) 직사각형 모양의 산꼭대기가 존재한다면 그 것만큼 부자연스러운 지리적 형태도 또 없을 것이다. (2) 이후의 거의 모든 철기 II시대 장소들은, 즉 왕조시대부터 연대가 설정되는 큰 도시 지역은 역시 곡선을 이루고 있다. 므깃도와 같이 어떤 곳은 거의 완전한 원형의 평면 구조를 보여준다. 그렇다면 이들 지역도 역시 유목민들이 세웠다는 말인가? 사실을 말하자면, 팔레스타인의 거의 모든 텔tell 혹은 둔덕은 그 시대와 상관없이 원형이거나 타원형의 형태를 가진다. (3) 거주 지역을 하나의 고리 모양으로 무리를 지으려는 경향은, 심지어 그곳에 경계가 되는 벽이 없는 장소임에도 불구하고 매우 자연스러운 것이다. 실로 이러한 (원형의) 구조는 야생 짐승이나 약탈자가 들어오지 못하도록 막는 실제적인 문제를 해결해줄 뿐, 그 문제를 넘어서는 차원에서 그 어떤 방어의 필요성까지는 나타내지 않는다. 이것은 보편적인 정신분석적인 요소가 작동하는 것과 같다: '입구' 혹은 문턱과 같은 구역을 만들어서 바깥세상으로부터 개인적이며 안전한 삶의 공간을 구분하려는 인간의 원초적 필요성의 발로였던 것이다. (4) 마지막으로, 민족지학자는 원형의 모양으로 배열된 천막은 심지어 베두인족에게도 드문 것이라고 기록하였다. 그러한 구조는 오직 매우 적대적인 지역에서만 실시되는 것이었다. 과연 어떠한 적대 세력이 존재했기에 산지 요새에서 살았던 우리의 평화로운 농부들이 그렇게 공포에 떨었단 말인가? 나는 지난 40년이라는 상당한 시간을 이스라엘과 요르단의 베두인족과 함께 보냈다. 그리고 나는 원형으로 이루어진 천막을 전혀 본 적이 없다. 베두인족은 그들의 천막을 한 줄로, 동쪽을 향해서, 그리고 서로 약간의 공간을 남겨둔 채로 배치한다.

이제 핑켈스테인의 두 번째 주장인, 철기 I시대 촌락과 목축 유목민의 연관으로 관심을 돌려보도록 하자: 즉, 전형적인 기둥과 안뜰이 있는 가옥을 일종의 베두인족 천막을 가정집에 적응시킨 것이라는 주장 말이다 (1988: 254-259). 이 생각은 내가 위에서 언급했던 텔 마소스Tel Masos 발굴의 공동 책임자였던 볼크마르 프리츠Volkmar Fritz에 의해서 1970년대에 처음으로 제기되었다. 프리츠는 개방된 중앙 혹은 측면의 뜰에 특별히 주목했는데, 많은 작은 방들이 측면에 배치되어 있었다; 그는 이러한 거처를

'넓은 방' 가옥이라고 불렀다. 그에게는 이러한 가옥 구성이 베두인족 천막 배열에도 지속적으로 나타나 있는 것처럼 보였다. 즉, 베두인 천막의 앞쪽에 야외 좌석이 (철기 I시대의 주요한 가옥의) 안뜰의 일종의 전신이 었던 셈이다. 그러나 이 두 개의 생활공간이 완전히 다른 기능을 하고 있기에 그의 해석은 문제가 있다. 천막 밖에 있는 지역은 일반적으로 회합 장소로, 그곳에서 남자들이 모이고 대화를 나누며 환대가 베풀어진다(나는 베두인족의 쓴 커피와 끝없는 소소한 이야기를 나눈 바 있다). 다른 측면에서 가옥의 안뜰은 주로 여성들이 식량 보관과 식사 준비를 하며, 가축을 먹이고, 다른 가정의 잡일을 하는 공간이었다. 안뜰 혹은 넓은 방 가옥의 알맞은 모델은 후기 청동기 시대의 이집트 양식의 대저택을 들 수 있는데, 기원전 14~기원전 13세기의 다양한 장소에서 이집트 고위 감독관의 몇몇 거주지에서 발견되었다. 몇 가지 다른 것으로, 텔 마소스에서 프리츠의 공동 감독자였던 아하론 켐핀스키Aharon Kempinski와 그의 감독 아래 브엘세바에서 발굴 작업을 했던 제에브 헤르조그Ze'ev Herzog는 프리츠가 주장했던 '천막 원형(tent prototype)'을 따르고 있다. 핑켈스테인은 '천막에서 가옥으로' 보다 간접적으로 연결되었다는 점에서 이들과 차이를 보일 뿐이다. 즉, 넓은 방의 가옥들이 점차 긴 방이 추가되고, 특별히 기원전 12세기에 발달된 것처럼 보이는 기둥이 추가되면서 점차 초기 형태를 갖추게 되었다고 보았다.

그러나 '천막 원형'에 설득된 학자들은 별로 없었다. 스테이저는 이와 관련해 매우 자세하고 정교한 분석을 다음과 같이 제시했다:

기둥이 있는 가옥의 건축양식은 유물이 되어버린 사막의 돌기둥이나 흙벽돌 기둥을 추억하며 만든 것이 아니라 그 시대의 생생한 삶의 현장에서 만들어진 것이다. 그것은 무엇보다 농장 생활에 가장 성공적으로 적응한 예가 된다: 1층은 음식을 만들고 소규모 작업을 하는 곳, 마굿간과 저장 장소로 할당되었다; 2층(히브리어로 알리야ʻaliyyah)은 식사를 하고 잠을 자며 다른 활동을 하는 데 용이했다. (⋯) 그것의 수명은 그 연속적인 적합성을 잘 보여준다. 다시 말해서, 특별히 목재를 이용할 수 있는 환경뿐만 아니라, 그 안에서 기거하는 사회경제적 집단에게도 적합했던 것이다. 이들은 대부분이 농사를 짓고 가축을 기르던 시골의 가족이었다. (1985: 17)

위에서 언급했던 성서학자 로버트 쿠트Robert Coote는 '천막에서 가옥으로'라는 이론이 비록 한때 기발한 이야기로 취급되었지만, 더 이상 널리 인정되지 않으며 그것을 뒷받침할 고고학적인 근거도 없다는 점을 지적했다. 그는 다음과 같이 말했다:

새로운 정착민들이 과연 어디에서 그들의 새로운 건축 기술뿐만 아니라 새로운 가옥을 구상할 수 있었는지를 궁금해할 필요가 없다. 이 둘은 13세기 혹은 그 이전의 저지대에 살았던 농업 계층, 부족 그리고 그 이외의 사람들의 능력 안에 자리했던 것이었다. (1990: 133)

다시 말하지만, 사심이 없는 관찰자는 초기 이스라엘의 목축 유목민 기원을 주장하는 핑켈스테인의 결정적인 이론이 고고학적 증거에 대한 그의 해석에 영향을 끼쳤을 뿐만 아니라, 그를 이끌어 보증되지 않는 추정을 하게 만들었다는 강한 인상을 받을 것이다. 나는 다음 장에서 나만의 종합을 시도하면서 유목 생활과 부족 생활이라는 보다 큰 주제를 다시 다루도록 하겠다.

문화적 특색이 재현되다

그러나 우선 철기 I시대 산지 지역에 유목민의 재정착을 옹호했던 핑켈
스테인의 최후 변론을 짧게 언급하겠다: 500~600년 이른 시기인 중기 청
동기 시대의 여러 가지 문화적 특색이, 아마도 긴 시간의 동면이 있은 후
갑자기 재현되었다. 기둥을 가진 가옥에 대한 그의 첫 번째 비교는 너무
확장된 논의여서 억지로 갖다 붙인 것처럼 보인다. 약간의 기둥을 가지거
나 약간의 방에 인접한 뜰을 가진 중기 청동기 시대 가옥에서 가끔 나타나
는 사례는 실제와는 그 어떤 연관성을 제시하지 않는다. 방어 시설이 부족
한 것과 관련해서, 중기 청동기 시대는 대대적인 방어 시설이 갖추어진 것
으로 알려져 있다. 심지어 핑켈스테인이 조사한 실로와 같은 작은 지역조
차 방어 시설이 되어 있었다. (목축민의 기원이란 생각을 뒷받침하기 위
해) 이러한 방어 시설이 그 시대 말에 건설되었다는 단언은 간단히 말해
서 잘못된 주장이다. 해안 지역의 아슈켈론으로 알려진, 중기 청동기 시대
의 가장 인상적인 방어 시설은 심지어 그곳에 거대한 다중 입구의 도시 성
문이 있었는데, (핑켈스테인이 이미 알고 있는 것처럼) 그 시기의 초반에
속해 있다. 두 시기 모두 개방된 제의 공간이 있었는데(철기 I시대에는 유
일하게 한 곳만 있었다), 이것은 별다른 설명을 필요로 하지 않는다: 그것
들은 모든 시기에 나타났던 현상이다. 마지막으로, 핑켈스테인의 도자기
'비교'는 전문적인 고고학자가 한 것이라고 하기에는 당황스러운 것이었
다. 그는 중기 청동기 도자기의 종류에 대해서 다음과 같이 언급한다.

> 놀랍게 제한적이며, 대개 저장용 항아리와 요리용 항아리를 포함한
> 다. 도자기는 분명히 지역의 작업장에서 제작되었다. 대단위의 그릇 생
> 산은 이어지는 시기(후기 청동기 III)에만 분명하게 나타난다. (1995: 359)

냉정하게 말해서, 이것 중에 어느 것도 사실이 아니다. 모든 권위자는 중기 청동기 도자기에서 거대하고 다양한 도자기 형태, 물레에 의한 정교한 제작, 그리고 대량생산으로 인한 동질성을 강조한다. 그리고 바로 그 기간의 시작부터 도자기는 최고의 상태로 등장하였다.

내가 도달할 수 있었던 유일한 결론이 있다: 잘 알려진 사실을 이렇게 아무렇게나 다루는 고고학자라고 한다면, 그는 고정관념에 붙들려 있다는 것이다. 정착한 유목민의 민족 정체 — 이스라엘 사람인지 아니면 다른 민족인지 — 를 규명할 수 없다는 핑켈스테인의 최근 논의에 대해서 곧 다루도록 하겠다.

제10장

_____

종합을 위한 또 하나의 시도:
변경 지방 농경민의 개혁운동으로서의 초기 이스라엘

이제 독자들은 성서학과 고고학의 학자들이 허튼소리를 하고 있다고 생각할지도 모르겠다. 그러나 많은 세부 사항을 두고 날카로운 차이점을 보이기는 하지만, 지난 20여 년간 초기 이스라엘과 그 기원과 관련하여 내가 논의했던 주요한 지점들에서 주목할 만한 의견의 일치가 있었다는 점을 강조하고자 한다.

합의를 이루기 위한 노력

1. 연대 문제는 이제 해결되었다; 가나안 지역에 이스라엘이 출현했다고 보는 유일한 시기는 후기 청동기 시대에서 철기 I시대로 넘어가는 전환기, 즉 기원전 13세기 후반에서 기원전 12세기 초반이다.

2. 모든 옛날 모델들은 이제 완전히 폐기되었다. 단지 몇 개의 두드러진 점들이 결국은 유지되고 있을 뿐이다.

3. 고고학은 현재도 그렇고 앞으로도 그렇고 이스라엘의 초기 역사를

재기록하기 위한 새로운 역사로서 제일 중요한 자료가 된다. 한편, 성서를 새롭게 읽는 것은 바람직하며, 어떤 경우에는 도움이 될 것이다 — 만약 건설적인 대화가 가능하다면 말이다.

4. 어느 정도 내부적 기원에 해당한다는 것을 보여주는 최근의 고고학적 근거는 가히 압도적이다. 이제 남은 문제는 과연 가나안의 어디에서 온 것인지를 밝히는 것이다. 결정적인 것은 연속성에 대한 확신이다.

5. 고고학이 가장 잘 기여한 것은 정착 과정이 잘 이해되도록 돕는 맥락을 제공했다는 것인데, 또한 다른 학문 분야와 제휴해서 연구하는 일은 결국 더 많은 성과를 내게 될 것이다.

초기 이스라엘의 후기 청동기 시대 맥락

첫째로, 초기 이스라엘이 역사적·문화적 진공 상태, 즉 그 앞에 아무것도 없는 상태에서 발생하지 않았다는 점은 학자나 일반 독자 모두에게 명백하다. 이스라엘이 하늘에서 떨어져 내려왔다는 성서 기록자의 교조적인 생각은 말도 안 된다. 실로, 성서 기록자는 이스라엘과 그 땅, 곧 가나안의 전임자를 끊임없이 마주하여 묘사하고 있다. 예를 들어, 이스라엘 역사 말기에 활동했던 예언자 에스겔은 이렇게 불평한다: "네 근본과 난 땅은 가나안이요 네 아버지는 아모리 사람이요 네 어머니는 헷 사람이라"(16:3).

나는 이 시점에서 성서의 역사적 기억은 대체로 정확하다고 주장하려고 한다. 앞선 논의 전반에 걸쳐 나는 오늘날 대부분의 학자들이 그러는 것처럼, 후기 청동기 시대 가나안 문화와 철기 I시대 이스라엘 사람들 혹은 '원原 이스라엘' 사이에 강력한 연속성이 있다고 지적했었다. 이러한 연속성은, 두 시대의 도자기에서 살펴본 것처럼 고고학적 증거를 통해 가장 잘 드러난다. 그러나 언어적 연속성도 있다; 현대 언어학이 탄생한 이래로 성서 히브리어가 가나안의 방언이라는 점은 분명해졌다. 그리고 많은 학자는 최근에 주장하기를, 이스라엘의 종교조차 가나안 종교의 독특한 여러 특징에서 기인한 것이라고 한다(바로 이 점이 그 예언자가 불평했던 것이었다).

'문-맥(Con-textual)' 증거

기원전 14~기원전 13세기(혹은 후기 청동기 IIB 시대) 가나안에 대해서 우리가 알고 있는 간단한 용어들을 설명함으로써 후기 청동기 시대의 문맥(즉, 문헌[text]과 함께[con]라는 '콘-텍스트')을 보다 자세하게 다루도록 하겠다. 나는 처음으로 아마르나 서신(the Amarna letters) ― 가나안 도시국가의 원주민 지도자가 자기 지역의 상황을 자세하게 묘사하며 파라오의 왕실에 쓴 편지 ― 을 사용하려고 한다. 그런 다음 동시대의 고고학적 증거들과 병치할 것이다. 증거 중에 어떤 것은 같은 도시국가에서 나왔다. 마지막으로, 비록 후대에 기록된 것이기는 하지만(기원전 약 8~기원전 7세기), 성서의 주요한 전통 몇 가지를 비교할 것이며, 이를 통해 성서 전통이 초기 가나안 문화에서 어떻게 배태되었으며 동시에 그 가나안의 흔적을 어떻게 급진적으로 떨쳐낼 수 있었는지를 보여줄 것이다. 다시 말하지만, 지나치게 단순화한 것처럼 보일지 모르지만 나는 다음과 같이 표를 사용하겠다(다음의 표를 참조하라).

진행하기에 앞서 두 가지 주의할 점을 알릴 필요가 있다. (1) 첫째로, 성서의 전통은 연대기적으로 볼 때 후대의 것이다; 그것들은 획일적이지 않다; 그리고 그것들은 종종 사회의 실체를 반영하기보다 종교적 이상향

표 10.1 문화적 특성 비교, 후기 청동기 시대와 철기 시대

후기 청동기 시대, 기원전 1400~기원전 1200년		철기 시대, 기원전 1200 ~기원전 600년
아마르나 서신 (약 14세기)	고고학적 자료	히브리 성서
1. 도시국가가 주도하다.	말기에 도시 문화가 쇠락하다	농촌 생활, '유목민적 이상'
2. 가나안 군주	정치적 분열이 악화하다	'왕이 없고, 오직 야훼뿐'
3. 봉건사회, 경제	이집트 지배 아래, 지역 '엘 리트'의 증거	부족 제도, '평등성'
4. 사회 계층화; 계급 충돌	매장과 다른 분야에서 부익 부 빈익빈의 극한 차이	이상화된 '땅의 빈민들'
5. 억압적 토지 보유 제도	지나친 중앙화; 농업 생산과 교역의 쇠락	땅은 야훼의 것; '모든 사 람이 자신의 무화과나무 아래에서'; '가내수공업'
6. 농민권 박탈; 강제 노 역 (부역)	빈곤이 증가하다	'신성한' 가족적 유산; '땅 에 땅을 더하는 이에게 화 있을진저!'; 강제 노역에 반대함
7. 관료적 부패; 권위의 남용	지방 지도자의 '성채'; 과소비	'공의가 물같이 흐르게 하라'
8. 사회적 불안정, 아피 루와 다른 집단	점진적인 도시 붕괴; 결국 주 민은 난민이 되어 도주하다	'추방된 사람'인 이스라엘; 이스라엘은 '새로운 창조 물'이다
9. 다양한 형태의 종교 적 표현들	많은 성소, 결국 모두 사라 지고 만다	'사회 비평자'로서의 종교; 결국엔 유일신 종교로 발 전하다

을 나타내곤 한다. (2) 둘째로, 나는 초기 이스라엘의 후기 청동기적 맥락을 우선적으로 조사하지 않으며, 또한 후기 청동기 시대의 역사적 맥락을 성서 전통과 비교하려 들지 않는다. 내가 주장할 수 있는 건 일종의 참신함뿐이다. 성서를 연구하는 학자들은 문제를 해결하기 위해서 고고학적 증거를 가져다 쓰지 않으며; 많은 고고학자는 성서의 자료가 부적절하다고 치부한다. 다시 말하지만, 보다 나은 접근은 학제 간 협력이고 성서와 인공유물 사이의 대화이다.

초기 이스라엘이 사실상 가나안을 대체했다 — 지리적으로나 문화적으로 — 는 주장이 있다. 그러한 생각은 갓월드, 체이니, 쿠트, 휘틀럼과 같은 최근의 성서학자들의 작업에 기초가 되어왔다. 그리고 사회학적 연구에 매력을 느낀 고고학자들은 가나안 사람에 의한 기원을 지적해왔는데, 이들 중에는 켐핀스키, 프리츠, 부니모비츠, 스테이저, 그리고 핑켈스테인(비록 그는 이 학파를 거부하지만)까지 포함된다. 그러나 과연 무엇이 이 사람들을 옮겨서 초기 철기 시대의 고지대에 정착하게 만들었단 말인가? 그리고 이들은 과연 어디에서부터 옮겨진 것인가? 이러한 질문들 — 우리의 물음에 필수적이다 — 은 기원과 이 운동의 본질적인 성격 모두와 관계가 있다.

가나안에서 나온 서신들

첫째로, 표 10.1에서 약간 아리송하게 제시된 후기 청동기 시대의 일반적인 가나안 배경은 좀 더 자세한 설명이 필요하다. 가나안의 아마르나 서신에 나와 있는 사회 상황에 대한 설명 몇 가지를 인용하는 게 도움이 될 것 같다. 이러한 서신들이 가십을 퍼붓는 것처럼 보일지도 모르지만, 우리는 이것이 기원전 14~기원전 13세기의 일반적인 사회경제적 상황에 대해 진술하고 비교적 올바르게 그려내고 있다고 가정한다. 특별히 이 편지들은 팔레스타인을 다스렸던 이집트 괴뢰 군주의 옹졸하며 또한 뒤통수를 때리는 탐욕스러운 행위를 잘 보여주고 있다. 이것은 회고할 때는 재미있는 것이지만, 그 아래에서 살았던 대다수에게는 비극적인 결과를 야기하는 것이었다. 이 편지들의 대부분은 악명 높은 이크나톤(아멘호테프 4세, 재위 기원전 약 1370~기원전 1353년)을 향한 불평과 호소를 담고 있다. 이크나톤은 그의 아름다운 왕비 네페르티티와 그의 사랑스러운 여섯 공주의 일로 바빴기에 편지에 단 한 번도 답을 하지 않은 것으로 보인다. 그 서신은 1887년에 중앙 이집트의 엘-아마르나el-Amarna에 있는 이크나톤의 궁정 폐허 안에서 어떤 여성 농부에 의해서 발견되었다. (앞으로 등장하는 EA와 RA는 출판된 번호를 뜻한다; 참고. 모란Moran 1992.)

다음의 내용은 가나안의 혼란스러운 상황을 기술하는 익명의 편지 중 일부분이다; 여기에서 아피루'Apiru에 대한 언급에 주목하라.

나의 주, 왕께서는 헤아리소서. 아피루의 두목이 내 주 왕의 신이 내게 주신 땅으로 (무장해서) 쳐들어왔습니다; 그러나 나는 그를 물리쳤나이다. 또한 나의 주, 왕께서는 헤아리소서. 나의 모든 형제가 나를 버렸나이다. 그리고 (20)(20; 숫자는 아마르나 서신 19번 토판에서, 20번째 줄에 해당함을 가리킨다 — 역주) 나와 압두-헤바'Abdu-Heba만이 아피루의 두목에 맞서 싸웠나이다. 그리고 악고Accho의 왕 주라타Zurata와 악삽Achshaph의 왕 인다루타Indaruta가 나를 도우려고 서둘러 50대의 전차 — 왜냐하면 나는 (아피루에게) 전차를 빼앗겼나이다 — 를 끌고 왔나이다. 그러나 보시옵소서. 그들이 나를 향해서 싸움을 걸고 있습니다. 그러므로 나의 주 왕의 마음에 맞게 처리해주십시오. 그리고 그를 얀하무Yanhamu에게로 보내시고, 우리가 동쪽에서 싸울 수 있게 허락해주십시오. 그리고 나의 주 왕의 땅이 그의 손으로(이전 상태로) 돌아가게 하옵소서! (RA 19)

다음의 내용은 악고의 왕이 쓴 것인데, 가나안 왕들이 보여주는 옹졸한 경쟁 상황과 그들이 절대적으로 이집트에 의존하고 있음을 잘 보여준다.

나의 주, 왕이시여. 당신의 종이 드리는 말을 들으소서! 담야슈다Damyashda는 비르야바자Biryawaza에서 철수했습니다. [그는] […] 도시 왕의 종인 슈타Shuta와 함께했습니다. 그는 그에게 어떤 말도 해주지 않았습니다. 나의 주, 왕의 군대가 출발했습니다. 그는 므깃도에 그 군대와 함께 있습니다. (20)(20; 숫자는 아마르나 서신 234번 토판에서, 20번째 줄에 해당함을 가리킨다 – 역주) 나는 그에게 아무런 할 말이 없지만, 그는 나를 버렸고, 이제 슈타는 나에게 글을 쓰기를: '지르람야스다를 비르야바자에게 넘겨라!'라고 합니다. 그러나 나는 그를 넘겨주지 않으렵니다. 보시옵소서! 악고는 이집트의 마그달과 같습니다. 그러나 나의 주 왕이시여, 감독관을 보내주시고, 그를 데리고 오소서. (EA 234)

다음은 므깃도의 왕이 세겜에 있는 자신의 이웃이자 경쟁 상대인 라바유Lab'ayu에 대해 불평하는 내용이다.

왕께서는 헤아리소서. 궁수들이 (이집트로?) 돌아온 이래로 라바유는 내게 적대적입니다. 그래서 우리는 양털을 깎을 수 없었습니다. 그리고 우리는 라바유가 있는 문밖으로 나갈 수 없었는데, 왜냐하면 그는 당신이 우리에게 궁수를 주지 않았음을 알고 있었기 때문입니다;

그리고 그는 므깃도를 향하고 있습니다. 그러니 왕이시여, 라바유가 그곳을 취하지 못하도록 당신의 성을 보호하소서. 진실로, 그 성은 역병과 질병에 의한 죽음 때문에 멸망하고 있습니다. 왕이시여, 라바유가 그곳을 취하지 못하도록 당신의 군대에서 100명의 군사를 보내어 지키게 하소서. 진실로, 라바유에게 다른 목적은 없습니다. 그는 므깃도를 멸망시킬 것입니다. (EA 244)

세겜의 악명 높은 라바유와 같이, 서로 경쟁 관계에 있는 교활한 왕 중 하나가 죽었을 때조차도 평화는 찾아볼 수 없었다. 다음의 내용은 헤브론의 왕이 불평한 것을 보여준다.

나의 주 왕이시여, 더 조사해보십시오; 만약 내가 그에게서 사람이나 소나 당나귀 하나라도 취한 것이 있다면, 그가 옳습니다!
게다가 우리 마을을 장악했던 라바유가 죽었습니다; 그러나 보시옵소서, 압두-헤바는 또 하나의 라바유였습니다. 그리고 그는 (역시) 우리 마을을 장악하고 있습니다! 그러므로 왕이시여, 이러한 행동을 보시고 왕의 종을 생각해주옵소서! 그러니 왕께서 당신의 종에게 화답하실 때까지 나는 아무것도 하지 않겠습니다. (EA 280)

국유지와 혹은 심지어 사유지를 놓고 언제나 충돌이 있었는데, 바로 지역의 왕들이 자기들의 소유라고 주장했기 때문이다. 이는 게제르 왕이 쓴 편지에서 확인할 수 있다. 아피루가 분열적인 요인으로 소개되고 있음을 주목하라.

나는 왕의 종입니다. 그리고 당신의 발에 붙은 먼지와 같습니다. 나의 주 왕께서는 헤아리소서. 나의 막냇동생이 나와 관계가 틀어졌습니다. 그리고 무하주Muhhazu에게로 갔으며, 자신의 두 손을 아피루의 우두머리에게 맡겼습니다. 그리고 이제 […의 땅은] 나에게 적대적으로 변했습니다. 당신의 땅을 돌아보시옵소서! 나의 주여, 이러한 행동을 고려하시고 당신의 감독관에게 편지를 써주소서. (EA 298)

각각의 왕은 다른 왕을 앞지르기 위해 노력할 뿐만 아니라, 자유민을 공적인 사업을 위한 노동으로 몰아넣음으로써(강제노역 시스템) 파라오의 환심을 사려고 한다. 다음은 므깃도의 왕이 쓴 편지이다.

왕이시여, 당신의 종과 당신의 성과 관련된 내용을 말씀드리겠나이다. 보시옵소서, 나는 슈나마Shunama라는 마을에서 근무 중입니다. 그리고 나는 부역자들을 데리고 왔습니다. 그러나 보시옵소서, 나와 함께 있는 총독은 나처럼 하지 않습니다: 그들은 슈나마 마을에서 근무하지 않습니다. 그리고 그들은 부역자들을 데리고 오지도 않습니다. 오직 나만 야푸Yapu에서 부역자들을 데리고 옵니다. 그들(부역자)은 슈[나마]에서 왔습니다. 그리고 누리브다Nuribda라는 마을에서도 왔습니다. 그러므로 왕이시여, 당신의 성과 관련된 내용을 유념하시옵소서! (RA 19)

'이집트인들을 매수하기 위해서' 이집트에 바칠 상당한 금액의 뇌물이 필요했다. 이것은 이집트의 고위 감독관이 게제르의 왕 밀킬루Milkilu에게 보낸 편지에서 확인할 수 있다. 수입원은 당연한 이야기지만 전적으로 성에 사는 사람들에게서 갹출하였다.

게제르의 왕자, 밀킬루에게. 왕께서 말씀하신다. 이제 나는 그대에게 이 서신을 보내노라: 보라, 나는 그대에게 궁수 감독관인 하나Hanya를 물건들과 함께 보내노니, 순결한 첩들을 (즉,) 베를 짤 수 있는 여성: 은, 금, (리넨으로 된) 의복, 터키옥 보석, 모든 종류의 값비싼 보석들, 흑단으로 만든 의자, 그뿐만 아니라 모든 좋은 것들을 모두 합쳐 160 데벤(이집트의 무게 단위로, 1데벤은 13.6그램이다 - 역주)을 조달하라. 모두 합쳐서, 40명의 첩: 각 첩의 가격은 은으로 40(세겔). 그러니 매우 순결한 첩을 보내서 그 어떠한 흠도 없게 하라. 그리고 그대의 주인인 왕이 그대에게 말하노니, "이것이 좋도다." (RA 31)

만약 사치품과 노예가 충분한 뇌물이 되지 못한다면, 왕은 좀 더 전력을 다하기도 한다. 이것은 우리가 잘 알고 있는 세겜의 왕 라바유가 이 편지에 쓴 것에서 잘 드러난다.

나는 왕이 나에게 쓴 말씀을 들었습니다. 그런데 내가 무엇이기에 나 때문에 왕께서 자신의 땅을 잃어버리실 수 있다는 말씀입니까? 보시옵소서, 나는 왕의 신실한 종입니다. 그리고 나는 반역하지도 않았고, 죄를 짓지도 않았으며, 내가 바칠 조공을 뒤로 물리지도 않았고, 내 감독관의 요구를 거절하지도 않았습니다. 이제 그들이 악한 마음으로 나를 중상모략하고 있습니다. 그러나 나의 주 왕이시여, 내가 반역했다고 생각하지 마옵소서!

더 나아가, 나의 죄라는 것은 내가 게제르에 들어갔다는 것이며, 그곳에서 공적으로 이렇게 말했다는 것뿐입니다: "왕이 나의 재산을 취하였으니, 밀킬루의 재산도 그래야 하지 않겠는가?" 나는 밀킬루가 나에게 대항하며 했던 행동을 알고 있습니다.

더 나아가, 왕께서는 나의 아들과 관련하여 편지를 쓰셨습니다. 나는 나의 아들이 아피루와 연관되어 있었는지를 알지 못했습니다. 게다가 만약 왕께서 내 아내의 일로 편지를 쓰신다고 한다면, 어떻게 내가 그녀를 붙잡아둘 수 있겠습니까? 만약 왕께서 나에게 편지를 쓰셔서, '그대의 심장에 청동 단검을 떨어뜨리고 죽으라!'라고 하신다면, 내가 어찌 왕의 명령을 수행하지 않을 수 있겠습니까? (EA 254)

다른 지역의 왕들은 겁을 먹었을 뿐만 아니라, 게제르의 밀킬루가 쓴 다음의 편지에서처럼 펠라의 왕에 관해서 불만을 터뜨리기도 한다.

나의 주 왕이시여, 내가 나의 왕의 존전에서 떠난 후에 얀하무 Yanhamu가 내게 행한 소행을 통촉하옵소서. 이제 그가 내 손에서 은 2000(세겔)을 빼앗으려 하면서, 나에게 이렇게 말합니다: "네 아내와 네 자녀를 내게 주어라, 그러지 않으면 내가 너를 멸하리라!" 왕이시여 그의 행동을 통촉하옵시고, 내 주께서 내게 병거를 보내주시어 내가 멸망하지 않도록 지켜주옵소서! (EA 270)

그러나 결국 모든 계략은 실패로 돌아간다. 이것은 예루살렘의 왕 압두-헤바의 경우에서 확인할 수 있다.

21명의 여종 (그리고) 80명의 포로입니다. 내가 슈타의 손에서 빼앗아 나의 주 왕에게 드리는 선물입니다. 나의 왕이시여, 그의 땅을 생각해보십시오! 왕의 땅은 이제 잃어버렸습니다; 완전히 말입니다. 나에게서 빼앗아간 것입니다: 나를 향한 전쟁이 있습니다. 이것은 세일 (그리고) 저 멀리 갓-갈멜의 땅에서도 일어나는 일입니다! 모든 총독은 안전합니다. 그러나 나를 향한 전쟁이 있습니다. 나는 아피루와 같이 되었고, 나를 향한 전쟁이 있으므로 나의 주 왕의 두 눈을 볼 수 없습니다. 나는 바다 가운데 있는 배와 같습니다. (EA 288)

그리고 아피루 — 사회구조를 붕괴시켰다고 비난의 대상이 되는 희생양으로 종종 나온다 — 가 가장 멸시받는 희생자 중에 하나로 나온다. 이들은 사회적으로 추방자이며 부랑자가 되었다.

고고학적 맥락

내가 '붕괴'라고 특징지을 수 있는 모든 고고학적 증거들을 이 자리에 증거 서류로 입증하기에는 지면이 부족하다. 그러니 짧게 정리하겠다. 표 10.1에 열거했던 목록들과 관련하여, 그것 중에 몇 개를 살펴보도록 하자 (위의 표를 참고하라).

1. 모든 고고학적 물질문화 자료는 후기 청동기 시기에, 즉 기원전 약 1500년경부터 하나의 길고 더딘 쇠락이 있었음을 보여준다. 이것은 기원전 13세기 말이 되어서야 바닥을 치게 되었다. 한편 가나안은 홀로 떨어져 있지 않았다. 그 시대의 붕괴는 사실상 그리스에서 이란 고원까지 지중해 동부 전체에서 3,500년이라는 기나긴 청동기 시대의 종말을 잘 보여주고 있다. 다시 말해서 그 당시에 엄청난 대참사가 그 지역을 휩쓸었던 것이다.

2. 가나안 도시국가 체제가 분열되고 지역의 지도자들이 사라지고 난 후에, 정착 유형과 거주 분포에 대한 고고학적 증거는 팔레스타인이 정치적으로 무정부 상태로 퇴보했음을 보여주었다. 이것은 철기 II시대에 이스

라엘 왕조가 일어날 때까지 거의 2세기 동안 난무했던 현상이었다.

3. 소수의 지배 엘리트는 다양한 곳에 있는 이집트 양식의 '거주지' 혹은 궁전에서 나온 고고학적 유물로 증명이 된다. 그들 중에는 아마르나 서신을 썼던 당사자도 있다.

4. 그 시대의 매장 풍속은 부익부 빈익빈이 극에 달하였음을 보여준다. 어떤 무덤은 이집트와 키프로스 그리고 그리스의 사치품으로 가득했지만, 다른 무덤에서는 비참하게도 부장품이 거의 없었다.

5. 자료는 극소수의 사람들에게 집중된 부와 지위의 인상적인 상징물이 넘쳐나고 있음을 보여준다. 이에 반하여 전반적인 문화는 쇠락의 길을 걷고 있었다.

6. 그 시기의 끝에 이르러 공공건물 작업은 지속되었으나 집중적으로 관리하에 있었던 해상무역은 완전히 중단되었다. 그래서 경제는 손을 쓸 수 없는 상태로 내던져지게 되었다.

7. 위의 표 중에 번호 3~6번으로 언급했던 증거들이 결정적이다.

8. 고고학 자료에 근거한 인구 상황은 도시에 점진적으로 인구가 줄어들고 있음을 보여준다.

9. 적어도 20여 개가 넘는 기념비적인 성전들 — 어떤 장소는 여러 개의 성전이 있었다 — 과 정교한 제의 설비들에 대한 증거들을 가지고 있다. 그러나 이 모든 것은 그 시기 끝에 전부 사라졌다.

청동기 시대의 종언, 그리고 그 이후

후기 청동기 시대의 가나안 문화가 한때 활기찼었지만, 기원전 13세기 후반에 이르러 위태롭게 되더니 곧 붕괴하고 말았다. 그 시대의 종언은 로

마의 멸망을 다루었던 역사가처럼이나 매혹적으로 고대 근동 학자들에게 다가왔다. 그리고 그것은 여전히 수수께끼로 남아 있다.

앞선 세대의 학자들은 청동기 시대의 종언을 새로운 민족에 의한 대대적인 침략과 관련하여 이해했다: 지중해에서 온 해양민족, 물론 우리가 다루는 이스라엘 사람들의 이야기에 나오는 '해양민족'이다. 그 시나리오대로라면 종말은 빠르고 극적으로 다가왔으며, 그 이후로 암흑시대가 최소한 기원전 12세기 내내 지속했다. 이후에, 어떤 학자들은 그 원인을 오랜 가뭄과 같은 자연적 재앙에서 찾곤 했다(위에서 언급했던 스티빙Stiebing 처럼). 보다 최근에는 기술이 하나의 요인으로 인식되기에 이르렀다. 이것은 로버트 드루스Robert Drews의 책 『청동기 시대의 종언: 기원전 약 1200년의 전쟁과 재난의 변화들 The End of the Bronze Age: Changes in Warfare and the Catastrophe ca. 1200 B.C.』(1993)에서 말하는 바이다. 그러나 이제 거의 모든 학자가 인식하는 바는, 지중해 세계 전체에 영향을 끼칠 수 있는 광범위한 변화들이라면 아무리 위협적이라고 할지라도 그것은 어떤 하나의 원인에 의한 결과일 수는 없다는 점이다.

최근에 열렸던 브라운 대학의 심포지엄에서 이 문제를 다루었고 흥미로운 결과물들이 나왔다; 발표된 소논문들은 『위기의 시간들: 다뉴브를 넘어 티그리스까지의 기원전 12세기 The Crisis Years: The 12th Century B.C. from Beyond the Danube to the Tigris』(1989)라는 제목의 책으로 출간되었다. 내가 기고한 글은 팔레스타인과 그 지역의 구조 붕괴와 관련된 사건들을, 앞의 7장에서 개략적으로 제시한 접근을 사용해서 다루었다. 이 견해에 의하면, 다양한 하부 문화 구조들이 서서히 악화되었고, 결국 구조를 갉아먹던 악순환이 가차 없이 아래쪽으로 발생했으며, 궁극적으로 구조 전체의 붕괴에 이르게 되었다. 일부 고고학적 증거가 위에서 제시된 바 있다.

나는 다음과 같이 논점들을 정리하고자 한다: (1) 팔레스타인의 경제는 항상 보잘것없는 것이었고, 불리하게도 국제 교역의 최종점으로서 영향을 받게 되었다. 따라서 점차 고립될 수밖에 없었고, 아마 농업 생산이 줄어드는 방향으로 나아갔을 것이다. (2) 시대에 뒤진 기술이 보상이 될 수 없었다. 그들은 '여유를 가질 수' 없었다. (3) 지역적 반란자인 아피루뿐만 아니라 시리아에서 온 후리족 그리고 결과적으로 '해양민족'의 침입과 같이 공격해 들어오는 사람들에 의해서 갈등은 갈수록 증가되었기 때문에, 복잡하면서도 섬세하게 균형을 맞추고 있었던 사회구조는 점차 전복되고 말았다. (4) 다루기 어렵고 지나치게 중앙화되었으며 부패한 관료주의는 이러한 문제를 무시할 뿐만 아니라, 실제로 이해하지도 못하는 구조에 참견함으로써(어떤 것들은 전혀 바뀌지 않는다!) 그 문제를 악화시키기까지 했다. (5) 한때 강력했던 종교라는 통합의 신화는 시리아에서 출토된 가나안 문헌에서 웅변적으로 잘 드러났는데, 문화적 구조에 대한 압도적인 도전에 직면하게 되자 더 이상 신뢰할 수 없게 느껴졌다. 이 시점에서는 소규모의 소란만으로도 구조 자체를 뒤흔드는 강력한 연쇄 작용이 될 수 있었을 것이다. 결과적으로 시대의 종언은 많은 도시국가의 파괴 혹은 폐기로 끝을 맺었다. 그런 다음 기원전 1160년경에 이르러 아시아에서 이집트 제국이 사라지게 된다. 완전한 혼란이 잇따라 일어났다. 일종의 진공 상태가 만들어졌는데, 자연이 진공을 혐오하는 것만큼이나 문화가 진공을 참을 수 없기 때문인지, 그 빈 공간을 무엇인가가 채워 넣기 시작했다.

가나안 내부 어디인가?

나는, 초기 이스라엘 문화를 가장 잘 나타내 보여주고 있는 일반적인 배경은 다름 아닌 가나안 문화였다, 라는 문제를 효과적으로 해결했다고 생각한다. 이제 우리의 고지대 이주민들이 가나안 내부에서 생각을 달리 하거나 혹은 이탈한 어떤 부류라고 가정한다면, 과연 어느 지점에서 그들 이 출발했다는 말인가? 지난 장에서 나는 왜 최근의 가장 중요한 대부분 의 이론, 곧 이스라엘 핑켈스테인의 이론이 고고학적 근거에 비추어서 기 각되어야만 하는지 많은 설명을 들어 제시했다. 고지대에 정착했고 점진 적으로 이스라엘 사람으로 알려지게 된 사람들 대부분이 재정착한 지역의 유목민이었다는 것은 간단히 말해 잘못되었다. 심지어 이와 관련해서 그 어떤 종류의 팔레스타인 서부에서 온 유목민의 경우도 아니며, 트란스요 르단 지역에서부터 온 것도 아니었다. 인구학적인 자료 그 자체만으로도 결정적이다: 기원전 12세기 고지대 정착 과정에서 나온 극적인 인구 성장 을 설명할 수 있는 그 어떤 유목민도 존재하지 않았다.

핑켈스테인의 주장을 반박할 수 있는 다른 것들이 있다. 유목민들은 일 반적으로 일종의 구속을 받아야 정착하게 된다. 즉, 바깥 세계에서 주어진 어떠한 힘에 의한 결과가 정착이다. 이것은 마치 정부가 국가 통치 아래로 그들을 이끄는 것과 같은 과정이다. 에마누엘 마르크스Emanuel Marx의 자 세한 연구서인 『네게브의 베두인족Bedouin of the Negev』(1967)에서 입증하기를, 15,000명이 넘는 베두인족이 당시 팔레스타인의 오스만튀르 크 통치자의 압제 아래였던 1870년대 들어와서야 어떻게 정착하게 되었 는지를 보여주었다. 그것은 강한 저항을 받았는데, 지금 이스라엘 정권 아 래에서도 그러하다. 베두인족은 그들 스스로 유일한 참 아랍인이라고 생 각하고 있으며, 농부를 펠라힌fellahîn, 곧 '정착한 농사꾼'이라고 부르며 깔 보았다. 이러한 사막의 신비로움은 기원후 14세기의 사회학자이자 역사 가였던 이븐 할둔Ibn Khaldûn으로 거슬러 올라가 찾아볼 수 있다. 에마누엘 마르크스는 베두인족의 생활양식이 경제적이며 정치적인 제약에 영향을 받지 않고, 오히려 이데올로기적인 신념과 가치에 강하게 뿌리를 내린다고 하였다. 그는, 두 세대 동안 정착해서 사실상 농민이 되었고, 심지어 가게 주인까지 되었으며, 여전히 가축 몇 마리를 키우는 베두인이 어떻게 그들 스스로 주기적으로 이주하는 목축인의 생활양식을 따르고 있다고 생각하는지를 살펴보았다.

나는 이러한 장면을 요르단에서 경험한 적이 있다. 그곳에서 고인이 된 후세인 왕(그 스스로가 베두인 혈통이다)이 베두인족을 남쪽 지역에 정착시키려 했으나 실패하고 말았다. 나는 한때 현대식으로 새롭게 지은 콘크리트 건물로 된 촌락에 베두인족을 제한하려 했던 것도 보았다; 그들은 뜰에 천막을 박아 생활했으며, 집 안에 마구간을 만들어 양과 염소를 키웠다.

후기 청동기 시대의 사실을 말하면, 이집트 권력은 가나안을 놓아주지 않았을뿐더러, 가나안의 서로 반목하는 지역의 나라들도 외곽 지역을 넘어서 효과적으로 통치하지 못했다. 그러니 스텝steppe 지역과 동쪽의 변경은 말할 나위 없을 정도이다. 무법한 아피루를 다루는 아마르나 서신과 샤수-베두인족을 기술하는 이집트 문헌 모두 이 점을 분명하게 밝혀주고 있다.

만약 누군가가 지역의 유목민이 저지대에서 올라왔다고 가정한다거나 혹은 (핑켈스테인이 주장하는 것처럼) 이미 고지대에 와 있다고 한다면, 그들은 피난민으로서 멀리 동쪽으로 도망갈 것이 아니라, 오히려 서쪽으로 도망가야 하지 않겠는가? 트란스요르단의 사막은, 도심지의 붕괴와 그 영향을 받은 시골의 혼란을 피해 누구라도 간단히 도망할 수 있는 가장 안전한 피난처로 여겨질 것이다. 핑켈스테인은 대규모에 상대적으로 급작스러운 목축 유목민의 (재)정착을 제안했지만, 그는 설득력 있는 근거를 하나도 제시하지 못했다. 그러한 유목민 누군가가 아마도 철기 I시대 촌락민과 함께 행동했을 수도 있으며, 팔레스타인 역사에서 항상 발생했던 것처럼 심지어 영구적으로 거주했을지도 모르겠다. 그러나 (핑켈스테인이 말하는) 그들은 소수 집단이 아니었다.

철수?

탈출은 많은 사람이 이주하는 동기로 종종 제시되었다. 이 현상을 놓고 우리는 철기 I시대 가나안의 상황을 설명해야만 한다. 민족지학자는 주기적으로 이주하는 이러한 현상을 정주定住라는 개념과 관련하지 않고, 오히려 그와 정반대의 개념, 곧 재부족화(retribalization)라는 것으로 설명하고 있다. 극단적인 상황에서, 한때 정착하고 살았던 유목민들이 속박이 덜한 부족에 가입하기 위해서 국가적 통제를 벗어버리고 목축 유목 생활로 되돌아가는 것이다. 때때로 이러한 것을 철수(withdrawal)라고 부른다; 사실 이것은 멘덴홀과 갓월드가 사용했던 전문용어이다. 다른 도시에서 낙오했던 사람들, 즉 아피루처럼 초기 이스라엘은 이러한 관점에서 보면 사회에서 철수하기로 선택한 자들이며, 특별히 고지대라는 보다 멀고 인구가 덜한 지역으로 이주한 경우라고 하겠다.

철수라는 개념을 다시 꺼내야 할 시간이라고 생각하는데, 그러나 이는 새로운 고고학적 증거들이 뒷받침하고 있는 새로운 상황이 생겼기 때문이며, 무엇보다 그 동기와 관련하여 이전과 다른 이유가 제기되기 때문이다. 내가 말하고자 하는 철수는, 견딜 수 없는 조건으로 인해 혹은 야훼 신앙의 혁명적인 열정이 나타날 수밖에 없었기 때문에 사람들을 변경으로 내모는 철수가 아니라, 단지 새로운 사회와 새로운 삶의 양식을 추구하려는 소박한 것이었다. 그들은 단지 다시 시작하고 싶어 했다. 그리고 결과적으로 그것은 혁명이 되고 말았다.

철수에 대한 나의 이론을 보다 정교하게 설명하기 위해서, 나는 무엇보다 철기 I시대 고지대 정착민들이 가나안의 저지대(도심지이건 시골이건)에서 오랫동안 기거했다는 점을 보여주어야만 한다. (중앙 산지나 동쪽의 경사지보다) 이러한 지역이 인구가 집중되었다고 보는 이유는 다음과 같다:

(1) 고지대 변경에 있는 시골 지역을 개척해서 그곳에서 성공적인 농업 활동을 기대하는 사람이라면, 내가 이미 암시했던 바와 같이 가나안의 다른 곳에서 자급자족 농민의 경험을 먼저 가지고 있어야만 한다. 유목민이 생존하는 것 이상을 감당할 수 있었는지는 상상도 할 수 없는 일이다. 어떤 이들은 조건이 허락하는 한 정착했을 것이다. 그러나 유목민은 우리가 철기 I시대 산지에서 찾을 수 있었던 그런 대규모의, 고밀도의, 성공적인 농업 사회와 경제를 그들 스스로 창출해내지 못한다.

데이비드 홉킨스David Hopkins는 그의 책『가나안의 산지: 초기 철기 시대의 농업 생활The Highlands of Canaan: Agricultural Life in the Early Iron Age』(1985)이라는 책에서 위에서 언급했던 엄청난 난관들을 분석했다. 특히 그는 반드시 충족되어야만 하는 선행조건들을 열거했다. 그것들은 다음과 같다: 1) 친밀한 사회구조; 2) 대규모로 노동력을 움직일 수 있는 능력; 3) 환경의 변화에 대한 지식; 4) 산림을 정리하고, 수조를 파며, 광대한 계단식 농업을 건설하는 데 필요한 기술들; 5) 위기를 관리하고 절감할 수 있는 전략들; 6) 잉여생산물을 만들어내고 또한 보관할 수 있는 능력; 그리고 7) 장기간의 토지 사용과 보존을 할 수 있는 식량. 홉킨스는 이 모든 선행조건이 고지대 정착민 가운데 반드시 선재했다고 여기지는 않았다(예를 들어, 테라스 건설은 그 이전에 해보지 못했을 것이다). 그러나 그들은 반드시 그러한 조건들을 생각해낼 수 있었을 것이며, 그들이 상당히 일찍 성공적으로 발전시켰음을 그는 확실히 보여주었다. 플리머스Plymouth와 제임스타운Jamestown의 초기 미국 개척민 대다수는 그 정착 첫해에 죽고 말았다. 산지 정착민 역시 그들 스스로 미리 적응되어 있지는 못했을 것이 분명하다.

(2) 농사 경험과 기본적인 생존 능력을 차치하고, 동기에 대한 문제가 있다. 왜 목축 유목민이 아닌 농부가 스스로 자기 자리를 떠나, 이 경우에 절대 녹녹해 보이지 않는 산지 변경으로 이주해야만 했던 것인가? 이에 대한 답은 의외로 간단할 수 있다. 만약 내가 위에서 제시했던 기원전 13세기 말에 이르러 가나안의 중심부에서 벌어졌던 비극적인 상황들을 받아들이기만 한다면 말이다. 그때 가나안은 완전히 붕괴되기 직전이었다. 많은 촌락민과 농민뿐만 아니라 토지가 없는 아피루가 기근에 허덕였고 사회적으로 외면당했다. 그들은 잃을 것이 없었다. 철수는 필요가 아닌 필수였다. 100년이 넘는 반역과 억압은 이들 다양한 집단들이 일종의 사회적 연대 의식을 가질 수 있게 했다. 혁명이 가능할 것만 같은, 혹은 심지어 불가피하다고까지 생각되는 어떠한 이데올로기가 존재했을 것이다. 물론 나의 이론은 하나의 추정이다; 그리고 멘덴홀과 갓월드의 농민혁명 모델처럼 내 이론을 뒷받침해줄 직접적인 고고학적 증거도 별로 없다. 그럼에도 불구하고 후기 청동기 시대 말에 이르러 가나안의 일반적인 고고학적 맥락에 대한 우리의 최근 지식은 이러한 시나리오가 상당히 현실적이라고 말해준다. 탁월한 사회학자 렌스키G. Lenski와 렌스키L. Lenski의 말에 의하면 변경은 다음과 같다.

농경 사회에서 깊이 뿌리박혀 있는 사회문화적 경향성에서부터 벗어날 수 있는 독특한 기회를 제공한다. 변경이라는 도전에 응답하는 자들은, 즉 그 위험성과 그 기회에 반응하는 자들은 주로 잃을 것이 없는 남자들로, 기존 질서에 매여 있지 않은 사람들이다. 그러므로 그들은 엄청난 신체적인 위기를 기꺼이 감당할 마음을 가진 자들이며, 독립적이고 혁신적인 성향의 사람들이다. 결과적으로 새로운 삶의 방향은 일반적으로 변경 지역에서 발전된다. 혁신이 쉽게 받아들여지는 곳이며, 옛 질서가 맥을 놓는 곳이다. (1978: 229)

이 말은 내게 초기 이스라엘 사람들에 대한 적합한 기술처럼 들린다.

산지 변경

더 자세하게 나아가기 전에 여기에서 '변경(frontier)'이라는 말의 기본적인 개념을 생각해보도록 하자. 나는 현대적인 관점에서 국가의 변경 혹은 국경을 뜻하고 있는 게 아니다. 오늘날 이스라엘, 웨스트뱅크, 요르단, 그리고 남부 레바논과 시리아라고 부르는 전체 지역은 그 당시에 거대한 가나안의 일부였으며, 이집트는 일반적으로 그 땅을 '후루족의 땅' 즉 후리안 족속의 땅이라고 불렀다. 이러한 거대한 지역에서 실제 경계는 생태학적으로 결정되며, 환경적인 조건의 변화에 맞추어서 상시 이동하게 되었다. 이것은 변두리에 있는 땅인데, 지리적일 뿐만 아니라 인식상으로 그렇게 받아들여지는 곳이다. 심지어 좋은 시기일 때라도 변경은 멀게만 느껴지고 심지어 적대적인 장소로 여겨진다. 그곳이 물리적으로 멀지 않더라도 말이다.

마이클 로턴Michael Rowton은 중동의 이러한 지역적 특질을 '동종이형(dimorphic, 종은 같으나 모양은 다른 – 역주)' 즉 두 개의 기초적인 형태를 가진 것이라고 하였다. 여기에서 독특한 점은, 아라비아의 거대한 사막과는 반대로 건조 혹은 반건조 지대 안에 농경이 가능한 땅들이 일종의 직소 퍼즐의 모양으로 흩어져 배치되어 있다는 점이다. 그러므로 스텝 지역을 배회하는 목축인이 오늘날에도 그러하듯이 종종 마을 사람들과 접촉할 수 있게 되었다. 사실, 베두인족은 그들의 남는 가축과 동물성 식품을 터를 잡고 살아가는 주민과 교역하지 않고는 건강을 유지하거나 심지어 생존할 수 없다. (핑켈스테인의 이론과 같이, 후기 청동기 시대 고지대의 유목민이 독립된 삶을 살았을 것이라는 추측은 이렇게 잘 알려진 유목민의 생활 특성을 무시하고 있다.) 그러므로 지리적으로나 물리적인 경계는 항상 유동적이다. 앞서 말한 것이 함의하고 있는 바는, 부족민들이 때때로 정착할 수 있다는 것이고, 그 정착민들은 다시 재부족화될 수 있다는 것이다. 도시민들은 오지의 작은 촌락에 끌리기 마련이고, 촌락민들은 무리를 지어 도시로 들어갈 수도 있다.

그러나 기원전 13세기 말에 전 지역을 휩쓸었던 대재앙으로 말미암아 그 방향은 일방통행이 되고 말았다. 변경 지역은 개방되었고 매혹적으로 여겨졌다. 심지어 후기 청동기 시대 초반에도 고지대에 소수의 거대한 가나안 도시국가들이 있었으며, 이는 아마르나 서신에서 확인된다. 이스르엘 계곡에서 브엘세바까지 이르는 중앙 산지 전체에서 유일하게 언급된 대도시는 므깃도, 다아낙, 세겜, 예루살렘 그리고 헤스본 정도이다. 이러한 도심지는 평균적으로 32에서 40킬로미터씩 떨어져 있다. 도시 각각의 영향이 미치는 영역은 매우 넓게 확장될 수 없다. 그리고 그 도시들이 서로 접촉한다고 할지라도, 대결 구도와 적대적 관계는 이들 중심지 중 어느 것도 주변 지역을 효과적으로 관리하지 못했음을 시사한다.

이스라엘인(핑켈스테인을 가리킴 - 역주)의 표면 조사는 후기 청동기 II시기의 (도시에) 의존적인 정착지는 그 수가 적었고 크기는 작았으며 상대적으로 널리 퍼져 있었다는 것이다. 이는 아피루가 법의 제약을 받지 않으면서 그렇게 자유롭게 활동할 수 있었는지를 보여주는 이유이기도 하다. 핑켈스테인은 1992년에 발표한 나의 논증, 즉 중앙 산지에서 도심지 사이에 있는 변경 지대가 철기 I시대 이전부터 분산되어(비록 이 '분산'이라는 것이 상대적인 표현이지만) 거주하고 있었다는 나의 주장에 이의를 제기했다. 그는 이 지역에 약 150개의 중기 청동기 지역이 있었다고 계산했다 (1992: 66). 그러나 그는 그가 예전에 했던 수치(1991: 27)가 단지 여섯 개의 상당히 넓은 장소(4~8헥타르)이며 여섯 개의 넓은 장소(1.2~1.6헥타르)라는 사실을 독자들에게 알려주지 않았다. 남은 것은 작은 마을, 촌락, 부락, 그리고 따로 떨어진 묘지이다. 중기 청동기 시대 고지대에 살았던 사람들의 인구는 알려지지 않았다. 그러나 내가 판단하기에 그 수치는 그 지역이 수용할 수 있는 것보다는 아래였을 것이다. 1986년에 브로시Broshi와 고프나 Gophna는 중기 청동기 시대 138개의 고지대 인구를 그곳에 약 1,660헥타르의 생활공간을 상정하여 제시했다. 그들은 최대 인구가 약 40,000명에 이를 것이라고 했다. 그러나 여기에서 의미심장한 사실은, 핑켈스테인 자신의 수치에 따르면 후기 청동기 시대 말에 이르러 인구가 12,000명 아래로 낮아졌다는 점이다. 그러므로 사실상 기원전 13세기에서 기원전 12세기로 전환하는 시기를 맞이하여 변경 지역은 평균 이하의 인구가 있었다. 특별히 시골 지역이 그러했다.

오합지졸이었나?

나는 후기 청동기 시대의 가나안 사람들이 이질적인 성질을 가지고 있었다고, 즉 변경으로 이동하는 데 오랜 시간 동안 적응 과정을 거쳤으며, 그 시기가 끝날 때쯤에는 점차 반항적인 기운이 증가했다는 점을 앞서 강조했었다. 그러므로 내가 철기 I시대 산지 개척민(나의 표현에 따르면 '원 原 이스라엘proto-Israelites') 모델의 솔직한 대변자라는 점이 그리 놀랍지 않을 것이다. 여기에서 개척민은 다양한 그룹을 상정하고 있으며, 이들 모두는 다양한 면에서 의견을 달리하는 사람들이다. 그들 중에는 다음의 사람들이 포함될 수 있다: (1) 도시에서 떨어져 나온 사람들 — 경제적 착취, 관료들의 무능력과 타락, 세금, 그리고 강제 징수로부터 벗어나고자 했던 사람들. (2) 아피루'Apiru와 다른 (홉스봄Hobsbawm의 표현을 빌려) '사회적 무법자', 시골에서 이미 반역한 자들로, 이들 중 일부는 노상강도, 산적, 이전에 군인이었거나 용병, 혹은 다양한 부분에서 기업가 — 다른 말로 약탈자가 있었다. (3) 많은 종류의 난민이 있는데, 여기에는 이집트의 '정의(justice)'에서 도망한 자, 집을 잃어버린 촌락민, 가난에 찌든 농민, 그리고 자신들의 사회가 쇠락함을 목도하고 그러한 재앙으로부터 벗어나기를 단순히 희망했던 사람들이 있었다. (4) 지역의 목축 유목민, 여기에는 동쪽 스텝 지역 혹은 트란스요르단에서 온 자들(샤수)을 포함하며, 심지어 델타 지역에서 노역했던 아시아 노예 가운데 이집트에서 '탈출한 무리(Exodus group)'도 있었을 것이다. 이들은 모두 서로 의견이 달랐고, 변화를 준비하는 기회주의자들에게 불만을 품고 있었다. 이러한 전체 그룹에게 고지대 변경 지역은 극복해야 할 장벽들이 있었음에도 불구하고 엄청난 매력으로 다가왔을 것이다. 새로운 시작이니까!

초기 이스라엘이 오합지졸이었다는 생각은 전혀 신선하지 않다. 비록 상당히 후대의 것이기는 하지만, 성서의 전통에는 그들이 다양한 기원을 가지고 있다고 기억한다. 성서는 이스라엘이 아모리족 그리고 가나안 사람과 상당히 밀접한 관계를 맺었을 뿐만 아니라 '여부스족, 브리스족, 히위족'(마지막은 아마 신-헷족이다)과 다른 사람들과 접촉했다고 말한다. 이 모든 족속이 때때로 이스라엘 연맹의 일부분이었을 수 있다. 예를 들면, 기브온족과 세겜족은 계약을 통해서 이스라엘 연맹 안으로 들어올 수 있었다. 어떤 이는 이스라엘 사람으로 태어났고, 다른 이는 이스라엘 사람이 되기를 선택할 수 있었다. 연맹의 결속력은 필수적인데, 이것은 생물학적인 부분이 아니라 오히려 이데올로기에 의해 결정되었다. 이스라엘이라는 민족성 — 무엇이 그들을 이스라엘로 만들었는가 — 에 대해 나는 곧 다루려고 한다. 말할 필요도 없이, 나는 그들의 정체성과 관련하여 핑켈스테인이 가졌던 회의적인 입장에는 조금도 동의하지 않는다. 그들은 그들이 누구인지 알았다. 밝혀내는 일은 이제 우리에게 달려 있다.

농민이 들고 일어섰는가?

성서 전승은, 가나안에서 (이스라엘의 – 역주) 형성 단계를 말하면서 부족 기원과 부족 조직이라는 개념을 강하게 고수하고 있다. 그러나 내가 위에서 지적했던 것과 같이, 히브리 성서가 말하는 유목민적 이상이란 것은 사실상 그 시간에 있었던 역사적 실체가 아니라 어느 정도 후대의 기록자에 의해서 만들어진 일종의 향수(nostalgia)였다. 진짜 부족적 기원이라고 한다면 초기 이스라엘을 구성했던 거의 모든 사람이 사실상 야곱의 후손들이며, 친척 혹은 혈족 관계여야만 한다. 오늘날 중동에 살고 있는 현대 아랍의 부족 대부분은 인류학자들이 부계父系라고 부르는 것을 요구한다. 즉, 남자 후손을 통해 친척이 된다는 것이다. 그러나 이러한 부족의 구성원조차도 그들의 전통은 매우 과장되었으며 심지어 어떤 경우에는 단순한 기원 신화에 그친다는 것을 종종 인식하고 있다. 사실, 실제이건 만들어진 것이건 동족 관계에는, 즉 개인을 하나로 묶어서 부족 혹은 씨족으로 부르는 긴밀한 사회 조직에는 그 특성 외에도 다른 많은 요인이 존재한다. 공통적으로 사막에서 기원했다는 것은 이러한 요인에 속하지 않는다. 왜냐하면 촌락민과 심지어 도시 거주민조차 자신들이 부족적으로 기원했다고 주장할 수 있기 때문이다. 부족과 부족 이데올로기를 만들어내며 또한 유지하는 데에는 많은 사회적, 경제적, 그리고 정치적인 요인들이 있다.

여기에서 종종 암시되고 있는 사회적 결속력은 종종 재산권과 상속법에 해당하는 것들로, 즉 가족 관계 그리고 더 큰 가족이라는 현재 상태를 유지하는 측면을 나타낸다. 그리고 오늘날 많은 장소에서 발견할 수 있는 것처럼, 고대 근동에서 재산은 토지를 뜻하는데 이는 산업화 이전의 거의 모든 사회에서 토지 경작이 음식물을 생산하는 가장 기초적인 수단이 되었기 때문이다. 그러므로 사회적인 계층과 민족의 충돌 — '우리란 누구인가' — 은 일반적으로 지역 주민들과 권한을 침해하는 침략자 사이에 발생하는 경쟁이 아니다. 그것은 오히려 누가 토지를 소유하며 그것을 관리하고 사회적으로나 경제적으로 이윤을 얻는가에 대한 문제로 사회 내의 서로 다투는 집단들 사이에서 벌어지는 경쟁인 것이다. 도시 권위자들이 지역의 재화를 두고 종종 싸우는 것이 바로 이런 경쟁이었다.

이제 나는 멘덴홀과 갓월드가 말하는 농민으로 관심을 돌리겠다. '농민'이라 하면, 우리는 농사를 짓고 사는 개인, 즉 농부('peasant'라는 말 자체가 프랑스어로 페이pays, 즉 '땅'에서 왔다), 농촌 지역의 다소 투박한 사람을 의미한다. 그리고 시골의 민중은 땅과 긴밀하게 묶여 있을 뿐만 아니라 도시 사람들보다 더 친척 관계가 강하고 서로 묶여 있다. 그러므로 부족이라는 개념은 어느 정도 상상의 요소가 있음에도 불구하고 일종의 사회적 계약을 만들게 되며 이로써 공동의 충성, 복종, 그리고 권리를 나타내게 된다. 그리고 부족의 친밀성이 족보 같은 것을 통해서 위로 몇 세대 거슬러 올라가게 된다면, 마치 성서 전승이 그러한 것처럼 이러한 계약은 구속력을 갖게 된다. 그것은 역사에 뿌리를 두는 작업이며, 하나의 전통이기 때문에 옳게 받아들여진다. 그것은 심지어 신들에 의해서 인가된 것으로까지 여겨지기도 한다.

이 모든 내용이 단지 추정에 불과하다고 생각할 것이다. 마치 대중적 선전 활동의 일부처럼 들릴 것이다. 그러나 우리는 위에서 논의한 것처럼 가나안에서 이스라엘의 출현이 있기 한두 세기 전에 이미 토지 소유권에 대한 실제적인 증거를 가지고 있다. 아마르나 서신 몇 개에서 토지 권리를 분명히 언급하고 있다는 점에 주목해야 한다. 지역의 왕들은 주권자 파라오가 모든 땅을 소유했다고 인식한다; 그러나 그들은 주장하기를, 그 땅의 관리는 그들에게 직접 맡겨져야 한다고 했다. 다시 말해서, 토지는 하나의 봉토가 된 셈이다. 이것은 마치 중세 유럽의 봉건제도 혹은 소출을 목적으로 맡겨진 상속 가능한 토지와 같다.

아마르나 서신에서 파라오에게 항변하는 많은 사람은 이러한 토지와 관련된 자들인데, 경쟁 관계에 있는 왕이나 혹은 아피루와 같은 반역자들에 의해 토지가 강탈되는 문제를 겪고 있었다. 지역의 왕들은 조직적이었고, 심지어 노동을 강요하기도 했으며(강제노역), 그리고 그들은 모든 토지의 이윤을 요구했다. 사회경제적인 구조를 생각할 때, 아마르나 서신에서는 토지에서 일하는 대부분의 사람에 대해 우리가 봉건제도에서 농민, 농노, 혹은 노예로 부르듯이 표현하고 있다는 것이 분명하다. 노예들은 아무런 권리가 없었다; 농노는 왕이나 지주 계급에게 토지를 대여해서 엄청난 몫의 생산물과 노동력을 제공해야만 했다. 그러나 농노인 그들은 토지를 소유하지 않으면서도 그 땅에 묶여 있었고, 마치 부수된 재산처럼 그 땅과 함께 거래될 수 있었다. 오직 농민만이 실제로 작은 규모의 토지를 소유할 수 있었다. 그들은 사실상 자유재산 보유자였고, 증여 가능한 토지 문서를 포함하고 있는 일정 수준의 이론적인 권리를 가진 시민이었다. 그러나 이들 재산 보유자들조차도 지속적인 괴롭힘에 노출되었고, 때로는 지방 관리나 이집트 군주에 의해서 토지 몰수를 당하기도 했다.

멘덴홀과 갓월드 모두 자신들의 농민혁명 이론을 뒷받침하기 위해서 아마르나 서신을 사용한다. 참으로 이상한 것은 어느 누구도 인류학자 에릭 울프Eric Wolf의 1960년대 작품, 즉 『농민Peasants』(1966) 그리고 『20세기의 농민전쟁Peasant Wars of the Twentieth Century』(1969)과 같은 선구적인 연구를 언급하지 않았다는 점이다. 갓월드는 단지 한 번만 울프를 인용하는데, "울프에 의해서 제시된 응집력 있고 혁명적인 소작농을 만드는 (전부는 아닐지언정) 대부분의 조건이 기원전 13~기원전 11세기 가나안에서 나타났던 것으로 보인다"라고 했다(1979: 586). 멘덴홀(1973년)은 울프를 전혀 참조하지 않았다. 쿠트와 휘틀럼(1987년)은 울프를 두 번 인용했지만, 그것도 지나가는 차원에 그쳤다. 스테이저(1985년)는 인류학 분야를 매우 포괄적으로 공부하고 있으면서도 울프의 저작을 언급하지 않았다.

우리 분야에서 계급화된 사회의 현대 농민에 대한 울프의 연구를 충분하게 활용한 유일한 학자는 마빈 체이니Marvin Chaney인데, 그의 1983년 출판물에 대해서는 내가 앞서 다양한 초기 이스라엘 기원 모델을 설명하는 부분에서 언급했다. 체이니는 최근 고고학적 증거를 입수하기도 전에 울프의 저작을 통해 다음과 같은 내용에 주목하게 되었다:

> 그러한 비교연구가 팔레스타인의 농민반란에 의해 고대 이스라엘이 출현하게 되었다는 점을 증명할 수는 없지만, 그것은 다른 농경사회에서 광범위한 농민반란으로 이끈 것이라고 판명되는 연속적인 조건들이 후기 청동기와 초기 철기 I시대 팔레스타인에서도 존재했었는가를 판단하게끔 우리에게 허락한다. (1983: 61)

체이니는 반란을 위한 사전 조건들을 제시했던 울프의 논증을 다음과 같이 요약한다: (1) '전술적으로 이동하기 용이'한 소집단이다. 이것은 물리적인 면과 이데올로기적인 면을 모두 포함한다. (2) '그들을 억누르는 세력에 도전할 수 있는 어떠한 외부적 힘에 의존할 수 있는' 집단이 있어야 한다. 외부적 힘이 없으면 혁명은 절대 성공을 거둘 수 없다. (3) 서로 이질적인 요소가 각자의 강점을 최대한 발휘될 수 있는 지역은 '방어가 가능한 산에 있는 요새를 포함한' 장소가 될 것이다. 마지막으로 (4) 성공할 가능성은, 만약 '분열이 가속화된다면' 혹은 사회적 갈등을 불러일으키는 요소들, 예를 들면 국가적·민족적·종교적 분단이 존재한다면 높아질 것이다.

체이니는 (위에서 언급한) 사회적 반란에 대한 울프의 조건들이 아마르나 서신에 충분히 반영되어 있다는 점을 정확하게 지적했다. 이렇게 명백한 연관성이 있음에도 불구하고, 실제로 이런 연관성을 사용한 극소수의 학자(고고학자는 없었다) 중 하나가 바로 체이니였다. 다음의 내용들을 고려하도록 하라:

1. 후기 청동기·초기 철기 I시대에 가나안의 인구는 확실히 이동이 용이했다. 이것은 모호한 아피루라는 존재가 일찍이 지방에 흩어져 있음을 기술하는 문헌에서, 그리고 상당히 많은 사람이 산지로 이동했음을 증명하는 고고학적 증거들에서 명백하게 드러난다.

2. 지도력 혹은 외부적 세력에 관해서 볼 때, 아마르나 서신에 '아피루의 두목들'이라는 언급은 중요하다. 히브리 성서는 다 아는 것처럼 지도적인 역할을 처음엔 여호수아에게 맡긴 다음 그의 후계자인 사사들에게 맡기고 있다. 이러한 초기의 민중-영웅들은 본질적으로 연속하는 카리스마적 군사 지도자로, 사사기에서 가나안을 상대하여 부족들을 모을 수 있는 비범한 재능을 가진 남자(혹은 여자)로 그려졌다. 당연한 일이지만, 이들 중 어느 한 사람도 고고학적으로 직접적인 증거는 부족하다. 왜냐하면 문헌을 제외한 고고학적 자료는 익명으로 되어 있기 때문이다(이 말은 고고학이 말을 못 한다는 뜻이 아니다). 그러나 철기 I시대 산지 촌락은 주목할 만한 물질문화의 동질성을 보여주며, 가족과 씨족사회의 결속력에 대한

증거를 나타내주고 있다. 그러한 화합력 — 현장에서 나온 사실에 근거하여 — 은 다른 곳에서 유입되어야만 했다. 그리고 렌스키와 렌스키가 주목했던 것과 같이(위를 보라), 변경 지역의 도전과 난관은 기존에 있었던 결단력이라는 것을 보다 강화했을 것으로 보인다.

3. 반역자들이 도시의 권위자들로부터 벗어나 피난처로 삼을 수 있는 방어에 유리한 산지 요새와 관련하여, 그곳은 팔레스타인의 중앙 산지이며, 또한 이제 광범위하게 개척되었고, 위에서 소개된 기술에 완벽하게 들어맞는다: 그곳은 바로 (상대적으로) 멀리 떨어져 있는 변경이다.

4. 매우 분극화된 후기 청동기 시대의 가나안 사회는, 문헌과 고고학적 자료 모두에서 완전하게 증거를 보여주는 것처럼 울프가 말했던 균열의 가장 좋은 사례로 그 균열이 사회적 혁명을 위한 기폭제 역할을 했다.

그러나 위에서 내가 주목했던 것처럼 많은 학자는 다음의 이유로 인해 농민반란 모델을 거부한다: (1) '농민전쟁' 그 자체는 현대적 관념이며, 임의로 고대 가나안과 이스라엘에 거꾸로 투영되었다. (2) 성서 전승은 그러한 충돌에 대한 기억이 없으며, 대신 외부로부터 군사적 침략이 있었다고 말한다. 그리고 (3) 그러한 농민전쟁에 대한 물리적이거나 고고학적인 증거가 존재하지 않는다. 그렇지만 우리는 이러한 논증을 간단하게 반박할 수 있다.

1. 고대사회가 어떠한 계급갈등도 없는 평등주의적 이상이 발현되는 곳이 아니라고 한다면, 농민의 반란이 항시 존재했다는 것은 명백하다. 그러나 대부분은 성공하지 못했다. 그리고 역사란 승자의 기록이라는 속담과 같이 패자는 말이 없기 마련이다. 인류학자 클리퍼드 기어츠Clifford Geertz는 그러한 민중을 '역사가 없는 사람들'이라고 불렀다. 즉, 이들은 기록된 역사가 없는 사람이다. 그들의 관점은 반영되지 않았고, 역사 자체가 살아남지 못했다.

2. 성서 전승이 초기 이스라엘을 농민의 해방전쟁으로 생각하지 않았다는 점은 간단히 말해 사실이 아니다. 체이니는 주장하기를, 히브리 성서에서 가나안에 대한 지속적인 호소는, 그것이 이른 것이건 후대의 것이건 상관없이 그들의 (때때로 그들의 것으로 적응된) 신들을 거부하는 것보다는 가나안의 "농지를 보유한 왕조와 그것의 부산물"을 과격하게 비판하고 거부하는 것이었다(1983: 71). 나는 그것을 농민 계급의 권리를 빼앗는 부패한 지주 귀족들에 대한 저항이었다고 특별히 말하고자 한다. 이것은 가나안 왕을 죽이고 그들의 재산을 탈취해서 그것을 의로운 주님이신 야훼에게 바쳤던(헤렘herem, 위를 보라) 초반의 이야기에서 분명하게 나타난다. 이것은 또한 이스라엘을 다스릴 왕을 세우는 일을 예언자 사무엘이 꺼렸다는 데에서도 발견된다. 그는 왕이 그 자신을 위해 시민을 징집하고 백성의 자유와 그들의 정당한 재산까지 박탈할 것이라고 경고했다. 무엇보다 왕은 엘리트가 주도하는 계급사회를 만들게 될 것이었다(삼상 8).

바로 이것이 그때 일어났던 것들이다. 하지만 기원전 8세기에 예언자 이사야는 여전히 "가옥에 가옥을 이으며 전토에 전토를 더하여 빈틈이 없도록 하는" 자들을 저주해야만 했다(5:8). 미가는 편안함을 느끼는 도시의 상류층과 그들의 부당이익에 관해 "밭들을 탐하여 빼앗고 집들을 탐하여 차지하는" 자들이라고 불평하였다(2:2). 히브리 성서 전반에 걸쳐, 민주적인 사회에 대한 이상은 종종 언급되는 '땅의 가난한 자'(히브리어로 암 하-아레츠'am ha-'arets)라는 말에 잘 드러나고 있는데, 이들은 바로 야훼의 편에 선 자들이었다. 나는 거의 모든 성서 전승이 토지와 그 사용에 관해 사회 정의를 요구하고 있다고 주장하고자 한다. 다시 말해서, 땅은 야훼의 청지기인 이스라엘에게 맡겨진 것이며, 신성한 법에 의해 운영되어야 하며, 침해받을 수 없으며, 영원히 같은 가문 안에서 상속되어야만 한다. 가난한 농부 나봇의 포도원을 탈취하려 했던 아합왕에 대한 유명한 이야기에서, 심지어 왕조차 예언자의 비난과 야훼의 진노를 피할 수 없었다. 그리고 결국엔 진정한 하나님의 왕국으로서 이스라엘이 회복될 것이라는 환상은 "각 사람이 자기 포도나무 아래와 자기 무화과나무 아래에 앉을 것이며, 그들을 두렵게 할 자가 없을 것"이라는 그림을 포함하고 있다(미 4:4). 여기에서 다시 말하지만, 강조는 다름 아닌 땅, 사적 재산권, 억압으로부터의 자유, 그리고 유일한 주권자인 야훼에 있었다. 성서가 말하는 사회적이고 윤리적인 가치는 (비록 마르크스가 의도했던 것은 아니지만 그의 용어를 빌려) 프롤레타리아 — 노동계급 — 를 보호하고 그들의 지위를 대우해 주는 것이었다.

어떤 이들은 성서 전승을 허구라고 무시할지도 모르겠다: 후대에 기록되었고 역사적이지 않으며 비현실적이라고 말이다. 즉, 과거에 절대로 일어나지 않았던 과거에 대해, 그리고 앞으로 절대로 일어날 수 없을 미래의 희망에 대한 일종의 그리움(nostalgia)이라고 말이다. 그러나 이 전승이 오래된 것이며 동시에 그 당시의 다른 문학들과 비교해서 독특하기까지 했다는 점을 볼 때, 그 이상의 어떤 설명이 필요할 것 같다. 나는 우리가 '농경을 위한 토지개혁'이라고 부를 수 있는 성서적 개념이 역사적인 기억 안에 깊이 뿌리박혀 있다고 말하고 싶다. 특별히 오랜 구전 전승을 통해서, 청동기 시대 말미의 가나안에 있었던 사회경제적 실체까지 거슬러 올라갈 수 있다고 본다. 결국, 히브리 성서에 왜 그렇게 가나안에는 항상 나쁜 놈들이 있었는지에 대한 이유가 설명되는 셈이다.

초기 평등주의 사회에서, 혹은 최소한 유목 생활이나 국가 이전 사회의 이상에서 비롯된 것이라고 볼 수 있는 한 가지 분명한 흔적으로, 예레미야 당시에 있었던 극단적 개혁자 그룹과 관련된 기록이 있다. 명백한 교훈을 목적으로 예레미야는 레갑 자손 중 한 가정을 성전으로 초대해서 그들에게 포도주를 제공하였다. 그들은 거절했는데, 왜냐하면 그들의 조상 레갑의 손자 요나답이 그들에게 명령하기를, "너희와 너희 자손은 영원히 포도주를 마시지 말며, 너희가 집도 짓지 말며 파종도 하지 말며 포도원을 소유하지도 말고 너희는 평생 동안 장막에 살아라. 그리하면 너희가 머물러 사는 땅에서 너희 생명이 길리라"고 했다(35:6-7). 한편, 지금 보면, 레갑 족속은 이제 예루살렘의 집 안에서 살게 되었음을 알 수 있다. 그러므로 레갑 족속의 전통은 실제라기보다는 이상향에 가깝다고 하겠다. 그렇다 하더라도 나는 이러한 보수적인 사회운동이 만약 그렇게 존재했다고 한다면, 확실히 초기 이스라엘의 역사와 문화 그리고 사회구조(종교는 말할 나위도 없이)에 상당 부분 기초를 두고 있다고 주장하는 바이다.

3. 농민반란이라는 생각에 반대하는 세 번째 이유 — 고고학적 근거가 없다 — 는 가장 쉽게 반박할 수 있다. 이 견해는 이 책에서 다루었던 최신 고고학적 자료를 입수하기 이전에 나왔던 목소리이다. 그러므로 이런 주장은 오늘날 간단하게 폐기처분된다. 사회적으로 대변동이 일어나고, 산지를 향한 대규모의 이주가 발생하며, 그리고 독특한 농촌 생활양식이 상대적으로 갑자기 출현했던 점들에 대하여, 이 책에서 조사했던 증거는 어떤 종류의 사회적 변혁이 발생한 것으로 가장 잘 설명이 된다. 그리고 만약 토지와 토지 보유가 다툼의 원인이라고 한다면, 관련자 대부분은 당연히 농민일 수밖에 없으며, 그들은 다른 그 무엇이 아니라 토지개혁을 강력하게 요청했을 것이다.

농본주의와 토지개혁

이 시점에서 나는 나의 변경 지역 농지개혁 모델(agrarian frontier reform model)에서 다른 요소, 곧 '농지(agrarian)'라는 용어를 소개하고자 한다.

이것은 본질적으로 토지 그리고 토지 소유와 관련이 있는 것으로, 고대 로마의 농지법에 근원을 두고 있다(라틴어로 아그라리우스*agrarius*는 아게르*ager*, '들판, 탁 트인 지역'에서 왔다). 이 법은 정복한 땅이나 다른 공공의 토지를 모든 시민에게 공평하게 분배하는 것을 목적으로 두었다. 그러나 사실상 대부분의 농지개혁은 실제로 법제화되지 못했고, 혹은 되었다 하더라도 개혁운동 과정에서 실패하고 말았다. 우리가 보았던 바와 같이 고대 가나안은 농본주의(agrarianism)라는 이론적 원리조차 알지 못하고 있었다. 모든 공공토지는 주권자 — 파라오 혹은 그의 대리인으로, 파라오보다 더 탐욕스러운 그 지역의 가나안 왕 — 의 것으로 돌려졌다.

(농본주의라는) 새로운 생산 방식은 주권자가 끌어내려지고 국가기관을 대신하여 가족 기구가 대신하는 것이다. 아마 인류학자 마셜 살린스 Marshall Sahlins가 그의 책 『석기 시대 경제학*Stone Age Economics*』에서 가장 잘 표현한 것 같은데, 그는 이러한 가족 기반의 공동체를 "축소된 부족 공동체로, (…) 정치적으로는 사회적인 조건을 충족하며, 어떠한 주권자가 없는 그런 사회"라고 기술했다(1972: 95). 살린스는 이스라엘 사람들에 대해서 기록하지 않았다. 그러나 초기 이스라엘에 관하여, 그리고 그 반反국가적 저항에 관하여 이보다 더 적합한 설명을 생각해낼 수 없다. 성서의 저자는 이스라엘이 시작했을 때 기능했을 사회학적 요소를 묵과하고 말았다. 그러나 그럼에도 불구하고 신학 안에서 그들은 지켜냈음이 분명하다. 그리고 어떤 이들이 그들의 작업을 단지 후대에 행해진 정당화 작업으로 여길지는 몰라도, 나는 그것을 믿을 만한 민중 기억의 일부분으로 보다 사실적으로 취급하고자 한다.

초기 이스라엘의 경우를 분명히 설명해주는 능력이 있음에도 불구하고 농본주의라는 개념은 성서학자들 사이에서 별로 취급되지 못했고 고고학자들은 전혀 사용하지 않았다. 갓월드도 그랬고, 홉킨스도 농본주의를 언급하지 않았다. 여전히 내 생각으론 토지개혁(land reform)이 초기 이스라엘의 운동 이면에 숨은 추진력이었고 궁극적인 목표였다. 다른 어떤 시나리오도 우리가 가지고 있는 모든 자료를 더 이상 충족시키지 못한다. 체이니는 매우 도발적인 그의 1983년 연구에서 통찰력을 가지고 다음과 같이 썼다:

> 여전히 가설에 불과하지만, 농민과 변경 반란 모델은 아마르나 서신, 시리아-팔레스타인 고고학, 그리고 성서 전승이 나타내는 자료와 잘 맞고, 또한 그것을 잘 설명해주었다. (…) 그리고 사회과학자들이 농민 사회에 대해 비교 연구한 결과들에도 잘 부합하고 있다. (…) 연구자(체이니를 가리킴 - 역주)는 이 소논문을 성공적이라고 여길 것이다. 이것이 계속된 연구에 새로운 결과로 참여할 수 있다면 말이다. (1983: 72)

지극히 소수의 학자만이 이 연구에 참여하고 있다는 점이 부끄러울 따름이다.

만약 초기 이스라엘이 실제로 새로운 사회적 이상을 가지고 강력한 개혁 정신에 이끌려 하나의 농지개혁운동을 조직하기에 이르렀다면, 그것만으로 독특하다고까지 할 수는 없겠다. 농본주의는 토지 그 이상의 것이다; 그것은 몽상일 뿐이다. 역사 속에서 그러한 농촌 혁명운동이 셀 수 없이 있어왔다. 초기 이스라엘이 그랬던 것처럼 그중에 많은 것이 소규모에 고립되었으며 미미한 것으로 그치고 말았다. 미국의 역사 교과서만 봐도 충분하다: 1800년대 뉴욕주에 있었던 오나이다Oneida 공동체는 완전 평등이라는 성서의 원리에 입각한 하나의 완벽주의 사회로 건립되었다. 불행하게도 결혼과 가정생활에 대한 그들의 이상주의적인 견해는 너무 멀리 갔고, 결국 그들의 운동은 심한 비판을 받게 되었다. 농촌 공동체 생활에 대한 또 하나의 실험은 1800년대 인디애나주 남서쪽에 있는 뉴 하모니에서 이루어졌는데, 엄격한 독일 광신자 가문이 세운 집단이었다. 잘 알려진 것으로 18세기의 셰이커Shaker 운동을 들 수 있다. 그것은 심오한 종교적 경험, 절대적인 평등에 헌신하는 것, 절제, 그리고 모든 분야에서 간소화하는 것으로 특징을 삼는다. 불행하게도 셰이커 교도는 순결과 금욕을 실천했고, 결과적으로 멸종하고 말았다. 펜실베이니아주의 아미시Amish 공동체는 보다 성공적인 농촌 공동체 운동을 설립했다. 이것은 철수(withdrawal) 현상의 가장 좋은 사례가 되며, 당연한 이야기지만 종교적 신념이 그 배경에서 작용했다. 이러한 개혁적인 운동은 역사적으로 볼 때 본질적으로 농지 개혁적이다. 다시 말해서, 토지개혁이란 원칙에 근간을 두고 있으며, 농업 생산물을 서로 나누는 공동체적 삶이었다.

제11장

초기 이스라엘 사람들은 누구였는가?
민족성과 고고학적 자료

지금까지 나는 철기 I시대 산지 개척자를 새로운 사회적 비전을 품은 농경 개혁자로 특징지었으며, 이들을 초기 이스라엘 사람이라고 규정하기에 이르렀다. 그러나 그러한 민족적 표시가 가능한 증거가 있는가? 이것은 단지 후대의 성서 이스라엘을 초기 역사로 투영해서, 결국 고고학적으로 익명이었던 시대 속으로 집어넣어 읽으려는 것이 아닌가? 어떤 이는 그렇다고 말할지도 모르겠다. 만약 이스라엘 핑켈스테인Israel Finkelstein이, 이미 우리가 살펴보았던 것처럼 그 어떠한 역사적 '초기 이스라엘'에 대해 회의론자라고 한다면, 성서적 수정주의자는 허무주의자가 된다. 이러한 '역사가들'은 역사와 고고학을 해체하는 것으로 끝이 나는데, 그들에 의하면 이스라엘은 초기에도 후대에도 존재하지 않는다. 가장 급진적인 사람으로 토머스 톰프슨Thomas Thompson이 있는데, 그는 최근에 다음과 같이 말할 정도로 멀리까지 갔다:

> 이렇게 이른 시기에 민족성이란 것은 인간 실존의 공통적인 측면이 될 수 없다. 우리가 미지의 민족을 특징짓는 '표식'으로 무엇이든 규정

할 수 있다 할지라도, 즉 마치 데버Dever처럼 어떠한 요소를 지적한다 해도 그것은 인간이 경험하는 구분 가능한 물질적 양상으로 나타나야만 한다. (…) 이러한 인간의 경험은 그것의 기능적 ─ 이데올로기적이지는 않다 ─ 인 관련성에 기초하려는 경향을 보인다. (1977: 175)

다른 곳에서 톰프슨은 이러한 민족적 표식이 "우연적이며, 심지어 제멋대로"라고 기술하였다. 그러므로 그는 이렇게 생각하고 있는 것 같다: (1) 고대인은 그들이 누구인지 알지 못했고, '민족의식'이라는 것이 없었다(헬라어로 '에트노스ethnos'는 '민족'을 가리킨다). (2) 어떤 경우이든지 사람들을 서로 다르게 만드는 것은 그들이 생각이 아니라 그들의 기술(technology)뿐이다. 그리고 (3) 이러한 차이가 문화적 특성의 일부가 아니라고 할지라도 그것은 단지 우연에 불과하다. 이러한 발언은 너무나 터무니없어서 더이상 언급할 필요조차 없다. 이런 내용은 톰프슨의 동료 닐스 페테르 렘셰 Niels Peter Lemche의 말을 생각나게 한다. 그는 말하기를 "고대 근동의 가나안 사람들은 그들 스스로 가나안 사람이라는 것을 알지 못했다"(1991: 152). 그러나 렘셰 자신이 그들은 가나안 사람이 아니라고 알고 있지 않은가!

다른 성서학자들도 역시 '고고학적 기록에서 말하는 민족성'이란 최근 주제에 무게를 두고 있다. 다이애나 에덜먼Diana Edelman은 이제 셰필드의 필립 데이비스Philip Davies와 함께 『성서가 말하는 민족성Ethnicity in the Bible』이란 책에 「민족성과 초기 이스라엘」이란 제목의 글을 기고했는데, "현재의 문헌과 고고학적 증거로 비추어 볼 때, 왕조 이전의 이스라엘의 민족성에 대해서 말해줄 수 있는 결정적인 것은 없다"라고 했다(1996: 25). 글쎄, 그렇게 정해진 것인가! 에덜먼은 "민족성이 어떤 방식으로 나타날 수 있는지에 대한 방법을 목록으로 제시하는 것은 가능하다"(1996: 39)라고 인식했으며, 그래서 그녀는 거주지의 배치, 일반 가정의 구조, 사회조직, 도자기, 매장 풍습, 제의 물품, 그리고 식습관과 같은 표지들을 간략하게 그러나 요점 없이 다루었다. 사실, 이것은 고고학자들이 '민족의 특징 일람표'라고 부르는 것이다. 그리고 나는 물질문화의 전문가로서 이 모든 것에 대한 증거를 위에서 이미 다룬 바 있다. 다시 에덜먼은 핑켈스테인과 같이, 동시대의 문헌 자료(당연한 말이지만, 후대에 나온 히브리 성서를 가리킨다)가 없다면 우리는 단지 별만 바라봐야 할 것이다, 라고 생각한다. 그녀는 메르넵타 석비와 거기에 써 있는 '이스라엘'에 주목했다. 그러나 그녀는 이 기록이 '확실한 정보를 거의 담고 있지 않다'고 결정했고, 그 표현(이스라엘 – 역주)이 사실은 '이스라엘Israel' 대신 '이스르엘Jezreel'(즉 북쪽 계곡)로 읽어야 한다고까지 말했다(1996: 35). 메르넵타 석비가 담고 있는 정보에 관하여 나는 이 주제를 곧 다룰 것이다. 그러나 '이스라엘'을 읽는 것이 문제가 된다는 생각은 대경실색할 일이다. 유능한 이집트 학자들은 그 말을 전혀 다르게 읽은 적이 없다. '이스라엘'이란 말은 이스라엘을 의미한다 — 역사에 존재했던 어떤 이스라엘 말이다. 여기에서 문제가 되는 것은, (1) '민족성이 무엇인가?'이며, (2) '그 민족성이 물질 유물을 통해 인식 가능하고 규정 가능한가?'이다.

'민족성'을 정의하다

많은 다른 학자처럼 나는 유명한 민족지학자 프레드리크 바르트Fredrik Barth의 책, 『민족의 집단과 경계: 문화 차이를 만드는 사회 구성Ethnic Groups and Boundaries: The Social Organization of Culture Difference』(1969)에서 소개하는 정의를 사용하고자 한다. 바르트는 민족 집단을 다음과 같은 사람들로 규정한다:

표 11.1. 후기 청동기 시대–철기 I시대 맥락에서 민족성을 찾기 위한 특성들과 그 의미에 대한 비교

특성	후기청동기 –철기 I시대 연속성	새로운 것이라면, 무엇을 나타내는가?
1. 정착 유형과 분포	불연속	농촌에 퍼져 있음
2. 인구	불연속	산지에서의 인구 폭발(?)
3. 기술(도자기 등)	연속	지역에서 기원하나, 이제는 '퇴보함'; 소수의 새로운 요소가 농경을 나타냄
4. 가옥 구조	불연속	확장 가족, 씨족
5. 경제	불연속	농경; '가내 수공업'
6. 사회구조	불연속	공산적 사회
7. 정치적 조직	불연속	부족; 국가–이전
8. 예술; 이데올로기; 종교; 언어	연속	가나안 문화가 반영됨

1. 생물학적으로 영속할 수 있다.

2. 토대가 되고, 인식 가능하며, 상대적으로 통일성을 갖춘 문화적 가치 조합을 공유한다. 여기에는 언어가 포함된다.

3. 어느 정도 독립적인 '상호 영향권'을 구성한다.

4. 자기 자신을 정의할 뿐만 아니라 다른 이들에 의해 규정되는 멤버십이 있는데, 이것은 같은 제도를 가진 다른 범주와는 구분이 되는 범주인 셈이다.

5. 민족적 경계를 유지할 뿐만 아니라 민족 간의 사회적 접촉에도 참여할 수 있는 그러한 규칙을 발전시킴으로써 자기 정체성을 영속화한다.

나는 바르트의 특성 열람표를 민족에 대한 정보를 산출할 수 있다고 생각되는 고고학적 자료 목록으로 바꾸었다. 이것들을 요약해보겠다. 특별히 후기 청동기 시대-철기 I시대 맥락을 기반으로 연속성과 불연속성에 강조점을 두겠다. 이것이 문화 변화를 이해하는 데 최고의 실마리가 된다고 일반적으로 동의하고 있는 바이다. 문화 변화는 우리가 이해하려고 하는 현상이기도 하다. 짧게 말해서, 철기 I시대 산지 문화는 어떤 점이 다른가? 그리고 그러한 차이가 민족적으로 이스라엘이라는 점을 나타내고 있는가? 다시 말하지만, 나는 일반체제이론(General System Theory)의 개요를 따를 것이다.

원原-이스라엘?

거의 모든 해설가는 지금까지 정리된 고고학적 증거를 통해 철기 I시대의 산지 문화가, 비록 그것이 일반적으로 후기 청동기 시대 가나안의 것과 연속성을 보여주지만, 그럼에도 새로운 어떤 것으로 여기기에 충분한 변화를 나타내고 있다는 점을 고려하고 있다. 어디에서 그러한 변혁이 유래했는지에 대한 질문은 차치하고(이는 위에서 자세하게 논의했기 때문이다), 이제 남은 유일한 주제는 이렇게 새로운 문화를 무엇으로 불러야 하는가에 대한 것이다. 핑켈스테인의 최근 논의에 따르면, 그는 모든 민족적 별칭을 자제하고 있다; 고고학자 대부분을 포함하여 다른 학자들은 덜 회의적이기는 하지만 철기 I시대 사람들이 (내가 위에서 언급했던 것처럼) 이질적이었다는 것에 방점을 두고 있다. 그러한 이유로 모든 그룹이 이스라엘 사람으로 불려서는 안 되며, 초기 산지 정착민들이 히브리 성서가 말하는 이스라엘과 동등하게 여겨져서도 안 된다. 특정 이스라엘이 기원전 10세기에 분열 왕국과 함께 존재하게 되었는데, 기원전 9세기의 신-아시리아 문헌에 처음으로 등장한 것이 그 이스라엘이며, 그런 다음에 기원전 8세기와 그 이후에 이르러 성서에 비로소 등장하게 되었다는 말이다.

그러므로 고지대의 사람들은 국경이 확립된 이스라엘 국가의 시민이 아직은 아니었다. 그들은 아직 통일된 민족적 정체성을 가지지 못했고, 그래서 '이스라엘 사람'이라고 부를 수 없다는 말이다. 그러나 나는 이들이 이후에 성서가 말하는 이스라엘 사람이 되는 자들의 조상 — 실제적이며 직접적인 선조 — 이었다고 주장할 것이다. 이것이 바로 내가 10년 전에 '원原-이스라엘(proto-Israelite)'이라는 잠정적인 용어를 제시했던 이유이다. 몇몇 다른 학자도 이 용어를 가끔 사용했는데 그중에 갓월드가 있었다. 그러나 그들은 이처럼 특화해서 사용하지는 않았고, 철기 I시대 고고학적 자료를 연관시키지도 못했다. 1992년에 핑켈스테인은 '이스라엘 사람'이라는 명백한 용어 사용을 포기하기 시작한 시점에 내 제안이 "훌륭하다"고 표현했다(1992:64). 이후에 그는 때때로 그 용어를 사용하였다(예를 들면 1997: 230). 그러나 그의 가장 최근 작품에서 그는 그것을 무시하는 것처럼 보였다. 혹은 그 용어가 이제 널리 사용되고 있다는 사실에도 불구하고 다른 설명 없이 단지 언급했을 뿐이었다(1998: 9).

나는 '원-이스라엘'이란 용어를 옹호하는 차원에서 하나의 상식적인 논증과 두 개의 학문적인 논증을 발전시켜왔다. 상식적인 논증은, 문화적 발전은 하룻밤 사이에 일어나지 않는다는 점이다. 모든 것은 오랜 시간 형성의 단계를 거쳐야만 한다. 고고학자들과 고대 역사가들은 오래된 기원전 3000년의 메소포타미아를 '원-이스라엘'이라는 통상적인 용어로 만들고 사용하려고 할 때, 바로 이러한 사실을 인식하고 있었다. 그 시기의 이집트를 '왕조 이전'으로, 역시 그 시대의 팔레스타인을 '원原-도시'로 부르는 것과 같은 논리이다. 일부 성서주의자들이 반대하고 있음에도 불구하고, '원原-'이라는 용어는 고고학에서 표준적으로 사용되고 있다.

'원-이스라엘 사람들'이란 용어가 가지고 있는 보다 중요한 논점은 (1) 철기 I시대와 철기 II시대에, 혹은 이스라엘 왕조시대에 물질문화의 연속성이 있다는 점이고, (2) 메르넵타 석비의 '이스라엘'과 연관성이 존재한다는 점이다. 이러한 논점을 차례로 살펴보도록 하자.

1. 위의 표 11.1에서 내가 후기 청동기 시대에서 철기 I시대의 연속성을 요약해놓은 것과 같은 방식으로 나는 철기 I시대, 즉 잠정적인 '원-이스라엘'의 시대(기원전 12~기원전 11세기)에서 철기 II시대, 즉 비교적 문서화가 잘된 이스라엘 왕조시대(기원전 10~기원전 7세기)까지의 연속성(과 불연속

표 11.2. 원-이스라엘에서 이스라엘 왕조까지 중요한 고고학적 분석 경향의 발전

특성	철기 I	철기 II
1. 정착 유형과 분포	농촌, 분산됨; 주로 산지	도시, 중앙화됨; 산지 지역을 넘어서 확산됨
2. 인구	인구는 약 55,000명	인구는 약 150,000명
3. 기술(도자기 등)	건축 기술. 가정의 경내에 많음. 철기 도구는 산발적임. 후기 청동기와 연속성; 제한된 품목	확장된 건축 기술. 또한 각 도시의 수도 건설. 보편화된 철기 도구. 많은 부분에서 직접적인 연속성; 보다 동질화됨
4. 가옥 구조	기둥과 뜰을 갖춘 가옥	표준화된 가옥
5. 경제	주로 농경-목축; 산업화는 희박하며 물물교환 수준	농업이 집중화됨; 보다 산업화됨, 국제 교역
6. 사회구조	공산적 사회	보다 계층화된 사회
7. 정치적 조직	부족; 국가-이전	이스라엘과 유다라는 국가 형성
8. 예술; 이데올로기; 종교; 언어	예술품은 희박함; 국가적 제도화되지 않은 종교; 원原-가나안어	엄청난 예술품; 제사장 제도와 성전의 형성; 완전하게 발달한 히브리어

성)을 제시하도록 하겠다.

중요한 부분에서 발전이 나타나고 있다는 점은 분명하지만(성서의 이스라엘은 내가 말하는 '원-이스라엘'의 직접적인 파생물이다), 어떤 경향-대-경향의 설명은 필요하다고 본다. (1) 기원전 10세기에 이르러 일반적인 경향이 (비록 그 정확한 정도를 수치화하기는 어렵지만) 중앙화와 도시화로 향하고 있다는 점에서 이견이 없다. 한편에서 철기 I시대의 많은 고지대는, 지금까지 발굴된 모든 지역을 포함해서, 기원전 10세기에 이르면 다른 곳에 세워진 새롭고 보다 크고 보다 중앙화된 마을 때문에 버려진 것처럼 보인다. 나는 농촌화에서 도시화로의 이러한 점진적인 이동을 가장 중요하게 생각한다. 핑켈스테인은 그의 계산을 따라 사마리아 산지에서 지표조사를 했던 115개의 철기 I시대 지역 중 75개가 철기 II시대까지 연속하고 있다고 지적했다. 그건 좋다; 그러나 그가 조사했던 그곳들은 과연 어떤 지역이었는가? 출간된 자료를 판단해볼 때, 왕조시대에 이들 지역 대부분은 여전히 소규모의 촌락이며, 단지 한두 개 정도만이 도심지로 발달했을 뿐이다. 그러므로 여기에서 논의하고 있는 도시화로 향하는 강력한 경향은 문제가 되지 않는다.

연속성이 존재하는 여남은 개의 철기 I시대 지역은, 그곳이 원-이스라엘의 후손으로 이스라엘을 가리킬 수 있는 특별히 중요한 증거를 제공한다. 북쪽인 단, 하솔, 벧-스안, 므깃도, 그리고 다아낙은 기원전 10세기에 이르러 모두 거대한 성채 도시로 커졌으며 확실히 이스라엘이 되었다. 중앙 산지인 텔 엘-파라(디르사), 세겜, 그리고 벧-세메스에도 같은 일이 벌어졌다. 남쪽으로 텔 베이트 미르심과 브엘세바는 철기 II시대와 연속성을 보이며 성채 도시가 되었다. 그리고 역시나 이들과 함께 다른 많은 지역도 주요한 도심지로 탈바꿈하였다. 유다의 라기스 그리고 이스라엘의 새로운 수도 사마리아가 그 예이다.

여기에서 초점은 원-이스라엘, 곧 철기 I시대의 원-도시라는 일종의 형성 단계에서 철기 II시대의 도시화된 국가로 직접적이며 예상 가능한 수준으로 발전했다는 것이다. 또한 본래의 중심지에서 갈릴리와 해안 평야의 일부분까지 확장하였다. 한편, 여기에서 갈릴리 지역은 아람의 특성 일부를 유지하였고, 해안 평야 지역은 페니키아와 블레셋의 특징을 간직하고 있기는 했다. 그럼에도 불구하고 새로운 이스라엘 국가의 정치적 경계는 그것의 자연적이며 문화적인 한계가 어디까지 확장했는지를 명확하게 보여주는 셈이 된다. 바로 철기 I시대에 이미 존재했던 다민족 혼합체의 최종 결정체를 이룩한 것이다. 이것은 원치 않던 것이 갑자기 끼어드는 식으로 된 국가가 아니라 토착민(어떤 이는 추장 제도였다고 말할지도 모르겠다)에 의해서 성장하고 성숙한 하나의 정치체제였다.

2. 고지대 인구가 약 55,000명이던 것이 기원전 7세기에 이르러 전 지역으로 150,000명까지 세 배의 인구 증가를 나타낸다는 점은 역시 예견할 수 있는 일이며 국가가 발전하면서 나타나는 자연스러운 결과로, 이 증가율은 그들이 안정적이며 성장하고 있었음을 뜻한다. 여기에는 (이전 후기 청동기에서 철기 I시대의 변화에서처럼 개척자들이 유입되는 것과 같이) 더 이상의 갑작스러운 인구 폭발이 없으며, 단지 오랜 시간 거주하는 사람들에 의해 인구가 점진적으로 증가하고 있음을 주목해야 한다.

3. 기술과 관련해서 우리는 연속성이 존재할 것이라 기대하게 된다. 테라스와 수조는 지속되었는데, 전자의 경우는 농업 생산물을 증가시킬 필요에 발맞추기 위해서 아마 확장되었을 것이다. 그러나 큰 도시들은 점차 상당히 기술적인 공공 수도 체계를 필요로 했는데 하솔, 므깃도, 기브온, 예루살렘 그리고 게제르와 같은 도시들에서 이러한 수도 기술을 발견할 수 있다. 철기 II시대의 도자기는 철기 I시대에서 발전된 것이며 요리용 항아리, 그릇, 작은 물병은 연속적으로 변화하는 모양을 보여준다. 가끔 발견

되는 철기 I시대의 손으로 광을 낸 물건들은 더 보편적인 것이 되었는데, 기원전 9세기에 이르러 그것은 도자기 물레를 통해 가공되었다. 왕조시대에 도자기 분야에서 가장 두드러진 변화는 그 종류가 다양해졌다는 점이다. 이것은 대량생산과 표준화 그리고 수입 그릇이 급증한 데 따르는 자연스러운 경향이기도 했다. 이러한 모든 것은 자연스럽게 국가 수준의 확장에 따라 예견된 결과였다.

4. 철기 I시대와 철기 II시대 사이의 가장 놀라운 연속성은 왕조시대 말기까지 기둥과 안뜰을 둔 가옥이 널리 사용되었다는 점이다. 이 가옥은 시골 지역에서뿐만 아니라 건물이 밀집한 도시 지역에서도 나타났다. 사실, 이것은 이스라엘의 표준 가옥이 되었다; 이것이야말로 민족성을 결정짓는 매우 중요한 단서인 셈이다. 인류학자들과 민족지학자들이 오랫동안 인식했던 바와 같이 가옥 구조는 문화적으로나 민족적으로 본질적인 경향이며, 아마도 그들의 사회적 구조와 삶의 양식, 그리고 공유하는 가치관을 다른 어떤 단일한 표지보다 더 잘 드러낸다. 그리고 만약 기둥과 안뜰을 둔 가옥이 철기 II시대에 민족적으로 이스라엘 사람의 것이라고 한다면, 그 전신의 정체도 역시 철기 I시대에서 분명히 드러날 수 있어야 할 것이다. 바로 이러한 연속성만으로 결정적이라고 해야 한다. 철기 I시대의 트란스요르단에서 발견된 그러한 가옥의 최근 사례가 전체 그림을 바꿀 수는 없다. 그 가옥의 형식은 기본적으로 이스라엘의 것이었지만 오직 이스라엘만의 것이었다고는 할 수 없다. 몇몇 젊은 이스라엘 고고학자가 그들의 스승들이 가졌던 실증주의적 견해에 회의를 느끼며 최근에 주장한 바가 있다. 국가 역사의 시작부터 마지막에 이르도록 이스라엘의 것으로 선호되는 가옥의 특징이, 우리에게 '이스라엘 사람'의 사고방식, 특별히 가족을 사회의 기본 구조로 높이 여기는 그들만의 정신을 깨닫게 하는 독특한 통찰력을 가져다준다는 것이다. 그것은 확실히 우리의 철기 I시대 원-이

스라엘 사람들의 문화에서 계승된 사고방식이었다.

5. 소규모의 가족 소유의 농장에서 일종의 기업 농업으로 발전한 것은 예견할 수 있다 ― 비록 히브리 성서는 본래의 (소박한-역주) 이상을 붙잡고 있지만 말이다. 농촌 지역이 쇠락함에 따라 국가는 점차 생산물을 인수하게 되었고, 산업과 지역 간 교환, 그리고 국가 간 교역을 장려함으로써 경제를 확대하기에 이르렀다.

6-7. 이스라엘 국가의 출현은 부족과 추장제가 국가로 진화하게 마련이라는 전적으로 자연스럽고 널리 보편화된 과정을 반영한다. 이를 회귀해보면, 고대 이스라엘에서 그러한 사회적이며 정치적인 진화는 아마 불가피한 일이었을 것이다. 심지어 여전히 초기의 공산 사회적인 이상을 소중하게 여기는 일부 집단에 의해서 저항을 받았더라도 말이다. 어떤 경우이건, 진보적이건 혹은 그 반대이건 직접적인 개발의 방향이 있었다. 초기 이스라엘의 민주적인 사회는 불가피하게 하나의 작은 동방의 국가가 되었는데, 여기에는 통상적인 덫이 수반되었다: 종종 분쟁의 원인이 되는 왕조 계승 문제; 거들먹거리는 귀족들 문제; 심하게 계층화된 사회 문제; 중앙 집중화된 경제; 이웃하는 국가들의 야망까지. 그러므로 여기에서 성서 저자는 의심할 바 없이 왕조 이전의 전통에 뿌리를 두고 엄중한 비판을 가한다. 얄궂지만 그러나 그리 놀라운 일은 아닌 것이, 역사는 언제나 반복된다: 왕조 이스라엘은 그 자체가 억압적이며, 엘리트들의 국가가 되었다. 초기 이스라엘이 저항하고 반대했던 바로 그런 국가가 되었으며, 결국 토지를 빼앗았던 옛 가나안 군주들의 방식을 그대로 답습하는 것으로 끝을 맺었다. 수많은 예언자가 분통을 터뜨렸는데, 아모스보다 감명 깊이 선포한 자는 또 없을 것이다:

상아 침상에서 뒹굴고

보료 위에서 기지개를 켜며

양떼 가운데서 양 새끼를 골라 잡아먹고

외양간에서 송아지를 잡아먹는 것들,

제가 마치 다윗이나 된 듯 악기를 새로 만들고

거문고를 뜯으며

제멋에 겨워 흥얼거리는 것들,

몸에는 값비싼 향유를 바르고

술은 대접으로 퍼 마시며

요셉 가문이 망하는 것쯤

아랑곳도 하지 않는 것들.

덕분에 이제 선참으로 끌려가리니

기지개 켜며 흥청대던 소리 간데없이 되리라. (6:4-7, 공동번역 개
정판)

8. 이데올로기와 심미적 부분 그리고 종교와 관련하여 고고학은 내가
위에서 지적한 바와 같이 덜 직접적인 증거를 제공하고 있다. 그럼에도 불
구하고 철기 I시대의 빈약하고 원시적인 예술은, 예상한 것처럼 왕조시대
에 들어와 소멸하게 되며, 종종 페니키아에 영향을 받은 더욱 정교한 예
술품으로 교체된다(이것은 성서가 정확하게 언급하고 있다). 조각을 내고
나무나 금 같은 것을 박아 넣은 상아 장식이 들어간 가구는 수도 사마리아
에서 발견되었다. 다시 말하지만, 예언자들은 상류층의 과시적인 소비를
경멸적으로 주목했다. 위에서 이미 언급한 구절에서 아모스는 "상아 침대
에 누워 있는" 자들을 저주한다. 그리고 다른 곳에서 "상아 궁들이 파괴될
것"이라고 예언한다(3:15). 나는 8세기 예언자들이 사회의 불공평에 대하
여 저항했던 것이 새로운 개혁운동의 일환이었다고 보지 않는다. 오히려

그것은 초기 이스라엘의 평등주의적 전통과 농지개혁이라는 초기 이스라엘의 이상에 깊이 뿌리내린 것이었다.

종교적 신념은 물질문화 유물에서 추론될 수 있으며, 제의 행습은 종종 분명하게 알 수 있다. 나는 위에서 유일하게 확신할 수 있는 초기 이스라엘의 제의 시설이었던, 므낫세 부족 경계 안에 있는 마자르의 '황소 유적지(Bull Site)'를 언급했었다. 이것은 청동으로 만든 황소로 분명히 엘EI을 상징하는 것이었다. 그러나 왕조가 시작됨에 따라, 우리는 상대적으로 많아진 개인적이며 혹은 공적인 사당, 성소, 그리고 지역의 성전(여기에는 예루살렘 성전도 포함되는데, 왜냐하면 충분히 간접적인 고고학적 증거가 있기 때문이다)에 대한 정보를 가지고 있다. 오늘날 우리는 또한 고고학으로 규명된 완전한 수준의 제의 도구들 — 번제단, 봉헌용 대, 그릇들, 모형으로 만든 성전, 풍요를 기원하는 여성 신상(아세라), 축복 구문이 기록된 문헌 자료 등 — 도 발견하였을 뿐만 아니라, 이제 자리를 잡은 제사장 계층에 대한 증거까지 보유하고 있다. 그러나 종교가 발전해서, 의심할 것 없이 국가 제의가 존재했음에도 불구하고 철기 I시대 그리고 심지어 가나안의 시대까지 거슬러 올라가는 매우 강력한 연속성이 있었다.

옛 남성 신 엘과 바알Ba'al은 어머니 여신 아세라Asherah와 함께 왕조 이스라엘에 꾸준히 존재했으며, 이는 성서 기록에서 희미하게 나타나 있을 뿐만 아니라 넘치는 고고학 유물에서 생생한 신들로 확인되었다. '엘'이란 이름과 다양한 엘의 별칭들이, 학자들이 오래전부터 알고 있던 바와 같이 히브리 성서의 가장 오래된 텍스트 전승 가운데 현저하게 나타나고 있다.

풍요라는 주제는 가나안 종교와 틀림없이 초기 이스라엘의 전형적인 종교에서 상당히 만연했던 것이며, 왕조시대 내내 이스라엘 종교의 근본적인 양상으로 지속되었다. 여기에서 다시 주목할 점은 종교의 초점이 토지에 있다는 것이다: 그것은 바로 땅이 비옥할 것을 보장하고, 땅의 기능이 향상되어 사람과 동물을 먹이고 유지하며, 신성한 신뢰를 영원히 지속하는 것이었다. 오늘날 일부 집단이 가나안과 이스라엘 종교를 말하면서 성性과 출생의 역할만을 강조하는 것은 정치적으로 올바르지 못한 처사이다. 그러나 이러한 '뉴 프루더리new prudery(갈등을 피하려고 얌전한 척하는 사람 - 역주)'는 종교가 본질적으로 궁극적 실제와 연관된 것이라는 사실을 간과할 뿐이다. 그리고 농경 사회에서 논과 동물들 그리고 인간이 지속적으로 풍요를 누리는 일만큼 더 궁극적인 것은 없다. 그것은 말 그대로 사느냐 죽느냐의 문제이다.

성경 시대 전체에서 공식적인 종교에 대해 그리고 특별히 대중적 혹은 민간의 종교를 알면 알수록 우리는 이후 왕조시대에 야훼 신앙이 종교를 어떻게 탈바꿈해놓았는지에 상관없이 그것이 본래 가나안의 종교에서 파생되어 나온 것임을 더욱 확인하게 된다. 이스라엘의 희생 제사 제도는 가나안 문화로 거슬러 올라간다. 심지어 제의 달력조차 가나안과 그 농경문화에 배경을 두고 있다. 옛 가나안의 가을 추수와 신년 축제는 자연신의 관대함을 경축하고 매년 생명을 소생케 하는 비가 내리는 것을 축하하는 행위였다. 그것들은 이스라엘에서 '숙곳Succoth' 곧 추수꾼이 들판의 장막에서 임시 거처하는 때로; '로슈 하-샤나Rosh ha-Shanah' 곧 신년을 축하하는 때로; 그리고 '욤 키푸르Yom Kippur' 곧 참회의 날로, 이렇게 신학화되었다. 셈족의 공통적인 이른 봄 축제는 본래 새로운 양이 태어난 것을 축하하던 목축인의 축제였는데, 이집트의 문지방에 양의 피를 발라 그들이 구원받았음을 알리는 이스라엘의 전통으로 연결되었다. 그러므로 그것은 유월절로, 혹은 무교절로 역사화된 것이다. 늦은 봄의 첫 농산물(주로 곡식)을 추수하는 것은 '샤부오트Shavuot(일곱 주)'가 되었는데, 이것은 기본적으로 수확 축제이다.

위의 표에 번호 8번에서 나는 언어를 포함시켰는데, 이것은 모든 해설자가 동의하는 바로, 이보다 더 본질적이며 확실한 민족적 지표도 없다. 언어와 관련해서는 이견이 없다는 말이다. 언어학자와 역사적 언어학자는 지난 200년간 성서의 히브리어와 고고학적으로 발견된 비문에서 얻은 히브리어가 모두 가나안의 방언이었음을 알게 되었다. 그러므로 히브리어는 다른 서부 셈족어와 사촌 관계인 셈이다: 아람어, 페니키아어, 암몬어, 모압어, 에돔어(이러한 민족 집단은 철기 II시대에 이스라엘의 이웃으로 남아 있었다). 철기 I시대에는 후기 청동기 시대의 옛 가나안 글자가 여전히 사용되고 있었는데, 우리가 가진 것이라고는 위에서 언급했던 몇 안 되는 히브리어 비문뿐이다. 그러나 100여 년이 지나 철기 II시대의 히브리어 비문들 ─ 도자기에, 돌에, 회반죽을 바른 벽에, 인장에, 그리고 개인적인 물품에 쓴 ─ 은 모두 초기 이스라엘과 후기 청동기 시대 가나안에서 직접 이어져 내려온 글자로 기록되었다. 마지막으로, 많은 성서학자가 주장하기를, 성서의 가장 오래된 글 중 일부가 고古 히브리어 ─ 주로 오경의 시문과 몇몇 시편들 ─ 로 기록되었으며, 시리아 해안의 우가리트Ugarit에서 발견된 기원전 14~기원전 13세기의 수많은 문헌을 통해 알게 된 가나안의 시와 신화와 상당한 유사점을 가지고 있다고 했다. 사실 여기에는 놀라울 정도의 문화적 연속성이 존재하는데, 바로 히브리 성서의 기본적인 문학 양식에서 그 유사점을 발견할 수 있다.

메르넵타의 '이스라엘'은 어디를 가리키는가?

내가 말했던 원原-이스라엘과 왕조시대 이스라엘 사이의 연속성을 나타내주는 상당한 분량의 고고학적인 증거들을 별도로 하고, 이 용어를 정당화하는 보다 강력한 ─ 나는 결정적이라고 말하고 싶다 ─ 증거가 존재한다. 그것은 람세스 II세의 계승자인 메르넵타Merneptah의 '승전' 비문에 기록되어 언급된 이스라엘이다. 이 비문은 19세기 후반에 테베에 위치한 메르넵타의 매장용 성소 폐허 지대에서 발견되었고, 오늘날 카이로 박물관에 있다. 그것은 리비아인들을 정복했던 파라오의 승리를 축하하기 위한 왕실 비문으로, 또한 아시아에서의 승리 — 이것이 진짜인지 아니면 상상력인지는 이 시점에서 무관하다 — 도 같이 기념하고 있다.

여기에서 우리가 흥미롭게 여기는 것은 긴 시의 한 대목으로, 다음과 같다:

> 왕자들은 부복하여 말하기를 '자비를 베푸소서!'
> 　한 사람도 아홉 개의 활 중에서 그의 머리를 들지 못했다.
> 황량함이 테헤누에 미쳤으며; 하티는 평정되었고;
> 　가나안은 모든 사악함과 함께 강탈되었다;
> 끌려간 것은 아스글론이며; 붙잡힌 것은 게제르이고;
> 　야노암은 존재하지 않았던 것처럼 되었다;
> 이스라엘Israel은 황폐하게 되었고; 그의 씨앗은 없었다;
> 　후루는 이집트의 과부가 되었도다!
> 모든 땅이 하나로, 그들이 평정되었도다!

이것은 히브리 성서 바깥에서 최초로 이스라엘을 언급하고 있는 자료이다 — 실로 그 어디에도 없는 최초의 언급이다. 그것은 이스라엘을 언급하고 있는 성서 기록을 최소한 200년 정도 앞서고 있다. 이렇게 독특하고 상당히 귀중한 비문을 통해 신뢰할 만한 역사적 정보가 무엇인지 한번 살펴보도록 하자. (1) 첫째로, 우리는 언급된 다른 사람들의 정체를 밝히고 그 위치를 지정함으로써 가나안에서 메르넵타에 나오는 이스라엘의 위치가 무엇인지 지정할 수 있게 되었다. '테헤누'는 리비아와 관련이 있는데, 이를 정복한 것이 이 시의 주요한 주제이다. '하티'는 헷 족속을 지시하며, 이들은 북쪽의 시리아에서 넓은 지역에 거주하고 있다. '가나안'의 의미도 명백하다: 남부 시리아와 팔레스타인 지역이다. '야노암'은 일반적으로 북부 가나안의 중요한 도시로, 아마 요단 계곡의 엘-아베이디예el- Abeidiyeh 일 것이다. '아스글론'과 '게제르'는 해안도로를 따라서 난 유명한 도시들로, 이 둘은 그 시대에 파괴를 당한 고고학적 증거를 보여주고 있다. '후루'는 '후리족'에 대한 이집트식 표현인데, 후기 청동기 시대에 시리아 인구의 상당 부분을 차지했으며, 이 이름은 신왕국 시대에 거대한 가나안을 가리키는 데 종종 사용되었다. 남은 '이스라엘'만이 아직 신원이 불명확하다. 정말 그들의 신원은 그대로인가? 수정주의자와 같은 회의적인 학자들은 그렇다고 할 것이다. 그러나 직접 살펴보도록 하자.

모든 이집트학자는 아스글론, 게제르, 그리고 야노암이라는 이름이 가나안의 도시국가를 가리킨다는 것에 동의한다. 이것은 이집트 서기관이 이들 이름에 '한정사'라고 부르는 것, 즉 장소임을 확실하게 해주는 표시를 붙여놓았다는 사실에서 확인된다. 이들 세 개의 경우에서 표시는 '세 개의 언덕'을 나타내는 것으로, 나일 계곡과 델타 지역 바깥의 영역을 의미하고 있다. 그러나 이스라엘이란 이름은 다른 표시가 붙어 있다: '남자+여자+세 번 줄 긋기'로, 이것은 도시국가 혹은 그 수도와는 반대로 사람들을 가리킬 때 사용한다. 달리 말하면, 이것은 하나의 민족 집단을 뜻하는 표시이다. 사실, 탁월한 이집트학자인 케네스 키친Kenneth Kitchen이 지적했던 바와 같이 그리고 일부 성서주의자들이 동의하는 바와 같이(자세한 것은 아래를 보라) 이 표시는 장소를 가리키는 것으로 읽을 수 없다. 이집트 문헌에서 한정사를 나타내는 표시는 어떠한 종족을 나타내는 것으로, 다시 말해서 특정한 사람들을 가리키기 위한 것으로, 바로 그렇기 때문에 복수형으로 나온다. 따라서 객관적인 학자라면 그 비문을 반드시 다음과 같이 읽어야만 한다: "이스라엘 민족(The Israelite)의 사람들은 황폐하게 되었고; 그들의 씨앗[토지 혹은 자손]은 없었다." 그러나 성서 수정주의자와 심지어 일부 고고학자들이 이 비문을 어떻게 해석하고 있는지 한번 보도록 하자.

모든 주요한 성서 수정주의자들은 이스라엘을 가리키는 메르넵타 비문에 대해서 이러저러한 방식으로 해설을 하고 있는데, 그들의 해설을 믿지 않아도 전혀 놀라운 일이 아닌 것이, 그들의 관점에서는 초기 이스라엘이라는 것 자체가 존재할 수 없는 것이기 때문이다. 데이비스(그는 이집트학자가 아니다)는 간단히 선포하기를, "한정사는 명백하지 않기" 때문에, 메르넵타에 나오는 이스라엘은 가나안의 장소일 수가 없다고 했다(1992: 61-63).

휘틀럼은 성서 저자들이 이스라엘을 만들어냈다고 주장하고 있으므로, 역시 그가 무슨 말을 할지 예상할 수 있다. 역시 그는 메르넵타 비문이 "고대 이스라엘의 성격과 위치에 대해서 상당히 미흡한 수준의 분명한 증거를 제공한다"라는 (데이비스를 의역하는 수준으로?) 판단을 했다. 일정 수준의 이스라엘이 연관될 수는 있겠지만, "그 비문은 이집트 파라오의 편에서 이데올로기적으로 그리고 정치적으로 중요한 선언을 담고 있는 과거에 대한 특별한 인식을 비춰주고 있다"고 그는 생각했다(1996: 209, 210). 휘틀럼은 어떻게 이것이 단지 인식으로 그치는지 알 수 있었을까? 이에 대해서 그는 더 이상 설명하지 않는다.

렘셰는 일반적으로 가장 덜 극단적인 입장인데(그리고 훨씬 나은 학자이다), 메르넵타 비문이 기원전 13세기 후반에 "어떤 종류의 민족적 유물 복합체로, 그것이 그 자신의 이름인 이스라엘과 동일한 그 무엇"을 표명해 준다고 받아들였다. 심지어 그는 여기의 이스라엘이 가나안 북부 혹은 중앙 산지에 자리 잡았으며, 이는 "이 이스라엘과 이후 철기 시대에 이 이름으로 세워진 왕국 사이에 어떤 종류의 정치적이며 혹은 민족적인 연관성의 존재를 지시하는 것"임을 인정하였다(1998: 37, 38). 그러나 여전히 그의 책『역사와 전통에서의 이스라엘 사람들The Israelites in History and Tradition』나머지에서, 그는 우리가 이 이스라엘에 관해 말할 수 있는 것은 별로 없다고 주장했다. 결론 부분에서 그는 다음과 같이 썼다:

> 철기 시대의 이스라엘은 가장 모호한 집단으로 드러나는데, 역사적인 문헌에서뿐만 아니라 물질유물에서도 그러했다. 고고학은 오늘날의 조사자가 무엇이 이스라엘 사람들의 것이며 또 무엇이 그렇지 않은가를 결정하는 데 도움을 줄 수 있는 민족적 꼬리표를 거의 달고 있지 못하다. (1998: 160)

분명히 렘셰의 문제는 메르넵타의 이스라엘이 성서의 이스라엘과 똑같지는 않다는 지적이다. 그러나 왜 우리는 그게 똑같을 거라고 기대해야만 하는 것일까?

수정주의자 진영에 주로 자리를 잡았던 학자 중 다른 이들로, 예스타 알스트룀Gösta Ahlström과 그의 제자 다이애나 에덜먼이 있다. 알스르룀의 논증, 곧 메르넵타의 이스라엘이 민족이 아니라 하나의 장소라는 주장은 키친에 의해서 효과적으로 폐기 처분되었다.

토머스 톰프슨은 그의 해석이 상당히 급진적이어서 별도로 취급할 필요가 있다. 그는 딱 잘라서 다음과 같이 선언했는데, 메르넵타의 이스라엘이 "고지대의 이스라엘이나 그 어떤 성서의 이스라엘과 아무런 연관성을 가지고 있지 않다"(1999: 79). 그는 비문에 나오는 '가나안'과 '이스라엘'이란 용어는 둘 다 "이집트 군대에 의해 파괴된 중요한 3개의 마을을 상징하는 은유적 표현"에 불과하다고 생각했다(즉 아스글론, 게제르, 그리고 야노암;

1991: 81). 2000년 코펜하겐에서 있었던 국제 심포지엄에서 나는 그와 서로 대치 상태에 있었는데, 그는 이집트 서기관이 아주 우연히 '이스라엘'이란 이름을 쓰게 되었을 뿐이고, 그렇기에 이러한 언급을 하나의 자료로 이용하는 것이 부적합하다고 주장하기에 이르렀다. 이러한 그의 발언에 어느 누가 대답할 수 있단 말인가? 논의할 가치조차 없이 근거가 없는 발언일 뿐이다.

마지막으로 핑켈스테인이 있는데 그는 최근 수정주의자들과 놀아나고 있는 인물로, 그래도 아직 극단까지 이르지는 않은 상태이다. 그는 철기 I 시대 고지대의 복합체를 이 분야의 다른 어떤 사람들보다 더 일찍 접했던 사람이다. 그럼에도 불구하고 민족성을 다루는 1996년의 글에서 그는 나의 견해를 인용하는 것 외에는 메르넵타의 증거를 전혀 언급하지 않았다. 항상 그런 것은 아니었다. 1988년에 그는 그 비문이 그가 말해왔던 (유목민적 – 역주) 이스라엘과 연관되어 있다고 생각했다(1988:28). 그러나 1995년 지표조사 보고에서는 그 비석을 단지 한 번만 언급했고, 이스라엘과 연관되었던 부분을 "모호하다"라고 일축하고 말았다(1995: 351). 그리고 이러한 점은 최근에 출간된 그의 대중서 『발굴된 성서 *The Bible Unearthed*』 (2001)에서도 여전히 유지되고 있었다(닐 실버먼 공저; 101면). 메르넵타의 자료를 지속적으로 낮게 평가하는 핑켈스테인의 태도는, 익명의 산지 거주자에 대한 그의 이론을 불편하게 만드는 무엇인가가 관계하고 있기 때문은 아닐까?

메르넵타는 수정주의자들이 전혀 알지 못했던 어떤 것을 알고 있는 듯하다: 그곳에 초기 이스라엘이 있었다는 점 말이다. 메르넵타는 또한 가나안 어디에 초기 이스라엘이 있는지도 알았다. 이는 우리가 지역을 하나씩 제거하는 과정에 의해서 알 수 있는 사실이다. 다음을 고려해보자: (1) 메르넵타에 나오는 이스라엘은 해안을 따라 위치하거나 이스르엘 계곡과 같은 저지대에 자리할 수가 없다. 왜냐하면 이들 지역은 어떠한 '민족'이 아니라 도시국가였으며, 더 나아가 그것들은 최소한 명목상으로 이집트의 지배 아래에 있었기 때문이다. (2) 메르넵타의 이스라엘은 갈릴리에 있지 않았다. 왜냐하면 그 지역은 이집트 지배를 받는 후루, 곧 가나안의 북부 지역이기 때문이다. (3) 마지막으로, 메르넵타의 이스라엘은 네게브나 트란스요르단 남부에도 있을 수 없다. 그 이유는 다른 신왕국 이집트 문헌에 따르면, 이들 주변 지역들은 제압되지도 않고 그럴 필요도 없는 샤수 유목민(이들은 이스라엘 사람들과 같은 '민족'이다)이 거주했다는 풍성한 증거가 있기 때문이다.

다음 페이지에서 메르넵타의 가나안을 가리키는 지도를 아무런 편견을 가지지 않고 잠깐 살펴본다면 남겨진 한 곳, 곧 13세기 후반에 이스라엘이 반드시 존재했어야만 했던 한 곳을 찾게 될 것이다: 바로 중앙 산지이다. 최근에 고고학을 통해서 발견된 기원전 13~기원전 12세기의 촌락 대부분이 주로 이곳에 자리를 잡고 있던 것이 단지 우연일까? 메르넵타가 알았던 것을 우리도 역시 알 수 있게 된 것처럼 보인다.

정리하면, '이스라엘이 황폐해졌다'라는 자화자찬의 (그리고 거짓의) 외침에도 불구하고, 메르넵타 석비는 우리가 이 시점에서 알아야 할 필요가 있는 사실들을 말해준다 ― 만약 우리가 열린 자세로 임하기만 한다면 말이다. 바로 다음의 내용들이다:

1. 기원전 1210년경 가나안에서, 그 자체로 '이스라엘'이라고 불리는 문화적이며 어느 정도 정치적인 실체가 존재했으며, 그들은 바로 그 이름으로 이집트 사람들에게 알려졌다.

2. 이 이스라엘은 그 당시 가나안의 다른 민족들 가운데 충분히 잘 건립되었고, 이집트의 지식 집단은 그들이 자신들의 지배권에 도전할 수도 있

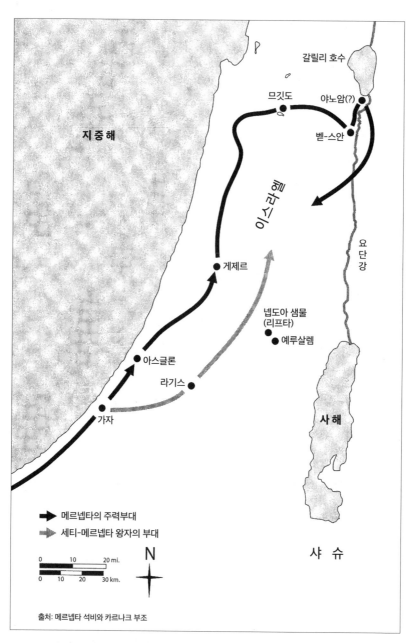

지중해

갈릴리 호수

므깃도

야노암(?)

벤-스안

이스르엘

요단강

게제르

넵도아 샘물
(리프타)

예루살렘

아스글론

라기스

사해

가자

→ 메르넵타의 주력부대

→ 세티-메르넵타 왕자의 부대

0   10   20 mi.

0   10   20   30 km.

N

샤 슈

출처: 메르넵타 석비와 카르나크 부조

메르넵타의 가나안 원전 지도로, 중앙 지역에 '이스라엘 민족'이 자리를 잡았던 것으로
보이는 빈틈이 있다. Adapted from *BAS*

는 세력으로 인식하였다.

3. 이 이스라엘은 가나안의 다른 국가들처럼 하나의 조직된 국가체제를 구성하지 않았고, 다소 느슨하게 묶인 사람들—즉, 하나의 민족적 집단—로 구성되었다.

4. 이 이스라엘은 이집트의 지배 아래에 있는 저지대에 위치하지 않았고, 보다 변경 지대인 멀리 떨어진 중앙 산지에 자리를 잡았다.

사실 메르넵타 석비는 초기 이스라엘을 말해주는 정보의 보고이다. 그리고 바로 이것이 회의주의자들이, 그리고 히브리 성서(와 고고학)를 잘못 취급하는 자들이 확증적인 증거로 항상 주장하던 것이기도 했다: 성서 외적 문헌, 확실하게 날짜를 알 수 있는 것, 그리고 성서와 친-이스라엘적 편견에서 자유로운 것 말이다. 명목적 반대자를 확신시키기 위해 그 이상 무엇이 필요하다는 말인가?

이제 결론적으로 철기 I시대 가나안 고지대에서 원原-이스라엘 사람들의 출현에 대한 나의 논증은 이스라엘을 언급하고 있는 메르넵타 석비 증거 하나만으로 충분히 확증된다고 할 수 있다. 사실 나의 동료 중 몇은 (그 중 한 명이 아미하이 마자르이다) 내가 너무 조심스럽다고 불평하기도 했다: 그들을 간단히 이스라엘 사람들이라고 부르지 그래? 나도 그렇게 하고 싶다. 그러나 나는 다음의 두 가지 이유로 주저하게 된다. (1) 나는 차라리 너무 신중하다, 라는 말을 듣고 싶은데, 왜냐하면 고고학적인 자료를 근거로 민족을 규정하는 일은 확실히 어렵기 때문이다(비록 불가능하지는 않더라도 말이다: 우리는 블레셋 민족이 누구인지 정확하게 알고 있다); 그리고 (2) 내가 말하는 원-이스라엘 사람들은 이후에 이스라엘이라는 국가의 부분이 된다는 완전한 의미에서(즉, 성서가 말하는 이스라엘 사람들), 이스라엘 사람들이 아니다. 오히려 그들은 그들 자신만의 진정한

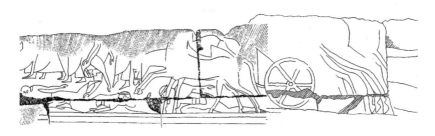

카르나크 건축물에 돋을새김 되어 있는 유르코의 '이스라엘 사람들'. *Biblical Archaeology Society*

카르나크 건축물에 돋을새김 되어 있는 레이니의 '이스라엘 사람들'. *Biblical Archaeology Society*

조상들이 따로 있었다.

　최근 다양한 학자들이 메르넵타 석비에 언급된 이스라엘이란 텍스트상의 언급을 뛰어넘어, 여기에 나온 파라오가 그림으로 된 일종의 목격 장면을 우리에게 남겨주었다고 주장하기도 했다. 1990년에 프랑크 유르코

Frank Yurco는 주장하기를, 카르나크 성전 벽에 있는 유명한 전쟁 장면이 아멘모세Amenmose(기원전 1202~기원전 1199년)와 세티 I세(기원전 1199~기원전 1193년)의 카르투슈에 그려져 있지만, 그것은 바로 그들의 선왕 메르넵타(기원전 1212~기원전 1202년)에 의해서 수행된 것이었다고 하였다. 심지어 그는 이러한 젠체하는 자들(아멘모세와 세티 I세를 가리킴 - 역주)이 어떻게 메르넵타라는 이름을 부분적으로 지우고 다시 조각했는지를, 그래서 결국 팔레스타인에서 승리를 거두었다는 그의 업적을 가로챘었는지를 확신 있게 보여주기도 했다. 이러한 관점에서 카르나크 비문은 그 유명한 승전 석비와 연관해서 읽어야만 할 것이다. 그런 다음 유르코는 한 장면이 실제로 우리의 원-이스라엘 사람들이 파라오의 말발굽과 전차에 유린되는 모습을 보여주고 있다고 주장했다. 비문의 다른 곳에는, 잘 알려진 샤수 유목민이 그려져 있는 것처럼 보인다; 그리고 이스라엘인 학자 앤슨 레이니 Anson Rainey는 역시 유린당하고 있는 이 사람들을 이스라엘 사람으로 기꺼이 부르고 있다. 어떤 경우이건, 카르나크의 장면이 있건 없건 간에, 이집트 정보 집단의 자세하고 정확한 지식은 그 자체로 의미심장하다 — 메르넵타의 거만한 주장은 제쳐두고라도 말이다.

모든 고지대의 정착민이 원-이스라엘 사람들이었나?

지금까지 나는 주로 철기 I시대의 중앙 산지 지역 정착자에게 초점을 맞추며, 그들을 잠정적으로 원-이스라엘 사람들이었다고 밝혔다. 그러나 상부 갈릴리와 하부 갈릴리와 같은 다른 고지대는 어떠한가?

상부 갈릴리

나는 철기 I시대에 대한 우리의 최근 정보의 상당 부분을 제공했던 이스라엘인의 지표조사를 이미 논의한 바 있다. 1950년대에 있었던 요하난 아하로니Yohanan Aharoni의 상부 갈릴리 지역 지표조사는 이후 1970년대 후반 라파엘 프랑켈Raphael Frankel에 의해서 보다 심층적으로 조사되었고, 1994년에 영어로 발표되었다. 후기 청동기 시대의 고고학 발굴지가 대략 열두 곳 정도 있었는데, 대부분 투트모세 3세 시대 혹은 아마르나 서신과 같은 이집트 문헌들에서 언급되었으며, 대부분이 저지대에 자리 잡고 있었다. 발굴되었던 두 장소, 단과 하솔은 두 곳 모두 요르단 상류 지역과 훌레Huleh 골짜기를 내려다보는 낮은 산등성이에 전략적으로 자리를 잡고 있었다. 둘 다 중요한 가나안의 도시-국가였으며(하솔에 대해서는 위를 보라), 기원전 13세기 중반에 파괴되었다가, 어느 정도 점유하지 않은 기간을 지나서 다시 사람들이 희박한 수준으로 거주하게 되었다(단 지층 제6층, 하솔 지층 제12층).

프랑켈은 기원전 12세기에 정착 형식에 중요한 변화가 나타났다는 사실을 40곳이 넘는 철기 I시대 발굴지의 증거를 가지고 입증해냈다. 그는 이러한 장소들이 몇 안 되는 후기 청동기 시대의 도시 정착지와 곧바로 겹치지는 않지만, 어느 정도 시간이 지난 후에 그것을 기초로 세워졌다고 생각했다. 그러므로 상부 갈릴리에서 나온 증거를 가지고 볼 때, 위에서 소개했던 3개의 옛 모델 가운데 어느 것도 잘 들어맞게 된다. 그러나 프랑켈은 지역의 인구를 후기 청동기 II시대부터 초기 철기 I시대까지 연속적인 현상으로 보기를 선호했다. 이러한 토착민인 목축 유목민과 촌락민은 모두 이후에 성서에서 나오는 아셀 지파나 납달리 지파의 구성원이 되었다. 프랑켈은 다음과 같이 결론을 맺는다:

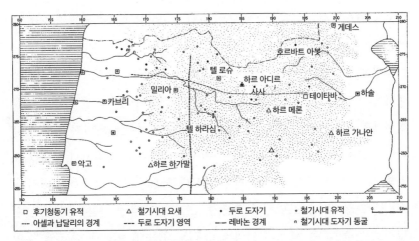

후기 청동기와 철기 I시대의 상부 갈릴리. Israel Finkelstein and Nadav Na'aman, *From Nomadism to Monarchy*

후기 청동기 시대에서 철기 시대로의 전환은 일반적으로 시골에서 그리고 특별히 상부 갈릴리에서 변화와 연속성을 결합해서 발생하였다. 변화는 저지대의 큰 도시들이 파괴되고 산지에서는 소규모의 지역에서 새로운 정착 유형이 출현한 사실에서 증명이 된다. 연속성은 도자기들과 그 지역의 지정학적 구분에서 표현되었다. 주로 변화는 동부 지중해 전역에서 발생했던 중요한 과정의 일부이기도 했다. (1994: 34)

사사기 1장과 13-18장에 나오는 성서의 전승은 단Dan 부족이 본래 상부 갈릴리에 정착하는 것이었지만, 그곳에서 아모리 족속을 정복할 수 없었음을 암시하고 있다. 오직 이후에 라이스Laish(혹은 텔 단)가 파괴되었고, 그 이름을 단으로 바꾸었다. 사사기에 따르면, 아셀 지파는 서쪽으로 진격해서 해안에 있는 악고를 공격했지만 역시 정복하지는 못했다. 납달리 역시 성공하지 못했고, "가나안 족속 가운데 거주하였다"라고 전해졌다(1:33).

이 모든 것을 통해서, 성서 저자의 기억(혹은 자료)은 일반적으로 맞는 것으로 보인다. 단과 하솔의 발굴은 성서 이야기를 확증해주는 것으로 해석될 수 있다. 하솔은 파괴되었고, 그런 다음 약 100년 정도 지나서 무단 거주하게 되었다. 단은 이스라엘 이전에 그 이름이 라이스였는데, 이 옛 이름은 이집트 문헌에서 확증된다. 기원전 13세기 파괴의 흔적은 그곳을 발굴했던 아브라함 비란Avraham Biran에 의해 아직 문서화되지 못한 상태이다. 그러나 그 이후에 단은 철기 I시대 중앙 산지 정착지에서 발견된 것들과 유사한 목 이음 저장용 항아리와 다른 도자기를 보유하고 있었다. 그럼에도 불구하고 프랑켈의 결론은 "초기 '이스라엘 사람들'이 상부 갈릴리로 진출했다는 증거가 거의 없다"라고 했는데, 이는 트집 잡을 것이 없는 내용이다. 그 지역은 아마 어느 기간 동안 페니키아인들이 거주했을 것이다.

하부 갈릴리

하부 갈릴리는 아하로니가 발굴했던 지역으로, 1970년대에 즈비 갈Zvi Gal이 광범위하게 지표조사를 했고 이후 1992년에 완전하게 그 결과를 발표하였다. 이곳에는 문헌상으로도 그렇고 고고학적으로도 그렇고 후기 청동기 시대의 유물이 극히 희박하다. 나사렛 북서쪽에 있는 (발굴되지 않은) 한나돈Hannathon은 아마르나 서신에서 유일하게 언급된 지역이다. 30여 개가 되는 장소를 갈Gal이 찾아냈는데, 대부분은 나사렛 언덕 북부에 있는 벧-네토파Beth-netofah와 같이 산맥 중간에 있는 지역에 기원전 12세기에 이르러 새롭게 세워진 정착지들이었다. 여기에서 산지 대부분은 그 당시에 산림으로 우거져 있었을 것이 분명한데, 그 점은 정착을 막는 장애물로 여겨졌을 것이다. 여남은 개의 철기 I시대 정착지 가운데 몇 군데에서 목 이음 항아리가 나왔는데, 갈은 이 지역들을 (성서에 나오는) 서쪽의 스불론과 납달리 그리고 동쪽의 잇사갈 지파와 연결시켜서 생각했다. 나는 앞에서 납달리에 대한 성서의 기사를 언급한 적이 있다. 사사기 1장 30절에 의하면, 스불론은 가나안의 고립된 지역에서 오랫동안 자리를 지켰다고 한다. 잇사갈은 사사기 1장에는 언급되지 않으나, 다른 성서 전통에 의하면 스불론과 함께 언급되고 있다(신명기 33장 18-19절에서와 같이).

철기 I시대의 하부 갈릴리 지역을 곧바로 성서의 부족과 연결하는 일은 문제가 있는 것처럼 보인다. 핑켈스테인과 코하비Kochavi 모두 이 장소들이 (그리고 상부 갈릴리의 장소들도 역시) 성격상 페니키아에 더 가까우며, 갈릴리에서 나온 저장용 항아리는 북쪽으로 올라가 오늘날 레바논 해안에 있는 두로의 것을 가리키고 있다는 의견을 피력했다. 가나안-페니키아 문화의 영향은 북쪽 지역에서 기원전 10세기에 이르기까지 오랫동안 유지되었던 것으로 보이는데, 이 시기는 핑켈스테인의 재구성에 따르면, 철기 I시대에 신-가나안 문화가 재생한 것이었다.

갈이 조사한 하부 갈릴리 지역 중 한 곳은 텔 바비트Tel Vavit 혹은 텔 엘-바비야트Tell el-Wawiyat라는 곳으로, 근래 나의 제자들이 발굴했다. 그곳은 나사렛 북부에 있는 벧-네토파 계곡에 자리하고 있다. 그곳에는 기원전 13세기의 시골 영주의 가옥이 있었던 것으로 보이는데, 그와 함께 견고한 건물 잔해와 수입된 사치품들이 있었다. 그곳에서의 가나안 사람들의 점유는 기원전 12세기를 거쳐, 그 지역이 버려졌던 기원전 약 1100년까지 계속되었다. (기원전 11세기에 폐허 건축물 얼마를 재사용하면서 무단으로 거주했던 사람들이 이스라엘 사람들이었을 수도 있지만 그것은 단지 추정에 불과하다.)

하부 갈릴리의 다른 지역은 애리조나 대학교의 학생들이 발굴했는데, 그곳은 바비야트에서 남쪽으로 약 8킬로미터 떨어져 있는 텔 에인-지포

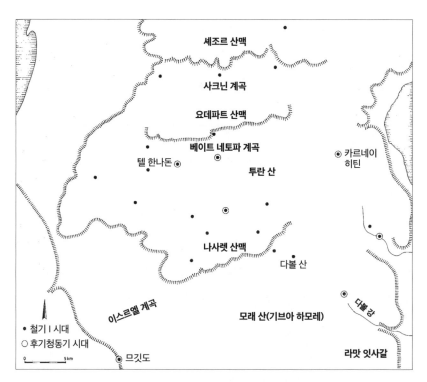

후기 청동기와 철기 I시대의 하부 갈릴리. Israel Finkelstein and Nadav Na'aman, *From Nomadism to Monarchy*

리Tell Ein-Zippori이다. 그곳에는 또 하나의 작은 후기 청동기 시대의 가나안 촌락이 있었는데, 촌락에는 기념비적인 건축물이 있었으며, 철기 I시대까지 지속하다가 기원전 10세기 중반에 미지의 세력에 의해 파괴되었다.

이스르엘 계곡

남쪽으로 옮겨보면 광활하고 풍요로운 이스르엘 계곡을 만나게 되는데, 이곳은 동쪽의 지중해 해안에서부터 요단 계곡에 이르도록 사방이 뻗쳐 있는 지역이다. 그러나 계곡은 근대까지 습지였기 때문에, 그곳엔 고대 유적지가 거의 전무했다. 언덕의 경계를 빙 둘러서, 그리고 계곡에 이르는 길들 근처로 다수의 거대한 후기 청동기 시대의 도시-국가들이 존재했는데, 우리는 이 지역을 산지에 합당한 곳으로 생각하고 살펴볼 것이다.

계곡에 자리를 잡은 거대한 후기 청동기 시대의 장소들은 악고 만灣에 있는 텔 케이산Tell Keisan; 남쪽으로 뻗어난 곳을 따라 위치한 므깃도와 다아낙; 그리고 계곡의 동쪽 끝을 경계하고 있는 벧-스안이다. (악고까지 포함한다면) 이 네 곳은 아마르나 서신에 모두 언급되어 있다. 여기엔 소규모의 후기 청동기 시대의 정착지들도 있었는데, 그중에는 최근에 발굴된 욕느암과 텔 키리Tel Qiri가 있다. 이 모든 장소에서 기원전 13세기부터 기원전 12세기, 심지어 기원전 11세기까지 강력한 연속성을 보인다는 점은 주목할 만하다. 이곳에서 이스라엘 사람들의 점유는 기원전 10세기 이전에는, 곧 통일 왕국의 보호가 있기 전까지는 시작되지 않은 것 같다(핑켈스테인은 기원전 9세기라고 말할 것이다). 벧-스안은 람세스 6세 시기까지(기원전 1141~기원전 1133년) 이집트의 요새로 분명히 남아 있었다. 그리고 므깃도는 내가 앞에서 논의했던 곳으로, 지층 제6층의 대규모 파괴층이 있기 전까지 지역의 가나안 전통을 매우 강력하게 유지하고 있었다 (나는 이 파괴된 지층을 기원전 약 1000년으로 보며, 핑켈스테인은 기원전 약 930년으로 보고 있다). 그러므로 성서가 말하는, 시스라와 그의 "철병거 900대"에 대항한 드보라와 바락의 전투는(삿 4), 어떠한 고고학적 맥락을 보여주지 못하고 있다. 사실, 성서 기록은 (그 이전에 이스라엘 사람들에 의해 파괴되었다고 주장하고 있지만) 전투 이후에 하솔의 왕 야빈이 여전히 그 지역을 주관하고 있다고 하면서, 그 오류를 스스로 인정하고 있다(수 11:1-15와 삿 4:23, 24를 비교하라).

유다 언덕들

지금까지 내가 논의했던 산지 대부분은 예루살렘 북쪽에 자리하고 있다. 예루살렘과 그 주변 지역뿐만 아니라 남쪽 산지에 가보면 후기 청동기-철기 I시대 정착 역사에 있어 조금 다른 측면을 발견하게 된다.

유다 언덕들에서 벌인 조사 가운데 이스라엘인에 의한 것으로는 1980년대에 아비 오페르Avi Ofer의 조사가 있었고 1994년에 출간되었다. 오페르는 단지 6곳의 후기 청동기 시대 유적지를 발견했는데, 그중에 아마르나 서신에서 그 지역의 중심적인 (아마도 유일한) 도시-국가로 언급하고 있는 헤브론이 포함된다. 키르베트 라부드Kh. Rabûd는 성서의 '드빌'로 보이는데(위를 보라), 유일하게 다른 중요한 지역이었고 약 0.8헥타르에 해당할 정도로 뻗어 있다.

그러나 철기 I시대에 유다 지역의 정착지 수는 17~18개로 증가하는데, 이는 전체 건축 면적이 대략 12~18헥타르에 해당하는 수치로, 통상적인 인구 평가를 해보면 이 지역의 인구는 3,000~4,500명으로 계산된다. 하지만 이들은 모두 소규모의 촌락으로, 건식 농업과 축산업으로 생계를 유지하는 수준이었다. 오페르는 기원전 11세기에 들어와서야 예루살렘 북부 산지에서부터 남쪽으로 이주해온 사람들이 유다 언덕 지역에 정착했다는 핑켈스테인의 견해에 동의하지 않았다. 그는 남쪽의 정착민들을 지역의 가나안 원주민의 후손으로 보았는데, 즉 이들이 점차 정주하게 되었고, 기원전 9세기에 이르러서야 정착은 정점에 이르게 되었다고 보았다. 그때까지 그곳엔 라기스와 같이 소수의 큰 도심지가 있었을 뿐이고, 그 지역은 유다 왕국의 일부분이 되었다. 그러나 오페르는 강조하기를, 철기 I시대에 새로운 이민자들에 대한 그 어떠한 고고학적인 자료도 나타나지 않았다고 하였다. 그리고 그는 갈렙과 유다에 관한 전승을 언급하는 것을 제외하고,

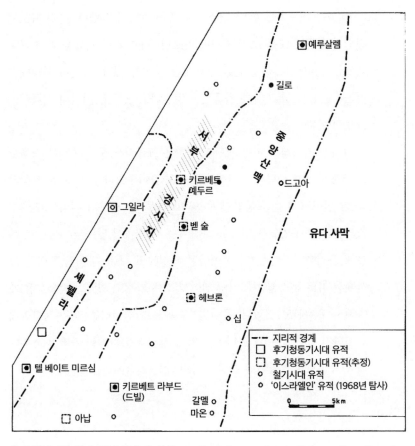

후기 청동기와 철기 I시대의 유다 산지. Israel Finkelstein and Nadav Na'aman, *From Nomadism to Monarch*

성서 전승과 그 어떤 연관도 짓지 않았다. 그러므로 그는 다음과 같이 결론을 맺었다:

> 유다 언덕에서 정착했던 다양한 기원의 집단들은 요단강 양쪽 편의 남부와 중앙 전체에 걸친 가족들과 다양한 관계를 누리고 있었다. 어떤 경우에는 정착을 시도하는 가정이 그들의 이웃보다 유다 언덕의 외

각에 있는 거주자들과 더 긴밀한 유대를 누리기도 했다. 다윗 왕조의 건립과 관련된 모든 초기 자료에 따르면, '유다'라는 이름을 가진 가족 외에는 어떠한 조직에 대한 구체적인 증거가 없다. 이것이 나타내는 바는 '유다'가 서로 다른 가족들이 정착하고 있었던 지역의 이름이었다는 점이다.

가까운 지역에서 이들 집단의 정착은 그들의 공통의 특성을 강화했고 경제적이며 사회적인 연대 의식을 만들어주었다. 모든 것을 포함하는 틀 안에서 그들을 통합할 수 있었던 동력은 공통의 적의 등장에서 기인했다. 거주민들은 가족과 하위 부족 체제에서 민족국가 구조로 빠르게 움직여나갔다. 그러나 이러한 과정에서 확대 가족은, 특별히 그 안에서 따로 분리된 아버지의 집이 이전에 가지고 있었던 중요성을 계속해서 유지하고 있었다. 유다를 '부족'으로 취급하는 것은 정확하게 표현하지 못한 것이며, 유다라는 땅에 정착했던 가족들의 역사를 후대에 인공적으로 만들어낸 것에 지나지 않는다. (1994: 117)

브엘세바 계곡

네게브 사막 경계를 따라 브엘세바 계곡의 제한적인 정착 점유지 근처에 있는 곳으로서, 유다 언덕 남쪽에 알려진 철기 I시대의 중요한 장소를 이미 논의한 바 있다. 그 장소 중에 텔 마소스Tel Masos, 텔 에스다르Tel Esdar, 아랏 그리고 브엘세바 그 자체가 있다. 아랏과 브엘세바 발굴 작업에서 고참이었던 제에브 헤르조그Ze'ev Herzog는 소수의 다른 기원전 12세기 정착지를 발견했는데, 거의 모두 소규모 수준이었다. 그 지역의 정착은 점진적으로 진행되었고, 기원전 11세기 후반에 이르러 약 1,500명을 넘지 않는 수준의 인구가 되었다. 텔 마소스는 대략 3헥타르의 크기로, 분명히 지역 정착의 중심 부분이었다. 그곳에서 발견된 것들이 정교하며 도자기는 해안의 것과 연관성을 가지고 있기 때문에, 마소스는 교역과 분배의 중심지로 기능했던 것으로 보인다. 나는 텔 마소스가 비록 정확히 언덕 지역은 아니지만, 내가 주장하는 원-이스라엘 사람들의 장소 중 하나라고 제안했었다. 핑켈스테인은 이러한 생각을 강력하게 거부한다. 이 문제는 아직은 미결정 상태로 두는 것이 최선이 될 것이다. 헤르조그의 결론은 다음과 같다:

'이스라엘인의 정착'은 가나안의 거의 모든 지역에서 발생했던 사

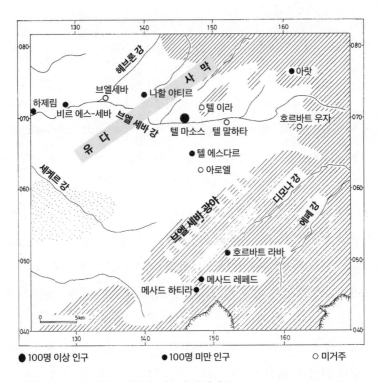

기원전 11세기 말의 브엘세바 계곡의 유적지들. Israel Finkelstein and Nadav Na'aman, *From Nomadism to Monarchy*

319

회경제적 변화의 복잡한 과정이었다. 기원전 13세기 말에 시작된 오랜 과정에서 경작이 가능한 지역 대부분은 서로 이질적인 민족성과 사회적 기원을 가진 소규모의 집단들이 정착하게 되었다. 이스라엘이란 국가적이며 민족적인 정체성은 통일 왕조가 출현하게 되면서 그 절정에 이르렀다. 그러나 범-이스라엘 민족 정체성은 기원전 11세기 후반부터 기원전 10세기 후반까지 단지 100년 정도 존속하게 되었을 뿐이고, 통일 왕국의 분열로 무너지게 되었다. 이스라엘이란 정체성이 영원히 살아남아 있다는 생각은 구약성서가 만들어놓은 이데올로기적 측면에 불과하다. (1994:149)

예루살렘: 특별한 경우인가?

성서 전승에 따르면, 중앙 산지의 중심부에 위치한 예루살렘은 기원전 10세기 초반 다윗이 계략으로 그곳을 손에 넣기 전까지 '여부스족'의 것이었다(삼하 5:6-10; 수 15:63과 비교하라). 우리는 여부스족이 누구인지 알지 못하며, 여부스가 지역 가나안 씨족의 이름이었다고만 추측할 수 있을 뿐이다(창 10:16에서처럼). 예루살렘은 올드 시티the Old City의 벽 안쪽으로 광범위하게 발굴된 적이 없었다. 그러나 데임 케슬린 케년Dame Kathleen Kenyon이 1960년대에 남쪽으로 오펠의 돌출되어 나온 부분 — '다윗성' — 을 팠고, 고인이 된 이갈 실로Yigal Shiloh는 1978년과 1985년 사이에 그곳을 광범위하게 발굴하였다. 그러나 철기 I시대 도시로 나아가기에는 거의 아무것도 발견하지 못했다. 다시 말해 기원전 10세기에 해당하는 것이 별로 없었다. 이런 이유로 많은 수정주의자가 이곳에 중요한 마을조차 없었으며 그러므로 국가의 수도가 있을 리 만무하다면서, 기원전 8세기 전에는 도시가 없었다고 주장하였다. 그러나 그들의 주장은 침묵의 논증이며, 쉽게 반박할 수 있다.

예루살렘의 주변 환경은 비록 유다 산지의 부분이기는 하지만 따로 떼어 취급해야 할 것이다. 가장 정밀한 조사는 아미하이 마자르Amihai Mazar가 했는데, 그는 가장 중요한 원-이스라엘의 유적지 중 하나인 길로Giloh 발굴을 지휘했던 사람이다(현대 예루살렘의 남서쪽 외각 지대에 있다). 몇몇 이스라엘인에 의한 조사가 1968년부터 시작되었는데, 이를 통해서 약 30곳의 소규모 철기 I시대 정착지를 찾아냈으며, 이곳은 대부분 예루살렘 북쪽과 서쪽에 있었다 ─ 이곳은 성서에서 베냐민 지역으로 나온다. 다른 곳에서 핑켈스테인은 예루살렘 주변에 철기 I시대의 유적지가 상대적으로 빈약하다는 점을 강조하였는데, 그 지역의 총인구가 대략 2,200명에

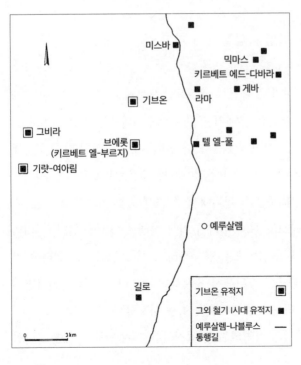

철기 I시대의 베냐민 지파 영역의 유적지들. Israel Finkelstein and Nadav Na'aman, *From Nomadism to Monarchy*

321

이를 것이라고 추정했다. 그러나 마자르의 결론은 다음과 같다:

정착 시기와 사사 시대 동안 이스라엘의 문화를 연구하기 위한 자료로서 고고학의 가치를 부인하려는 자세는 반드시 거부되어야만 한다. 이스라엘의 출현은 복잡한 과정을 만들어냈으며, 이는 다른 민족 집단에서도 동일하게 발생하는 현상이기도 하다. 그 지역의 정착민들은 그들의 기원이 무엇이건 상관없이 초기 단계에서는 그들 스스로가 하나의 이스라엘 국가에 소속된 부분이라고 생각하지 않았을 것이다; 그러나 그들은 이스라엘 국가를 태동시켰던 핵심을 제공한 인구 집단임에 틀림이 없다. 그러므로 그들은 그 용어의 가장 넓은 의미에서 볼 때, 이스라엘 사람이라고 규정될 수 있다. (1994: 91)

원-이스라엘 사람들 ─ 그리고 다른 이들은?

중앙 산지가 아닌 지역들, 특별히 예루살렘 북부에 대한 조사는 내가 제기한 원-이스라엘이 기원전 13세기 후반에 메르넵타 석비가 가리키고 있는 장소들 대부분에 자리하고 있었음을 나타내준다. 가나안의 다른 곳들에서 진행된 조사와 발굴은 철기 I시대 정착지의 물질문화에 중요한 지역적 차이가 나타났다고 말해주는데, 여기에서 좀 자세하게 정리하도록 하겠다. 이러한 차이점들은 최소한 현재 우리의 지식 상태로 다양한 철기 I시대의 사람들을 하나의 민족적 집단으로 강제하려고 시도해서는 안 된다고 가르쳐준다. 그럼에도 불구하고 위에서 제시했던 방대한 자료를 정리하면서 어느 정도 납득할 수 있는 수준에서 일반화를 시도할 수는 있겠다.

1. 철기 I시대의 다양한 지역의 모든 집적물은 후기 청동기 시대 가나안

문화(이를 후기-아마르나 시대라고 부른다)의 마지막 단계와 일반적인 연속성을 가지고 발전해나갔다. 연속성이 가장 잘 드러나는 부분은 지역의 도자기이다. 그러므로 새로운 기술, 정착 유형의 변화, 그리고 사회·경제적인 변화가 있었음에도 불구하고, 가나안에 남아 있던 전체 인구는 초기 철기 시대에도 그대로 유지된 것으로 보인다.

2. 발생한 변화는 대부분 고고학을 통해서 관찰이 가능한 것들인데, 복잡하고 점진적이며, 반드시 모든 지역에서 같은 속도로 진행될 필요는 없다. 기원전 10세기 직후에 최종적으로 출현한 철기 시대의 새로운 민족적 정체성은 기원전 8세기 후반에서 기원전 6세기 초반까지, 즉 신-아시리아와 신-바벨론에 의한 파괴가 있기 전까지 지역적 정착 유형과 지역적 사회·정치적 체제를 이루며 혹은 소소한 국가로 지속될 수 있었다. 이전에 가나안 내부에 있었던 이러한 체제들 — 각각은 서로 연관된 것들이지만 동시에 서로 구분이 가능한 문화적 특성이다 — 에는 (1) 시리아와 가나안 북부에 속하는 아람 사람; (2) 북부 해안을 따라서 자리 잡은 페니키아 사람; (3) 중앙과 남부 해안을 따라 있는 블레셋과 '해양민족들'; (4) 원-이스라엘 사람이 이스라엘이라는 작은 나라로 진화한 것(곧 북부와 남부 왕국으로 분열하게 된다); (5) 트란스요르단에 자리 잡은 암몬, 모압, 에돔이라는 부족국가들. 이 모든 철기 시대의 새로운 민족 체제들과 사회·정치적 정황은 길었던 청동기 시대의 가나안 문명의 점진적인 붕괴의 여파로 생겨난 진공 상태를 채워주는 요소가 되었다. 메르넵타의 '이스라엘 민족'은 비록 작지만, 결과적으로 이질적인 민족-문화적 혼합체를 구성하는 중요한 일부분을 차지하고 있었다.

3. 결정적인 증거가 부족함에도 불구하고(과거를 재구성할 만한 것이 별로 없다), 철기 I시대 가나안 중앙 산지의 개척자들은 잠정적으로 원-이스라엘 사람들로 여겨질 수 있다. 다시 말해서, 히브리 성서가 말하는 것

과 같이 이상적인 이스라엘은 아닐지는 몰라도, 기원전 10세기에 왕조를 세운 이스라엘로 문화적인 진보를 이룩할 수 있었던 초기 정착자들이었다. 이러한 신분 규정에 대해 성서 외적인 문헌 증거가 있는데, 바로 메르넵타의 승전비이다. 한편, 이 승전비는 다른 민족 집단의 신분을 규정하는 일에는 쓸 만하지 않다.

4. 히브리 성서에 기록된 자료는 기원전 8세기에 시작된 것으로, 그 시작부터 이전 가나안 지역 전체를 '모든 이스라엘'이 주도했다고 가정하고 있는 공식적인 견해를 우리에게 전하고 있다. 그러나 여전히 그 전반적인 전통은 아마 오래된 구전과 기록된 자료에 기초하고 있는데, 우리가 철기 I시대라고 알고 있는 다양한 문화적 기원과 가나안이라는 다민족적 구성을 정확하게 기억하고 있다.

이 시점에서 철기 시대의 다른 민족 집단에 대해 우리가 알고 있는 것들을 요약하는 일이 도움이 될 것으로 보인다.

1. 가나안 민족(Canaanites): 나는 이 용어를 청동기 시대(와 초기 철기 시대) 가나안의 내부 사람들을 총괄하여 일종의 표준적인 용례로 사용해 왔다. 포괄적인 용어로 그것은 서부 셈족 사람들을 가리키며, 오늘날 남부 시리아, 레바논 해안, 이스라엘, 웨스트뱅크 그리고 요르단을 지칭한다. 그 이름이 문헌에 처음 분명하게 나타난 것은 기원전 약 1500년이었고, 그 이전에는 불분명하게 한두 번 정도 나타났을 뿐이었다. '가나안 사람'은 지금까지 히브리 성서에서 가장 일반적인 민족 용어였다. 논쟁의 방식은, 대부분의 이스라엘 사람들이 가나안 사람들과 그들이 공통의 선조를 두었으며 한때 공통의 문화를 보유했다는 것을 알고 있다는 점을 암시해준다.

2. 아모리 민족(Amorites): 그 이름의 어원은 '서부 셈족'이며, 종종 목축-유목민의 기원을 가진 사람들을 가리키는 데 사용된다. 아모리 민족은 기원전 3000년대 후반 이래 메소포타미아와 시리아의 문헌에서 널리 확

인되었다. 실제적인 차원으로 보면(확실히 성서 기록에 따르면), 그들은 가나안 사람들과 동등하게 여겨지며, 초기에 그 지역에서 보다 유목민적 요소가 강했다.

3. 헷 민족(Hittites): 헷 사람들은 비-셈족 사람으로 대략 기원전 2000년부터 기원전 1200년 청동기 시대의 종말에 붕괴하기까지 아나톨리아(오늘날 터키)와 북부 시리아에 거대한 제국을 세우고 다스렸던 민족이었다. 그러나 그들은 가나안 남부까지 한 번도 진출하지 않았고, 히브리 성서의 언급은 시리아에 살아남은 신-헷 족속으로, 신흥 아람 족속과 연관이 있다. 그러므로 성서의 용례는 가나안 북쪽 끝에 있는 민족 집단을 가리키고 있으며, 이스라엘이 멀리서 관계를 맺은 유일한 민족이기도 했다.

4. 브리스 민족(Perizzites): 히브리어의 어원은 '탁 트인 지역의 거주민' 혹은 '벽 없는 촌락에 사는 자들'이 될 수 있다. 이 용어는 히브리 성서에서 23번 등장하며, 주로 세겜이나 벧엘과 같이 산지 지역과 관련해서 나온다.

5. 히위 민족(Hivites): '히위'라는 용어는 그 기원이 알려져 있지 않으며, 많은 권위자는 그것이 성서 기자가 '호리Horite(히브리어로는 서로가 매우 유사하다)족' 혹은 아마 '헷족'과 혼동한 결과라고 생각한다. 창세기 10장과 창세기 15장 18-21절에 나오는 나라들의 목록을 비교해서 보면, '히위'와 '헷'이 서로 교환이 가능하게 사용되고 있음을 알게 된다.

다른 민족 집단을 나열하기 전에 방금 위에서 언급했던 구절을 주목할 필요가 있다. 지금까지 논의했던 4개(혹은 5개)의 집단 모두는 함께 언급되고 있다. 그러므로 성서 전통은 이들을 가나안에 이스라엘이 형성되기 이전에 존재했던 가장 오래되고 주요한 민족 집단이었다고 말해준다(비록 다른 구절에서는 덜 견실하게 나열되고 있지만 말이다).

6. 호리 민족(Horites): 이렇게 특별한 용어의 분명한 어원은 히브리어

호르*hôr*, 곧 '동굴'이란 뜻을 가진 단어에서 유래했다. 그러므로 이것은 가나안의 원시적인 '동굴 거주민'이란 의미일 것으로 보인다. 그러나 우리는 이것의 올바른 발음과 어원이 '후리족(Hurrians)'이라는 것을 알고 있다. 후리족은 북부 시리아와 메소포타미아에 거주하는 비-셈족 사람들로, 기원전 2000년 헷 족속의 문헌에 나와 있다. 그들은 기원전 1500년 이후 대규모의 인원이 가나안 남부로 이주했고, 후기 청동기 시대에 이집트는 그들의 지역을 (메르넵타 석비에서와 같이) '후루의 땅'이라고 불렀다. 아마르나 시대에 가나안의 많은 도시-국가의 왕이 이 후루 민족의 이름을 가지고 있었다.

7. 여부스 민족(Jebusites): 나는 위에서 예루살렘을 언급하면서 여부스를 거론했었다. 그러나 그들이 중앙 산지에 연관되어 있다는 점을 제외하면, 그들에 관해 알고 있는 것이 별로 없다. 그 이름의 어원은 알려지지 않았다. 사사기 9장 1절과 같은 기록에 따르면, 그들은 가나안, 아모리, 히위 그리고 브리스와 함께 등장한다.

8. 아말렉 민족(Amalekites): 아말렉 족속은 야곱에게 유산을 빼앗긴 형제인 유목민 에서의 후손으로 그려지며, 일반적으로 트란스요르단 남부의 에돔과 연관해서 등장하고 있다. 히브리 성서가 이들을 적대적으로 취급하고 있지만, 이스라엘과 아말렉은 공통의 먼 조상을 공유하고 있다는 사실을 알아둘 필요가 있다.

9. 블레셋 민족(Philistines): 성서와 이집트 자료에서도 나와 있는 블레셋은 이제 고고학적으로도 상당히 잘 문서화되어 정리되었는데, 기원전 1180년경에 람세스 3세에 의해서 '해양민족'으로 확인된 한 집단이다. 그 이후 블레셋은 가나안을 침략했고 남부 해안에 정착하였다. 그들은 창세기의 민족 열람표에 정확하게 생략되었다가, 이후 여호수아와 사사기에서 초기 이스라엘의 동시대 민족이자 경쟁자로 나타났다 — 이는 또 하나

의 정확한 기술이기도 하다. 많은 블레셋 장소가 근래 발굴되었는데 그중 아스글론, 아스돗, 에그론, 그리고 갓, 이렇게 성서의 5대 도시 중에 4곳이 확인되었다. 그러나 문헌 기록과 고고학 기록 모두 블레셋이 주로 해안과 산기슭에 제한하여 거주했음을 보여주는데, 그러므로 초기 이스라엘 사람들과는 직접적으로 대면할 기회가 그리 많지 않았다(성서의 이야기와는 대조되는 부분이다). 예를 들면, 원-이스라엘 산지 어느 곳을 찾아봐도 도색된 블레셋 도자기 조각 하나 찾을 수 없을 정도이다.

정리하면, 히브리 성서를 기록했던 후대의 사람들은 초기 철기 I시대와 또한 청동기 시대 이전의 가나안에 다양한 사람들이 존재했다는 것을 분명하게 알고 있었다. 그러나 이 모든 집단이 이스라엘의 정복과 그들에 의한 멸절이라는 이야기를 꾸며주는 장식으로 대개 사용되었음이 분명하다. 이는 히브리 성서에서 가나안에 실재했던 민족들의 상황을 거의 기술하지 않고 있다는 점에서 확인된다. 히브리 성서의 역사적 기억을 기원전 12~기원전 11세기로 거슬러 올라가서 성서의 사람들과 나라들을 다양한 지역의 고고학적 유물에 끼워 맞추려는 유혹이 들 성싶다. 그리고 일부 학자들은 우리가 보았던 것처럼 — 성서의 열두 지파(그러나 그들은 가공된 존재들이다)와 특정 지역을 연결하는 것에 이르기까지 — 바로 그러한 작업을 시도하기도 했다. 그러나 내 견해를 말하면, 그러한 시도는 현재 가용할 만한 증거를 뛰어넘는 것이다. 만약 중앙 산지 지역이 원-이스라엘 사람들이 거주했던 지역이라고 규정한 나의 해석이 옳다면(그리고 그렇게 무리한 것은 아니라고 한다면), 이는 이 지역이 므낫세, 에브라임, 그리고 베냐민 지파와 연결될 수도 있음을 나타낸다고 하겠다. 나는 다음 장에서 그 가능성을 알아보도록 하겠다.

제12장

_____

성서 전승을 구해내다: 역사인가, 신화인가?

    앞서 말한 것은 이스라엘의 기원에 대해 우리가 가지고 있는 고고학적인 자료와 성서 자료 모두를 비판적으로 분석한 내용이었다. 처음부터 끝까지 나는 새롭고 또한 어떤 경우엔 혁신적인 고고학적 증거들이 이제는 초기 이스라엘의 역사를 기록하는 데 (혹은 다시 기록하는 데) 우리의 일차적인 자료가 되어야만 한다는 점을 보여주려 노력했다.

    하지만 고고학을 최고로 여기는 이러한 절대적인 주장이 제기하는 문제는 이런 주장이 역사를 위한 자료로서 성서 기록을 2등급이란 지위로 끌어내린다는 점이다. 실로 이는 성서를 모두 의심하는 것으로 해석될 수 있다. 이것은 이스라엘 기원과 초기 역사에 대한 성서의 이야기를 쉽게 무시해버리고, 그것을 오히려 후대의 신정神政주의를 표방하는 프로파간다 — 다소 즐거움을 주는 부분이 있고 교화하려는 부분도 있지만, 어쨌든 완전히 허구이다 — 로 바꾸어버린다. 그리고 성서 수정주의자가 자신들의 허무주의적 입장을 정당화하기 위해 고고학자의 의심을 이용할 수 있는 문을 열어주었다. 그러므로 이 책의 서론에서 그러한 위기를 기술했던 것이다.

    간단히 말해서 문제는 이렇다: 만약 히브리 성서가 역사적으로 사실이 아니라면 어떻게 그것이 전적으로 옳다고 할 수 있는가? 만약 성서 이야기가 역사적으로 정확하지 않다면 그것이 애초에 어떻게 기록되었단 말인가? 그리고 왜 그러한 이야기들이 핵심 전승으로 보존되고 전수되며, 오늘날에도 가치 있는 것으로 여겨질 수 있단 말인가? 결국 성서는 기괴한 문학적 날조이지 않은가?

고고학자들과 다른 분쟁 야기자들

애초 문제를 제기했던 우리 고고학자 중에는 (혹시라도 있을지 모르겠지만) 우리가 문학비평, 신학, 혹은 더 나아가 역사라고 부르는 것을 훈련받지 못했으면서도 이러한 주제들을 지각하는 체하거나 혹은 심지어 그것들을 잘 알고 있는 체하는 사람들이 있다. 기특하게도 핑켈스테인과 실버먼의 책『발굴된 성서 The Bible Unearthed』는 고고학자의 입장에서 거대한 주제들을 이해하기 시작했던 첫 번째 시도였다(비록 다소 피상적이긴 했지만). 다른 이들은 미디어에 선정적인 진술을 하거나, 그 책이 촉발한 위기를 전적으로 무시하는 입장을 취했다. 내가 볼 때 그것은 무책임한 학자의 소행으로 여겨진다. 학자들은 대중을 도와서 설명해줄 의무를 지고 있는 것이지 대중을 그저 자극하고 혼동시켜서는 안 된다. (그리고 언론인도 역시 동일한 의무가 있다.)

많은 성서학자, 신학자, 신학교 교수, 그리고 목회자 역시 대중을 속이게 되는 일에는 비난을 피할 수 없다. 고대 이스라엘의 '새로운' 역사들이 지금도 계속해서 출간되고 있는데, 이는 수정주의자들이 정당하게 비판하는 것처럼 히브리 성서를 단지 이해하기 쉽게 풀어서 쓴 것 그 이상도 아니었다. 대학교와 교회 그리고 회당에서의 학자들과 종교적 지도자들은 '일상생활'

에 치중한 나머지 회의적인 목소리를 (그리고 아마 그들 자신의 의심을) 무시해버리고 말았다. 그러므로 자연스럽게 이어지는 것은, 로스앤젤레스의 웨스트우드에 있는 시나이 템플Sinai Temple의 랍비 데이비드 울프David Wolpe가 2천 명의 회중 앞에서 했던 유월절 설교에서 잘 드러난다:

> 진실은 이렇습니다. 사실 출애굽 이야기를 조사했던 모든 고고학자가 동의하는 건데, 물론 극소수를 제외하고요, 그건 바로 성서가 출애굽을 묘사하면서 보여주었던 길은 실제 일어났던 길이 아니라는 겁니다. 설령 그게 정녕 이루어졌다 하더라도 말입니다.

몇 주가 지난 후, 나는 로스앤젤레스의 월셔 불바르드 템플Wilshire Boulevard Temple에서 입석 관객에게 행했던 강연에서, 이 책의 제목(『초기 이스라엘 사람들은 누구였으며, 그들은 어디에서 왔는가?』)이 제기하고 있는 그 물음에 대해 깊은 혼란을 느끼며 그 답을 찾기 원하는 진지한 질문자들에게 포위되었다. 그런데 이들은 근본주의자들은 아니었다. 대부분은 성서를 잘 알고 있으며, 수준 높이 읽고 있었다: 어떤 이들은 유대인이고, 어떤 이들은 기독교인이었으며, 다른 이들은 세속주의자도 있었는데, 그럼에도 이들은 히브리 성서가 도덕적으로 교훈적이며 서구문화 전통에 핵심적인 부분을 맡고 있다고 생각했다.

랍비 울프의 설교와 나의 강의 모두 『로스앤젤레스 타임스』의 종교 분야 첫 페이지에 실렸다. 그리고 핑켈스테인과 실버먼의 최근 저서 『발굴된 성서』와 내가 쓴 책 『성서 저자들은 무엇을 알았으며, 그들은 그것을 언제 알았는가?What Did the Biblical Writers Know, and When Did They Know It?』는 2001년 봄과 여름에 언론의 많은 주목을 받았다. 2001년 가을에 자리를 잡고 이 책을 써야만 했던 이유가 바로 이러한 대중의 외침 때문이었다.

도대체(!) 성서 저자들은 자신들이 무엇을 하고 있다고 생각했던 것인가?

히브리 성서에 유리하게 해석함으로써 위에서 제기된 몇 개의 질문들에 대한 대답을 마련해보도록 하겠다. 나는 성서 이야기를 기록하고 수집하고 편집했던 자들이 사기꾼이 아니며, 자신들이 알고 있는 것을 교묘하게 날조하지도 않았다고 가정한다. 그러나 과연 어떤 의미에서 그들을 역사가라고 할 수 있을까? 혹은 그들은 자신들이 역사가라고 생각했을까? 옛 기준이나 현대의 기준으로 볼 때?

바루크 핼펀Baruch Halpern은 그의 도발적인 책 『첫 번째 역사가들: 히브리 성서와 역사The First Historians: The Hebrew Bible and History』(1988)에서 제안하기를, 진짜 역사가와 신화 작가를 구분하는 한 가지 기준은 의도성(intentionality)이라고 했다. 즉, 우리가 당연히 가정하고 있어야 할 자료의 적합성이나 만족스러운 방법론과 같은 것을 차치하고, 고대 저자들은, 이들이 히브리 성서를 만든 사람이거나 아니면 헤로도토스나 투키디데스와 같은 그리스 저자이거나 간에 무엇을 완수하고 싶었던 것일까? 이를 다른 방식으로 표현해보자: 그들은 자신들이 진실을 말하고 있다고 생각했을까?

이러한 기준을 사용해서 히브리 성서의 저자와 편찬자 그리고 편집자를 역사가로 평가하는 데 다음의 세 가지 선택들을 제시해보도록 하겠다.

시나리오 1

그들은 적합한 자료를 보유하고 있었다. 즉 구전 자료와 기록된 자료로, 이것은 이전 것과 동시대의 것이다. 그리고 그들은 그들이 할 수 있는 최선을 다해 실제 일어난 것처럼 이야기를 말하였다. 여기엔 예견되는 수준의 문학적 기교와 편집적 성향이 수반된다. 그들은 속이려 들지 않았으며, 자신들이 진실을 말하고 있다고 확실히 믿고 있었다. 이것은 성서 저자들에 대한 전통적이며 보수적인 견해로, 우리가 '내러티브 역사'라고 부를 수 있는 것에 초점을 둔 방식이다.

시나리오 2

성서의 저자들과 편집자들은 어느 정도 진짜 자료를 가지고 있었지만, 그것을 조작하는 데 조금도 주저하지 않았다. 그들은 과장하고 윤색했을 뿐만 아니라 추가하거나 심지어 완전히 새로운 것을 만들어내기도 했는데, 그 이유는 그 이야기가 자신들의 이데올로기적 목표를 성취하는 데 이용될 수 있기 때문이었다. 이런 점에서 그들은 고대의 역사가 대부분과 같았다. 어쨌거나 비록 그들의 역사관이 순진하긴 했지만, 그들이 사기꾼처럼 취급될 필요는 없다. 그들 역시 자신들이 효험 있는 진실을 말하고 있다고 생각했기 때문이다. 즉, 그들은 단지 잘 의도된 프로파간다를 기록하고 있었던 것이다. 이것은 '역사화된 신화'라고 부를 수 있으며, 현대의 자유주의적이며 비평적 학자들이 히브리 성서를 인식하는 것이기도 하다. 그렇기는 하지만 프로파간다와 신화조차 풍자만화처럼 어느 정도 객관적인 진리를 반드시 담아내고 있어야만 한다. 그것들이 완전히 불신되거나 그래서 효과를 얻지 못하면 안 되기 때문이다.

시나리오 3

히브리 성서와 고대 이스라엘의 이야기를 만들어낸 자들은 진짜 자료를 거의 가지고 있지 못했다. 그들은 그 이야기를 그냥 지어냈다. 신중하게 하나의 이야기를 꾸며냈으며, 사실과는 전혀 상관없이 그것이 역사적 사실인 양 행세했다. 그들은 협잡꾼이다. 이것은 '날조된 역사'라고 부를 수 있으며, 혹은 기껏해야 고대의 수정주의 역사라고 할 수 있다. 이것은 현대의 수정주의자들이 히브리 성서를 취하는 방식으로, 내가 다른 곳에서 길게 반박했던 극단적인 견해라고 할 수 있다(특별히 『성서 저자는 무엇을 알고 있었는가?What Did the Biblical Writers Know?』라는 책에서 그들을 비판하였다).

여기에서 나의 입장은, 우리가 보유한 문헌 증거와 고고학적 증거 모두에서 나타나는 역사적 난제들과 평생 씨름한 결과, 시나리오 2번의 중도적 방법을 따른다. 이것은, 이제 출애굽기-민수기와 여호수아서부터 열왕기서까지 소중하게 간직되고 있는 고대 이스라엘에 관한 기본적인 전승이 하나의 만족스러운 역사로 무비판적으로 읽힐 수 없으며, 또한 그것들이 믿을 만한 역사적 정보가 부족하다는 이유로 폐기될 수 없다는 견해이다. 비판적 학자와 잘 알고 있는 대중 모두를 위한 도전은 사실을 허구에서 가려내는 것이다. 그리고 그 일을 가능하게 해주는 것은 과거의 사건에 대한 독립적인 증인으로서, 오직 현대 고고학뿐이다. 그 작업이 바로 이 책에서 착수했던 것이었다.

수렴들

방법론의 관점에서 내가 상상하는 바는 문헌과 인공유물의 대화를 통해 '수렴들'이라고 부를 수 있는 것을 효과적으로 찾아낼 수 있을 것이다. 이러한 수렴들은 두 개의 증거들이 가능한 한 독립적이며 객관적으로 조사되어, 같은 방향을 가리키고 결국엔 어느 지점에서 만나게 된다. 이러한 지점들에서 우리는 합리적으로 확신할 수 있게 되는데, 바로 우리가 고대 이스라엘의 적합한 역사를 세울 수 있는 사실들을 가지고 있다는 확신이다. 그러나 통제권 ─ 교정력 ─ 은 고고학이 가지고 있다. 왜냐하면 고고학이 맥락을 제공해주기 때문이다. 어떠한 역사적이며 문화적인 맥락이 없다면, 성서 이야기는 비실제적이고 비현실적이며 증명할 수 없는 세계에서 떠다니고 말 것이다. 고고학은 이야기들을 실제 시간과 공간 속으로 자리 잡게 하며 결과적으로 우리의 세계와도 관련을 맺을 수 있는 특정 맥락을 제공함으로써 그 이야기를 더욱 명백하게 그리고 더 신뢰할 수 있도록 해준다. 그렇지만 그것이 고고학은 '성서가 참인지 증명'할 수 있다 ─ 과거에 실제로 무슨 일이 일어났는지에 관해서, 혹은 성서 저자들이 일어났다고 생각했던 것이 과연 무엇을 의도하고 있는지에 관해서 ─ 는 것을 의미하지는 않는다. 종국에 와서는, 최선의 노력을 다한 결과로, 우리 현대인은 아마 '핵심 역사'라는 것에 도달하게 될지도 모르겠다. 그러나 우리 각자는 스스로 결정할 때가 오는데, 바로 그 역사가 윤리적이고 도덕적이며 종교적으로 과연 어떤 의미를 가졌고, 또 지금 가지고 있는지 물어야 하는 것이다.

수렴을 찾으려 할 때, 히브리 성서의 다양한 책들이 역사로 어떻게 인식될 수 있을까? 바로 이러한 주제에 대한 이야기가 2000년 7월 19일 『뉴욕 타임스』에 「성서, 역사로서 새로운 고고학 시험에서 탈락하다(The Bible, as History, Flunks New Archaeological Tests)」라는 제목의 기사로 실렸다. 그러나 그 말이 맞나? 아마 출애굽기와 민수기는 그 시험에 탈락한 것 같다. 이것은 우리가 이집트에서 탈출한 것과 광야에서 방황한 것, 그리고 트랜스요르단을 대대적으로 정복한 것에 대한 기사가 고고학적 증거들과는 완전히 상충하고 있음을 보았기 때문이다. 이러한 점은 많은 이를 불편하게 만들 수 있다. 그러나 그것은 사실이다. 열린 자세를 가진 사람이라면 한 사람도 피할 수 없는 자명한 사실이다. 이들 책에서 진짜 역사는 거의 찾을 수 없다. 내가 곧 논의하겠지만, 실제 일어난 사건에 대해 약간의 희미한 기억이 있기는 하다. 예를 들면, 우리는 성서의 모세와 같은 역사적인 인물이 정말로 존재했으며, 이집트에서 셈족 노예 집단을 이끌었던 지도자로 인식했을 수도 있다. 정말로 기적을 행하는 사람인 것처럼 보이고, 아마 새로운 신 야훼에 관한 지식을 중재할 수 있는 그런 역사적인 인물을 생각하게 된다.

그러나 여호수아와 사사기에 나타나 있는 가나안의 정복과 정착은 무엇을 말하고 있는가? 우리가 살펴본 것처럼, 신속하고 전면적으로 가나안 도시들을 파괴하고 지역 주민을 전멸했다는 여호수아의 이야기에서 진실을 구해낼 재간이 도통 없다. 그러한 사건은 실제로 일어나지 않았다; 고고학적 증거는 논의의 여지가 없다. 여호수아라는 군사 지도자 혹은 민간 영웅이 있어서 여기저기에서 몇 번의 작은 전투에서 승리했었다고는 받아들일 수 있다. 그러나 간단히 말해, 가나안 대부분에서 이스라엘의 정복은 없었다. 멘덴홀Mendenhall은 그 점에 있어서 40년 전에 옳은 이야기를 했으며, 유럽의 성서학자들은 그보다 전에 진실을 이야기했다. 자신들을 이스라엘 사람들이라고 불렀던 대부분은, 그리고 동시대 이집트인들에게 이스라엘이라고 불리던 사람들은 사실 토착 가나안 사람이었다. 가나안에서 대대적인 정복은 없었으며, 사실 그럴 필요도 없었다.

이 시점에서 사사기에 대한 재평가가 요구되고 또한 도움이 된다. 가나안에서 이스라엘의 출현을 말하는 두 개의 이야기가 히브리 성서에 연이어 자리하고 있는데, 여호수아보다 사사기가 훨씬 사실에 가깝다. 지배적인 가나안의 지방 문화에 대항하여 2세기 동안 있었던 사회학적이며 종교적인 투쟁에 대한 이야기는, 지상에서 밝혀낸 오늘날의 고고학적 사실과 놀랍게 잘 들어맞는다. 그러므로 사사기가 초기 이스라엘의 소박한 기원에 관해 상당히 현실적인 정보를 보여주며, 여호수아보다 구전으로나 기록된 것으로나 보다 오래되었고 또한 보다 사실적인 전통에 놓여 있다고 생각할 충분한 근거가 있는 셈이다. 우리는 히브리 성서의 최종 편집자가 여호수아의 정복 기사와 명백하게 배치되고 있음에도 불구하고 사사기를 포함하기로 선택한 것에 대해 단지 감사할 수밖에 없다. 아마 이들 편집자는 우리가 그들을 믿는 것보다 훨씬 정직했고 또한 훨씬 세련된 사람이었던 것 같다.

주요한 성서 전승에 무슨 일이 일어났는가?

그러나 이스라엘의 기원에 대해 역사적으로 상대적으로 정확하다고 하지만 정치적으로는 사실과 다른 사사기의 이야기를 우리가 그 나름대로 훌륭하다고 생각할 수는 있어도, 사실 그 이야기는 소수의견에 그친다. 전반적인 성서 전승의 주류는, 이스라엘은 자신의 신 야훼의 독특하고 기적적인 역사 속의 개입을 통해서 하나님의 선택된 백성이 되어 이 세상에 존재하게 되었다는 것임을 부인할 수 없다. 이스라엘의 가나안 정복과 가나안 종교와 문화의 소멸은 미리 정해진 것이지, 단순히 사회-문화적 진화에서 발생하는 또 하나의 과정이 아니었다. 족장들에게 준 약속; 이집트의 속박으로부터의 해방; 하나님 자신의 손에 이끌려 '거대하고 무서운 광야'를 건너는 일; 가나안 정복; 땅의 선물; 이스라엘 백성에게 주신 영원한 유산 — 바로 이것이 히브리 성서 전반에 걸쳐 예견된 이스라엘의 신앙이고 운명의 근간이 된 사건들이었다. 내가 존경하는 스승 조지 어니스트 라이트George Ernest Wright는 한때 이렇게 썼다: "성서적 신앙에서 모든 것은 핵심 사건이 실제로 발생했느냐 그렇지 않았느냐에 달려 있다." 그리고 여기에서 그가 의미했던 사건은 출애굽과 정복이었다. 그런데 만약 그러한 사건이 발생하지 않았다면? 그럼 우리는 어떻게 되는 것일까?

요셉 가문 — 출애굽 집단?

이러한 난제를 신중하게 다루면서도 가능한 해법을 모색하고자 할 것인데, 특별히 출애굽-시내산 전통이 어떻게 처음 등장하게 되었는지를 설명해보겠다. 다음의 다양한 차원의 논증들이 있다.

1. 성서학자들은 두 개의 중심 부족 — 에브라임과 므낫세 — 이 때때로 하나로 연결되었으며, '요셉 가문'으로 불렸다는 점을 오랫동안 주목해왔다. 다시 말해서, 요셉 족장의 직계 후손으로 생각되었던 것이다(히브리어로 베네이-요세프*benei-yosef*, '요셉의 자손들'; 참조 수 16:1, 17-18; 삿 1:22, 35). 때때로 예루살렘 산지의 베냐민이라는 작은 부족의 영토가 요셉 가문의 것으로 간주된 것으로 보인다(이들 영토의 경계 역시 다소 중첩되어 있다). 여기에서 의미 있는 몇 가지 것이 나오는데, 모든 것이 우리가 보유하고 있는 히브리 성서의 출애굽-시내산 전통의 중심에 일종의 역사적 기초가 있음을 시사한다고 볼 수 있다.

2. 주된 문서 자료인 창세기에서 불균형하게 보일 정도로 많은 분량이 소위 요셉 이야기에서 나오는데, 이것은 이집트로 내려가서 노예가 되며, 속박에서 해방되는 전체 영웅 이야기(saga)의 시작을 맡고 있다(창 37-50장, 창세기의 1/3에 해당하는 분량이다). 많은 학자는 이러한 극적인 이야기 — 일종의 스스로 역사적으로 보이게 만드는 소설 — 가 다른 족장 내러티브에서 기원했으며 독립적으로 회자되었을 것이라고 믿어왔다. 다른 내러티브의 기원은 아마 세겜과 도단으로, 그곳에서 이야기는 소년 요셉으로 시작했다. 이 지역은 나중에 에브라임 부족의 영역 일부분이 되는데, 전통

에 따르면 에브라임은 요셉의 아들이자 므낫세의 동생이 된다.

3. 요셉 이야기의 많은 특징은 그것을 성서 문학 가운데 독특한 것으로 만들었다. 세심하게 짜인 플롯과 내러티브 주제들은 고대 근동의 다른 대중적인 영웅담들에서 발견될 수 있는 것들이지만, 특별히 이집트적인 요소가 이야기 안에 들어 있다. 특별히 요셉과 보디발의 아내에 대한 풍성하게 잘 만들어진 이야기는 확연하게 이집트적 향취를 나타낸다(그래서 이 이야기는 기원전 13세기에 잘 알려진 이집트의 '두 형제 이야기'와 종종 비교된다). 첨언하면, 이야기의 상당 부분이 이집트에서 발생한다; 그러므로 그 이야기는 수많은 이집트 사람과 장소의 이름을 포함하고 있다. 많은 권위자는 이러한 이집트적 요소에 대한 맥락으로, 그 성서 이야기가 염두에 둔 것처럼 보이는 기원전 15~기원전 13세기가 아니라, 우리가 지금 가지고 있는 그 내러티브가 실제 작성되었을 법한 시기로 철기 시대 혹은 심지어 페르시아 (사이스) 시대로 보고 있다. 그 이야기는 이집트 람세스 시대에 실제를 경험했던 소규모의 셈족 사람들을 반영했을 수도 있다. 즉, 이들은 후에 가나안에서 메르넵타 비문에 언급된 이스라엘과 연합했을 수도 있다. 그러므로 요셉 이야기가 이제는 거의 허구로 받아들여지지만(그러나 위대한 이야기임에는 틀림없다), 그것은 비록 빈약하기는 하지만, 초기 이스라엘에 실제 이집트적 요소가 어느 정도 들어 있는 것으로 읽을 수 있는 이야기임이 분명하다. 이러한 요소들은 이후에 요셉의 두 아들 에브라임과 므낫세라는 이름을 가진 중앙-남부 부족들과 결합하게 되었을 것이며, 결국 일괄하여 요셉—요셉, 곧 이집트에 살았던 사람—의 가문으로 알려졌을 것이다.

4. 왕조시대에 이르러 '요셉 가문'이란 용어는 또한 북쪽의 10지파를 가리키는 것으로 가끔 확대되었다. 즉, 요셉의 아버지 야곱의 이름이 나타내고 있는 것처럼 모든 이스라엘을 지칭하게 되었다(겔 37:16과 시 80:1). 이

것은 에브라임, 므낫세, 그리고 아마 베냐민을 포함해서 이들 — 중앙과 남부 지파들 — 의 주도적인 역할을 반영하는 것인데, 이스라엘이라는 국가적 삶이 시작할 때부터 그들은 활약했을 것이다. 그러한 중추적인 역할은, 만약 우리가 히브리 성서의 가장 오래된 시문인 야곱의 축복문(창 49장)과 모세의 축복문(신 33장)을 주목한다면, 요셉이 다른 부족들보다 비교할 수 없을 만큼 칭송을 받고 있다는 점에서 그 사실을 확인할 수 있다.

5. 남쪽의 집단들, 주로 유다 지역의 사람들이 우리가 지금 히브리 성서에서 가지고 있는 문학적 전통을 구성했다고 알려졌다. 이것은 기원전 8~기원전 6세기에 유다에서 활동했던 소위 'J' (즉 '야훼') 학파의 편집적 작품으로 보이는데, 바로 이들이 오경의 첫 번째 판본(혹은 오경을 구성했던 자료집)을 제작하였다. 북쪽의 학파, 'E'('엘로힘'이란 신명을 땄다)는 어느 정도 동시대의 사람들로, 이들 책을 만드는 일에 관여했다. 그러나 오경의 마지막 형태는 남부의 다른 학파, 곧 포로기 혹은 포로 후기의 'P'('제사장') 학파의 작품이었다. 말할 필요도 없이, 출애굽-시내산 전통은 오경 전반에 걸쳐 들어 있다. 우리가 조사했던 다른 성서 전통에 관해서라면, 기원전 7~기원전 6세기 자료인 '신명기 역사가의(Deuteronomistic)' 작품이 있는데, 이것은 신명기에서 열왕기서까지 이어지는 책이다. 역시 이것은 남쪽에서 수집되었으며, 북왕국에 반대하는 유다의 전형적인 입장이 확연하게 반영되고 있다. 마지막으로, 마치 우리에게 전해 내려온 히브리 성서가 원래 남쪽에서 기원했다는 점을 강조하려는 듯, 학자들은 그 언어가 고전 히브리어의 남쪽 방언 혹은 유대 방언을 상당히 나타내고 있다고 오래전부터 주목해왔다.

지금까지의 요점은, 성서의 전반적인 전통의 모양을 만들었던 주된 건축가들 가운데 요셉 가문에 대한 요소들이 존재한다는 점이다. 비록 소수이기는 하지만 그들은 자신들의 이야기를 모든 이스라엘의 이야기라고 말했다. 이것이 어떻게 출애굽·시내산 전통이 탄생하게 되었는지를 설명해 준다. 이들 집단 중 몇이 아마 이집트에서 나와 가나안에 이르렀을 것이며, 자신들을 되돌아보면서 스스로 기적으로 여겼을 것이다. 이후에 그들은 초기 이스라엘을 구성했던 다른 이질적인 집단이 자신들과 같은 경험을 가졌다고 가정하게 되었다(혹은 강요를 받았을까?). 따라서 그들은 출애굽(과 정복) 이야기를 재구성하였으며, 왕조시대 말기의 마지막 기록 단계에 이르러 그러한 이야기들을 자신들의 위대한 국가적 서사시의 부분으로 포함했다. 사건들에 대한 이와 같은 설명은, 상당히 일그러진 것이기는 했지만 곧 경전이 되었고, 따라서 널리 퍼지게 되었다. 이는 오늘날 많은 집단에서 여전히 유효하다. 확실히 말하면 그것은 이스라엘 기원의 전체 이야기가 아니다. 그러나 나는 그것이 비록 극소수이기는 하지만 어느 정도 역사적 기초 위에 서 있을 것이라고 제안하고자 한다. 신학적 파급 문제에 대해서, 사실 이것이 내가 볼 때 더 중요한데 조금 후에 다루도록 하겠다.

6. 지금까지 나는 어떻게 문학적 전통이 기원했으며 왜 그것들이 보존되었는지를 설명할 수 있는 하나의 가능한 역사적 환경에 대해서만 집중해왔다. 그러나 이것은 널리 인정되고 있는 것처럼 상당히 추정적이다(비록 주류 성서학자 다수가 이 견해를 지지하고 있지만 말이다). 내가 묘사했던 그러한 시나리오에 맞는 명백한 고고학적 증거 — 즉, 역사적 맥락 — 이 과연 존재할까? 지금 바로 그런 일이 일어났다. 내가 지적했던 모든 것을 돌아보면, 이제는 철기 I시대 산지 정착지의 대다수 지역이 (이들 지역에서 광범위하게 발굴되었던 거의 모든 것을 포함하여), 성서 전승에 따라 요셉 가문을 구성했던 중앙과 남부 부족들에 할당했던 부족 지역에 주로 자리하고 있다는 점을 확인하게 된다: 므낫세, 에브라임, 그리고 조금 더해서 베냐민 말이다. 이곳은 중앙 산지로 예루살렘에서부터 확장하여 북으로 이스르엘

계곡까지 이르는 영역이다. 그리고 이곳은 내가 원原-이스라엘의 물질문화라고 부르는 것이 자리하고 있는 바로 그 장소이기도 하다.

나는 이 지역이 신생 이스라엘의 중심지였다고 주장한다. 바로 이곳에서 가장 초기의 그리고 가장 대표적인 특징을 갖춘 고지대의 정착 유형이 자리를 잡았다. 또한 이곳이 이집트에서의 탈출, 시내산 계약, 거대한 사막의 횡단, 그리고 동쪽에서부터 가나안으로의 입성이라는 이야기가 처음으로 회자되고 또한 끈질기게 발판을 마련했던 장소였을 것이다. 만약 요셉 가문이, 히브리 성서가 후대에 문학적 전통으로 형성되는 데에 어울리지 않는 영향을 끼쳤다고 할지라도, 그들의 이야기가 다른 원-이스라엘 집단의 이야기들을 가렸다고 해도 그리 놀라운 것은 아니다. 그들이 우리에게 자신들의 '책들(Bibles)'을 전수해주려고 하지 않았기 때문에, 결국 이 사람들은 익명으로 남아 있게 된다. 오로지 고고학만이 그들의 존재를 증명할 수 있다.

출애굽 신화: 해방에 대한 은유

이제 성서 안에 들어 있는 출애굽이란 기적적이고 현실과 동떨어진 이야기는 실제 역사로 입증될 수 없다. 가나안 내에서 초기 이스라엘이 떠올랐다는 최근 고고학의 연구를 받아들였기 때문에 우리는 저 멀리 이방의 땅에서 그러한 일련의 사건들이 발생했다고 가정할 필요조차 없다. 간단히 말해서, 이스라엘의 기원을 위한 역사적 설명으로 출애굽이 있을 자리는 더 이상 없으며, 또한 그럴 필요조차 없다. 극적이기는 하지만, 그리고 이후 성서 이스라엘의 자아 정체성에 중요한 것이기는 하지만, 또는 심지어 서구인 자신의 정체성에도 중요한 것이겠지만, 그 이야기는 최고로 간주해도 신화에 불과하다. 이 경우에 그것은 많은 사람의 과거와 현재를 특징짓는 일종의 기원 신화인 것이다.

하지만 '신화(myth)'라는 말 자체가, 이 단어는 학자들이 통상적으로 사용하고 있지만, 성서는 참된 것이기를 열렬하게 바라는 많은 평신도를 깜짝 놀라게 만든다. 그러므로 그 단어를 정확하게 정의하고 여기에서 내가 그 단어를 사용하는 방식을 확실하게 규정하는 일이 도움이 될 것 같다. 웹스터 사전에 따르면 신화는 다음과 같다.

저자가 알려지지 않은 전통적인 이야기로, 표면적으로는 역사적인 기초를 가지고 있지만, 어떠한 자연 현상이나 사람이나 민족의 기원 혹은 풍습과 종교 제의와 같은 것들의 기원을 설명하기 위해서 일반적으로 사용된다; 신화는 통상적으로 신들과 영웅들의 업적을 수반하고 있다.

우리가 정확하게 이해하고 있다는 차원에서 이러한 정의는 출애굽 이야기에 정확하게 들어맞는다.

더 진행하기 전에, 우리는 어떤 것을 신화라고 부르는 일이, 그것이 역사적인 기초를 전혀 가지고 있지 않다는 점을 의미하지 않으며, 더군다나 그것이 거짓이라거나 또는 사실이 아니라는 점을 뜻하지 않는다는 것에 주목해야만 할 것이다. 그보다 신화는 초-역사적이며(supra-historical), 더 높고 심오한 수준에서 참이다. 그러므로 내가 볼 때 이 시점에서 성서의 많은 신실한 독자들이 예민하게 느끼는 이러한 어려운 문제는 잘못되었다. 왜냐하면 진리란 무엇인가에 대한, 특별히 종교적인 차원에서 진리를 묻는 것에 대한 피상적이고 문자적인 관념의 결과이기 때문이다. 성서가 역사적으로 전혀 사실이 아닐 때, 어떻게 그 성서가 도덕적이며 윤리적으로 참될 수 있을까 하는 질문은, 일단 우리가 종교적 (감히 영적인 차원도 말할 수 있을까?) 진리의 본질을 이해하기만 한다면 그것은 전혀 문제가 되지 않는다.

오히려 출애굽 전통의 실제 역사성을 변호하려 들기보다, 나는 우리가 출애굽 이야기를 정확히 하나의 신화로, 특별히 '해방에 대한 은유'로 이해해야만 한다고 주장한다. 이야기를 구성하게 했던 '무엇이 실제로 일어났는가'를 알려고 요구하는 대신에(내가 위에서 추정했던 가설을 뛰어넘어[시나리오 2를 의미함 - 역주]) 우리는 그 이야기가 먼 옛날에 의미했던 것이 무엇이며, 또한 오늘날 의미할 수 있는 것은 무엇인지 물어야 할 필요가 있다.

오직 첫 번째 질문에 대해서만 일반적인 대답이 주어질 수 있는데, 왜냐하면 모든 위대한 불멸의 문학작품처럼 성서 이야기는 수 세기를 거치면서 서로 다른 해석자들에게 서로 다른 것들을 의미했음이 분명하기 때문이다. 고대 이스라엘의 일반적인 사람들은, 성서의 많은 독자가 오늘날 하는 것처럼 아마 긴 구전 전승을 역사로 이해했고 초기 기록된 판본을 사실적인 역사로 읽었을 것이다. 그러나 히브리 성서를 수집하고 편집했던 후대의 사람들은, 그리고 이후 유대교의 현자들은 우리가 그들을 생각하는 것보다 훨씬 더 정교한 사람들이었다. 그러므로 그들은 이집트의 속박에서 기적적으로 해방된 노예들에 대한 보다 거대한 차원의 무용담을 붙들었다. 그것은 억압되고 힘없는 자들이 세상의 가장 강력한 제국의 힘을 물리친 승리에 관한 이야기였다. 출애굽 이야기는 정의를 재확인하는 것일 뿐만 아니라 완전한 자기실현의 삶에 대한 약속이었다. 인간 정신의 궁극적 승리를 말하는 이야기였다. 누가 그러한 이야기를 듣지 못하겠는가? 정말인가? 그렇다, 진정으로 그러하다!

나는 이것이 성서 이야기를 단순히 낭만적으로 묘사하는 것이라고는 생각하지 않는다. 출애굽 이야기가 먼 옛날부터, 그러니까 초기 랍비들과 후기 랍비 문헌들에서 나타나는 것처럼 이미 은유적으로 읽혔다는 충분한 증거가 있다. 그러한 은유적 읽기는 오늘날까지 유대교 전통에까지 이어진다: 출애굽 이야기를 기억하고 경축하는 유월절 만찬의 핵심적인 부분인 하가다*Haggadah*를 낭독하는 것 말이다. 하가다란 이집트에서부터 구원을 받은 이야기들과 다양한 주석들을 오랜 시간에 걸쳐 수집해놓은 전통적인 편집물이다. 그것은 부분적으로는 역사적이며 부분적으로는 비현실적이며 심지어 유머러스하기까지 한, 새로운 세대를 위한 출애굽 이야기의 개작(retelling)이다. 그러므로 출애굽의 극적인 재연을 낭송하는 하가다에서, 유월절 식탁에 빙 둘러서서 기도문과 축복문을 읊조리는 가운데 유대인들은 다음과 같이 말한다: "오늘은 우리가 이집트에 있었던 것과 같은 날이며, 그리고 능력자께서 바로 그날 구원하셨던 것과 같은 날이다."

그러나 문자적으로 말해서, '우리'는 이집트에 있었던 적이 없다. 우리(하가다에 임하는 유대인들을 의미함 – 역주) 중 대부분은 동부 유럽의 게토에서 약속의 땅으로 건너온 사람들이다. (그러므로 은유적으로 우리는 – 역주) 아프리카에서 노예로, 아시아에서 피난민으로, 멕시코에서 철책을 넘어서 해방을 얻은 것이다. 예를 들어 나의 조상들은 1840년대의 감자 대기근 동안 아일랜드에서부터 건너왔다. 그렇지만 우리 모두 출애굽 이야기에 동조할 수 있는데, 왜냐하면 우리는 그것이 자유를 말하는 은유이며, 우주적이고 시대를 초월한 호소임을 본능적으로 인식하기 때문이다. 수천 년 전인 초기 이스라엘 사회에서 작고 이름 없는 이민자 집단이 자기 집단에 관해 애초에 전한 이야기가 있었으니, 그 이민자 중 어떤 이들(아마 위에서 특징지어진 요셉 가문이라고 할 수 있다)이 이집트에서 실제로 경험했을 법한 역사적인 내용에 기초를 둔 그러한 출애굽 이야기는 결국 모든 이스라엘 사람에게 사실인 것처럼 들리며 구전되기에 이르렀다. 그리고 바로 이것이 히브리 성서의 마지막 표현에서 드러나는 문학적 전통 안의 (출애굽기라는-역주) 영속적인 위치를 설명해준다.

보다 최근의 역사 속에서 해방이라는 은유를 기념하는 축제에 해당하는 일들이 있다: 미국의 최대 명절인 추수감사절이다. 추수감사절에 우리는 식탁에 둘러앉아 모이는데, 이것은 단지 칠면조 요리를 즐기기 위함이 아니라 이 나라를 건립한 조상들에 감사하고 기억하기 위함인데, 종종 대단히 향수를 불러일으키기도 한다. 내가 위에서 묘사했던 다양한 기원에도 불구하고 우리 모든 미국인은 이날 은유적으로 메이플라워에 오른다. 사실적으로 말하면, 우리는 우리 조상 대부분이 그때 미국으로 오지 않았다는 것을 알고 있다. 그리고 최초의 추수감사절이 실제로 11월의 마지막 목요일에 지켜지지도 않았음을 알고 있다. 그러나 애국심의 발로로, 이러한 명절에 우리는 모두 영적으로 (그렇다!) 청교도이며, 우리 자신의 약속의 땅을 향하는 이민자가 된다. 바로 그것이 우리를 미국인이 되게 하는 것이다. 기원 신화라고? 물론이다! 이례적으로 강력한 것이며, 위대한 나라를 만드는 신화였다. 그리고 당연한 이야기지만, 추수감사절은 본래 출애굽이란 성서의 신화에서 유래했다.

모세에게는 무슨 일이 일어났는가?

그러나 '합리적'으로 보인다 할지라도, 내가 이 책에서 제시했던 이스라엘 기원에 대한 재구성은 다음의 명백한 이유로 인해 많은 독자에게 설득력이 없게 다가올 것이다. 그중 주요한 것은, 그 재구성된 역사가 우리가 지금 가지고 있는 히브리 성서의 문학적 전통이라는 근본적인 신학적 주제와 대치하고 있다는 점이다. 반복하는 성서의 주제는 (1) 모세의 인도 아래 이스라엘 부족들이 이집트에서 기적적으로 구원을 받은 것; (2) 광야에서의 방랑과 시내산에서 신의 법인 십계를 계시받은 것; (3) 야훼의 선택받은 백성으로 계약을 맺고, 약속의 땅을 선물로 받게 되는 것; 그리고 (4) 하나 된 힘으로 완전하게 가나안을 정복하고, 열두 부족의 것으로 할당받은 토지를 영원히 상속하게 된 것이다. 이러한 사건들과 그에 수반하는 주제들은 히브리 성서에서, 신약 성서에서, 그리고 이후 유대교와 기독교 공동체에서, 그리고 최근까지 서구문화 전통의 상당 부분에서 이스라엘 서사시의 핵심 근간이었다. 그것은 우리가 어디에서 시작했는지 말해준다: 성서의 이야기가 역사인가 아니면 신화인가, 사실인가 아니면 허구인가, 라는 결정적인 질문과 함께 말이다.

나는 출애굽과 정복에 대한 성서의 기술을 합리적으로 설명하려 했던 것 같다. 그러나 모세와 시내산 계약은 '세속적 설명'을 제공하는 과정에서 사라지지 않았는가? 고고학자들의 발견은 너무나 많은 논쟁을 불러일으킬 뿐이기 때문에 여기에서는 종교적인 주제들을 마음 편하게 회피해야겠다. 초기 이스라엘의 '토착적 기원'이라는 현재 이론에서는 모세의 자리가 없으며, 더구나 그가 필요하지도 않다. 프로이트의 고전적 연구인 『모세와 유일신교Moses and Monotheism』를 따라서, 모세는 인간 욕망의 깊은 잠재의식에서 생겨난 것일 뿐이라고 결론을 맺는 것은 쉽다. 그러나 여기에서 나는 신학적으로 주의를 기울이며 또한 책임감 있는 시도를 취해보고 싶다. 즉, 가능하다면 성서에서 나타나는 거의 신화적인 모세와 역사적일 수 있는 모세와 같은 인물을 조화시키는 작업이다. 비평적 학자들에게 문제는 '모세 전통'을 어떻게 설명할 수 있는가 하는 것인데, 심지어 모세 전통은 거의 대부분 후대 문학에서 발견되며, 그리고 또한 역사적 토대를 조금도 가지고 있지 않다는 문제가 있다. 그러한 최초의 전승이 어디에서 그리고 언제 나타나게 되었는가? 그리고 그 전통은 어떻게 보존되고 전수되었기에 그것이 기록물로 집대성되기까지 약 5~6세기 동안 믿을 수 있는 것으로 여겨지게 되었을까? 수정주의자들은 이러한 문제들을 간단하게 처분한다: 그들의 평가에 따르면, 모세와 율법은 기원전 2세기에 만들어진 기원 신화의 일부이고, 어떠한 역사적 기초가 없다.

부정적인 측면에서 우리는 다음 몇 가지의 이론적인 장벽에 직면하게 된다. (1) 모세에 대한 외부적 — 즉, 성서 외적 — 증거가 절대적으로 없다. 문헌이거나 고고학적이거나 전무하다. (2) 놀랄 만한 업적을 달성하고 하나님과 얼굴과 얼굴로 대면까지 한 '기적자 모세'에 대한 그림은 현대 독자들의 믿어주려는 마음을 피로하게 만든다. (3) 완전히 하룻밤 만에 출현했을 뿐, 혁명적인 발전을 필요로 하지 않고 또한 거치지도 않은 새로운 종교였다는 생각은 마찬가지로 설득력이 없다. 그리고 사실 그러한 종교적 이상은 이후 이스라엘의 실제 신앙과 풍습에서 모순되는데, 히브리 성서의 많은 기록에서 숨김없이 드러나 있다. 짧게 말해서, 액면가로 받아들여서 모세-시내산-계약 이야기의 많은 부분은 현대 독자들이 감수하기에는 벅차다.

그리고 다음의 몇 가지 확고부동한 사실들이 있다. (1) 성서학자들이 오랫동안 주목했던 것과 같이 출애굽에 대한 가장 오래된 언급이라고 할 수 있는 미리암의 '바다의 노래'(출 15)에서 모세는 이름조차 등장하지 않는다. (2) 더 나아가, 이스라엘의 가장 오래된 신앙 고백인, 하나님의 큰일 the Magnalia Dei(신 26:5-10)에서, 이집트에서 구원받은 일과 연관해서 모세가 언급되지 않는다. (3) 마지막으로, 출애굽기·민수기 밖에서는 모세에게 별로 주목하지 않는다. 심지어 포로 이전의 예언 문학의 경우, 오직 예레미야(15:1)와 미가(6:4)만이 모세라는 이름을 언급할 뿐이다. 모세가 불쑥 나타나는 것은 기원전 7세기 후반 — 왕조시대 맨 끝 — 에 요시야가 통치했던 시대의 '신명기 학파'에 의해 형성된, 신명기 그리고 여호수아부터 열왕기에 이르는 광범위한 역사적 서사시뿐이다. 이러한 신명기적 역사에서, 이것은 '한 분-야훼(Yahweh-alone)'라는 개혁운동에 초점을 맞춘 것으로, 모세는 입법자이며 이스라엘 종교의 창시자로 나타난다. 그러나 학자들은 오래전부터 이런 자료들을 대개 국가주의적이며 정통적인 프로파간다로 취급했다. 요시야의 개혁이 시도될 수 있었던 기초 — 오랫동안 잊혀왔던 모세의 설교가 담긴 두루마리 그리고 예루살렘 성전에서 다시 발견되었다고 여겨진 고대 문헌들(왕하 22:8-13; 23:13) — 는 우리가 지금 가지고 있는 신명기(혹은 '두 번째 법')라고 학자들은 생각해왔었는데, 이 신명기는 다른 개혁자 집단이 기록하고 숨겨두었던 것으로 보인다. 이 견해에 따르면, '현실과 동떨어진' 성서의 모세는 후대에 문학적으로 만들어진 인물이라고 할 수 있다. 누군가는 정당하다고 생각할 신학적 목적으로 만들어진 인물이었던 셈이다. 결국, 개혁을 시도하려는 사람에게 권위를 쥐여주기 위해서 신자들은 종교에서 어떠한 최초의 '순수한' 형태를 회상해내야만 했다.

십계명과 관련해서 후대의 전통은 이를 모세에게 돌리고 있는데, 많은 성서학자는 출애굽기 34장과 신명기 5장의 판본 모두가 오경의 주요한 줄기에 직접적으로 연결되지 않았다는 점을 주목하고 있다. 십계명의 다양한 판본들은 아마 오랜 시간을 거쳐 독립적인 집단들 안에서 유포되었을 것이다. 그리고 십계(와 다른 많은 '법들')의 구전 전승이 아주 초기로 거슬러 올라갈 수 있겠지만, 사실 오늘날 어느 권위자도 그것을 기원전 8세기 혹은 기원전 7세기 이전으로 잡고 있지 않다. 하물며 모세의 시기인 기원전 13세기는 가당치 않다.

그렇지만 어떤 형태이건 간에 이스라엘 종교에서 일종의 '설립자'가 필요하다는 논증, 그리고 얼마나 후대에 기록되었건 그리고 얼마나 명확한 목적을 가지고 기록된 것이건 상관없이 문학적 전통을 신중하게 취급해야 한다는 상식적인 논증은, 명백한 '입증'이 부족하다는 이유로 무시되어서는 안 된다. 위에서 지적했던 것처럼, 하다못해 아시아인이 이집트에서 노예로 살다가 탈출했다는 역사적 맥락이 엄연히 존재하며, 후기 청동기 시대의 이집트 문헌에 트란스요르단 남부의 샤수 유목민과 관련하여 '야후 Yhw'라고 불렸던 신에 대한 지식도 가지고 있다. 결국, 성서에 따르면 모세가 이 신의 존재를 장인어른에게서 배웠던 곳은 바로 '미디안 땅'이었다. 그리고 이후 수많은 성서 구절에서 이스라엘의 하나님 야훼는 '세일에서부터 나오신' 분으로 그려졌다(즉, 에돔 남부이다; 삿 5:4과 신 33:2를 보라).

이러한 이유로, 다소 급진적인 몇몇 학자들조차 이러한 '야후의 샤수' 일부가 초기 이스라엘을 구성했던 부족원 가운데 있었으며, 초기 이스라엘은 실제로 '모세'라는 이집트 이름을 가진 카리스마 넘치는 족장과 같은 지도자의 인도를 받아 사막을 건너게 되었다고 주장하기도 했다. 민간 종교에서 이러한 이스라엘 이전의 전승은 부분적으로 신화론적이라고 할 수 있는데, 왕조 후기까지 잘 살아남았을 것이다. 그 전승들은 이후 국가적 서사시에 포함되어 옛 농경주의적 이상이 도시화, 국가적 안전, 그리고 종교적 일치로 나아가는 길을 열어주는 것으로 구체화되었다. 바루크 핼펀Baruch Halpern이 유창하게 표현한 것처럼, 이 개혁은 "전통적인 것을 비이스라엘이라고, 이교도적이라고, 열등한 것이라고 성공적으로 규정했다. 이 입장은 서구의 학자연하는 종교들이 그 후 내내 지속적으로 유지했던 것이다."(1991: 91)

결론

나는 고대 이스라엘의 기원에 관한 현재 논쟁을 묘사하면서 이 책을 시작했다. 나는 이러한 논쟁에서 생성된 열기는 (빛이 아니라) 서구의 많은 이에게 이것이 단지 또 하나의 골동품 수집에 그치지 않는다는 사실을 나타내고 있다는 측면에서, 이 주제에 대한 나의 다른 제안이 정당화될 수 있다고 본다. 그것은 우리 자신의 정체성에 대한 질문이며, 특별히 여러 측면에서 우리 스스로 새로운 이스라엘이라고 보고 있기 때문이기도 하다. 그러나 유럽인과 아메리카 사람들만이 그 주제를 이처럼 인식하지 않는다. 더 많은 사람이 (은유적으로 말해서) 이스라엘인이지 않겠는가?

팔레스타인 사람들은 새로운 가나안 사람인가?

우리의 관심을 현재 중동의 정치적 상황으로 끌어들이는 이스라엘 기원에 대한 대중적인 문학작품이 대유행을 누리고 있다. 그 몇몇 책은 현대 이스라엘인을 고대 이스라엘의 정복자와 동일시하며 현대 팔레스타인인을 고대 가나안 연맹과 동일시하고 있다. 그리고 이제 고고학은 각 집단의 독점적인 토지 권리를 정당화하는 수단으로 사용되고 있다: '우리가 여기에 먼저 왔소이다!' 혹은 보다 불쾌한 방식으로, '당신네 사람들은 이곳에 있었던 적이 전혀 없소이다; 당신들의 종교적 신화가 그런 것을 고안해내었을 뿐이오!' 그러므로 수정주의자 입장의 성서와 고고학 학자들의 수사(rhetoric)는 민족주의자의 논제를, 즉 시온주의나 무슬림 근본주의와 같이 극단주의 운동을 뒷받침하는 것으로 인해 타락하게 되었다. 중동의 상황에서 이러한 학자들의 수사는 관객으로 꽉 찬 극장에서 '불이야!' 하고 소리 지르는 것과 같다.

가장 일찍 나타났던 사례 중 하나는 1997년 10월에 『예루살렘 포스트 인터내셔널Jerusalem Post International』에 실린 것이었다. 그 기사에서 마이클 아널드Michael Arnold는 다음과 같은 사실을 증거 서류로 입증했다. 즉, 웨스트뱅크의 팔레스타인 당국이 그들의 인터넷 사이트와 텔레비전 프로그램, 국가 경축일, 그리고 학교 교과서를 통해 그 지역의 역사 읽기에 대한 하나의 새로운(이 말은 '수정주의자'라고 읽어야 한다) 세계를 내놓았는데, 그것은 본질적으로 팔레스타인의 지역 역사를 기록하면서 고대 이스라엘을 빼버렸다. 이러한 그들의 행동은 초기 시온주의 책에서 한 페이지를 떼어낸 것과 같으며, 이는 역시 다른 집단의 존재를 부정하려고 노력했던 시온주의자들의 시도와 유사한 것이었다. 그러나 이때 호소할 대상이 있었으니, 바로 고고학이었다.

다른 팔레스타인 고고학자들은 그 지역에서 초기 청동기 시대(기원전 3000년대)를 발굴하고 있었고, 가나안 사람들이 그곳에서 거주했다고 주장하였다. 즉, 팔레스타인 사람들의 직계 선조가 그곳에서 살았다는 주장이다. 이러한 주장은 그들의 조상과 그들의 풍습에 대해서 새로운 관심을 불러일으켰다. 마이클 아널드에 따르면, 1996년 여름에 팔레스타인 당국은 가나안의 신 바알을 위한 예배를 다시 제정하는 정성 들인 예식을 기획했는데, 그 예식에서 팔레스타인 문화부 장관인 야세르 아베드 라보Yasser Abed Rabbo는 우쭐한 기분으로 춤을 추었다. 팔레스타인 언론은 게다가 수정주의자의 주장을 인용 보도하기도 했다. 당국의 공영 방송국은 레바논 여성 작가인 카말 살리비Kamal Salibi의 악평이 자자한 책을 토대로 이스라엘에 대한 전체 성서 이야기를 편성해서 예멘 지역에 방송하였다(당연히 모든 비평가가 이 책을 완전히 불신하고 있다). 물론 어떤 팔레스타인 정치가는 오직 극단주의자나 혹은 잘 모르는 대중만 그러한 방송을 보고 그 책을 구입했을 것이라고 주장하면서 이 모든 프로파간다를 경시했다. 그러나 여전히 팔레스타인 당국의 관광 및 유물부 장관인 함단 타하Hamdan Taha는 그의 동료의 전략을 정당한 전환이라고 하면서 옹호하려 들었다. 어찌 되었건, 이스라엘인들은 왜 팔레스타인의 수정주의적 주장을 걱정하는 것일까?

그러나 불난 집에 기름을 부은 이스라엘의 수정주의 고고학자들이 있었다. 그들 출현의 첫 번째 징조는 1999년 10월 29일자 이스라엘 신문 『하아레츠Ha'aretz』에 실린 기사로, 텔 아비브 대학의 고고학자 제에브 헤르조그Ze'ev Herzog가 발표했는데, 그는 이스라엘 출현에 대한 토착 기원 이론을 최초로 공론화했다(그의 이 주장은 지난 10년간 수많은 동료의 지지를 받았다). 일반 학교의 지식인들과 포스트 시온주의 역사가들은 그의 주장에 얼마간 냉정을 유지했는데, 그러나 그들은 종교적 권리가 빼앗겼다는 이유로 울분을 터뜨렸다. 특별히 자신들이 거주하고 있는 현재의 땅이 하나님이 그들에게 직접 주셨다고 외치면서(비슷하게 들리지 않는가?), 그 '지역'의 거주자들이 울부짖었다.

국제 언론은 헤르조그의 기사와 그것에 대한 반응을 즉각적으로 실어 보냈다. 그것들은 2000년 1월 21일자 『고등교육신문Chronicle of Higher Education』에서 보다 확대된 기사로 실리게 되었다. 그 신문은 또한 1999년 12월에, 이스라엘 웨스트뱅크 정착지에 자리하고 있으면서 그 지역의 종교적 시온주의 운동과 연결되어 있는 헤르조그 교원양성 대학(Herzog Teacher Training College)에서 열린 협의회를 취재했다. 그곳에서 '포스트 시온주의자'인 헤르조그는 다음과 같이 주장했다:

> 이스라엘에서 유대인은 중동 안에 자신들의 존재를 정당화하기 위해 더 이상 성서를 필요로 하지 않는다. 우리는 단지 여기에 있기 때문에 여기에 존재하고 있는 것이다. 우리가 더 이상 미안해할 필요가 없다. 우리가 토착민이다.

많은 이스라엘 고고학자들은 훨씬 중도적인 입장을 취하는데, 이러한 포스트 시온주의자의 주장을 코펜하겐이나 셰필드 성서학계의 최소주의자 혹은 수정주의자 학파와 함께 놓고 보았다. 이들은 내가 위에서 본질적으로 허무주의자라고 특징지은 자들이다. 그들에게는 초기 이스라엘이란 존재하지 않으며, 그것을 필요로 하지도 않는다.

역사에서 고대 이스라엘을 지울 수 있는가?

이렇게 점차 증가하는 논쟁은 2000년 1월 7일자 『사이언스Science』에 마이클 발터Michael Balter가 「성지 고고학」이란 제목의 탁월한 기사를 실으며 더욱 활발하게 되었다. 이스라엘에서 발터는 헤르조그를 인터뷰했고, 헤르조그의 텔아비브 선배 동료인 이스라엘 핑켈스테인을 취재했으며, 많은 다른 이스라엘인 고고학자들과 나를 포함한 미국인 고고학자들을 만났다. 그는 종교적이며 정치적인 다양한 이데올로기들이 자신들의 목적을 뒷받침하기 위해 고고학에 호소하고 있다는 현재의 방식을 조심스럽게, 그러나 잘못 인식해서 보도했다. 인터뷰에서 나는 그에게 이렇게 말했다:

> 우리는 고고학이 존중받아 마땅한 학문이 되도록 힘들게 싸워왔으며, 그 학문이 이러한 감정적인 사안들로부터 자유로울 수 있도록 애를 써왔다. (…) 그리고 이제 우리는 다시 그 중간으로 돌아오고 말았다.

발터는 성서의 본래 목소리와 새로운 고고학 수정주의 사이에서 올바른 선택을 하였다. 그는 비르제이트Birzeit 대학의 젊은 팔레스타인 고고학자 하미드 살림Hamid Salim(그는 애리조나 대학에서 나와 함께 문학석사 학위를 땄다)이 결국 자신의 땅에서 발굴할 수 있었을 때 얼마나 기뻐했는지를 묘사했다. 그리고 그는 비르제이트 대학의 고고학 연구소 소장인 칼레드 나셰프Khaled Nashef를 인용했다. 나셰프(나는 개인적인 교류를 통해 그를 알고 있다)는 유럽에서 교육을 받았고 특이할 정도로 고상하고 다른 분야에도 관심이 많았는데 기탄없이 그리고 종종 매우 효과적으로 자신이 팔레스타인 사람이라는 명분으로 지역에서 실시되는 고고학에 참여할 수 있는 제안을 발표했다. 그는 주장하기를, 팔레스타인의 역사가 너무나 오랫동안 기독교인과 이스라엘인의 '성경 고고학자'에 의해서 기록되었다고 하였다. 이제 그는 말하기를, 팔레스타인 스스로가 그 역사를 다시 써 내려가야 한다고, 고대 팔레스타인에서 발견된 고고학 유물을 가지고 새롭게 시작해야 한다고 말하였다.

그러나 진짜 팔레스타인이 기록한 팔레스타인 고고학과 역사에 대한 최근 주장은 과연 어디에서 나왔는가? 성서 수정주의자 키스 휘틀럼Keith W. Whitelam이 자신의 책 『고대 이스라엘의 발명: 침묵당한 팔레스타인의 역사 The Invention of Ancient Israel: The Silencing of Palestinian History』를 1996년에 발표하기 훨씬 전에, 나는 그 책이 팔레스타인 수정주의자들의 '성경'이 될 것이라고 예견했던 것이 회상된다. 정말이지 그 책은 곧 아랍어로 번역되었고, 동부 예루살렘 서점에서 소개되었다. 그리고 나셰프와 다른 많은 팔레스타인 정치 운동가들이 그것을 읽었다. 여전히 나를 포함하여 다른 몇몇 비평가가 지적하는 것처럼, 이스라엘인과 유대인에게 영향을 받은 기독교인이 고대 이스라엘을 발명했고 그럼으로써 교활하게 팔레스타인 사람들에게서 그들의 역사를 빼앗았다는 휘틀럼의 주장은 지나치게 자극적이었다. 정말로 그 책은 위험할 정도로 반反유대주의에 가까운 것이었다. 그리고 폭풍은 가라앉을 기미를 보이지 않았다: 토머스 톰프슨Thomas L. Thompson의 보다 과격한 책, 『신화적 과거: 성서고고학과 이스라엘의 신화 The Mythic Past: Biblical Archaeology and the

Myth of Israel』(1999)가 근래 아랍어로 번역되어 나타났다.

나셰프와 다른 팔레스타인 사람들이 이러한 수정주의자들의 수사 (rhetoric)에 깊이 영향을 받는 이유는 자명하다. 나셰프는 비르제이트 대학 저널인『팔레스타인 고고학 저널*the Journal of Palestinian Archaeology*』의 편집자이다. 2000년 6월에 출간된 첫 번째 호에서 나셰프는 편집자의 글에서 다음과 같은 제목을 소개했다: 「'고대 이스라엘' 논쟁: 팔레스타인의 시각」. (그 글은 부분적으로 내 견해를 공격하고 있다. 한편, 나는 비정치적으로 문제를 풀어보려고 시도했고, 사실 때로 이스라엘인의 고고학을 다소 비판적으로 언급하긴 했다.) 그의 언급 중 대부분은 성서 수정주의자를 옹호하는 것이었으며, 특별히 그 주요한 인물들의 이름을 언급하고 있었다: 필립 데이비스, 닐스 페테르 렘셰, 토머스 톰프슨 그리고 키스 휘틀럼. 나셰프는 다음과 같이 주장했다:

사실 팔레스타인 사람들은 '고대 이스라엘'에 대한 논쟁에서 완전히 다른 것을 내놓았으며, 이는 'BAR'의 이데올로기적 토대에 위협이 되는 것으로 보인다('BAR'는 미국의 대중 잡지인『성서고고학 평론*Biblical Archaeology Review*』으로, 이것은 WGD라는 말로 줄일 수도 있다[여기에서 'WGD'는 이 책의 저자인 윌리엄 G. 데버William G. Dever를 가리키는 단어로, 'BAR'가 데버에 의해서 이끌리는 잡지에 불과하다고 폄하하는 말이다 – 역주]): 팔레스타인 사람들은 그저 존재하고 있으며, 그리고 그들은 항상 팔레스타인 흙을 밟으며 존재해왔다. (…) 유대인 민족의 기원에 대한 연구는 이제 중요한 위기에 봉착하게 되었다. (…) 그러나 실제로 위기는 언제나 있어왔고 앞으로도 그럴 것이다. 팔레스타인 사람들이 침묵하고 그들의 역사와 그들의 땅이 빼앗기고 있는 한 말이다.

이러한 마지막 언급은 정확히 휘틀럼의 책에서 따온 것이다. 그러나 그의 동료 수정주의자들조차 나셰프가 확실히 알고 있는 것과 고고학이 우리에게 말해주는 것을 지적해왔다: 사실 청동기와 철기 시대에 팔레스타인 사람은 없었고, 오히려 그 땅엔 다양한 민족이 있었을 뿐이며, 이후 로마제국 시대에 그곳이 팔레스타인으로 불렸고, 바로 이들이 이스라엘과 팔레스타인 모두의 조상으로 포함된다.

여전히 갈등은 격렬해지고 있다. 핑켈스테인과 실버먼의 주장에 반대하는 입장에서, 『예루살렘 리포트*The Jerusalem Report*』의 스튜어트 소프먼Stuart Schoffman이 '천상의 논쟁'이라고 최근 기술했던 글 안에서, 내가 중도적 입장을 지키고 있다고 종종 소개된다. 사실 이러한 명칭('천상의 논쟁')은 미슈나(유대인의 성서 교육서 - 역주)에서 가져온 것인데, 꼭 그렇지만은 않다(종교적이지 않다 - 역주). 왜냐하면 그가 다룬 모든 저자가 세속주의자들이었기 때문이다. 그러나 삶과 죽음의 중요성을 지닌 문제들과 함께 모든 도덕적 진지함에 관여하는 논쟁이다. 그리고 내 열정을 위해서라도 나는 그 논쟁에서 사과하지 않겠다.

인류학자이자 사회철학자인 에릭 홉스봄Eric Hobsbawm이 한때 주목했던 것처럼, 사실들이 있다; 사실이 중요하다; 그리고 어떤 사실은 매우 중요하다. 고대 이스라엘이란 실체는 바로 그러한 사실이다. 고대 이스라엘 사람들은 실존했던 민족이었다. 그들은 실제 시간과 장소에 있었다. 그리고 그들의 역사적 경험은 히브리 성서에서 애태울 정도로 불완전하게 그려지고 있지만, 여전히 상당히 많은 것을 우리 — 미국, 유럽, 그리고 중동 — 에게 가르쳐준다.

　제대로 노트 정리를 하면서 읽으면 좋을 책들이 있습니다. 중요한 정보로 가득한 책일 경우입니다. 바로 이 책이 그러한 종류에 속합니다. 그 제목(원제: 『초기 이스라엘 사람들은 누구이며, 그들은 어디에서 기원하는가?』)에서부터 저자는 정보를 전달할 것이라고 선언하기 때문입니다. 이렇게 직설적으로 접근하는 것이 윌리엄 데버William G. Dever의 방법입니다. 그의 책 제목들이 다 그렇습니다. 어떻게 보면 본질을 정확하게 지적하는 대학자의 학문적 양심이 표현되었다고 할 수 있습니다. 독자 여러분이 이 책을 읽기로 결심하셨다면 그것은 중요한 정보를 정확하게 알고 싶어 하기 때문일 것인데, 이 책은 바로 '이스라엘의 기원'에 대해서 정확한 정보를 전달하고 있습니다.

　과거에 '성서고고학'이라는 이름으로 성서에 언급된 사건을 고고학적 유물로 증명하려는 운동이 있었습니다. 목표를 '텍스트'에 두고 '팩트'를 사용하겠다는 전략입니다. 신화적 이야기가 학자적 호소에 힘을 입고 매우 설득력 있는 역사로 둔갑하게 되었습니다. 여호수아에 의해서 가나안을 정복하는 출발점인 '여리고 전투'가 좋은 예입니다. 그러나 성서 내적으로 충돌되는 부분이 드러나게 되었고, 무엇보다 고고학 분야의 성숙한 발전으로 인해 고고학을 성서를 증명하는 수단으로 삼아서는 안 된다는 근본적 문제 제기가 있었습니다. 그 시작점으로 이제는 '성서고고학'이 아니라 '시리아-팔레스타인 고고학'으로 접근해야 한다는 새로운 운동이 구체화되었습니다. 그 '시리아-팔레스타인 고고학'이라는 패러다임 변화를 이끈 탁월한 고고학자가 바로 이 책의 저자입니다.

그러나 저자는 일방통행만을 주장하지 않습니다. 대화를 시도하기 때문입니다. 바로 성서를 이해하는 데 있어 오직 '텍스트'만 고집하거나 혹은 등급을 나누어서 고고학 위에 성서학을 두는 태도에서 벗어나서, 고고학과 성서학을 동등하게 두고 대화할 것을 요청하기 때문입니다. 이러한 학문적 대화를 계속할 경우에 특정한 부분에서 우리는 합리적이며 건강한 수렴 지점을 찾을 수 있게 됩니다. 조금 생소하게 들릴 법한 '초기' 이스라엘 역사에 관해서 말입니다. 여기에서 초기 이스라엘이란 이스라엘이 형성되던 시기를 말합니다.

초기 이스라엘에 대해서 저자는 성서 내적인 측면과 성서 외적인 측면, 이렇게 두 가지로 문제를 제기합니다. 첫째로 성서 내적인 측면에서 볼 때, 성서라는 텍스트를 비평적으로 검토하게 되면, 출애굽기와 사사기 그리고 여호수아와 같은 기록은 그 자체가 말하고 있는 시대와 거의 몇백 년 떨어진 후대에 기록된 것이라는 사실이 드러납니다. 다시 말해 수백 년 후에 기록된 역사 내러티브에서 그 텍스트의 역사성에 의문을 품는 것은 자연스러운 접근입니다. 둘째로 고고학의 측면에서 볼 때, 철기 I시대 팔레스타인 중앙 산지에 급격하게 등장하며 농업을 뿌리에 두고 정착했던 사람들(저자는 이들을 원-이스라엘proto-Israelites이라고 부릅니다)이 남겼던 가나안과의 문화적 연속성에 주목하게 됩니다. 다시 말해서, 수백 년 이집트 문화에 젖어 살았던 이스라엘 사람들이 가나안이라는 새로운 토양 위에 살게 되었다면 분명 고고학적으로 문화적 단절의 흔적이 있어야 하지만, 사실은 고고학적으로 단절이 아니라 '연속성'이 나타났다는 말입니다. 그래서 저자는 초기 이스라엘의 '내부적 기원 이론' 혹은 '공생적 개척 모델'을 과감하게 제시합니다. 이런 결과를 제시하기까지 치밀하게 전개되는 고고학적·인류학적 정보는 반론의 여지를 거두어줍니다. 저자가 특별히 염두에 두고 있는 이스라엘 핑켈스테인을 포함한 수정주의자나 근본주의자에게 말이지요.

저자는 '수렴' 지점을 고민하고 있습니다. 고고학 분야의 정보만을 사용해서, 과감히 말해 이스라엘의 '가나안 기원 이론(외부에서 들어온 것이 아니라 가나안 자체에서 생겨난 것)'이 크게 문제 될 것은 없을 정도입니다. 그렇다면 모세를 대표로 제기되는 '출애굽'이라는 사건은 어떻게 되는 걸까요? 저자는 성서를 포함하여 더 큰 정보들을 취합합니다. 노먼 갓월드와 같은 학자들이 제기한, 이집트 아마르나 시대에 활동했던 '샤수' 집단과 '소규모의 (이집트) 탈출 집단'에 의한 (원시적) 야훼신앙의 가능성 역시 단편적인 자료로 성서에 내재하고 있다는 점을 받아들이는 것입니다. 이 지점에서 저자는 "현실과 동떨어진" 성서의 모세가 아니라, 역사적 모세를 제시합니다. 결국 대다수는 가나안 농민이고, 여기에 소규모의 (엘리트 혹은 모세) 야훼신앙 집단이 결집되어, 초기 철기 시대에 팔레스타인 중앙 산지에 농업을 기반으로 정착하였다는 것이 최종적 결과라고 하겠습니다. 다시 말해서, 일차적으로 ('유목민적 이상'이나 '정치·종교적 이데올로기'가 아니라) 척박한 환경에서 생존을 해야만 하는 '경제적인' 상황에서 하나의 원-이스라엘 집단으로 정착하게 되었다고 보는 것입니다.

문제는 데버와 다른 학자들이 제기했던 것처럼, 성서 기록의 '신화적' 성격을 이해하지 못하고 혹은 유대인 전통 자체의 견해조차 받아들이지 못하고, '성서=역사=사실=진리'로 만들어버린 모더니즘의 폐해를 어떻게 극복해가는가에 있겠습니다. 저자가 깊은 유감을 두고 언급한 조지프 캘러웨이의 학문적 양심 고백이 뇌리에 깊이 남습니다. 개인적으로, 데버가 마지막에 간략하게 언급했던 요셉지파(베냐민)의 고고학적이며 성서적 배경이 대니얼 플레밍Daniel E. Fleming(2012)에서 자세하게 제시되고 있는 것 같아서, 역시 수렴 지점은 어딘가 분명 존재한다고 확신하게 됩니다.

이 책은 그 의미에서도 분명 전달하는 메시지가 있습니다. 바로 평범한 사람들이 살아가는 힘을 가지고 있다는 것입니다. 한참 동안 인적이 뜸했던 고지대(산지)에 초기 철기 시대를 맞이하여 새로이 정착했던 사람들의 흔적을 상상해보십시오. 특별히 '4방구조 가옥'에서부터 시작하여 확대가족, 씨족으로 증가하는 사회구성을 명확하게 그려볼 수 있을 것입니다. 아무리 많아도 한 씨족이 100~150명에 불과하였기에(기원전 11세기 고지대 인구를 핑켈스테인은 3만~4만, 스테이저는 15만으로 잡지요), 그리고 농업을 주력으로 하는 생활로 삶의 기반이 이루어졌기에 한 사람 한 사람이 얼마나 소중했을 것인지 가늠할 수 있습니다. 고대 세계에는 '개인'이 없다 하지만, '한 사람의 무게'는 분명 존재했을 것입니다.

어떤 눈으로 보면, 성서의 주된 내러티브는 '영웅의 역사'라고 할 수 있습니다. 다시 말하면, 승리자의 역사 혹은 '상대방은 무시되는 역사'로 읽힐 수 있지요(그래서 이데올로기 비평학자들이 거대담론을 반응하는 방식을 이해할 수 있습니다). 생각해보면, 성서(내러티브)에서 이름 없이 살다가 죽어간 그 '쌔고 쌘' 사람들이 얼마나 될까요? 그러나 고고학적 연구의 결과 우리는 한 사람의 초기 이스라엘을 발견하고, 바로 그들에게서 새로운 역사를 시작했던 원초적 변화의 힘을 보게 됩니다.

이 책을 번역하고 출판할 수 있도록 물심양면으로 도움을 주신 도서출판 삼인의 홍승권 님께 깊은 감사를 드립니다.

양지웅

| 기초 자료 |

통상적으로 연대기순

일반 참고서

1. 지리와 명칭

Aharoni, Y. *The Land of the Bible: A Historical Geography.* Philadelphia: Westmin-
ster, 1979.

2. 고고학 발굴지

Stern, E., editor. *The New Encyclopedia of Archaeological Excavations in the Holy
Land.* New York: Simon & Schuster, 1993.

3. 고고학 참고서

Mazar, A. *Archaeology of the Land of the Bible 10,000-586 B.C.E.* New York: Dou-
bleday, 1990.

Ben-Tor, A., editor. *The Archaeology of Ancient Israel.* New Haven: Yale University
Press, 1992.

Levy, T. E., editor. *The Archaeology of Society in the Holy Land.* New York: Facts on
File, 1995.

4. '성경' 그리고 시리아-팔레스타인 고고학

Dever, W. G. "Syro-Palestinian and Biblical Archaeology." 31-79 in *The Hebrew Bible and Its Modern Interpreters.* Edited by D. A. Knight and G. M. Tucker. Philadelphia: Fortress, 1985.

Drinkard, J. E., G. L. Mattingly, and J. M. Miller, editors. *Benchmarks in Time and Culture: An Introduction to Palestinian Archaeology.* Atlanta: Scholars Press, 1988.

Moorey, P. R. S. *A Century of Biblical Archaeology.* Louisville: Westminster/John Knox, 1991.

Dever, W. G. "Palestine, Archaeology of Bronze and Iron Ages." III: 545-58 in *The Anchor Bible Dictionary.* Edited by D. N. Freedman. New York: Doubleday, 1992.

Fritz, V. *An Introduction to Biblical Archaeology.* Sheffield: JSOT Press, 1994.

5. 성서학계의 방법론에 대한 참고서, 특별히 역사 편찬 분야로 제한함

Knight, D. A., and G. M. Tucker, editors. *The Hebrew Bible and Its Modern Interpreters.* Chico, Calif.: Scholars Press, 1977.

Barton, J. *Reading the Old Testament: Method in Biblical Study.* Philadelphia: Westminster, 1984.

Halpern, B. *The First Historians: The Hebrew Bible and History.* San Francisco: Harper & Row, 1988.

McKenzie, S. L., and S. R. Haynes, editors. *To Each Its Own Meaning: An Introduction to Biblical Criticisms and Their Application.* Louisville: Westminster/John Knox, 1993.

Millard, A. R., J. K. Hoffmeier, and D. W. Baker, editors. *Faith, Tradition, and History: Old Testament Historiography in Its Near Eastern Context.* Winona Lake, Ind.: Eisenbrauns, 1994.

Brettler, M. Z. *The Creation of History in Ancient Israel.* London: Routledge, 1995.

Dever, W. G. "Philology, Theology, and Archaeology: What Kind of History Do We Want, and What Is Possible?" 290-310 in *The Archaeology of Israel: Constructing the Past, Interpreting the Present.* Edited by N. A. Silberman and D. Small. Sheffield: Sheffield Academic Press, 1997.

Baker, D. W., and B. T. Arnold, editors. *The Face of Old Testament Studies: A Study of Contemporary Approaches.* Grand Rapids: Baker, 1999.

Long, V. P., editor. *Israel's Past in Present Research.* Winona Lake, Ind.: Eisenbrauns, 1999.

Barr, J. *History and Ideology in the Old Testament: Biblical Studies of the End of a*

Millennium. Oxford: Oxford University Press, 2000.

6. 오경

Friedman, R. E. *Who Wrote the Bible?* Englewood Cliffs, N.J.: Prentice, 1987.

Blenkinsopp, J. *The Pentateuch: An Introduction to the First Five Books of the Bible.* New York: Doubleday, 1992.

7. 신명기적 역사

Coogan, M., and H. Tadmor. *II Kings*. Garden City, N. Y.: Doubleday, 1983.

McKenzie, S. L. *The Trouble with Kings: The Composition of the Book of Kings in the Deuteronomistic History*. Leiden: Brill, 1991.

Provan, I. W. *1 & 2 Kings*. Peabody, Mass.: Hendrickson, 1997.

Knoppers, G. N., and J. G. McConville, editors. *Reconsidering Israel and Judah: Recent Studies on the Deuteronomistic History*. Winona Lake, Ind.: Eisenbrauns, 2000.

8. 고대 이스라엘 역사에 대한 참고서

Noth, M. *The History of Israel*. London: A. & C. Black, 1958. Revised 1965.

Hayes, J. H., and J. M. Miller, editors. *Israelite and Judean History*. Philadelphia: Westminster, 1977.

Bright, J. *A History of Israel*. Philadelphia: Westminster, 1959. Revised 1981.

Rendtorff, R. *The Old Testament: An Introduction*. Philadelphia: Westminster, 1983.

Soggin, J. A. *A History of Ancient Israel from the Beginnings to the Bar Kochba Revolt, A.D. 135*. Philadelphia: Westminster, 1985.

Miller, J. M., and J. H. Hayes. *A History of Ancient Israel and Judah*. Philadelphia: Westminster, 1986.

Coogan, M. D., editor. *The Oxford History of the Biblical World*. New York: Oxford University Press, 1995.

Shanks, H., editor. *Ancient Israel from Abraham to the Roman Destruction of the Temple*. Washington: Biblical Archaeology Society, 1999.

McNutt, P. *Reconstructing the Society of Ancient Israel*. Louisville: Westminster/John Knox, 1999.

수정주의자의 역사 연구서에 대해서는 제1장을 보라.

9. 사회; 가족과 일상생활; 민간전승

Kirkpatrick, P. G. *The Old Testament and Folklore Study*. Sheffield: Sheffield Academic Press, 1988.

Matthews, V. H. *Manners and Customs in the Bible: An Illustrated Guide to Daily Life in Bible Times*. Peabody, Mass.: Hendrickson, 1991.

Matthews, V. H., and D. C. Benjamin. *Social World of Ancient Israel, 1250-587 BCE*. Peabody, Mass.: Hendrickson, 1993.

Perdue, L. G., J. Blenkinsopp, J. J. Collins, and C. Meyers. *Families in Ancient Israel*. Louisville: Westminster/John Knox, 1997.

McNutt, P. *Reconstructing the Society of Ancient Israel*. Louisville: Westminster/John Knox, 1999.

King, P. J., and Stager, L. E. *Daily Life in Ancient Israel*. Louisville: Westminster/John Knox, 2001.

제1장 초기 이스라엘의 기원을 이해함에 있어 최근의 위기

1. 수정주의자의 저작과 비평

Davies, P. R. *In Search of 'Ancient Israel.'* Sheffield: JSOT Press, 1992.

Thompson, T. L. *Early History of the Israelite People from the Written and Archaeological Sources*. Leiden: Brill, 1992.

Halpern, B. "Erasing History: The Minimalist Assault on Ancient Israel." *Bible Review* 11/6, 1995. 26-35, 47.

Dever, W. G. "Will the Real Israel Please Stand Up? Archaeology and Israelite Historiography: Part I." *Bulletin of the American Schools of Oriental Research* 197, 1995. 37-58.

Whitelam, K. W. *The Invention of Ancient Israel: The Silencing of Palestinian History*. New York: Routledge, 1996.

Grabbe, L. L., editor. *Can a 'History of Israel' Be Written?* Sheffield: Sheffield Academic Press, 1997.

Lemche, N. P. *The Israelites in History and Tradition*. Louisville: Westminster/John Knox, 1998.

Japhet, S. "In Search of Ancient Israel: Revisionism at All Costs." 212-233 in *The Jewish Past Revisited: Reflections by Modern Jewish Historians*. Edited by D. N. Meyers and D. R. Ruderman. New Haven: Yale University Press, 1998.

Thompson, T. L. *The Mythic Past: Biblical Archaeology and the Myth of Israel*. New

York: Basic, 1999.

Finkelstein, I., and N. A. Silberman. *The Bible Unearthed: Archaeology's New Vision of Ancient Israel and the Origin of Its Sacred Texts.* New York: Free Press, 2000.

Dever, W. G. *What Did the Biblical Writers Know and When Did They Know It? What Archaeology Can Tell Us about the Reality of Ancient Israel.* Grand Rapids: Eerdmans, 2001.

제2장 '출애굽', 역사인가 신화인가?

1. 출애굽기에 대한 주석들

Propp, W. *Exodus.* New York: Doubleday, 1999.

2. 일반 저작

Finegan, J. *Let My People Go: A Journey through Exodus.* New York: Harper & Row, 1963.

Hermann, S. *Israel in Egypt.* Naperville, Ill.: Allenson, 1973.

Sarna, N. M. *Exploring Exodus: The Heritage of Biblical Israel.* New York: Schocken, 1986.

Halpern, B. "The Exodus from Egypt: Myth or Reality?" 86-113 in *The Rise of Ancient Israel.* Edited by H. Shanks. Washington: Biblical Archaeology Society, 1992.

Frerichs, E. S., and L. H. Lesko, editors. *Exodus: The Egyptian Evidence.* Washington: Biblical Archaeology Society, 1993. Essays by W. G. Dever, A. Malamat, D. B. Redford, W. A. Ward, J. M. Weinstein, and F. J. Yurco.

3. 보수적 입장의 반응

Bimson, J. *Redating the Exodus and Conquest.* Sheffield: University of Sheffield Press, 1981.

Krahmalkov, C. R. "Exodus Itinerary Confirmed by Egyptian Evidence." *Biblical Archaeology Review* 20/5, 1994. 55-62, 79.

Hoffmeier, J. K. *Israel in Egypt: The Evidence for the Authenticity of the Exodus Tradition.* New York: Oxford University Press, 1996.

Currid, J. D. *Ancient Egypt and the Old Testament.* Grand Rapids: Baker, 1997.

Kitchen, K. A. "Egyptians and Hebrews, from Ra amses to Jericho." 65-131 in *The*

Origin of Early Israel — Current Debate: Biblical, Historical and Archaeological Perspectives. Edited by S. Ahituv and E. D. Oren. Beersheba: Ben-Guryon University of the Negev Press, 1998.

Millard, A. "How Reliable Is Exodus?" *Biblical Archaeology Review* 26/4, 2000. 50-57.

제3장 트란스요르단 정복

1. 옛 도서
제2장에서 인용된 책들을 보라. 특별히 Khramalkov, Hoffmeier, Kitchen의 책들은 매우 전통적이다.

2. 보다 최신의 논의들
J. A. Dearman, G. L. Mattingly, and J. M. Miiler in *Biblical Archaeologist* 60/4, 1997의 일반적 소논문을 보라. 이 글 전체는 모압을 다루고 있다.

3. 에돔과 모압
Bienkowski, P., editor. *Early Edom and Moab: The Beginning of the Iron Age in Southern Transjordan.* Sheffield: JSOT Press, 1992.

4. 암몬
MacDonald, B., and R. W. Younker, editors. *Ancient Ammon.* Leiden: Brill, 1999.

제4장 요단 서쪽 지역 정복: 이론들과 사실들

1. 고대 근동의 정복에 관한 기술
Younger, K. I., Jr. *Ancient Conquest Accounts: A Study in Ancient Near Eastern and Biblical History Writing.* Sheffield: JSOT Press, 1990.

2. 여호수아
Soggin, J. A. *Joshua: A Commentary.* Philadelphia: Westminster, 1972.
Boling, R., and G. E. Wright. *Joshua: A New Translation with Notes and Commentary.* Garden City, N.Y.: Doubleday, 1984.
Na'aman, N. "The 'Conquest of Canaan' in the Book of Joshua and in History." 218-

81 in *From Nomadism to Monarchy: Archaeological and Historical Aspects of Early Israel.* Edited by I. Finkelstein and N. Na'aman. Washington: Biblical Archaeology Society, 1994.

Nelson, R. D. *Joshua: A Commentary.* Louisville: Westminster/John Knox, 1997.

3. 사사기

Boling, R. G. *Judges.* Garden City, N.Y.: Doubleday, 1975.

4. 정복 모델에 관하여

Albright, W. F. "The Israelite Conquest of Canaan in the Light of Archaeology." *Bulletin of the American Schools of Oriental Research* 74, 1939. 11-23.

Wright, G. E. "Epic of Conquest." *Biblical Archaeologist* 3, 1940. 25-40.

Lapp, P. W. "The Conquest of Palestine in the Light of Archaeology." *Concordia Theological Monthly* 38, 1967. 495-548.

Yadin, Y. "Is the Biblical Conquest of Canaan Historically Reliable?" *Biblical Archaeology Review* 8, 1982. 16-23.

Malamat, A. "How Inferior Israelite Forces Conquered Fortified Canaanite Cities." *Biblical Archaeology Review* 8, 1982. 24-35.

또한 제2장에서 인용한 책들을 보라.

5. 평화적 침투/이주 모델에 관하여

Alt, A. *Essays on Old Testament History and Religion.* Oxford: Oxford University Press, 1966.

Noth, M. *The Deuteronomistic History.* Sheffield: JSOT Press, 1981.

Weippert, M. *The Settlement of the Israelite Tribes in Palestine: A Critical Survey of Recent Scholarly Debate.* Naperville, Ill.: Allenson, 1971.

6. 농업 혁명 모델에 관하여

Mendenhall, G. E. "The Hebrew Conquest of Palestine." Biblical Archaeologist 25, 1962. 66-87.

Mendenhall, G. E. *The Tenth Generation: The Origins of the Biblical Tradition.* Baltimore: Johns Hopkins University Press, 1973.

Gottwald, N. K. *The Tribes of Yahweh: A Sociology of the Religion of Liberated Israel, 1250-1050 B.C.E.* Maryknoll, N.Y.: Orbis, 1979.

Gottwald, N. K. "Method and Hypothesis in Reconstructing the Social History of Early

Israel." *Eretz-Israel* 24, 1993. 70-82.

7. 목축 유목민에 관하여, 족장 설화와 정복 모델과 관련하여

Johnson, D. L. *The Nature of Nomadism: A Comparative Study of Pastoral Migrations in Southwestern Asia and Northern Africa.* Chicago: University of Chicago Press, 1969.

Dever, W. G. "The Patriarchal Traditions. Palestine in the Second Millennium BCE: The Archaeological Picture." 70-120 in *Israelite and Judean History.* Edited by J. H. Hayes and J. M. Miller. London: SCM, 1977.

Saltzman, D. C., editor. *When Nomads Settle.* New York: Praeger, 1980.

Cribb, R. *Nomads in Archaeology.* Cambridge: Cambridge University Press, 1991.

Bar-Yosef, O., and A. Khazanov, editors. *Pastoralism in the Levant: Archaeological Materials in Anthropological Perspective.* Madison, Wis.: Prehistory Press, 1992.

Hopkins, D. C. "Pastoralists in Late Bronze Age Palestine: Which Way Did They Go?" *Biblical Archaeologist* 56/4, 1993. 200-211.

8. 기원전 13세기 하솔 파괴와 관련하여

Ben-Tor, A. "Excavating Hazor, Part II: Did the Israelites Destroy the Canaanite City?" *Biblical Archaeology Review* 25/3, 1999. 22-39.

제5장 현장에서 나온 사실들: 진짜 이스라엘의 고고학적 재발견을 위한 발굴된 증거

1. 주요한 발굴 유적지

Tel Esdar

Kochavi, M. "Excavations at Tel Esdar." *Atiqot* 5, 1969. 14-48. 히브리어.

Kh. Raddana

Callaway, J. A., and R. E. Cooley. "A Salvage Excavation at Raddana, in Bireh." *Bulletin of the American Schools of Oriental Research* 201, 1971. 9-19.

Giloh

Mazar, A. "Giloh: An Early Israelite Site Near Jerusalem." *Israel Exploration Journal* 13,

1981. 1-36.

Tel Masos

Fritz, V. "The Israelite 'Conquest' in the Light of Recent Excavations at Khirbet el-Mashash." *Bulletin of the American Schools of Oriental Research* 241, 1981. 61-73.

'Izbet Sartah

Finkelstein, I. *'Izbet Sartah: An Early Iron Age Site near Rosh Ha'ayin, Israel.* Oxford: Oxford University Press, 1986.

Shiloh

Finkelstein, I., editor. *Shiloh: The Archaeology of a Biblical Site.* Tel Aviv: Tel Aviv University, 1993.

2. 소규모 유적지

Stern, *The New Encyclopedia of Archaeological Excavations in the Holy Land*의 개별 항목들을 보라.

제6장 현장에서 나온 더 많은 사실:
최근의 고고학 연구들

1. 웨스트뱅크에서 이스라엘이 행한 지표조사

Finkelstein, I. *The Archaeology of the Israelite Settlement.* Jerusalem: Israel Exploration Society, 1988.

Gal, Z. *Lower Galilee During the Iron Age.* Winona Lake, Ind.: Eisenbrauns, 1992.

Finkelstein, I., and N. Na'aman. *From Nomadism to Monarchy: Archaeological and Historical Aspects of Early Israel.* Washington: Biblical Archaeology Society, 1994.

Finkelstein, I., and Z. Lederman, editors. *Highlands of Many Cultures. The Southern Samaria Survey: The Sites.* Tel Aviv: Tel Aviv University, 1997.

2. 결과에 대한 해석

Dever, W. G. Review of Finkelstein and Lederman 1997. *Bulletin of the American*

Schools of Oriental Research 313, 1999. 87, 88.

3. 후기 청동기 시대 인구에 대해서

Shiloh, Y. "The Population of Iron Age Palestine in the Light of a Sample Analysis of Urban Plans, Areas, and Population Density." *Bulletin of the American Schools of Oriental Research* 239, 1980. 25-35.

Gonen, R. "Urban Canaan in the Late Bronze Period." *Bulletin of the American Schools of Oriental Research* 253, 1984. 61-73.

제7장 철기 I시대 유물복합체의 물질문화에 대한 결론

1. 관련 있는 W. G. Dever의 저작

Recent Archaeological Discoveries and Biblical Research. Seattle: University of Washington Press, 1990.

"Archaeology and Israelite Origins: A Review Article." *Bulletin of the American Schools of Oriental Research* 179, 1990. 89-95.

"Archaeological Data on the Israelite Settlement: A Review of Two Recent Works." *Bulletin of the American Schools of Oriental Research* 284, 1991. 77-90.

"Unresolved Issues in the Early History of Israel: Toward a Synthesis of Archaeological and Textual Reconstructions." 195-208 in *The Bible and the Politics of Exegesis: Essays in Honor of Norman K. Gottwald on His Sixty-Fifth Birthday.* Edited by D. Jobling, P. L. Day, and G. T. Sheppard. Cleveland: Pilgrim, 1992.

"How to Tell an Israelite from a Canaanite." 27-56 in *The Rise of Ancient Israel.* Edited by H. Shanks. Washington: Biblical Archaeology Society, 1992.

"The Late Bronze-Early Iron I Horizon in Syria-Palestine: Egyptians, Canaanites, 'Sea Peoples,' and 'Proto-Israelites.'" 99-110 in *The Crisis Years: The 12th Century B.C. From Beyond the Danube to the Tigris.* Edited by W. A. Ward and M. S. Joukowsky. Dubuque, Iowa: Kendall/Hunt, 1992.

"Ceramics, Ethnicity, and the Question of Israel's Origins." *Biblical Archaeologist* 58/4, 1995. 200-213.

"The Identity of Early Israel: A Rejoinder to Keith W. Whitelam." *Journal for the Study of the Old Testament* 72, 1996. 3-24.

"Archaeology and the Emergence of Early Israel." 20-50 in *Archaeology and Biblical*

Interpretation. Edited by J. R. Bartlett. New York: Routledge, 1997.

"Is There Any Archaeological Evidence for the Exodus?" 67-83 in *Exodus: The Egyptian Evidence.* Edited by E. S. Frerichs and L. H. Lesko. Winona Lake, Ind.: Eisenbrauns, 1997.

"Archaeology, Ideology, and the Quest for an 'Ancient' or 'Biblical' Israel." *Near Eastern Archaeology* 6/1, 1998. 39-52.

"Israelite Origins and the 'Nomadic Ideal': Can Archaeology Separate Fact from Fiction?" 197-237 in *Mediterranean Peoples in Transition, Thirteenth to Early Tenth Centuries BCE.* Edited by S. Gitin, A. Mazar, and E. Stern. Jerusalem: Israel Exploration Society, 1998.

2. 관련 있는 Israel Finkelstein의 저작

Izbet Sartah: An Early Iron Age Site near Rosh Ha'ayin, Israel. Oxford: Oxford University Press, 1986.

The Archaeology of the Israelite Settlement. Jerusalem: Israel Exploration Society, 1988.

"The Emergence of Israel in Canaan: Consensus, Mainstream and Dispute." *Scandinavian Journal of the Old Testament* 2, 1991. 47-59.

"Response." 63-69 in *The Rise of Israel.* Edited by H. Shanks. Washington: Biblical Archaeology Society, 1993.

Finkelstein, I., and S. Bunimovitz, and Z. Lederman, editors. *Shiloh: The Archaeology of a Biblical Site.* Tel Aviv: Tel Aviv University, 1993.

Finkelstein, I., and N. Na'aman. *From Nomadism to Monarchy: Archaeological and Historical Aspects of Early Israel.* Washington: Biblical Archaeology Society, 1994.

"The Great Transformation: The 'Conquest' of the Highlands Frontier and the Rise of the Territorial States." 349-65 in *The Archaeology of Society in the Holy Land.* Edited by T. E. Levy. New York: Facts on File, 1995.

"Ethnicity and Origin of the Iron I Settlers in the Highlands of Canaan: Can the Real Israel Stand Up?" *Biblical Archaeologist* 59, 1996. 198-212.

"Pots and Peoples Revisited: Ethnic Boundaries in the Iron Age." 216-37 in *The Archaeology of Israel: Constructing the Past, Interpreting the Present.* Edited by N. A. Silberman and D. Small. Sheffield: Sheffield Academic Press, 1997.

Finkelstein, I., and Z. Lederman, editors. *Highlands of Many Cultures. The Southern Samaria Survey: The Sites.* Tel Aviv: Tel Aviv University, 1997.

Finkelstein. I., and N. A. Silberman. *The Bible Unearthed: Archaeology's New Vision of Ancient Israel and the Origin of Its Sacred Texts.* New York: Free Press, 2000.

3. 초기 철기 I시대 농업에 관하여

Hopkins, D. C. *The Highlands of Canaan: Agricultural Life in the Early Iron Age.* Sheffield: Almond, 1985.

Borowski, O. *Agriculture in Iron Age Israel.* Winona Lake, Ind.: Eisenbrauns, 1987.

4. 기술에 관하여

McNutt, P. M. *The Forging of Iron: Technology, Symbolism, and Tradition in Ancient Society.* Sheffield: Sheffield Academic Press, 1990.

Stager, L. E. "The Archaeology of the Family in Early Israel." *Bulletin of the American Schools of Oriental Research* 260, 1985. 1-35.

5. 돼지 뼈의 의미에 관하여

Hesse, B., and P. Wapnish. "Can Pig Bones Be Used for Ethnic Diagnosis in the Ancient Near East?" 238-70 in *The Archaeology of Israel: Constructing the Past, Interpreting the Present.* Edited by N. A. Silberman and D. Small. Sheffield: Sheffield Academic Press, 1997.

6. 부족 구조에 관하여

Khoury, P. S., and J. Kostiner, editors. *Tribes and State Formation in the Middle East.* Los Angeles: Tauris, 1990.

또한, 제4.6에서 소개한 Gottwald를 보고, 제4.7에서 인용했던 목축 유목민에 관한 작품을 보라.

7. 도자기 분석에 관하여

London, G. "A Comparison of Two Contemporaneous Lifestyles in the Late Second Millennium B.C." *Bulletin of the American Schools of Oriental Research* 273, 1989. 37-55.

Wood, B. G. *The Sociology of Pottery in Ancient Palestine: The Ceramic Industry and the Diffusion of Ceramic Style in the Bronze and Iron Age.* Sheffield: Sheffield Academic Press, 1990.

8. 매장 풍습과 관련하여

Bloch-Smith, E. *Judahite Burial Practices and Beliefs about the Dead.* Sheffield: JSOT Press, 1992.

9. 종교와 제의, 특별히 대중적인 것에 관하여

Dever, W. G. "The Contribution of Archaeology to the Study of Canaanite and Early Israelite Religion." 209-47 in *Ancient Israelite Religion: Essays in Honor of Frank Moore Cross.* Edited by P. D. Miller Jr., D. D. Hanson, and S. D. McBride. Philadelphia: Westminster, 1987.

van der Toorn, K. *From Her Cradle to Her Grave: The Role of Religion in the Life of the Israelite and Babylonian Woman.* Sheffield: Sheffield Academic Press, 1994.

Berlinerblau, J. *The Vow and the 'Popular Religious Groups' of Ancient Israel: A Philological and Sociological Inquiry.* Sheffield: Sheffield Academic Press, 1996.

van der Toorn, K., editor. *The Image and the Book: Iconic Cults, Aniconism, and the Rise of Book Religion in Israel and the Ancient Near East.* Louvain: Peeters, 1997.

Halpern, B. "Jerusalem and the Lineages in the Seventh Century B.C.E.: Kinship and the Rise of Individual Moral Liability." 11-107 in *Law and Ideology in Monarchic Israel.* Edited by B. Halpern and D. W. Hobson. Sheffield: Sheffield Academic Press, 1991.

Miller, P. D. *The Religion of Ancient Israel.* Louisville: Westminster/John Knox, 2000.

10. 철기 I시대 제의 장소와 관련하여

Mazar, A. "The 'Bull Site': An Iron Age I Open Cult Place." *Bulletin of the American Schools of Oriental Research* 247, 1982. 27-42.

Zertal, A. "Has Joshua's Altar Been Found on Mt. Ebal?" *Biblical Archaeology Review* 11/1, 1985. 26-43.

제8장 초기 이스라엘과 관련하여
문헌 자료와 인공유물 자료를 종합하려던 과거의 시도

Albright, W. F. *From the Stone Age to Christianity: Monotheism and the Historical Process.* Garden City, N.Y.: Doubleday, 1940.

Kaufmann, Y. *The Biblical Account of the Conquest of Palestine.* Jerusalem: Magnes Press, 1953.

Kaufmann, Y. *The Religion of Israel.* Chicago: University of Chicago Press, 1960.

Weippert, M. *The Settlement of the Israelite Tribes in Palestine.* Naperville, Ill.: Allenson, 1971.

Aharoni, Y. "Nothing Early an Nothing Late: Re-Writing Israel's Conquest." *Biblical Archaeologist* 3, 1976. 55-76.

Aharoni, Y. *The Land of the Bible: A Historical Geography.* Philadelphia: Wetsminster, 1979.

Fritz, V. "The Israelite 'Conquest' in Light of Recent Excavations at Khirbet el-Meshash." *Bulletin of the American Schools of Oriental Research* 241, 1981. 61-73.

Mazar, A. "Giloh: An Early Israelite Site Near Jerusalem." *Israel Exploration Journal* 31, 1981. 1-36.

Freedman, D. N., and D. F. Graf, editors. *Palestine in Transition: The Emergence of Ancient Israel.* Sheffield: Almond, 1983.

Halpern, B. *The Emergence of Israel in Canaan.* Chico, Calif.: Scholars Press, 1983.

Callaway, J. A. "A New Perspective on the Hill Country Settlement of Canaan in Iron Age I." 31-49 in *Palestine in the Bronze and Iron Ages: Papers in Honour of Olga Tufnell.* Edited by J. N. Tubb. London: Institute of Archaeology, 1985.

Kochavi, M. "The Israelite Settlement in Canaan in the Light of Archaeological Surveys." 54-60 in *Biblical Archaeology Today: Proceedings of the International Congress on Biblical Archaeology, Jerusalem, April 1984.* Edited by J. Amitai. Jerusalem: Israel Exploration Society, 1985.

Mazar, A. "The Israelite Settlement in Canaan in Light of Archaeological Excavations." 61-71 in *Biblical Archaeology Today: Proceedings of the International Congress on Biblical Archaeology, Jerusalem, April 1984.* Edited by J. Amitai. Jerusalem: Israel Exploration Society, 1985.

Stager, L. E. "The Archaeology of the Family in Early Israel." *Bulletin of the American Schools of Oriental Research* 260, 1985. 1-35.

Ahlström, G. W. *Who Were the Israelites?* Winona Lake, Ind.: Eisenbrauns, 1986.

Coote, R. B., and K. W. Whitelam. *The Emergence of Early Israel in Historical Perspective.* Sheffield: Almond, 1987.

Stiebing, W. H. Jr. *Out of the Desert? Archaeology and the Exodus/Conquest Narratives.* Buffalo, N.Y.: Prometheus, 1989.

Redford, D. B. *Egypt, Canaan, and Israel in Ancient Times.* Princeton: Princeton University Press, 1992.

Fritz, V. "Conquest or Settlement? The Early Iron Age in Palestine." *Biblical Archaeologist* 50/2, 1987. 84-100.

Coote, R. B. *Early Israel: A New Horizon.* Minneapolis: Fortress, 1990.

Halpern, B. "The Exodus from Egypt: Myth or Reality?" 87-113 in *The Rise of Ancient Israel.* Edited by H. Shanks. Washington: Biblical Archaeology Society, 1992.

Bunimovitz, S. "Socio-Political Transformations in the Central Hill Country in the Late Bronze-Iron I Transition." 179-202 in *From Nomadism to Monarchy: Archaeological and Historical Aspects of Early Israel.* Edited by I. Finkelstein and N. Na'aman. Jerusalem: Israel Exploration Society, 1994.

Stager, L. E. "Forging an Identity: The Emergence of Ancient Israel." 123-75 in *The Oxford History of the Biblical World.* Edited by M. D. Coogan. New York: Oxford University Press, 1998.

Rainey, A. F. "Israel in Merneptah's Inscription and Reliefs." *Israel Exploration Journal* 51, 2001. 57-75.

추가로, 서론에서 인용했던 Hermann, Miller and Hayes, Shanks 그리고 Soggin을 보라; 제1.1에 다루었던 Davies, Grabbe, Lemche 그리고 Thompson을 보라; 제4.4에서는 Yadin을 보고, 제4.5에서 다루었던 Alt와 Noth를 보라.

제9장 초기 이스라엘의 기원과 성격에 대한 다른 종합을 향해

제7.1,2에서 인용했던 Finkelstein과 Dever의 저작을 보라.
또한 제4.7에서 인용했던 목축 유목민에 대한 저작을 보라.

제10장 종합을 위한 또 하나의 시도: 변경 지방 농경민의 개혁운동으로서의 초기 이스라엘

1. 후기 청동기 시대의 가나안에 관하여
Leonard, A. "The Late Bronze Age." *Biblical Archaeologist* 52/1, 1989. 4-38.
Gonen, R. "The Late Bronze Age." 211-57 in *The Archaeology of Ancient Israel.* Edited by A. Ben-Tor. New Haven: Yale University Press, 1992.
Singer, I. "Egyptians, Canaanites and Philistines in the Period of the Emergence of

Israel." 282-338 in *From Nomadism to Monarchy: Archaeological and Historical Aspects of Early Israel.* Edited by I. Finkelstein and N. Na'aman. Jerusalem: Israel Exploration Society, 1994.

Bunimovitz, S. "On the Edge of Empires—Late Bronze Age 1500-1200 BCE." 320-31 in *The Archaeology of Society in the Holy Land.* Edited by T. E. Levy. New York: Facts on File, 1995.

2. 아마르나 시대에 관하여

Chaney, M. L. "Ancient Palestinian Peasant Movements and the Formation of P-remonarchic Israel." 39-90 in *The Emergence of Ancient Israel.* Edited by D. N. Freedman and D. F. Graf. Sheffield: Sheffield Academic Press, 1983.

Moran, W. L. *The Amarna Letters.* Baltimore: Johns Hopkins University Press, 1992.

Finkelstein, I. "The Territorio-Political System of Canaan in the Late Bronze Age." *Ugarit-Forschungen* 28, 1996. 221-55.

Na'aman, N. "The Network of Late Bronze Kingdoms and the City of Ashdod." *Ugarit-Forschungen* 29, 1997. 599-626.

3. 후기 청동기 시대의 종말에 관하여

Dever, W. G. "The Late Bronze-Early Iron I Horizon: Egyptians, Canaanites, 'Sea Peoples,' and Proto-Israelites." 99-110 in *The Crisis Years: The 12th Century B.C. From Beyond the Danube to the Tigris.* Edited by W. A. Ward and M. S. Joukowsky. Dubuque, Iowa: Kendall/Hunt, 1992.

Gitin, S., A. Mazar, and E. Stern, editors. *Mediterranean Peoples in Transition: Thirteenth to Early Tenth Centuries BCE.* Jerusalem: Israel Exploration Society, 1998.

4. 농민, 농민 농업, 그리고 가내 수공업에 관하여

Hobsbawm, E. J. *Primitive Rebels: Studies in Archaic Forms of Social Movements in the 19th and 20th Centuries.* New York: Praeger, 1965.

Wolf, E. R. *Peasants.* Englewood Cliffs, N.J.: Prentice Hall, 1966.

Wolf, E. R. *Peasant Wars of the Twentieth Century.* New York: Harper & Row, 1969.

Sahlins, M. P. *Stone Age Economics.* Chicago: University of Chicago Press, 1972.

Hobsbawm, E. J. "Social Banditry." 142-157 in *Rural Protest: Peasant Movements and Social Change.* Edited by H. A. Landsberger. New York: Macmillan, 1973.

Lenski, G., and J. Lenski. *Human Societies: An Introduction to Macrosociology.* New

York: McGraw-Hill, 1978.

Gottwald, N. K. *The Tribes of Yahweh: A Sociology of the Religion of Liberated Israel, 1250-1050 B.C.E.* Maryknoll, N.Y.: Orbis, 1979.

Hopkins, D. C. *The Highlands of Canaan: Agricultural Life in the Early Iron Age.* Sheffield: Sheffield Academic Press, 1985.

Gottwald, N. K. "Method and Hypothesis in Reconstructing the Social History of Early Israel." *Eretz-Israel* 24, 1993. 77-82.

5. 고고학적 자료에서 민족성 문제에 관하여

Edelman, D. V. "Ethnicity and Ealry Israel." 25-55 in *Ethnicity and the Bible.* Edited by M. G. Brett. New York: Brill, 1996.

또한 제1.1에서 다루었던 Lemche와 Thompson의 저작을 보고, 제7.1,2에서 제시했던 Dever 와 Finkelstein의 저작을 보라.

6. 철기 I시대 이후에 따라오는 도시화에 관하여

Fritz, V. *The City in Ancient Israel.* Sheffield: Sheffield Academic Press, 1995.

Herzog, Z. *Archaeology of the City. Urban Planning in Ancient Israel and Its Social Implications.* Tel Aviv: Tel Aviv University, 1997.

Faust, A. "Abandonment, Urbanization, Resettlement and the Formation of the Israelite State." *Near Eastern Archaeology*, 2001.

7. 메르넵타 석비에 관하여

Hasel, M. G. "'srael' in the Merneptah Stele." *Bulletin of the American Schools of Oriental Research* 296, 1994. 45-61.

Yurco, F. J. "Merneptah's Canaanite Campaign and Israel's Origins." 27-55 in *Exodus: The Egyptian Evidence.* Edited by E. S. Frerichs and L. H. Lesko. Winona Lake, Ind.: Eisenbrauns, 1997.

Kitchen, K. "Egyptians and Hebrews, From Ra'amses to Jericho." 65-131 in *The Origin of Early Israel — Current Debate: Biblical, Historical and Archaeological Perspectives.* Edited by S. Ahituv and E. D. Oren. Beersheba: Ben Guryon University, 1998.

또한 제1.1에서 인용했던 Davies, Lemche 그리고 Thompson의 저작을 보라; 그리고 제8장 에서 언급했던 Ahlström, Rainey 그리고 Stager의 저작을 보라.

8. 목축 유목민에 관련하여

제4.7에서 언급한 저작들을 보라.

9. 청동기와 철기 시대 가나안의 다양한 민족적 집단에 관하여
Wiseman, D. J., editor. *Peoples of Old Testament Times*. Oxford: Clarendon, 1973.

제12장 성서 전승을 구해내다: 역사인가, 신화인가?

1. 수정주의자의 저작, 좌파적
Davies, P. R. *Whose Bible Is It Anyway?* Sheffield: Sheffield Academic Press, 1995.
또한 제1.1에서 인용했던 Davies, Lemche, Thompson 그리고 Whitelam을 보라.

2. 보수적인 저작, 우파적
Millard, A. R., J. K. Hoffmeier, and D. W. Baker, editors. *Faith, Tradition, and History: Old Testament Historiography in Its Near Eastern Context*. Winona Lake, Ind.: Eisenbrauns, 1994.

Harrisville, R. A., and W. Sundberg. *The Bible in Modern Culture: Theology and Historical-Critical Method from Spinoza to Käsemann*. Grand Rapids: Eerdmans, 1995.

Baker, D. W., and B. T. Arnold, editors. *The Face of Old Testament Studies: A Survey of Contemporary Approaches*. Grand Rapids: Baker, 1999.

3. 주류 학계 혹은 온건파의 저작
Barr, J. *The Bible in the Modern World*. New York: Harper & Row, 1973.

Barr, J. *Fundamentalism*. Philadelphia: Westminster, 1977.

Spong, J. S. *Rescuing the Bible from Fundamentalism: A Bishop Rethinks the Meaning of Scripture*. San Francisco: HarperSanFrancisco, 1991.

Barton, J. *What Is the Bible?* London: SPCK, 1991.

Barton, J. *Reading the Old Testament: Method in Biblical Study*. Louisville: Westminster/John Knox, 1996.

또한 Dever, W. G. *What Did the Biblical Writers Know and When Did They Know It? What Archaeology Can Tell Us about the Reality of Ancient Israel*. Grand Rapids: Eerdmans, 2001을 보라.